普通高等教育"十四五"规划教材

应用统计学

何承文　张天舒／主编

李玉凤／副主编

立信会计出版社

LIXIN ACCOUNTING PUBLISHING HOUSE

图书在版编目(CIP)数据

应用统计学 / 何承文,张天舒主编. —上海:立
信会计出版社,2022.5(2023.7 重印)
ISBN 978 - 7 - 5429 - 7074 - 9

Ⅰ.①应… Ⅱ.①何… ②张… Ⅲ.①应用统计学—
高等学校—教材 Ⅳ.①C8

中国版本图书馆 CIP 数据核字(2022)第 075306 号

策划编辑　　　王悠然
责任编辑　　　戎其玉　　王悠然
美术编辑　　　吴博闻

应用统计学

YINGYONG TONGJIXUE

出版发行	立信会计出版社	
地　　址	上海市中山西路 2230 号	邮政编码　200235
电　　话	(021)64411389	传　　真　(021)64411325
网　　址	www. lixinaph. com	电子邮箱　lixinaph2019@126. com
网上书店	http://lixin. jd. com	http://lxkjcbs. tmall. com
经　　销	各地新华书店	

印　　刷	浙江临安曙光印务有限公司
开　　本	787 毫米×1092 毫米　　1/16
印　　张	18
字　　数	438 千字
版　　次	2022 年 5 月第 1 版
印　　次	2023 年 7 月第 2 次
书　　号	ISBN 978 - 7 - 5429 - 7074 - 9/ C
定　　价	49.00 元

如有印订差错　　请与本社联系调换

前言 FOREWORD

统计学是通过测度、搜集、整理和分析反映与客观现象有关信息的数据，帮助人们正确认识客观世界数量规律的方法论科学。

现代统计学可分为两类：一类是理论统计学，是以抽象的数量为研究对象，研究一般的数据搜集、数据整理和数据分析的方法；另一类是应用统计学，是以各个不同领域的具体数量为研究对象，从所研究领域或专门问题出发，根据研究对象的性质采用适当的指标体系和统计方法，旨在解决实际问题的方法，如生物统计学、医学统计学、人口统计学、经济统计学、管理统计学和社会统计学等。

应用统计学是概率论的后续课程，学习本课程需要具备高等数学的基础知识。本课程为进一步学习经济管理类专业的后续课程，如财务管理、管理会计、质量管理、计量经济学等课程奠定理论和方法基础。

本书是编者在多年统计学教学工作经验的基础上编写而成的，目的是让学生掌握统计学的基本原理和方法，培养学生利用统计方法进行初步的统计分析和统计研究。本书具有以下几个特点。

1. 编写定位明确

本书专门针对应用型本科院校非统计学专业本科生。根据应用型本科院校的培养目标和要求，本书以应用为宗旨，以必要、实用为尺度，系统地介绍了统计学的基本原理和方法，并将侧重点放在统计学原理和方法在经济与管理领域中的具体应用上。为此，本书在内容安排上力求新颖、精炼。本书还采用了国民经济管理和企业管理活动等方面的真实数据及案例，充分展现了统计方法、统计技术在国民经济管理和企业管理活动中的用途。

2. 内容选择准确

本书采取由浅入深、循序渐进的统计技术路线，摒弃繁琐的公式推导和理论性探讨，以简单明了的方式阐明统计学基本原理和方法，并借助统计实务案例，解释统计方法应用的条件、范围及其作用，有利于提高学生应用统计技术解决实际问题的能力，实现统计方法学习与统计软件应用的紧密结合。

（1）考虑到部分院校未开设概率论与数理统计课程，而概率论是学习推断统计的必备知识，因此本书增加了概率与概率分布、抽样与抽样分布的内容，便于学生顺利从描述统计向推断统计过渡。

（2）描述统计、推断统计和软件应用有机结合。本书以描述统计为基础，突出推断统计的核心地位和重要作用，强化统计软件的应用和训练。

（3）强调软件应用。统计学是方法论科学，其价值主要体现为它在各行各业中的具体应用。随着统计软件的普及和推广，统计实务早已告别了手工计算时代。本书注重统计学原理和统计软件的融合，考虑到部分用人单位主要使用 Excel 办公软件，不具备使用 SPSS 等专业统计软件的条件，因此本书单独设置一章，该章将 Excel 软件的应用贯穿统计调查、统计整理、统计分析的全过程，培养学生具备使用基本统计软件解决实际问题的能力。

3. 校企合作紧密

统计学来源于实践，应用于实践，统计学教材不应当脱离现实经济和社会活动。我们邀请了企业专家参与本书编写工作，他们具体负责国民经济管理和企业管理活动类案例及例题的审核，将部门、企业和行业正在应用的前沿知识和技术、职业岗位能力要求等内容融入本书编写之中，提升了本书的实用价值，促进了本书的体系、内容与统计实务全面接轨，消除了统计学理论与实践之间的鸿沟。

作为校级精品教材建设项目，本书的主要特色是：以学生为中心，以社会需求为导向，将内容与统计实务紧密结合，注重统计案例分析，强化统计软件应用与训练，着力培养学生的实操能力。

本书共分十三章，何承文、张天舒为主编，李玉凤为副主编。各章执笔人分别为：陈世文（第一章）、张天舒（第二章、第十三章）、张立国（第三章）、何承文（第四章至第六章、第八章至第十一章）、李玉凤（第七章）、彭良军（第十二章）。

本书在编写过程中借鉴、参考了大量统计学著作和教材，并得到立信会计出版社编辑戎其玉女士和王悠然女士的大力支持和帮助。广州工商学院校企合作单位广东金账房智慧财税有限公司总经理谭少茹女士，也对本书的写作和出版给予了帮助，在此一并表示感谢！

由于编者水平有限，书中若有错漏之处，敬请读者批评指正。

编者

2022 年 5 月

目录 CONTENTS

第一章

绪　论

第一节　统计的产生与发展

一、统计的含义

统计是指对客观事物的数量进行核算和分析，是人们对客观事物的数量表现、数量关系和数量变化进行描述和分析的一种计量活动。一般来说，统计有三种含义，即统计工作、统计数据和统计学，但最基本的含义是指统计工作。

1. 统计工作

统计工作是指搜集、整理和分析统计数据，并探索数据内在数量规律性的活动过程。就具体的统计活动而言，一项完整的统计工作包括统计设计、统计调查、统计整理和统计分析四个阶段。

2. 统计数据

统计数据也称为统计资料，是指统计活动过程所获得的各种数字资料和其他资料的总称。统计资料具体表现为反映社会经济现象数量特征的原始记录、统计台账、统计表、统计图、统计分析报告、政府统计公报、统计年鉴等各种数字和文字资料。

3. 统计学

美国百科全书将统计学（statistics）界定为：一门在不确定性方面为了作出正确的推断而进行搜集、分析定量数据的科学和艺术。大英百科全书认为：统计学是一门搜集数据、分析数据，并根据数据进行推断的艺术和科学。中国百科全书将统计学定义为：一门研究怎样有效地搜集、整理和分析带有随机性的数据，以对所考察的问题作出推断或预测，直至为采取一定的决策和行动提供依据和建议的学科。

总之，统计学研究的是客观现象数量方面的内容，与数据科学息息相关。统计学是阐述统计工作基本理论和基本方法的科学，是对统计工作实践的理论概括和经验总结。它以现象总体的数量方面为研究对象，阐明统计设计、统计调查、统计整理和统计分析的理论与方法，是一门方法论科学。

统计学从统计分析方法的研究和应用角度，可分为理论统计学（theoretical statistics）和应用统计学（applied statistics）。

（1）理论统计学。理论统计学研究一般的搜集、整理和分析数据的方法，主要包括统计估计、假设检验、抽样调查、实验设计、非参数估计、时间序列、统计决策、序贯分析、多元统计等。

（2）应用统计学。应用统计学主要探讨如何运用统计方法去解决实际问题，将理论统计学的原理应用于各个学科领域，就形成了各种各样的应用统计学，如统计力学、生物统计学、医学统计学、气象统计学、人口统计学、经济统计学、管理统计学、社会统计学等。应用统计学除了包括各领域通用的方法，如参数估计、假设检验、方差分析等，还包括某些领域所特有的方法，如经济统计学中的指数法、现代管理决策法等。应用统计学着重阐明这些方法的统计思想和具体应用，而不是统计方法数学原理的推导和证明。

此外，统计学从统计方法的构成角度分类，可分为描述统计学（descriptive statistics）和推断统计学（inferential statistics）。

（1）描述统计学。描述统计学研究如何取得反映客观现象的数据，并通过图表形式对所搜集的数据进行加工处理和显示，进而通过综合概括与分析得出反映客观现象的数量特征。描述统计学的内容包括统计数据的搜集方法、加工处理方法、显示方法、数据分布特征的概括与分析方法等。

（2）推断统计学。推断统计学以概率论为基础，用随机样本的数量特征信息来推断总体的数量特征，作出具有一定可靠性保证的估计或检验。例如，企业要对原材料或产品进行质量检验时，全面检验通常是不必要或者不可能的，一般是通过抽样检验的方式来判断一整批原材料或产品的质量状况。推断统计学包括参数估计、假设检验、相关与回归分析等内容。推断统计学被认为是现代统计学的核心，但它不能替代描述统计学。描述统计学的方法始终是最基本的统计方法，也是推断统计学的基础。

统计工作、统计数据和统计学之间有着密切联系。统计工作与统计数据之间是过程和成果之间的关系，统计数据是统计工作的直接成果。就统计工作和统计学的关系来说，统计工作属于实践范畴，统计学属于理论范畴，统计学是统计工作实践的理论概括和科学总结，它来源于统计实践，又高于统计实践，对统计实践具有指导作用。

二、统计的产生与发展

人类的统计实践已有 4 000 多年的历史。最早的统计实践是计数活动，因此统计实践的历史可以追溯到人类社会初期的结绳记事、结绳计量，即所谓"事大，大结其绳；事小，小结其绳；结之多少，随物众寡"，这是最初的统计。人类进入奴隶社会后产生了国家，统治阶级为治理国家，需要经常进行征税、征兵、徭役等行政活动，因而产生了解社会基本情况的需要，即掌握反映基本国情的数据资料。因此，统计是国家管理经济社会的一项基本活动。

我国早在公元前 21 世纪的夏朝，就有了人口与土地数字的记载。中国统计的历史可追溯到原始公社社会。在西周和春秋战国时期，统计已经初具规模，许多思想家、政治家如管仲、孔丘、墨翟、商鞅等就表现出出色的统计思想，有的还根据论战的需要，利用统计资料对经济、社会问题进行了分析[①]。在古埃及、古希腊、古罗马的历史中，也有类似的记载。古埃

---

① 莫日达. 中国古代统计思想史[M]. 北京：中国统计出版社，2004.

及在公元前 3000 年已经有了人口、居民财产统计。不过,这些统计活动还很初步,是原始形态的统计。

人类社会进入封建社会后,统计的范围逐步扩大,由人口、土地、财富发展到经济社会生活的各个方面。由于封建社会时期的生产力发展非常缓慢,落后的封建生产关系阻碍了统计实践的发展,导致统计实践在资本主义时期才得到广泛的发展。17 世纪以来,随着资本主义国家农业、工业、商业及交通运输业的发展,统计实践从国家管理领域迅速扩展到经济、社会、科技等各个方面。18 世纪开始,资本主义国家先后设立了专门的统计机关,负责收集统计资料,进行统计调查,出版统计刊物,建立国际统计组织,召开国际统计会议。在这一阶段,统计在国家治理和国际交往中的作用和影响日益扩大。

三、统计科学的学派

统计发展的重要标志是统计科学的产生,但它的产生远远晚于统计实践,至今不过 300 多年的历史。在统计科学的发展史上,主要产生了以下四种学派。

1. 国势学派

国势学派产生于 18 世纪的德国。该学派主要以文字记述国家的显著事项,故也称记述学派。其主要代表人物是海尔曼 • 康令(H. Conring,1606—1681)和阿亨瓦尔(G. Achenwall,1719—1772)。康令在德国黑尔姆斯太特大学以"国势学"为题讲授政治活动家应具备的知识;阿亨瓦尔则在哥廷根大学开设"国家学"课程,其主要著作是《近代欧洲各国国势学纲要》,书中讲述"一国或多数国家的显著事项",主要用对比分析方法研究国家组织、领土、人口、资源财富和国情国力,比较各国实力的强弱,为德国的君主政体服务。阿亨瓦尔把"国家学"定名为"统计学",第一次使用了"统计学"这个名称。

国势学派在进行国势比较分析中,偏重对事物性质的解释,而不注重数量对比和数量计算,为统计学的发展奠定了经济理论基础。

2. 政治算术学派

政治算术学派是运用计量和比较分析的方法,研究社会经济现象的统计学派。该学派产生于 17 世纪的英国,代表人物是英国的威廉 • 配第(Willianm Petty,1623—1687),其代表作为《政治算术》。所谓"政治"是指政治经济学,"算术"则是指统计方法。他利用实际资料,运用数字、重量和尺度等统计方法,对英国、法国和荷兰三国的国情、国力作了系统的数量对比分析,为统计学的形成和发展奠定了方法论基础。马克思认为,威廉 • 配第"不仅是政治经济学之父,在某种程度上也是统计学的发明者"。

政治算术学派的另一个代表人物是约翰 • 格朗特(John Graunt,1620—1674)。他以 1604 年伦敦教会每周一次发表的"死亡公报"为研究资料,在 1662 年发表了《关于死亡公报的自然和政治观察》的论著。书中分析了 60 年来伦敦居民死亡的原因及人口变动的关系,首次提出通过大量观察,可以发现新生儿性别比例具有稳定性和人口不同死因的比例等人口规律,并且第一次编制了"生命表",对死亡率与人口寿命作出分析,从而引起了普遍的关注。

3. 数理统计学派

数理统计学派是把概率论引入统计学而形成的统计学派。19 世纪中叶,比利时统计学家、数学家、天文学家阿道夫·凯特勒(Adolphe Quetelet,1796—1874)将古典概率论引入统计学,从而使统计学进入一个新的发展阶段,为数理统计学的形成与发展奠定了基础。凯特勒改造并融合了德国的国势学派、英国的政治算术学派和法国的古典概率学派,是古典统计学的完成者,又是近代统计学的先驱者,在统计发展史上具有承前启后的地位,因而被誉为现代统计学之父。

4. 社会统计学派

社会统计学派是用统计学方法研究社会经济现象的数量方面及其规律的统计学派,产生于 19 世纪下半叶。该学派由德国经济学家、统计学家克尼斯(K. G. A. Knies,1821—1898)创立,主要代表人物有德国统计学家和经济学家厄恩斯特·恩格尔(Eenst Engel,1821—1896)、德国统计学家梅尔(Georgvon Mayr,1841—1925)等人。他们融合了国势学派与政治算术学派的观点,认为统计学是一门社会科学,是研究社会现象变动原因和规律的实质性科学,同数理统计学派的通用方法论相对立。统计学研究的是社会总体而不是个别的社会现象,由于社会现象的复杂性和整体性,必须对总体进行大量观察和分析,研究其内在联系,才能揭示社会现象的规律。

第二节　统计学的研究对象、性质与方法

一、统计学的研究对象

统计学的研究对象是指统计研究的客体,即社会经济总体的数量方面。研究对象的数量方面是指现象总体的数量特征、数量关系及数量界限,通过对这些数量方面的研究,揭示研究对象的规模、水平、速度、比例和效益,反映社会经济现象发展变化的规律及其本质。社会经济现象包括自然现象以外的政治、经济、文化、人民生活等领域的各种现象,如国民收入、财政、金融、教育、科技、人口、资源、生产、消费、城乡人民物质文化生活水平等。统计学的研究对象具有以下特点。

1. 数量性

客观现象有着质和量两个方面的表现。统计的研究对象是客观现象的数量方面,包括数量的多少、数量之间的关系、质量互变的数量界限等。例如,反映国家的基本国情和国力,必须要借助一系列统计指标才能对整个国家有一个客观、清晰的认识;要了解企业的生产经营状况,必须要掌握该企业生产、销售、财务等方面的统计数据。可见,数量性是统计研究对象的特点之一。

2. 总体性

统计研究的对象是由大量同类事物构成的总体现象的数量特征,个体和单个事物的数量表现可以直接获取,一般不需要运用统计研究方法。例如,人口统计要反映和研究一个国家或地区全部人口的综合数量特征,而不是要了解和研究某个人的特征,但它是从对每个人的调查开始的。从对个体数量特征的观测入手,运用科学的统计方法获得总体一般特征的综合数量,这是统计的又一基本特征。

3. 具体性

统计研究的总体数量是一个具体的时间、地点和条件限定的数量,不是抽象的数量。例如,国内生产总值100亿元是一个抽象的数量,如果说明它是某地区2021年的国内生产总值,就是统计意义上的具体数量。所以,统计研究对象的具体性就是指在时间、空间、条件等方面的规定性。

4. 变异性

变异性是指组成研究对象的个体单位在特征表现上存在的差异,并且这些差异不能按已知条件事先进行推断。变异性构成了统计研究的前提条件,正因为统计研究对象具有变异性,才为统计方法的应用提供了用武之地。

二、统计学的性质

统计学是一门认识客观事物的方法论科学,"由部分推及总体"的思想贯穿统计学的始终。具体来说,它是研究如何收集数据、整理数据并分析数据,以便从中作出正确推断的方法论科学。

三、统计学的研究方法

统计学具有完善的方法体系,有以下几种基本研究方法。

1. 大量观察法

大量观察法是指通过对研究现象总体中足够多的个体进行观察和研究,达到认识总体数量特征的目的。总体是由总体单位构成的,各个总体单位由于各自的具体条件不同,既受到共同因素的支配,也受着某些特殊的、暂时性因素的影响,导致其数量变化带有偶然性和随机性。因此,统计不能任意抽取个别或少量的总体单位进行观察,需要调查研究总体中足够多的单位以消除偶然性,才能揭示社会经济现象总体的特征和规律性。

2. 统计分组法

统计分组法是指根据统计研究的任务,将社会经济现象总体按照一定标志划分为若干组的方法,它是统计研究的基本方法,也是统计整理的关键步骤。运用分组法,可以划分现象的类型,说明现象的内部构成,研究现象之间的依存关系。

统计分组具有两方面的含义:对总体而言是"分",即将总体中的所有总体单位按其差异性划分为若干部分;对总体单位而言则是"合",即将性质相同的个体归并在一起。

3. 综合指标法

综合指标是指反映总体数量特征和数量关系的范畴和数值,包括总量指标、相对指标、平均指标和变异指标等。综合指标法,就是运用各种统计综合指标来反映社会经济现象总体的一般数量特征和数量关系的研究方法。通过对大量的原始资料进行整理汇总,计算出各种综合指标,就可以显示出现象总体在具体时间、地点条件下的总量规模、相对水平、平均水平和变异程度。现象总体的综合指标概括地描述了总体各单位在数量方面的综合特征和变动趋势。综合指标还可以用来研究总体内部的各种数量关系,有利于揭露矛盾,发现问题,寻找解决问题的方法。例如,相关分析与回归分析法、指数因素分析法、发展趋势分析法、综合评价法等都是运用综合指标来研究现象之间的数量关系的。

4．统计模型法

在研究相关现象数量变动关系时，根据具体的研究对象和一定假设条件，采用数学方程进行模拟的方法，叫作统计模型法。统计模型一般包括四个基本因素：变量、关系式、模型参数和随机项。

5．推断统计法

依据概率论和抽样分布理论，运用参数估计、假设检验和方差分析的方法，由样本观测数据来推断总体的数量特征，这种研究方法就是推断统计法。在统计实践中，推断统计的应用范围极为广泛，推断统计已成为现代统计学的核心。

第三节　统计工作过程

一、统计工作的任务

根据统计工作组织实施主体的不同，统计可分为政府统计和民间统计。政府统计是指各级人民政府、县级以上人民政府统计机构和有关部门组织实施的统计活动。关于政府统计的任务，《中华人民共和国统计法》（以下简称《统计法》）第一章第二条明确规定："统计的基本任务是对经济社会发展情况进行统计调查、统计分析，提供统计资料和统计咨询意见，实行统计监督。"

具体而言，统计的任务包括：调查、整理社会经济活动的各种数据资料，在此基础上对社会经济活动过程及其结果进行综合分析，提供公共信息；判断社会经济活动的运行状态，提出政策咨询意见，监督社会经济活动运行过程，为国民经济宏观调控、企业经营管理和科学研究提供决策依据。

民间统计是按市场规律运行的信息产业组织如咨询公司、统计事务所等民间调查机构，通过有偿形式向社会公众提供统计调查、统计咨询等方面的统计服务。具体来说，民间统计着眼于为微观经济主体提供经营决策所必需的各种信息，进行产品销售、投资融资状况、竞争对手情况等方面的调查活动。随着我国经济社会的快速发展，民间统计调查机构逐渐成为政府统计及其常规调查和大型普查的重要补充力量。

二、统计的职能

从宏观层面看，国家管理系统有决策、执行、信息、咨询、监督五个环节，统计在信息、咨询和监督三个环节中具有重要作用。

1．信息职能

统计信息职能是指统计具有提供信息服务的功能，也就是通过系统地收集、整理和分析，得到统计资料，经过对统计资料的反复提炼、筛选，提供大量有价值的、以数量描述为基本特征的统计信息，为社会公众服务。

2. 咨询职能

统计咨询职能是指统计具有提供咨询意见和对策方案的服务功能,也就是统计部门利用所掌握的统计信息资源,运用科学的分析方法和先进的技术手段,深入开展综合分析和专题研究,为科学决策和管理提供咨询建议和对策方案。统计咨询可分为有偿咨询和无偿咨询两种。

3. 监督职能

统计监督职能是指统计具有揭示社会经济运行偏差,促使社会经济运行不偏离正常轨道的职能。具体来说,就是统计部门以定量检查、经济监测、预警指标体系等为手段,及时发现问题,揭示偏差,使社会经济决策及其执行过程符合客观规律的要求。

统计的三种职能是相互联系、相辅相成的。统计信息职能是保证咨询和监督职能有效发挥的基础,统计咨询职能是统计信息职能的延续和深化,而统计监督职能则是在信息职能、咨询职能基础上的进一步拓展,并促进统计信息和咨询职能的优化。

三、统计工作过程

一个完整的统计工作过程一般要经过统计设计、统计调查、统计整理和统计分析四个阶段。

1. 统计设计

统计设计是根据统计研究的目的及研究对象的特点,对统计工作所涉及的各个方面和各个环节事先所进行的通盘考虑和计划安排。统计设计的主要内容有统计指标和指标体系的设计,统计分组和分类的设计,统计调查、整理和分析方案的设计,统计工作各部门和各阶段之间相互协调与联系的设计,统计力量的组织与安排设计等。

2. 统计调查

统计调查是根据调查的目的与要求,运用科学的调查方法,有计划、有组织地搜集数据信息资料的统计工作过程。从统计工作的全过程来看,统计调查是收集资料获得感性认识的阶段,它既是认识客观经济现象的起点,也是统计整理和统计分析的基础环节。

3. 统计整理

统计整理是将统计调查取得的反映个体情况的原始资料和经过了一定程度加工、整理的次级资料,按照科学的方法进行审核、分组、汇总,使之条理化、系统化,以说明现象总体数量特征的工作阶段。统计整理是统计工作的中间环节,具有承前启后的作用,它是统计调查工作的继续,又是统计分析工作的前提。

4. 统计分析

统计分析是在统计设计、统计调查和统计整理的基础上,对整理好的统计资料加以分析、研究的过程,需要采用各种分析方法,计算各种分析指标,揭示社会经济现象的本质及其发展变化规律。

统计工作过程的四个阶段并不是孤立、截然分开的,而是紧密联系的一个整体,各个环节常常是交叉并行的。

第四节　统计数据的类型

一、统计数据的计量尺度

依据数据对事物计量精确度的不同，统计数据的计量尺度由低级到高级、由粗略到精确分为四个层次，即定类尺度、定序尺度、定距尺度和定比尺度。

1. 定类尺度

定类尺度（nominal scale）是最粗略、计量层次最低的计量尺度。其主要特征是采用文字、数字代码和其他符号对事物进行简单的分类或分组。定类尺度只是用来划分现象的类型，各类别之间是并列、平等的，并无高低、大小和优劣之分。例如，按性别将人口分为男性、女性两类；按经济性质将企业分为国有经济、私营经济、联营经济、股份制经济等。在这两个例子中，"性别"和"经济性质"就是定类尺度。

在使用定类尺度对事物进行分类时，必须遵循穷尽原则和互斥原则，即在进行分类时应当保证所有个体不重复、无遗漏。

2. 定序尺度

定序尺度（ordinal scale）又称为顺序尺度，是对事物之间的等级差或顺序差进行的一种测度。定序尺度不仅可以将事物划分为不同的类型，还可以确定这些类别的优劣和顺序。例如，企业进行顾客满意度调查，顾客满意程度就有非常满意、比较满意、一般、不太满意、极不满意等类别。又如，工业产品的质量等级，可划分为一级品、二级品、三级品、次品等。定序尺度的计量结果主要表现为不同的类别，而且这些类别之间可以进行比较、排序，因而它比定类尺度要精确一些。不过，定序尺度只能测度类别之间的顺序，无法测量出类别之间的精确差值。定序尺度可以分类、排序，但不能进行加、减、乘、除等数学运算。

3. 定距尺度

定距尺度（interval scale）也称为间隔尺度，是对事物类别或次序之间间距的测度。该尺度通常使用自然单位或物理单位作为计量尺度，其计量结果表现为数值。例如，营业收入用"万元"，重量用"千克"，长度用"米"等。由于这种尺度的每一间隔都是相等的，只要给出一个度量单位，就可以准确地指出两个计数之间的差值，因而可以进行加减运算。

4. 定比尺度

定比尺度（ratio scale）是最高级别的测量尺度，其计算结果表现为数值。定比尺度具有定距尺度的全部属性，同时还具有绝对或自然的起点，即存在可以作为比较的共同起点或基数。其主要特征表现是：除了能够区分类别、排序、比较大小、求出大小差异，还能够进行加减运算和乘除运算；具有绝对零点，即"0"表示"没有"或"不存在"。可见，定比尺度中的"0"是个没有意义的数值。

二、数据的类型

1. 按计量尺度分

统计数据按计量尺度大体上分为定性数据和定量数据两大类。定性数据(即品质数据)用来说明事物的品质特征表现的类别,一般是用文字表述,具体包括分类数据和顺序数据。定量数据(即数量数据)用来说明现象的数量特征表现,必须用数值来表示,具体包括定距数据和定比数据。

不同数据类型的处理和分析方法是有所区别的。例如,对定性数据一般采用分组法计算,分析各组的频数或频率,而对定量数据则可采用更多的统计方法处理,计算、分析更多的统计指标或统计量。

2. 按数据收集方法分

按数据的收集方法分类,可将统计数据分为观测数据和实验数据。观测数据是通过调查或观测得到的数据,这类数据通常是在不对事物进行人为控制条件下获得的,社会经济现象的统计数据基本上都是观测数据。实验数据是对实验对象进行控制而收集到的数据,如物理学、生物学、医学的实验数据等。自然科学领域中的大多数数据均来源于实验数据。

3. 按数据与时间的关系分

按照数据与时间的关系,可以将统计数据分为截面数据、时间序列数据和面板数据。

(1)截面数据(cross section data),是指同一时间、不同空间上的数据,由同一时期、不同个体的一个或多个统计指标所组成的数据集。该数据强调同一时期,因此也称为静态数据。例如,表1-1反映的就是截面数据。

表1-1　2021年我国部分省(直辖市、自治区)地区生产总值　　单位:亿元

省(直辖市、自治区)	地区生产总值
北京市	40 269.6
天津市	15 695.0
河北省	40 391.3
山西省	22 590.2
内蒙古自治区	20 514.2

数据来源:国家统计局网站。

绝大多数统计分析方法都可以分析截面数据,根据分析目的和截面数据类型作出选择。例如,数据类型为连续型数据且为单个统计指标,可以使用描述性分析;数据类型为连续但是有多个统计指标,可以使用聚类分析、因子分析、回归分析等;统计指标有分组数据的,可使用方差分析、回归分析等方法。

(2)时间序列数据(time series data),是指不同时期,同一个体的一个或多个统计指标所组成的数据集。该数据强调不同时期,并且数据严格按照时间顺序排序,时期可以人为指定,如日、月、季度、年度等。表1-2反映的就是时间序列数据。

表 1-2   2017—2021 年广东省的地区生产总值   单位:亿元

年份	地区生产总值
2017	91 648.7
2018	99 945.2
2019	107 986.9
2020	111 151.6
2021	124 369.7

数据来源:国家统计局网站。

由于时间序列数据只针对单个个体,所有的测量实验都是围绕单个个体展开的,并且时间作为一个重要变量和因素,因此时间序列数据基本采用回归分析,并且有专门的时间序列模型。

(3) 面板数据(panel data),是截面数据和时间序列数据两者的结合,是指在不同时期、不同个体的一个或多个统计指标所组成的数据集。面板数据具有个体和时间两个维度,也称为时间序列与截面混合数据或平行数据,是二维数据。面板数据可以理解为截面上的个体在不同时间重复观测的数据。表 1-3 显示的就是面板数据。

表 1-3   2022 年 1~5 月我国部分地区居民消费价格指数

地区	5 月	4 月	3 月	2 月	1 月
北京市	102.2	102.0	101.8	101.2	101.3
天津市	101.9	101.9	101.8	101.5	102.0
河北省	102.0	102.1	101.6	100.9	101.0
山西省	102.5	102.6	101.5	100.8	100.6
内蒙古自治区	102.1	102.1	101.5	100.6	100.6

数据来源:国家统计局网站。

由于面板数据同时具有时间和个体两个维度,样本容量更大,包含的变异信息更多,既可以分析个体间的差异,也可以分析个体随时间的变化情况。

三、数据的表现形式

1. 绝对数

绝对数,又称绝对数指标,一般反映被研究对象在一定时期或时点的规模、水平或性质相同总体规模的数量差异。绝对数按指标反映的时间状况不同分为时期指标和时点指标。

(1) 时期指标是反映社会经济现象在一定时期内发展变化过程总量的指标,如产品产量、工业增加值、商品销售额、基本建设投资额等。

(2) 时点指标是反映社会经济现象在一定时点上状况的数量指标,如人口数、员工人数、商品库存量、金融机构存贷款余额等。

2. 相对数

相对数,也称为相对指标,是两个有联系的指标数值之比,反映现象之间所固有的数量对比关系。常用的相对数包括计划完成相对数、结构相对数、比例相对数、比较相对数、强度相对数、动态相对数。

3. 平均数

平均数,也称为平均指标,用来反映现象总体的一般水平或分布的集中趋势。平均指标按计算和确定的方法不同,分为算术平均数、调和平均数、几何平均数、众数、中位数等。

第五节 统计学的基本概念

一、统计总体和总体单位

统计总体简称总体(population),是指在某种共性基础上由许多个别事物结合起来的整体。构成总体的个别事物叫作总体单位(unit of population)。例如,在经济普查中,工业企业是一个总体,它由所有从事工业生产活动的企业组成,其中每一个工业企业都是一个总体单位;又如,调查分析某公司全部员工的工资水平情况,则该公司全体员工是统计总体,而每一位员工是总体单位。

确定总体是为了确定调查研究的对象和研究范围,而确定总体单位则是为了确定调查登记项目的承担者。统计总体具有以下特征:

(1)同质性,即构成总体的总体单位必须具有某一方面的共性,这个共性是确定总体范围的标准。

(2)大量性,即总体是由许多总体单位组成的,必须要有一定的规模,个别单位或极少量的单位不足以构成总体。

(3)差异性,即总体的各个总体单位之间必须在某一方面具有共性,而在其他方面必然存在差异。例如,在工业企业总体中,不同企业的经济类型、行业性质、员工人数、总资产、总负债、销售收入、利润等方面各不相同。总体的差异性就是总体单位标志的不同表现,也是统计研究的基础。如果总体单位之间不存在差异,统计研究就没有意义了。

总体可分为有限总体和无限总体。凡是总体单位有限且可以计数的总体叫作有限总体,如某市规模以上工业企业个数、某高校在校生人数等。凡是总体单位无限且不可计数的总体叫作无限总体,如宇宙中的各种星体。

总体的类型决定了统计调查方法的不同。有限总体既可以进行全面调查,也可以进行非全面调查。而无限总体只能进行非全面调查,一般是通过抽样调查方式来推断总体。

总体和总体单位是根据统计研究目的确定的,随着统计研究目的的变化,总体和总体单位也会发生变化。例如,一家企业既可以是某种调查研究的总体单位,也可以是另外一项调查研究中的总体,也就是说统计总体和总体单位是可以相互转换的。

二、样本

由总体的部分单位组成的集合称为样本(sample),样本所包含的总体单位数称为样本容量。抽取样本时应注意:样本单位必须取自同一总体,样本容量与抽样方法有关,样本须按照随机原则抽取。样本只是总体中的一个子集且具有随机性,因此以样本推断总体存在代表性误差。

三、标志、变异和变量

(一) 标志

标志(character)是总体单位所具有的属性和特征的名称。标志是用来描述总体单位具体情况的。例如,某企业作为一个总体单位,其经济类型、所属行业、员工人数、资产负债、销售收入、利润等就是标志。

标志按其性质分可分为品质标志(qualitative character)和数量标志(quantitative character)。品质标志用以表明总体单位的属性特征,一般用文字说明,不能用数量表示,如企业每位员工(总体单位)的性别、文化程度、民族等。数量标志则表明总体单位的数量特征,是用数值表示的,如每位员工的年龄、身高、体重、工资水平等。

标志按其变动情况分为不变标志和可变标志。无论品质标志还是数量标志,当某个标志在各总体单位上的具体表现相同时,该标志就是不变标志,它是构成总体的必要条件和确定总体范围的标准。不变标志反映各总体单位的共性。例如,以某地区国有商业企业为总体,每个企业都具有国有经济成份和商业企业这两个不变标志。当某个标志在各总体单位上的表现不尽相同时,该标志就是可变标志,它反映各总体单位之间的差异性。组成总体的各总体单位都具有许多不同的可变标志。例如,在某地区国有商业企业这个总体中,各企业的经营范围、营业面积、劳动生产率、营业收入、利润等标志各不相同,这些标志都是可变标志。

(二) 变异

总体单位之间在品质和数量上的差异,也就是可变标志在总体单位之间所表现出来的差异,叫变异(variation)。如果说同质性是构成总体的条件,那么总体单位的变异性则是统计研究的基础。

(三) 变量

对于可变标志,既有品质标志,也有数量标志。其中,可变的数量标志就叫变量(variable),变量的具体数值即为变量值(value of variable)。例如,当某企业作为总体单位时,其员工人数、工业增加值通常是反映企业规模的数量标志,这两个数量标志都是变量。如果说该企业2021年年末有280名员工,工业增加值为3 600万元,这两个数量标志则是变量值。

变量有离散型变量和连续型变量之分。凡是任意两个变量值之间取值是有限的,数值只能以整数出现的变量叫离散型变量(discrete of variable),如某地区的人口数、某企业的设备台数等。凡是任意两个变量值之间取值是无限的,数值可作无限分割的变量叫做连续型变量(continuous of variable),如大学生的身高、体重,企业的总资产、利润总额、加工零件的外径等。

四、指标和指标体系

指标(indicator)是反映社会经济总体数量特征的概念和数值。一个完整的统计指标包括指标名称和指标数值两个部分。例如,2021 年我国国内生产总值约 1 143 669.7 亿元、2021 年年末中国大陆总人口约 141 260 万人等。指标名称反映一定的社会经济范畴,指标数值是根据指标名称的内容所计算的统计数字,同一名称的指标在不同时间、地点条件下可以表现为不同的指标数值。

指标和标志是不同的概念,不能混为一谈。两者的区别如下:

(1)指标说明总体的特征,而标志则说明总体单位的特征。

(2)指标只反映总体的数量特征,所有指标都要用数字来回答问题,没有用文字说明总体的指标。而标志既有反映总体单位数量特征的数量标志,也有反映总体单位品质的品质标志。其中,数量标志采用数字回答问题,品质标志采用文字回答问题。

指标和标志也存在一定的联系,主要表现在许多指标都是由总体单位的数量标志汇总得来的。例如,某地区的工业增加值是一个指标,每个工业企业是总体单位,每个企业的工业增加值是其数量标志。该地区的工业增加值就是每个企业工业增加值的合计数。此外,指标和标志也存在转换关系。由于统计研究目的发生变化,原有的总体转化为总体单位时,相应的统计指标就转化为数量标志,反之亦然。

指标体系是指由若干个反映社会经济现象总体数量特征的,相对独立又相互联系的统计指标所组成的有机整体。在统计研究中,如果要说明总体全貌,只使用单个指标往往是不够的,因为它只能反映总体某一方面的数量特征,此时就需要同时使用多个相关的统计指标。多个相互关联又相互独立的指标所构成的统一整体,即为指标体系。例如,要准确评价企业的生产经营情况,仅研究其产量、产值、销售等指标是不够全面的,还需要分析劳动生产率、产品合格率、原材料消耗、单位成本、总资产、总负债、利润总额、员工人数等一系列统计指标,这样才可以了解企业生产经营管理的整体情况。

五、参数和统计量

在推断统计中,参数和统计量是最常用的概念。

(一)参数

用来描述总体特征的概括性数字度量称为参数(parameter),如总体均值(μ)、总体标准差(σ)、总体比例(π)。在推断统计中,总体数据通常是未知的常数。因此,我们才需要进行抽样,根据样本统计量去估计总体参数。

(二)统计量

用来描述样本特征的概括性数字度量称为统计量(statistic),如样本均值($\bar{x}$)、样本标准差(s)、样本比例(p)。样本一旦确定,统计量就成为已知数据。我们就可以根据样本统计量去估计总体参数。例如,用样本均值($\bar{x}$)去估计总体均值(μ);用样本标准差(s)去估计总体标准差(σ);用样本比例(p)去估计总体比例(π)。

第六节　常用统计分析软件简介

在统计实务工作中,对数据的处理和分析已经普遍采用统计分析软件,极大地提高了数据分析的效率。常用的统计分析软件有 SAS、SPSS、STATISTICA 等。

一、SAS

SAS 为"Statistical Analysis System"的缩写,意为统计分析系统,由美国北卡罗来纳州立大学的两位生物统计学研究生编写和制定,其最早只是一个数学统计软件,后来他们成立了统计分析系统公司,并且正式推出相关软件。SAS 经历了许多版本,并经过多年的完善和发展,在国际上已被誉为统计分析的标准软件,在各个领域得到广泛应用。

统计分析系统是一个模组软件系统,它由多个功能的模组组合而成。

(1) BASE 是统计分析系统的核心模组,具有提供档案建立、资料获取、管理、分析和展示的功能。

(2) SAS/ASSIST 是选单式的使用者界面模组。它不用撰写程式,而是以选单的方式去执行统计分析系统提供的各模组的功能。

(3) SAS/CONNECT 是协同式及分散式处理的模组。它将各种不同平台的统计分析系统联结起来,使系统具有资料整合与资源共享的功能。

(4) SAS/GRAPH 是制作高分辨率彩色图形的模组。它可用来产生多种颜色和多种形式的统计图,如柱形图、圆饼图、点状图、三维图、等高线图和地图等。

(5) SAS/EIS 是用来开发及维护主管资讯系统(executive information system)的应用系统开发工具,具有提供时间序列读取、分析、预测和建立计量经济模型等功能。

(6) SAS/AF 是一个应用开发工具。用户使用 SAS/AF 可将包含众多功能的 SAS 作为方法库,利用 SAS/AF 的屏幕设计能力以及 SCL 语言的处理能力来快速开发各种功能强大的应用系统。SAS/AF 还采用了面向对象编辑(OOP)技术,使用户可方便快速开发各类具有图形用户界面(GUI)的应用系统。

(7) SAS/FSP 是图形使用者界面的资料交谈式工具。它以图形界面作为资料登录、编辑、获取和查询功能。

(8) SAS/ACCESS 是各数据库软件间的资料联结与转换的工具。

(9) SAS/STAT 是全面性统计分析方法工具。它提供回归分析、变异数分析、类别分析、多重变量分析、群集分析、存活分析、PSYCHOMETRIC ANALYSIS 和无母数分析等方法,并具有正规化、线性化与非线性化等变数转换的功能。

(10) SAS/LAB 是以导引方式进行资料分析的工具。它提供统计的假设分析(assumption),如 OUTLIER、NORMAL、SCALING 转换等功能,可以协助作出结论,并且可将执行过程全部储存,以作为日后分析或报告的参考。

(11) SAS/IML 是交谈式的高阶矩阵语言工具。它提供高阶的科学、工程和统计上的应用,并具有图形产生及资料展示的功能。

（12）SAS/QC 是统计品管工具。它具有制程分析、实验设计等功能，通过选单界面方式，方便使用者快速得到分析结果。

（13）SAS/OR 是决策支援工具。它具有计划管理、线性及非线性规划、资源最佳化分配等功能。

（14）SAS/GIS 是地理资料的图形系统。

（15）SAS/Web AF 是一种类似 SAS/AF 的图形界面开发工具，主要适用于发展 Web 上的使用者界面。

一般认为，使用 SAS 需要编写程序，比较适合统计专业人员，对于非统计专业人员则比较困难。

二、SPSS

SPSS 是"Statistical Package for the Social Sciences"的首字母缩写，即社会科学统计软件包，由美国斯坦福大学的三位研究生于 20 世纪 60 年代末研制。随着 SPSS 产品服务领域的扩大和服务深度的增加，SPSS 公司已于 2000 年正式将英文全称更改为"Statistical Product and Service Solutions"，即统计产品与服务解决方案。

SPSS 是世界上最早采用图形菜单驱动界面的统计软件，其突出的特点就是操作界面极为友好，输出结果美观漂亮。SPSS 几乎将所有的功能都以统一、规范的界面展现出来，使用 Windows 的窗口方式展示各种管理和分析数据方法的功能，对话框展示各种功能选择项。用户只要掌握一定的 Windows 操作技能，大致了解统计分析原理，就可以使用该软件为特定的科研工作服务。因此，SPSS 被认为是非统计专业人员的首选统计软件。

三、STATISTICA

STATISTICA 是一个整合数据分析、图表绘制、数据库管理与自订应用发展系统环境的专业软件。STATISTICA 不仅提供统计、绘图与数据管理程序等，还提供特定需求所需的数据分析方法，如数据挖掘、商业、社会科学、生物研究或工业工程等。

STATISTICA 的特点包括：图形库种类非常丰富；有同步报告输出功能；软件兼容性好；导入导出数据时支持多种格式；软件操作简便；内置 Visual Basic 程序；具有定制化的报表功能。STATISTICA 具备各种统计分析功能和便利、强大的图形输出能力，且无需编程，在科学、工程等领域的统计分析中都发挥着巨大作用。

四、Minitab

Minitab 软件是目前最优秀的现代质量管理统计软件之一，该软件采用了一套全面强大的统计方法分析数据，包括基础统计、回归和方差分析、质量工具、因子设计、控制图等功能，加上 Minitab 协助菜单提供清晰的报告，便于理解分析结果及其含义。软件操作界面非常直观并易于使用，支持深入挖掘数据，支持在 Excel 和数据库中导入数据和图形，可以让用户更轻松地查看分析结果。

五、R

R 是一种有着统计分析功能及强大作图功能的软件系统,它由新西兰奥克兰大学统计学系的 Ross Ihaka 和 Robert Gentleman 共同创立。之所以称为 R,部分原因是这两位创立者的姓名。R 是一款基于 R 语言的优秀的统计软件,具有很多优点。例如,免费;更新速度快;包含最新方法的实现方案;可提供丰富的数据分析技术,功能十分强大;具有强大的绘图功能,可以按照需要画出图形对数据进行可视化分析。R 中有很多函数和包(package),因而在使用过程中一般不需要编程。

六、Eviews

Eviews 是 Econometrics Views 的缩写,直译为"计量经济学观察",通常将其称为计量经济学软件包。其本意是采用计量经济学方法与技术对社会经济关系与经济活动的数量规律进行"观察"。另外,Eviews 也是美国 QMS(Quantitative Micro Software)公司研制的在 Windows 下专门从事数据分析、回归分析和预测的工具。Eviews 是在 Windows 操作系统中,计量经济学软件中的世界性领导软件之一。Eviews 可以迅速地从数据中找出统计关系,并用得到的关系去预测数据的未来值。Eviews 的应用范围包括科学实验数据分析与评估、金融分析、宏观经济预测、仿真、销售预测和成本分析等。

 **本章小结**

1. 统计有三种含义,即统计工作、统计数据和统计学,最基本的含义是指统计工作。

2. 统计学的研究对象是指统计研究的客体,即社会经济总体的数量方面。研究对象的数量方面是指现象总体的数量特征、数量关系及数量界限,通过对这些数量方面的研究,揭示研究对象的规模、水平、速度、比例和效益,以反映社会经济现象发展变化的规律及其本质。统计学的研究对象具有数量性、总体性、具体性和变异性的特点。

3. 统计学的研究方法主要有大量观察法、统计分组法、综合指标法、统计模型法和统计推断法。

4. 统计具有信息、咨询、监督三种职能。

5. 一个完整的统计工作过程一般要经过统计设计、统计调查、统计整理和统计分析四个阶段。

6. 统计数据的计量尺度由低级到高级、由粗略到精确分为四个层次,即定类尺度、定序尺度、定距尺度和定比尺度。

7. 统计数据按计量尺度大体上分为定性数据和定量数据两大类。定性数据(即品质数据)是说明事物属性或品质特征的,一般是用文字表述,具体包括分类数据和顺序数据。定量数据(即数量数据)是说明现象数量特征表现的,必须用数值来表示,具体包括定距数据和定比数据。

8. 统计学的基本概念包括总体与总体单位、样本、参数与统计量、标志、变异与变量、指标和指标体系等。

 **练习题**

一、单项选择题

1. 通过抽检生产线某时段的产品合格率,估计该生产线全天的产品合格率,这种统计方法属于( )。

    A. 描述统计学　　　B. 推断统计学　　　C. 数学　　　D. 逻辑学

2. 构成统计总体的个别事物叫作( )。

    A. 总体　　　B. 母体　　　C. 样本　　　D. 总体单位

3. 为了解某高校学生每月消费情况,从 5 000 名学生中随机抽取 200 名学生进行消费调查,则此项调查的总体为( )。

    A. 某高校

    B. 5 000 名大学生

    C. 被抽取的 200 名大学生

    D. 5 000 名大学生每月消费情况

4. 某公司根据随机抽取的 200 名员工年龄的调查数据,计算得出了公司 1 500 名员工的平均年龄,这种分析数据的方法属于( )。

    A. 描述统计　　　B. 推断统计　　　C. 类比统计　　　D. 相关分析

5. 某陶瓷企业将其产品按一级品、二级品、三级品来衡量产品质量的优劣,则产品等级属于( )。

    A. 变量　　　B. 变量值　　　C. 数量标志　　　D. 品质标志

6. 分析某班级高等数学期末考试情况,排在前三名同学的成绩分别为 92 分、88 分和 85 分,则这些分数属于( )。

    A. 变量　　　B. 变量值　　　C. 数量指标　　　D. 品质标志

7. 为了解某县民营企业的生产经营状况,县统计局以该县所有民营企业为调查总体进行调查。则对于具体的民营企业而言,不变标志是企业的( )。

    A. 资产总额　　　B. 员工人数　　　C. 经营地址　　　D. 所有制性质

8. 某市工信局对全市工业企业的发电设备情况进行普查,则总体单位是( )。

    A. 全市工业企业的所有发电设备　　　B. 全市工业企业的每一台发电设备

    C. 每个工业企业的发电设备　　　D. 每个工业企业

9. 在统计学的研究方法中,作为统计研究基础的是( )。

    A. 实验设计　　　B. 大量观察　　　C. 描述统计　　　D. 推断统计

10. 统计总体是由客观存在的( )的集合。

    A. 不同性质基础上结合起来的许多个别事物

    B. 同一性质基础上结合起来的许多个别事物

    C. 随意基础上结合起来的许多个别事物

    D. 有选择的基础上结合起来的许多个别事物

11. 总体的差异性是指（   ）。

    A. 总体单位标志的不同表现   B. 总体单位不同的标志

    C. 表现总体特征的各种指标   D. 表现总体特征的各种标志

12. 能区分类别、排序、比较大小、求出大小差异，并能进行加减乘除运算的计量尺度是（   ）。

    A. 定类尺度   B. 定序尺度   C. 定距尺度   D. 定比尺度

13. 根据样本计算的用于推断总体特征的概括性数字度量称为（   ）。

    A. 参数   B. 总体   C. 样本   D. 统计量

14. 只能归于某一有序类别的非数字型数据称为（   ）。

    A. 分类数据   B. 顺序数据   C. 数值型数据   D. 数值型变量

15. 由同一时期、不同个体的一个或多个统计指标所组成的数据集是（   ）。

    A. 截面数据   B. 时间序列数据   C. 面板数据   D. 平行数据

二、多项选择题

1. "统计"一词包括三种含义，即（   ）。

    A. 统计学   B. 统计工作   C. 统计数据   D. 统计指标

2. 一个完整的统计工作过程，一般包括（   ）阶段。

    A. 统计设计   B. 统计调查   C. 统计整理   D. 统计分析

3. 以某企业为总体单位，下列选项中属于该企业数量标志的有（   ）。

    A. 经济类型   B. 工业增加值   C. 行业类别   D. 营业收入

4. 下列选项中属于离散变量的有（   ）。

    A. 设备台数   B. 员工人数   C. 企业利润   D. 零件尺寸

5. 以某单位全体职工为总体，每个职工为总体单位，则下列选项中属于统计指标的有（   ）。

    A. 职工总人数   B. 职工工龄   C. 职工平均工资   D. 女职工人数比例

6. 统计研究运用的方法包括（   ）和推断统计法。

    A. 大量观察法   B. 统计分组法   C. 综合指标法   D. 统计模型法

7. 下列说法正确的有（   ）。

    A. 总体单位是标志的承担者

    B. 统计指标的数值来源于标志

    C. 指标是说明总体单位特征的，标志是说明总体特征的

    D. 指标和标志都是用数值表示的

8. 统计学的研究对象具有（   ）的特点。

    A. 数量性   B. 总体性   C. 具体性   D. 变异性

9. 统计的职能包括（   ）。

    A. 信息   B. 咨询   C. 决策   D. 监督

10. 按照数据与时间的关系，可以将统计数据分为（   ）。

    A. 截面数据   B. 定量数据   C. 时间序列数据   D. 面板数据

三、判断题

1. 员工个人的工资和公司员工的平均工资都是说明公司工资水平的统计指标。   （   ）

2. 企业每个研发人员的学历、学位和职称是品质标志,年龄、工龄和工资水平属于数量指标。 （ ）
3. 总体单位是标志的承担者,标志是依附于总体单位的。 （ ）
4. 总体和总体单位的概念不是固定不变的,任何一对总体和总体单位都可以互相转换。
 （ ）
5. 在一个统计总体中,包含反映总体单位特征的标志都是可变标志,没有不变标志。 （ ）
6. 描述统计是根据样本数据来推断总体的数量特征。 （ ）
7. 统计有三种含义,即统计工作、统计数据和统计学,但最基本的含义是指统计数据。 （ ）
8. 一个完整的统计工作包括统计设计、统计调查、统计整理和统计推断四个阶段。 （ ）
9. 同质性是构成总体的条件,因而也是统计研究的前提条件。 （ ）
10. 标志是用来说明总体单位属性或特征的名称,按变异情况分为品质标志和数量标志。
 （ ）

四、思考题

1. 简述统计一词的含义。
2. 统计学的研究方法有哪些?
3. 简述统计工作的过程。
4. 统计总体有哪些特征?
5. 简述离散型变量和连续型变量的含义。
6. 什么是指标? 简述指标与标志的区别与联系。

第二章

统 计 调 查

第一节 统计调查概述

一、统计调查的意义和原则

人们要从数量上认识客观现象,就必须通过调查或实验来搜集数据。明确要搜集什么数据,要采用哪种方法去搜集数据,才能保证数据搜集工作及时、有效地进行。客观现象是错综复杂的,人们要认识客观规律,必须搜集资料,对资料进行加工整理,并对已整理的资料进行分析研究。

统计调查(statistical survey)是根据调查的目的与要求,运用科学的调查方法,有组织、有计划地搜集数据信息资料的统计工作过程。明确调查目的,确定调查对象和调查表,规定调查时间和地点等,是统计资料整理和分析的前提。根据组织统计调查的机构不同,统计调查项目分为国家统计调查项目、部门统计调查项目、地方统计调查项目三类。

在进行统计调查时必须遵循三项基本原则。

(1)准确性原则:实事求是,如实反映实际情况。

(2)及时性原则:及时反映,及时预报。

(3)完整性原则:数字与实际情况相结合。

二、统计调查的组织形式

从统计数据本身的来源看,统计数据最初都是来源于直接的调查或实验。但从使用者的角度看,统计数据主要来源于两种渠道:一是来源于直接的调查和科学实验,这是统计数据的直接来源,我们称之为第一手或直接的统计数据;二是来源于别人调查或实验的数据,这是统计数据的间接来源,我们称之为第二手或间接的统计数据。其中,统计数据的直接来源也有两个渠道:一是调查或观察,二是实验。调查是取得社会经济数据的重要手段,实验是取得自然科学数据的主要手段。本节主要从使用者的角度说明统计调查取得社会经济数据的组织形式。

统计调查的组织形式是指组织统计调查、搜集信息资源的方法。统计调查的组织形式多种多样,根据相关的标志分类,其组织形式如图 2-1 所示。

```
                                            ┌──── 普查
                              ┌── 全面调查 ──┤
                              │             └──── 全面统计报表
                  ┌── 调查 ──┤
                  │   范围    │             ┌──── 抽样调查
                  │          │             ├──── 重点调查
                  │          └── 非全面调查 ┤
统                │                          ├──── 典型调查
计                │                          └──── 非全面统计报表
调                │
查   ──┤          ┌──── 经常性调查
的      ── 调查 ──┤
组          时间   │             ┌──── 定期调查
织                └── 一次性调查 ┤
形                                └──── 不定期调查
式                │
                  │   ┌──── 统计报表
                  └── 组织 ──┤
                     方式     │             ┌──── 普查
                              │             ├──── 抽样调查
                              └── 专门调查 ─┤
                                            ├──── 重点调查
                                            └──── 典型调查
```

图 2-1　统计调查的组织形式

(一) 按调查范围划分

1. 全面调查

全面调查(overall investigation)是对调查对象的所有单位进行的调查,主要目的是取得反映总体的全面资料,利于掌握总体的基本情况,了解总体全貌。全面调查多用于国情国力的调查(如大规模的人口普查、农业普查、经济普查等)。采用全面调查法可以取得比较完整、可靠的数据资料,但调查工作量巨大、耗费较多。全面调查主要是以普查和全面统计报表的方式进行的。

2. 非全面调查

非全面调查(non-overall investigation)是在统计调查过程中,仅对调查对象中的一部分单位加以调查的一种调查方式。这种方式可节省调查过程中的人力、物力和时间,比较灵活,并且在有些情况下只能采取非全面调查的方法。例如,为了解工业企业生产活动的情况和问题、研究新技术和新经验的推广等,可以选择一部分单位进行非全面调查。非全面调查包括抽样调查、重点调查、典型调查及非全面统计报表。

在实际工作中,非全面调查具有以下作用:

(1) 能满足决策者了解情况、制定政策的特定需要。

(2) 能提高统计资料的正确性和时效性。

(3) 能适应特殊需要。例如,对产品进行具有破坏性的质量检验等。

(二) 按调查时间划分

1. 经常性调查

经常性调查(successive survey)是指随着研究现象的变化,连续不断地进行调查登记,又称定期调查或连续调查。例如,工业产品产量、主要原材料消耗、燃料和动力消耗等,这些指标数值是随着时间而变化的,必须经常地、连续地进行调查登记,才能满足企业经营管理的需要。经常性调查主要是为了观察现象总体的发生过程和发展过程,它所反映的是在一段时间内的数量变化,调查结果一般用时期指标来表示。

2. 一次性调查

一次性调查(single round survey)是经常性调查的对称,是不经常、不连续的,间隔相当长的时间方才进行一次的调查登记,其主要任务是获得关于现象总体在某一时点上的水平、状态的资料,如工业企业的固定资产净值、生产设备数量、职工人数等。这类指标一般是时点指标,短期内变化不大,不需要经常性地连续调查。

根据调查的时间间隔是否相等,一次性调查可分为定期调查和不定期调查。定期调查是每隔一定时间调查一次,其时间间隔大体相等。例如,企业月末登记原材料或产成品的库存量、职工人数等。不定期调查是根据某一时期的工作需要所进行的一次性调查,这种调查可能只进行一次,也可能间隔相当长的时间再进行一次。例如,特殊时期政府主管部门为调控房地产价格进行的专项调查就属于不定期调查。

(三) 按组织方式划分

统计调查按照组织方式划分,可分统计报表和专门调查两种形式。统计报表是调查单位或填报单位按国家统一规定的表式和内容,定期向各级领导机构报送统计资料的一种形式。专门调查是为某一专题研究而组织的专项调查,具体包括普查、抽样调查、重点调查和典型调查四种形式。

1. 统计报表

统计报表(statistical report forms)是按照国家有关法规规定,自上而下统一布置,自下而上逐级填报的一种调查组织方式。这种调查组织方式在我国政府统计工作中,经过几十年的改进和完善,已形成了一套比较完备的统计报告制度,它要求以原始数据为基础,按照统一的表式、指标、报送时间和报送程序填报,已成为国家和地方政府部门获取统计数据主要的统计调查组织方式。

统计报表的类型多种多样。按调查范围可分为全面报表和非全面报表;按报送时间可分为日报、周报、旬报、月报、半年报、年报等;按报送受体可分为国家、部门、地方统计报表。

2. 专门调查

1) 普查

普查(census)是为某一特定目的而专门组织的一次性全面调查方式,如人口普查、经济普查、农业普查等。目前,世界各国一般都定期进行各种普查。普查适用于特定目的、特定对象,旨在搜集有关国情国力的基本统计数据,为国家制定有关政策或措施提供依据。普查主要用于搜集处于某一时点状态上的社会经济现象的数据。普查作为一种特殊的调查组织方式具有以下特点:

(1) 普查通常是一次性或周期性的。普查涉及面广,调查单位多,要耗费大量的人力、物力和财力,所以间隔较长时间。目前,我国重大国情国力普查项目包括全国人口普查、农业普查和经济普查三项。全国人口普查每 10 年进行一次,在尾数逢 0 的年份实施;全国农业普查每 10 年进行一次,在尾数逢 6 的年份实施;全国经济普查每 5 年进行一次,在尾数逢 3 和 8 的年份实施。

（2）普查需要规定统一的标准调查时间，以避免调查数据的重复或遗漏，保证普查结果的准确性。全国人口普查，标准时点为普查年度的 11 月 1 日零时；全国农业普查，标准时点为普查年度的 12 月 31 日 24 时；全国经济普查，标准时点为普查年度的 12 月 31 日。

（3）普查需要规定统一的普查期限，在普查范围内各调查单位或调查点尽可能同时进行登记，并在最短的期限内完成，以便在方法和步调上保持一致，保证资料的准确性和时效性。

（4）普查需要规定普查的项目和指标。普查时必须按照统一规定的项目和指标进行登记，不准任意改变或增减，以免影响汇总和综合，降低资料质量。同一种普查，每次调查的项目和指标应力求一致，以便于进行历次调查资料的对比分析和观察社会经济现象发展变化情况。

（5）普查的数据一般比较准确，规范化程度也高，因此可作为抽样调查和其他调查的依据。

（6）普查的使用范围较窄，只能调查一些最基本或特定的现象。

截至 2022 年 5 月，我国已开展的普查项目如表 2-1 所示。

表 2-1　我国已开展的普查项目

普查类型	第一次	第二次	第三次	第四次	第五次	第六次	第七次
人口普查	1953 年	1964 年	1982 年	1990 年	2000 年	2010 年	2020 年
农业普查	1996 年	2006 年	2016 年				
经济普查	2004 年	2008 年	2013 年	2018 年			

2）抽样调查

抽样调查（sampling survey）是按照随机原则从总体中抽取一部分单位构成样本进行观察，并根据样本信息推断总体数量特征的一种非全面调查。这是一种应用最为广泛的调查组织方式。

抽样调查有如下特点：样本单位按随机原则抽取；根据部分调查的实际资料对总体的数量特征作出估计；抽样误差可以事先计算并加以控制。

抽样调查的适用范围主要如下：

第一，对一些不可能或不必要进行全面调查的社会经济现象，可采用抽样调查。例如，要了解大兴安岭林区有多少棵树、上海市居民家庭生活状况等。从理论上讲，这类研究对象是有限总体，可以进行全面调查，但实际上办不到，也不必要。对这类情况的了解一般采取抽样调查方法。

第二，有些事物在测量或试验时有破坏性，不可能进行全面调查。例如，汽车碰撞测试、智能手机电池寿命检测、盒装牛奶的卫生检查等都具有破坏性，不可能进行全面调查，只能使用抽样调查方法。

第三，抽样调查方法可以用于工业生产过程中的质量控制。抽样调查广泛用于对成批或大量连续生产的质量控制，检查生产过程是否正常。其可以及时提供产品质量信息，便于管理者及时采取纠正和预防措施，保证产品质量稳定。

第四，利用抽样推断的方法，可以对总体的假设进行检验，来判断这种假设的真伪，以决定取舍。例如，新工艺和新技术的推广、新药品的使用等是否具有明显效果，须对未知总体作出一些假设,然后利用抽样调查的方法,根据实验材料对所作的假设进行检验,作出接受或拒绝原假设的判断。

第五,通过抽样调查对普查资料的准确性加以验证和评价,并进行必要的修正。例如,每次全国人口普查、经济普查、农业普查结束后,一般都要进行事后的抽样调查,用于评估普查的数据质量。

抽样调查必须遵循两个原则:首先是随机原则,即要使所有调查单位都有同样被抽取的机会;其次是最大抽样效果原则,即在既定的调查费用下使抽样估计误差最小,或者是在给定的精确度下,使调查费用最少。

抽样调查的详细内容将在本书第九章专门介绍。

3) 重点调查

重点调查(key-point investigation)是指在调查对象中,只从全部总体单位中选择少数重点单位进行的非全面调查。

重点单位尽管在全部总体单位中为数不多,但其某一标志值却在所要研究的总体标志总量中占有很大的比重。例如,要了解全国的钢铁生产现状,只要对产量较大的少数几家钢铁企业,如对中国宝武钢铁集团有限公司、江苏沙钢集团有限公司、河北钢铁集团有限公司等进行调查,就可以对全国钢铁生产情况有了大致的认识。2018 年的数据表明,这几家大型钢铁企业的年钢铁产量都在 4 000 万吨以上,在全国钢铁总产量中占有较大比重,可作为全国钢铁产量调查的重点单位。

重点调查具有时间较短、工作量较少、耗费较省等优点,因而在调查中既可相应地增加调查项目,又可对有关调查对象进行比较深入、细致的调查。

4) 典型调查

典型调查(model survey)是从全部总体单位中选择一个或几个有代表性的单位进行深入细致调查的一种非全面调查组织方式。典型调查的目的是通过典型单位具体、生动、形象的资料来描述或揭示事物的本质或规律,因此所选择的典型单位应能反映所研究问题的本质属性或特征。例如,要研究工业企业的经济效益,可以在同行业中选择一个或几个经济效益突出的单位作深入细致的调查,从中找出经济效益好的原因和经验。典型调查主要用于定性研究,调查结果一般不能用来推断总体参数。

典型调查的特点是:可用较少人力、物力,在较短时间内对事物作出较为深入细致的研究,特别是适用于对新情况、新问题进行的以定性研究为主的调查。

根据《统计法》第十六条的规定,我国现阶段使用的统计调查方法体系应以周期性普查为基础,以经常性抽样调查为主体,综合运用全面调查、重点调查等方法,并充分利用行政记录等资料。

第二节　统计资料的搜集方法

统计数据搜集是指根据统计研究的目的和任务,运用科学的调查方法与手段,有计划、有组织地从客观实际采集数据的过程。任何一种调查都必须采用一定的调查方法去搜集原始资料,即使调查的组织形式相同,其调查方法也可以是不同的。调查者应根据调查目的与被调查对象的具体特点,选择合适的调查方法。搜集统计资料常用的方法有以下几种。

一、直接观察法

直接观察法(direct observation)是指由调查人员亲自到现场,对调查对象直接进行观察、检验、测量、点数,以取得所需统计资料的调查方法。例如,调查人员直接到养猪场清点生猪存栏数、到仓库盘点商品库存量、对产品质量进行现场检验、对火车站的客流量进行调查等,都可以采用直接观察法。

直接观察法可以获得大量真实的第一手资料,是获得感性认识和发现问题的重要途径,能够保证所搜集资料的准确性。其局限性在于只能在有限的范围内使用,且花费的人力、物力和时间较多,成本较高,涉及私人问题时不宜采用此方法。

二、报告法

报告法(report method)又称报表法,是一种间接搜集资料的方法。调查者将调查表发给被调查者,由被调查者按规定内容根据实际情况或原始资料填写并及时上报。这种方法一般是由政府统计机构向有关部门、调查单位布置调查任务,或者是上级机关向其下属单位布置调查任务,具有一定的强制性,有一定的法律保障。我国现行的统计报表制度,一般是采用这种调查方法。

报告法的优点是有一系列统计法律、法规作为法律保障,由被调查者承担责任,调查者比较省时省力,可以及时得到比较准确、全面、系统的统计资料。报告法的缺点是:一方面,在统计报表层层上报的过程中,数字容易受人为干扰而失真,存在数据造假的现象;另一方面,容易发生上级机关随意下发调查表,下级单位负担过重的情况。

三、采访法

采访法(inquired method)是根据被调查者的答复来搜集统计资料,这种方法又可分为口头询问法和被调查者自填法两种。口头询问法是由调查人员对被调查者逐一采访,当面填答。被调查者自填法即调查人员把调查表交给被调查者,向被调查者说明填表的要求和方法,并对有关注意事项加以解释,由被调查者按实际情况一一填写,填好后交调查人员审核收回。

采访法可以是对每个调查单位(如人口普查中对每一个人进行调查访问)访问登记,也可以是对一个集体进行调查访问(如人口普查中向一个户主了解其全家每个人的情况)。采用这种方法所搜集到的资料准确性较高。但必须要对调查人员进行严格训练,使他们能够对不同的被调查者进行恰当的提问,取得较好的合作。有时候,采访法也可以通过召集调查会的形式,同时与若干个被调查者座谈取得资料。

四、通讯法

通讯法(communication method)又称邮寄法,是将调查表或调查问卷邮寄给被调查者,由被调查者按规定要求填好寄回的调查方法。这是与直接观察法、采访法正好相反的间接调查法。报告法实际也是一种以通讯法取得资料的方法,只是通讯法往往不像报告法那样带有强制性,如民意调查往往采用通讯法搜集资料。

五、实验法

实验法(experimental method)是用于搜集测试某一新产品、新工艺或新方法使用效果的资料的方法。进行实验设计往往通过分组进行对照实验,并在实验中采集数据。在分组中,实验对象的分配、实验次序的安排应遵循随机原则。一般地,对于可以通过科学实验取得资料的,采用实验设计调查法;而对于无法通过科学实验取得资料的,如某种社会现象则应采用大量观察法。

六、网络调查法

网络调查法(internet survey method)是利用互联网的交互式信息沟通渠道来搜集有关统计资料的一种方法。这种资料搜集方法包括两种形式,一是在网上直接用问卷进行调查,二是通过网络来搜集统计调查中的一些二手资料。网络调查法的优点是便利、快捷、调查效率高,调查成本很低;缺点是调查范围受到一定的限制,在调查时还有可能遭到计算机病毒的干扰和破坏,甚至前功尽弃。

第三节　统计调查方案的设计

一、统计调查方案的意义

统计调查的工作量大,内容繁杂,研究目的和任务又要求调查资料的准确性、全面性和及时性。为了做好本阶段的工作,在调查工作开始之前,必须制定出一个周密的调查方案,对整个阶段的工作进行统筹考虑、合理安排,保证统计调查工作的效率和质量。

二、统计调查方案的内容

一个完整的统计调查方案应包括以下内容。

1. 确定调查目的

统计调查是为一定的统计研究任务服务的,在制定调查方案时,先要确定调查目的,即调查中要研究解决的问题和要取得的资料。例如,2018年我国开展了第四次全国经济普查,明确规定经济普查的目的是:全面调查我国第二产业和第三产业的发展规模、布局和效益,了解产业组织、产业结构、产业技术、产业形态的现状及各生产要素的构成,摸清全部法人单位资产负债状况和新兴产业发展情况,进一步查实各类单位的基本情况和主要产品产量、服务活动,全面准确反映供给侧结构性改革、新动能培育壮大、经济结构优化升级等方面的新进展。可见,在这一调查方案中,调查目的是具体和明确的。

2. 确定调查对象和调查单位

统计调查的目的确定以后,就可以进一步确定调查对象和调查单位。确定调查对象和调查单位,就是为了回答向谁调查、由谁来具体提供资料的问题。

(1)调查对象是根据调查目的所确定的统计总体。例如,要调查研究全国运输企业的运输周转量、成本、燃料消耗、劳动生产率情况,则全国所有运输企业就是调查对象。

(2)调查单位是进行调查登记的标志值的承担者,也就是总体单位,既可以是某机构或某个人,也可以是某物品。例如,如果调查对象是全国所有的运输企业,则调查单位就是每一家运输企业;如果调查对象是全国所有的运输工具,则每一运输工具就是一个调查单位。

明确调查单位,还需要同填报单位区别开来。填报单位是填写调查内容、提供资料的单位,它可以是一定的部门或单位,也可以是调查单位本身,这要根据调查对象的特点和调查任务的要求确定。填报单位和调查单位有时是一致的,如某地区工业普查中的填报单位和调查单位都是某一具体的工业企业;而在某些情况下两者则不相同。例如,要调查某实验小学小学生的健康状况,调查单位是每一名小学生,但填报单位是该实验小学。

3. 确定调查项目

调查项目就是所要调查的内容,即所要登记的调查单位的特征。调查项目一般就是调查单位各个标志的名称,包括品质标志和数量标志两种。例如,要了解某地区的工业生产情况,需要列出的调查项目一般包括企业个数、工业产品名称及产量、设备拥有量及生产能力、职工人数、主要原材料名称及其消耗量、燃料及动力的消耗量等。又如,我国第七次全国人口普查拟定了姓名、性别、年龄、民族、受教育程度、行业、职业、迁移流动、社会保障、婚姻生育、死亡、住房情况等作为调查项目。这些调查项目列入调查表就形成了若干统计指标的名称。

4. 拟定调查表和问卷设计

(1)调查表。调查项目确定后,就要将所有调查项目科学地分类排队,并按一定顺序列在表格上,这种供调查使用的表格就叫调查表。调查表一般分为单一表和一览表两种:

单一表,又称卡片式,是将一个调查单位的调查内容填列在一份表格上的调查表。它可以容纳较多的项目,且便于分类整理和汇总审核。

一览表就是把许多个调查单位和相应的项目按次序登记在一张表格里的调查表。它便于合计和核对差错,但一般只在调查项目不多时采用。

(2)问卷设计。问卷调查是一种特殊的调查形式。根据调查目的,在调查对象中随机选择或有意识地确定调查单位,以文字或表格形式了解被调查者的意见,被调查者自愿、自由地回答问卷中所提出的问题。问卷设计应简明扼要,以保证所搜集资料的准确。

5. 确定调查时间和调查期限

调查时间是调查资料的所属时间。调查时间可以是时期,也可以是一定的时点。调查期限是进行调查工作所要经历的时间,包括搜集资料和报送资料的工作所需的时间,应尽可能缩短。例如,我国第七次全国人口普查,因为人口数量是时点指标,所以规定的标准调查时点是 2020 年 11 月 1 日零时,调查期限确定为 2020 年 11 月 1 日到 12 月 10 日。

6. 制定调查组织实施计划

制定调查组织实施计划包括确定调查机构,组织和培训调查人员,落实调查经费的来源和开支办法,确定调查资料的报送办法和公布调查结果的时间。

第四节　调查问卷的设计

一、调查问卷的概念

调查问卷(questionnaire)又称调查表,是调查者根据一定的目的精心设计的一种特殊形式的调查表格。调查者运用统一设计的问卷可以向被调查者了解情况或者征询意见。调查问卷分为自填式问卷和访谈式问卷两种。

调查问卷把所要调查的内容以问题及其可能的答案按照一定的形式顺序排列,是收集调查数据的常用工具。问卷调查是获得统计资料的基本方法,而在问卷调查中,问卷设计(questionnaire design)又是其中的关键。问卷设计得是否合理,将直接决定着能否获得准确可靠的统计资料。因此,调查问卷的设计有别于一般的调查表设计。

二、调查问卷的基本结构

一份调查问卷从结构上可以细分为标题、问卷说明、填写要求、调查甄别内容、调查主题内容、编码、结束语和被访者基本情况(背景资料)八个部分。其中,调查主题内容是调查问卷最核心的部分。

1. 标题

调查问卷的标题是对调查主题的高度概括,即调查表的总标题,一般位于统计调查问卷表上端中央。确定标题要简明扼要,能激发回答者的兴趣。标题可以对某项调查起到画龙点睛的作用,还能够使调查者和被调查者对所要调查的内容有大致的了解。

2. 问卷说明

调查问卷说明又称为前言或引言,它一般是对调查的目的、意义及有关事项进行说明。其主要作用是通过阐明调查的目的和意义,消除被调查者的顾虑,引起被调查者的兴趣,争取被调查者的支持和合作。调查问卷说明的主要内容包括:调查的目的、意义;对被调查者的希望和要求;调查问卷调查的匿名性和保密原则;回复的时间、地点、方式,以及主办调查的单位、组织或个人的身份等。调查问卷的说明语气要谦虚、诚恳、平易近人,文字要简练、准确、有可读性。一个小规模的调查,问卷说明可以简约一些。例如,一个《大学校风抽样调查问卷》的前言为:

同学:您好!

为了进一步提高我校的教学质量,加强学校的校风建设,也为了迎接本科教学的评估,我们特组织了本次调查活动。希望您认真填写下列问题,谢谢您的合作。

3. 填写要求

填写要求又称为填表说明,是对填表的要求、方法、注意事项等总的说明,一般是以文字和符号对要作答的题目提出要求,也可以单独进行统一说明,并放在统计调查问卷说明之前或正式调查问题之前。

4. 调查甄别内容

调查甄别内容是指通过设计一些问题先对被调查者进行过滤,筛选掉不符合条件的被调查者,然后得到满足条件的调查对象,使调查得到的结果更加真实可信。

例如,调查用户对小米手机的使用情况,先要确定被调查者必须拥有小米手机或者使用过小米手机。所以,在调查统计调查问卷中应设计甄别问题:“您有小米手机或使用过小米手机吗?”,如果没有,那就没必要进一步调查了。一些特殊调查可以设甄别问题,没有特殊项目的调查,通常可以不设甄别问题。

5. 调查主题内容

调查主题内容是基于问题与答案来表达出调查者所要了解的基本内容,是统计调查问卷中最重要的部分。问题与答案设计的好坏直接影响着整个调查目的的实现和调查任务的完成。

6. 编码

编码,是指对统计调查问卷中的问题与答案用数字所表示的代码。它是实现计算机数据处理的中介和桥梁。编码既可以在设计统计调查问卷时同时编好,称为前编码;也可以在调查完成后再进行编码,称为后编码。在实际调查中,研究者大多采用前编码,因此,前编码就成为了统计调查问卷中的一部分。例如,调查的第一个问题编码为 001,调查的第二个问题编码为 002;第一个问题的备选答案用 A、B、C、D 表示,或用(1)、(2)、(3)、(4)表示。

7. 结束语

结束语设在统计调查问卷的最后,通常是用简短的几句话,对被调查者的合作表示真诚的感谢。也可以顺便征询一下对统计调查问卷设计和统计调查问卷调查本身有何感受等,通常还包括调查员的姓名、访谈时间等。

8. 被访者基本情况

该部分主要说明被调查者的一些主要特征,包括被调查者的性别、民族、职业、收入、文化程度、婚姻状况、家庭人口等。有的统计调查问卷还要求填写被调查者的姓名、地址、联系电话等。如果被调查者是单位,还需填写出单位名称、地址、负责人、主管部门、职工人数、固定资产等情况。这些内容哪些应列入统计调查问卷,需要根据调查目的和要求而定。

三、调查问卷问题的设计

调查问卷的主体是问题与答案,这部分设计得好坏将直接关系到调查问卷设计质量的高低。

(一)问题设计的类型

问题设计通常可分为开放型问题和封闭型问题两大类。

1. 开放型问题的设计

开放型问题,是指没有向被调查者提供备选答案的问题,这类问题使被调查者可以自由地、不受限制地自由描述或提供精确的数字来回答问题。

开放型问题的优点是:被调查者有机会进行自我表达或详细描述,有利于发挥被调查者主动性和想象力。因此,开放型问题所得的资料往往比较主动、具体、信息量大。特别适合于询问那些潜在答案很多、答案比较复杂或者尚未弄清各种可能答案的问题,尤其是想了解客户的真实呼声,探求其建设性的意见和建议时,可采用开放型问题。开放型问题也适用于指标的变化范围很大,又想弄清准确的数据的情况。需要指出的是,一项调查中不能过多使用开放性问题,如果开放性问题过多,被调查者通常不愿意合作。

2. 封闭型问题的设计

封闭型问题,是指调查者事先已经设计好了问题及问题的各种可能答案,被调查者只能从备选答案中选择一个或几个现成的答案。这种表达方法常见的有二项选择法、多项选择法、排序法、评定法等。

封闭式问题的优点是答案标准化、容易回答、节约时间、一般拒答率低、记录汇总方便、可以进行定量分析;其缺点是乏味,调查对象容易随便选择答案而不能反映真实情况,容易圈错答案,也无法获得固定答案以外的信息。

(二) 问题设计的原则

1. 问题的内容

1) 问题不能太多

在问卷调查中,被调查者通常都是义务来回答调查问卷内容的,如果问题设计得太多,会造成被调查者产生反感心理,不愿意回答,回收率低,致使调查问卷无法完成。

2) 内容要单一

在问卷设计时,要注意一个问题只能有一个询问内容,不能同时问两个或两个以上的问题,这样会使被调查者难以回答,也会在问卷整理时造成麻烦。例如,"您的年龄和性别",在这一个问题中,既问了"年龄",又问了"性别",这就属于一个问题中询问了多个内容。

2. 问题的语言

1) 语言要通俗

问题应是被调查者有能力回答的,应避免被调查者不了解的问题。例如,用"促销效果""分销渠道""消费时间特征"等术语,这类问题对某些被调查者来说,就是模棱两可、含混不清的问句,被调查者难以理解,不易接受。

2) 语言要规范

提问的语言要简单易懂,少用"一般、经常、很多"等词语。例如,您经常上网吗? 这就是一种让人很难回答的问题。因为"经常"对于不同的人来说,其含义是不同的,有人天天上网谓之经常,有人一个月上网十次也是经常,也有人认为一个月上网五次也算是经常了。所以,这种问题很难回答。这个问题可以这样提问:您一天上网几小时?

3. 问题的表达

1) 不能设有断定性的问题

例如,"您一天抽多少支烟"这就是一种断定式的问题,被调查者可能根本不抽烟,就会造成无法回答。正确的方法是:在这个问题前加一个过渡性问题,"您抽烟吗?"如果回答"是",则继续提问"您一天抽多少支烟",如果回答"否",则结束提问。

2) 不能直接提禁忌性或敏感性的问题

禁忌性或敏感性问题包括各地风俗和民族习惯中忌讳的问题,也包括涉及个人利害关系的问题和个人隐私问题。例如,"您在考试中作过弊吗"这涉及个人的利害关系,直接这样问,得到的答案通常不会反映客观事实。

敏感问题调查的处理方法:一是释疑法,即在问题前面写一段消除顾虑的文字,或在调查表引言中写明替被调查者严格保密,并说明将采取的保密措施。二是假定法,用一个假定条件句作前提,然后再询问被访者的看法。三是转移法,把本应由被访者根据自己实际情况回答的问题,转移到由被访者根据他人的情况来阐述自己的想法。

3）不能设有诱导性或倾向性的问题

诱导性问题是指在提出的问题中,暗示出了调查者的观点和态度,有使被调查者跟着这种倾向来回答问题的可能。例如,"专家认为,被动吸烟会影响学习成绩,您同意吗",这就是一种诱导性问题。在问题中,已经暗示了调查者认为被动吸烟会影响学习成绩,所以这个问题会使被调查者跟随专家意见。

4. 问题的排列顺序

（1）要先简后繁,即简单问题放在前,复杂问题放在后面。

（2）要先易后难,即封闭型问题放在前面,开放型问题放在后面;事实性问题放在前面,意见性和解释性问题放在后面。

（3）注意问题的逻辑顺序,如时间顺序应为过去、现在、将来。

四、调查问卷答案的设计

（一）调查问卷答案设计的种类

答案设计的种类主要有是非式、多项式、顺位式、程度评价式四种。

1. 是非式

是非式也称是否式、二项式等,这类型的问题只让被调查者在两个可能的答案中选择一个,最常见的是在"是"与"否"、"有"与"无"、"好"与"坏"中选择。

2. 多项式

多项式,是指问题有三个或三个以上的备选答案。根据要选择答案多少的不同,多项式选择有单项选择、多项选择和限制性选择三种方式。

3. 顺位式

顺位式,是指问题备选答案有多个,但要求被调查者将备选答案按重要程度等排出顺序。

4. 程度评价式

程度评价式是将答案按照强度或程度分成若干等级依次排列,由被调查者选择其中一种的回答方式。这种回答方式适用于表达意见、态度、情感等强烈程度的问题。常用的词语有"同意""满意""喜欢""赞成"等。

（二）调查问卷答案设计的原则

1. 所列答案应包括所有可能的回答

如果不能将所有答案包含在内,就有可能出现有的被调查者没有备选答案可选,无法回答的情况。若答案过多,无法罗列所有的可能答案,可将不太重要的答案用"其他"来代替。

2. 不同答案之间不能相互包含

如果问题答案之间相互包含,被调查者在回答问题时就会产生疑惑,无法选择答案。

3. 答案的表达必须简单易懂,标准规范

调查问卷答案应简单明确,标准规范,符合通用标准和惯例。在答案中,避免使用方言等非标准语言,也尽量不使用晦涩难懂的术语,要使被调查者很容易理解问题答案的意思。

4. 每一项答案应有明显的填答标记

常见的填答标记:A、□、( )、[ ]等,其回答方式如打"√"或"×",或涂黑等。

第五节　调　查　误　差

一、统计数据的误差种类

统计数据的准确性是统计工作的生命,提高统计数据质量是统计工作的重中之重。在统计工作中,通常采用统计调查误差指标来评价统计数据质量。顾名思义,误差是指一个量的观测值或计算值与其真值之差。统计调查误差,就是调查结果所得的统计数字与调查总体实际数量之间的离差。调查误差有如下几种分类。

1. 按调查误差产生的原因分类

(1) 登记性误差。登记性误差是指在调查过程中,由于调查者或被调查者个人因素所造成的误差。由调查者所造成的登记性误差,主要是调查方案中有关规定或解释不明确导致的填报错误、抄录错误、汇总错误等;由被调查者造成的登记性误差,则是人为因素干扰形成的有意虚报或瞒报调查数据。从理论上说,登记性误差是可以控制的,但无法确定其误差大小,即不可以测算。

(2) 代表性误差。代表性误差主要是指在用样本数据推断总体特征时所产生的误差。代表性误差也有两种情况:一种是系统性偏差,这种偏差是由于在抽取样本时,没有遵循随机原则,调查者有意识地选取具有某种特征的单位组成样本,造成样本数据偏高或偏低,因而在估算总体时,使总体的数值偏高或偏低;另一种是抽样误差,这种误差是在遵守随机原则抽取样本的前提下,由于样本结构和总体结构不一致,造成了样本统计量与总体参数的不一致。抽样误差是可以计算的,但却无法消除。

2. 按调查误差的性质分类

按调查误差的性质分类可为空间误差、时间误差、方法误差、人为误差。

(1) 空间误差是指统计调查范围所产生的误差,包括重复或遗漏统计调查单位、跨区域统计等造成的误差。

(2) 时间误差是指统计调查对象因时期或时点界定不准确所产生的误差。例如,企业核算时间不能满足统计部门的报表制度要求而估报所产生的误差,延长或缩短时期所产生的误差,时期错位产生的误差等。

(3) 方法误差是因使用特定的统计调查方法所产生的误差。例如,抽样调查中的代表性误差(抽样平均误差),它是指采用抽样调查方法中的随机样本(非全面单位)来推算总体所产生的误差平均值,对代表性误差可以扩大样本量或优化调查组织方法来缩小。又如,统计部门因人力、物力和财力等资源不足,致使报送渠道不畅通,统计调查不到位,推算方法不科学、不规范所产生的误差。

(4) 人为误差是指在统计设计、调查、整理汇总和推算等过程中,因人为过错产生的误差。人为误差是统计误差中产生因素最多的一类,它又分为度量性误差、知识性误差、态度性误差和干扰性误差。度量性误差是指统计指标因计量或者从生产量到价值量换算所产生的误差;知识性误差是指统计人员因统计知识不够,对统计指标的含义不理解或错误理解所产生的误差;态度性误差是指统计人员因对统计工作不负责而随意填报统计数据而产生的误差,包括乱报、漏填或不按规定的计量单位填报等;干扰性误差是指统计对象或统计部门受某种利益驱动,而虚报、漏报或者捏造统计数据所形成的误差。

3. 按工作环节分类

误差按工作环节分类可分为源头误差、中间环节误差、最终误差。源头误差在有些场合也叫调查误差,或叫登记误差,它是指填报单位或申报者所产生的误差;中间环节误差是指统计调查数据在逐级上报过程中所产生的误差,包括加工整理、汇总和推算等环节;最终误差是指下级各基层数据汇总数或规范的方法得到的推算数与最终使用数之间的差异。按工作环节划分的统计误差类别是相对的,中间环节误差在不同的场合有可能是源头误差,也可能是最终误差。

二、统计数据的质量标准

统计数据的真实、准确、完整和及时是整个统计工作的灵魂。统计数据的质量要求主要有两个:一个是数据的信度要求,另一个是数据的效度要求。

统计数据的效度和信度,体现在以下几个方面:①精度,即最低的抽样误差或随机误差;②准确性,即最小的非抽样误差或偏差;③关联性,即满足用户决策、管理和研究的需要;④及时性,即在最短的时间里取得并公布数据;⑤一致性,即保证时间序列的可比性;⑥最低成本,即在满足以上标准的前提下,以最经济的方式取得数据。

人们对统计数据质量的要求越来越高。当我们为某一需要收集统计数据时,在调查方案的设计、数据的收集、数据的处理与分析各个环节中,都应保证数据的质量,以便得出切合实际的客观结论。

三、统计数据误差的控制

统计数据质量的好坏直接影响统计分析结论的准确性与真实性。为了确保统计数据的质量,在数据搜集、数据整理、数据分析等各阶段都应尽可能地减少误差。

统计数据误差的控制,主要是针对登记性误差以及系统性偏差的控制。控制的具体办法如下:

一是制定科学的调查方案,要正确、周密地制定统计调查方案。调查过程是一项系统工程,事先必须进行周密设计,包括明确调查对象的范围,说明调查项目的具体含义和计算方法,确定合理的调查方式方法,规定合适的时间、地点等,以使调查人员或填报人员有统一的依据。

二是要切实抓好调查方案的实施工作。重视对调查人员的挑选和管理、重视现场调查工作,抓实各个环节的操作,达到操作规范化,确保各地调查执行方案统一、数据统计口径一致;选择合理的资料收集方法,做到科学抽样和选典;要建立现场登记数据质量评估标准,进行调查过程的检查与监控;要加强对调查资料的审核,发现差错及时纠正;强化对调查结果的检验、评估等。

三是搞好统计基础工作,加强对统计人员的业务培训。提高统计人员的素质;健全原始记录,完善统计台账和内部报表,确保资料来源可靠;建立对现场调查人员的奖励制度。

四是依法行政、依法统计。从建立健全统计法制入手,教育统计人员严格执行《统计法》,坚持原则,同一切弄虚作假行为作斗争,维护统计数字的真实性。要加大统计执法力度,严惩弄虚作假行为,维护统计工作的严肃性,逐步建立健全全社会的统计诚信体系。

此外,对于代表性误差,还可以通过严格按着随机原则抽样、扩大样本数等方法,尽量减少此类误差。

 **本章小结**

统计调查是根据调查的目的与要求,运用科学的调查方法,有计划、有组织地搜集数据信息资料的统计工作过程。进行统计调查需遵循三项基本原则:准确性原则、及时性原则和完整性原则。

统计调查的组织形式主要有统计报表和专门调查。专门调查又分为普查、重点调查、典型调查、抽样调查。

统计数据的搜集方法有直接观察法、报告法、采访法、通讯法、实验法、网络调查法等。一个完整的统计调查方案应包括确定调查目的、确定调查对象和调查单位、确定调查项目、拟定调查表和问卷设计、确定调查时间和调查期限、制定调查组织实施计划等内容。

在统计调查工作中,由于各种原因,存在着各类统计调查,为了确保统计数据的质量,在数据收集、数据整理和数据分析等阶段都应尽可能地减少误差。

 **练习题**

一、单项选择题

1. 一次性调查是指( )。

    A. 只做一次的调查   B. 调查一次,以后不再调查

    C. 间隔一定时间进行一次调查   D. 只隔一年就进行一次的调查

2. 在统计调查中,调查单位和填报单位之间( )。

    A. 无区别   B. 是毫无关系的两个概念

    C. 不可能是一致的   D. 有时一致,有时不一致

3. 统计调查搜集的主要是原始资料,原始资料是指( )。

    A. 统计部门掌握的统计资料

    B. 向调查单位搜集的尚待汇总整理的个体资料

    C. 对历史资料进行分析后取得的预测数据

    D. 统计年鉴或统计公报上发布的资料

4. 在全国人口普查中,调查单位是(   )。
  A. 全国人口   B. 每一个人
  C. 每个人的性别   D. 每个人的年龄

5. 重点调查中的重点单位是指(   )。
  A. 这些单位是工作的重点
  B. 在某些方面做出成绩的单位
  C. 某一数量标志值在总体中占比较大的单位
  D. 典型单位

6. 某城市拟对占全市储蓄额 4/5 的几个大储蓄所进行调查,以了解全市储蓄的一般情况,则这种调查方式是(   )。
  A. 普查   B. 典型调查   C. 抽样调查   D. 重点调查

7. 人口普查规定统一的标准时间是为了(   )。
  A. 避免登记的重复和遗漏   B. 确定调查的范围
  C. 确定调查的单位   D. 登记方便

二、多项选择题

1. 抽样调查与重点调查的主要区别有(   )。
  A. 抽选调查单位的多少不同
  B. 抽选调查单位的方式方法不同
  C. 取得资料的方法不同
  D. 在对调查资料的使用时所发挥的作用不同
  E. 原始资料的来源不同

2. 某地区进行工业企业的现状调查,则每一个工业企业有(   )。
  A. 调查对象   B. 统计总体   C. 调查单位   D. 调查项目
  E. 填报单位

3. 搜集统计数据的具体方法主要有(   )。
  A. 访问调查   B. 邮寄调查   C. 电话调查   D. 座谈会
  E. 个别深度访问

4. 某地区对集市贸易个体户的偷税漏税情况进行调查,1 月 5 日抽选 5% 样本,5 月 1 日抽选 10% 样本检查,这种调查有(   )。
  A. 非全面调查   B. 一次性调查   C. 定期调查   D. 不定期调查
  E. 经常性调查

5. 我国第七次人口普查的标准时间是 2020 年 11 月 1 日零时,下列情况应统计人口数的有(   )。
  A. 2020 年 11 月 2 日 1 时出生的婴儿
  B. 2020 年 10 月 30 日 6 时出生的婴儿
  C. 2020 年 10 月 30 日 14 时死亡的人
  D. 2020 年 11 月 1 日 1 时死亡的人
  E. 2020 年 10 月 31 日 23 时死亡的人

三、判断题

1. 调查人员要尽量提醒或引导被调查者回答调查问卷上的问题。　　　　　　（　　）
2. 人口普查的调查单位是每一个人。　　　　　　　　　　　　　　　　　（　　）
3. 调查项目是调查的具体内容,它可以是调查单位的数量特征,也可以是调查单位的某种属性或品质特征。　　　　　　　　　　　　　　　　　　　　　　　　　　（　　）
4. 消费者购买某种产品的动机的调查,常用"座谈会"调查方法。　　　　　　（　　）
5. 搜集与研究课题有密切关系的少数人员的倾向和意见,常用个别深度访问。（　　）

四、思考题

1. 何谓统计调查? 统计调查方案包括哪几项内容?
2. 简要解释调查对象、调查单位与报告单位的含义及其联系。
3. 统计调查按调查范围可分为哪几类?
4. 如何根据调查目的与被调查对象的特点,选择不同的统计数据搜集方法?
5. 简要说明统计调查各种组织形式的特点。
6. 为什么在第七次人口普查中,将调查的时间确定在 2020 年 11 月 1 日 0 时,这意味着半夜进行入户调查吗?
7. 统计调查问卷的基本结构有哪些?
8. 如何控制统计数据的误差?

第三章

统 计 整 理

第一节　统计整理的内容与程序

一、统计整理的概念及意义

统计整理就是根据统计研究的目的,对所搜集到的资料进行科学的加工,使之系统化、条理化的工作过程。统计整理既包括对统计调查所得到的原始资料进行整理,也包括对已加工过的综合资料(即次级资料)进行再整理。

统计整理在整个统计研究中占有重要的地位,在统计工作中处于中间环节,起着承前启后的作用。它是统计调查的继续,也是统计分析的前提。

二、统计整理的步骤及内容

统计整理包括统计整理方案设计、原始资料的审核与修订、原始资料的分组与汇总,以及编制统计报表等环节。

1. 统计整理方案设计

统计整理方案是提高工作效率、保证整理工作顺利完成的关键步骤,主要内容如下:

(1) 确定统计整理的具体工作程序。

(2) 确定统计整理的内容,主要是确定统计分组方式及选择汇总统计指标。

(3) 制定统计整理具体的实施计划,包括组织领导、组织形式、技术手段及时间安排等。

2. 原始资料的审核与修订

1) 审核原始资料的准确性

逻辑检查:主要检查数据的内容是否合理和各个项目之间有无矛盾,含义相同的指标数值是否一致,不同时间的同种数字、实际与计划数字之间的关系是否正常,有联系的项目之间填写结果是否适应,统计数据与实际情况是否符合等。

计算检查:主要是利用统计指标之间的计算关系,通过验算来验证资料的真伪。

如果发现原始资料存在差错,汇总人员应要求填报单位加以更正。

2）审核原始资料的及时性

统计数据具有很强的时效性，应审核填报单位是否及时报送原始资料，防止填报延误。

3）审核原始资料的全面性和系统性

检查填报单位报送的原始资料填写是否齐全，发现问题应与填报单位联系及时纠正。

3．原始资料的分组与汇总

原始资料汇总的组织形式有两种：逐级汇总和集中汇总。

逐级汇总是按照一定的统计管理体制，自下而上地对调查资料逐级进行汇总。我国现行的统计报表一般都采用这种汇总形式，专门调查也往往采用逐级汇总方式。其优点是能够满足各地区、各部门对统计资料的需要，同时也便于就地审核和订正原始资料。其缺点是费时较长，出现错误的可能性较大。

集中汇总是把全部调查资料集中在一个地点，一次汇总所需资料。其优点是便于调查主持机关对汇总进行直接指导，提高汇总资料的质量，也便于采用先进的汇总技术，提高工作效率。由于取消了汇总的中间环节，可节省逐级报送时间，保证了统计资料的时效性。其主要缺点是原始资料如有差错，不能就地更正，而且汇总出来的资料往往不能满足各级部门的需要。

在实际工作中，可以将两种汇总组织形式结合起来应用。对于时效性较强的统计资料采用集中汇总形式，对于一般性的统计资料可采用逐级汇总形式。

4．编制统计报表

将整理好的统计数据以统计报表的形式显示出来，可以达到一目了然的效果。完成统计报表的编制，就意味着统计整理环节各项工作的结束。

第二节　统 计 分 组

一、统计分组的概念

统计分组是根据统计研究的需要，把统计总体按照一定的标志划分为若干个组成部分，这些组成部分称为该统计总体的"组"。统计分组对统计总体而言是"分"，即把统计总体划分为一定意义上性质相异的若干个组；对总体单位而言是"合"，即把一定意义上性质相同的个体组合成一组。统计分组是在统计总体内部进行的一种定性分类。例如，要了解我国的人口状况，只知道总人口是不够的，而应将人口总体按照年龄、性别、民族、城乡、文化程度等标志进行分组，才能进一步地深入了解我国人口总体的年龄结构、性别比例、民族构成等。

二、统计分组的作用

统计分组的作用如下：

（1）把社会经济现象按照统计研究的要求划分为若干个性质不同的类型，以表明统计总体的基本性质和特征。

（2）揭示统计总体的内部结构，分析各组的量对统计总体的量的影响。

（3）研究统计总体中各类现象之间的相互依存关系。

三、统计分组的原则

1. 穷尽原则

穷尽原则是指进行统计分组要使各个总体单位都应有组可归，或者说各分组的空间足以容纳所有总体单位。简言之，总体单位按组归类时不能出现被遗漏的情况。

2. 互斥原则

互斥原则就是在特定的分组标志下，总体中的任何单位只能归属于某一组，而不能同时归属于几个组，也就是各总体单位按组归类时不能出现重复的情况。

3. 分组标志的选择

统计分组的关键在于正确选择分组标志，确定分组组数和划分各组界限。选择分组标志取决于对社会经济现象的定性认识。选择分组标志的原则如下：

（1）符合统计研究的目的和要求。

（2）要选择能说明现象本质特征的标志作为分组标志。

（3）要考虑社会经济现象所处的具体历史条件。

四、统计分组的种类

1. 按分组标志的多少，可分为简单分组和复合分组

（1）将社会经济现象总体只按一个标志分组称为简单分组。例如，根据第七次全国人口普查结果，对我国大陆 31 个省、自治区、直辖市及现役军人 2020 年 11 月 1 日零时的人口按年龄进行分组即为简单分组，分组情况如表 3-1 所示。

表 3-1　全国人口年龄构成

年龄分组	人口数（人）	比重
总　　计	1 411 778 724	100.00%
0～14 岁	253 383 938	17.95%
15～59 岁	894 376 020	63.35%
60 岁及以上	264 018 766	18.70%
其中：65 岁及以上	190 635 280	13.50%

资料来源：国家统计局《第七次全国人口普查公报（第五号）》。

（2）复合分组是用两个或两个以上的分组标志重叠起来对总体进行的分组。例如，将人口先按"性别"分成男、女两组，然后在男性和女性两组中分别按照"文化程度"划分为大学（大专及以上）、高中（含中专）、初中、小学、文盲五组。

复合分组的优点是可以对现象层层分组和分组标志的联系中，更加深入地研究总体各方面的内部结构。其缺点是复合分组的组数会随着分组标志的增加而成倍增加，各分组的单位数则相应减少,反而不利于分析问题。所以,不是所有的统计研究对象都适合采用复合分组。

2. 按分组标志的性质不同,分为品质分组(或称属性分组)和数量分组(或称变量分组)

(1)品质分组就是按品质标志进行分组。对于以定类尺度或定序尺度计量的数据一般采用品质分组。例如,对2020年东京奥运会中国获得的88枚牌数所做的分组就是品质分组,如表3-2所示。

表3-2 2020年东京奥运会中国代表团奖牌情况

奖牌种类	奖牌数量(个)
金牌	38
银牌	32
铜牌	18
合计	88

资料来源:https://new.qq.com/rain/a/20210808A0670600。

(2)数量分组是指选择反映事物数量差异的数量标志作为分组标志进行分组。按数量标志分组的目的并不是单纯确定各组在数量上的差别,而是要通过数量上的变化来区分各组的不同类型和性质。例如,全国人口年龄构成(表3-1)即为数量分组,因为其分组标志"年龄"是一个数量标志。

3. 按分组的作用和任务不同,分为类型分组、结构分组和分析分组

(1)事物或现象,尤其是社会现象,是错综复杂而且类型多样的,按一定的标志把所研究对象划分成为不同的类型组,即类型分组。类型分组可以具体地揭示事物或现象不同类型组的数量特征及其各组之间的相互关系。

(2)结构分组是指反映事物或现象内部构成的一种统计分组。例如,以年龄为标志分组可以反映总体的年龄构成状况;以文化程度来分组,则可以反映总体的文化构成状况。将所研究的事物或现象按照一定标志分成若干组之后,除了可以揭示各组的性质、数量特征和相互关系,还可进而研究各组数值在总体中所占的比重,从而反映事物或现象的内部构成状况。

(3)分析分组是指分析事物或现象之间的依存关系的一种统计分组。任何事物或现象都不是孤立存在的,而是和其他事物或现象相互依存、相互制约的。运用分析分组,可以找出事物或现象之间相互联系的形式、程度及其因果关系。在统计分析分组中,通常将那些表现为事物或现象发展变化原因的事项称为因果标志,将表现为事物或现象发展结果的标志称为结果标志。用因素标志对资料进行分组,然后计算结果标志的数值。

第三节 分 配 数 列

一、分配数列的概念、要素及种类

1. 分配数列的概念

分配数列也称作分布数列,它是统计资料经过分组并按一定顺序加以排列所形成的统

计数列。它是由按一定标识划分的组以及总体单位在各组分配的次数（或频率）两部分组成。它表明总体单位在各组的分布特点或分配趋势。

2. 分配数列的要素

分配数列由两个基本要素构成：一是分组标志的具体体现；二是各组的频数（或频率）。频数是指分布在各组的单位数，也叫作次数。频数与总体单位数的比值称为频率。

3. 分配数列的种类

分配数列包括品质分配数列和变量分配数列两种。按品质标志分组编制的分配数列叫品质分配数列，如学生统计学成绩按优秀、良好、中等、及格、不及格分组的分配数列（表3-3）。

表3-3　学生统计学成绩分组表

学生成绩等级	人数（人）
优秀	6
良好	22
中等	15
及格	5
不及格	8
合计	56

按数量标志分组编制的分配数列叫变量分配数列，分为单项式变量数列（表3-4）和组距式变量数列（表3-5）。

表3-4　某居民小区家庭户按人口数分组资料

按每户人口数分组	户数（户）	各组户数占总户数百分比
1	22	3.36%
2	116	17.74%
3	238	36.39%
4	194	29.66%
5	65	9.94%
6	19	2.91%
合计	654	100.00%

表3-5　学生高等数学考试成绩分组表

按成绩分组（分）	人数（人）	频率（比重）
60以下	14	29.17%
60～70	23	47.92%
70～80	4	8.33%
80～90	5	10.42%
90～100	2	4.16%
合计	48	100.00%

单项式分组就是用一个变量值作为一组形成的分组,适用于离散型变量且变量变动范围不大的场合。组距式分组则是将变量依次划分为几段区间,把一段区间内的所有变量值归为一组,形成组距式分组。一般对于连续型变量或者变动范围较大的离散型变量,适宜采用组距式分组方式。

对于组距式变量数列,先要明确几个基本概念:组限(上限、下限)、闭口组、开口组、全距、组距、组数、组中值、上限不在内原则。

1) 组限、闭口组、开口组

在组距式变量数列中,每组区间两端的极值称组限。每一组的两个组限中,较大者叫上限,较小者叫下限。在组距式分组中,相邻两组的组限可以重叠,也可以不重叠。如果各组的组限都齐全,成为闭口组;组限不齐全,即最小组缺下限或最大组缺上限的分组,称为开口组。

2) 全距

全距是反映离散趋势的统计值,又称极差,常用 R 表示,是全部数据中最大值与最小值的差。全距常被用来大体了解数据扩展的范围,也可以用来初步检查平均数的代表性,即在全距较小的情况下平均数据的可靠性大;反之,平均数的可靠性较小。其基本公式为:

$$R = X_{\max} - X_{\min} \tag{3-1}$$

式(3-1)中,$X_{\max}$ 表示该数据中的最大值,$X_{\min}$ 表示该数据中的最小值。

3) 组距

组距为每组下限与上限之间的距离,即组距=上限-下限。确定组距可采用下列测定公式:

$$d = \frac{R}{n} \tag{3-2}$$

式(3-2)中,d 为组距,R 为全距,n 为组数。

利用该公式的计算结果不一定是整数,尤其不会是 2、5、10、100 等整数的倍数。同时,这个计算结果一般也不是各组的准确范围。所以,确定组距时,可在计算结果的基础上适当扩大或缩小,使组距尽量取整数,把组距定为 2、5、10、100 等整数的整倍数为宜。

4) 组数

组数即分组后各组的个数之和。在数据较多的情况下,组数的确定可依据美国学者斯特杰斯的经验公式:

$$n = 1 + 3.322 \lg N \tag{3-3}$$

式(3-3)中,n 为组数,N 为总体单位数。

应用该公式需要满足两个条件:一是现象的分布接近正态分布,二是现象的特性适合作等距分组。

5) 组中值

上下限之间的中点数值称为组中值,它代表组内各标志值的一般水平,具有平均数的性质。以组中值代表各分组内变量值的一般水平基于一种假设,即假定各单位变量值在本组范围内呈均匀分布或在组中值两侧呈对称分布。而实际情况可能并非如此,因此组中值只是各组实际平均数的近似值。

当两组间相邻组限重合时：

$$组中值 = \frac{上限 + 下限}{2} \qquad (3-4)$$

当两组间相邻组限不重合时：

$$组中值 = \frac{本组下限 + 下组下限}{2} \qquad (3-5)$$

对于开口组，第一组有上限无下限的情况下，其组中值 $=$ 上限 $-\dfrac{邻组组距}{2}$；最后一组有下限无上限的情况下，其组中值 $=$ 下限 $+\dfrac{邻组组距}{2}$。

【例 3-1】 某县 2021 年重点企业上缴税收资料如表 3-6 所示。试计算各组的组中值。

表 3-6　某县 2021 年重点企业上缴税收情况表　　　　金额单位：万元

税收总额	企业数（户）
500～1 000	49
1 000～1 500	38
1 500～2 000	27
2 000 以上	11
合　计	125

根据表 3-6 计算各组的组中值如下：

第一组组中值 $=(500+1\,000)\div2=750($万元$)$

第二组组中值 $=(1\,000+1\,500)\div2=1\,250($万元$)$

第三组组中值 $=(1\,500+2\,000)\div2=1\,750($万元$)$

第四组组中值 $=2\,000+500\div2=2\,250($万元$)$

6）上限不在内原则

在进行统计分组时，习惯上遵循上限不在内原则，凡是总体某一个单位的变量值是相邻两组的界限值，该总体单位应归入作为下限值的那一组内，即所谓上限不在内原则。例如，在[例 3-1]中，税收总额恰好为 1 500 万元的企业不能归属于第二组（1 000～1 500），而应归入第三组（1 500～2 000）。

对于组距式变量数列，应注意区分等距分组与异距分组的概念。当社会经济现象性质差异的变动较均匀时，通常采用等距分组的方法。但是，当某些现象的性质差异的变动不均匀，很难用等距分组去区分性质不同的组时，则应使用能比较准确反映总体内部各组成部分性质差异的异距分组方法进行分组。例如，对人口总体按年龄进行分组，便可根据人口成长的生理特点分成 0～6 岁（婴幼儿组）、7～17 岁（少儿组）、18～59 岁（中青年组）、60 岁以上（老年组）四组。

总之，对总体进行分组时，究竟是采用等距分组还是异距分组，取决于现象的性质和研究的目的。

二、变量数列的编制

1. 单项式变量数列的编制

单项式分组就是用一个变量值作为一组形成的分组,可以直接将每一变量值作为一组。例如,表3-4就是一个单项式变量数列。

单项式变量数列的编制比较明确、容易。用连续型变量分组编制分配数列,或者离散型变量数值很多、变化范围很大时,就不适合编制单项式变量数列,而应考虑采用组距式变量数列的形式。

2. 组距式变量数列的编制

以某班级30名同学大学语文考试成绩为例说明组距式变量数列的编制方法。

【例3-2】 某班级30名同学语文考试成绩分数如表3-7所示。

表3-7 某班级30名同学语文考试成绩

98	81	95	84	93	86	91	62	70	73
75	68	64	52	87	78	66	79	82	74
69	87	75	84	77	89	93	86	75	83

编制组距式变量数列的步骤如下:

第一步:计算全距。

将各变量值由小到大排序,确定某最大值、最小值,并计算全距;也可应用Excel中的MAX和MIN函数直接查找最大值和最小值。

由于变量的最大值是98,最小值是52,则:

$$全距=最大值-最小值=98-52=46(分)$$

第二步:确定组数和组距。

在等距分组时,组距与组数的关系是:

$$组距=\frac{全距}{组数}$$

在[例3-2]中,根据一般将成绩分成优、良、中、及格和不及格五个档次的评分习惯,可以先确定组数为5。在等距分组情况下,计算组距如下:

$$组距=\frac{46}{5}=9.2(分)$$

为了符合习惯和计算方便,组距近似地取10。

第三步:确定组限。

关于组限的确定,应注意如下几点:

第一,最小组的下限(起点值)应低于最小变量值,最大组的上限(终点值)应高于最大变量值。其目的在于分组可以包含全部数据,避免出现数据无组可归的情形。

第二,组限的确定应有利于表现出总体分布的特点,应反映出事物质的变化。

第三,为了方便计算,组限应尽可能取整数,最好是 5 或 10 的整倍数。

第四,由于变量有连续型变量和离散型变量两种,其组限的确定方法是不同的。

第四步:编制频数(频率)分布表(表3-8)。

表3-8　某班级 30 名同学大学语文考试成绩分布表

考试成绩(分)	频数(人)	频率
60 以下	1	3.33%
60~70	5	16.67%
70~80	9	30.00%
80~90	10	33.33%
90~100	5	16.67%
合计	30	100.00%

三、累计频数和累计频率

累计频数也称累计次数,是分配数列中各组频数逐组相加的累计数,有向上累计与向下累计两种。

向上累计也称较小制累计,从变量值最小一组起逐组次数累计,每组的累计频数表示小于该组上限值的次数有多少。

向下累计也称较大制累计,从变量值最大一组起逐组次数累计,每组的累计频数表示大于该组下限值的次数有多少。

累计频率是累计频数与频数总和之比,即累计频数的相对数表示形式。

计算累计频数的作用是:表明数量在某个数值以上或以下的单位数共有多少;用来比较两个或两个以上变量数列累计频数的分配状况;可据以绘制累计频数图,并通过累计频数图表明中位数等数值的近似值。

【例 3-3】 累计频数和累计频率计算如表3-9所示。

表3-9　某公司员工 2021 年收入分布表　　金额单位:万元

年收入	人数(人)	比重	向上累计 人数(人)	向上累计 比重	向下累计 人数(人)	向下累计 比重
5~6	20	12.35%	20	12.35%	162	100.00%
6~7	45	27.78%	65	40.13%	142	87.65%
7~8	50	30.86%	115	70.99%	97	59.87%
8~9	23	14.20%	138	85.19%	47	29.01%
9~10	11	6.79%	149	91.98%	24	14.81%

（续表）

年收入	人数(人)	比重	向上累计		向下累计	
			人数(人)	比重	人数(人)	比重
10～11	8	4.94％	157	96.92％	13	8.02％
11～12	5	3.08％	162	100.00％	5	3.08％
合计	162	100.00％	—	—	—	—

根据表3-9计算的累计频数和累计频率,第三组向上累计的频数为115人,累计频率为70.99％,表示该公司年收入在8万元以下的员工有115人,占全部员工人数的70.99％。而第三组向下累计的频数为97人,累计频率为59.87％,表示该公司年收入在7万元以上的员工有97人,占全部员工人数的59.87％。

四、次数分布的主要类型

1. 钟形分布

钟形分布的特征是"两头小、中间大",即靠近中间的变量值分布的次数多,靠近两端的变量值分布的次数少。如果将变量值与其对应的频数在直角坐标系中对应的点连接起来绘制成曲线图,宛如一口钟,所以又称钟形分布。

在自然或社会经济现象中,有许多次数分布是属于钟形分布的。例如,人体体重、身高、学生的考试成绩、居民收入、单位面积的农产品产量等现象都属于钟形分布。钟形频数分布示意图如图3-1所示。

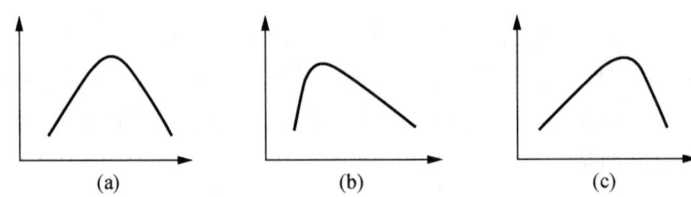

图3-1 钟形频数分布示意图

2. U形分布

U形分布的特征是:靠近中间的变量值分布的次数少,靠近两端的变量值分布的次数多,形成"两头大、中间小"的分布特征。将这种分布绘成曲线像英文字母"U"的形状,故称U形分布。例如,人口死亡率的分布,一般是婴幼儿死亡率和老年人死亡率均较高,而中年人死亡率最低,所以人口年龄分组的死亡率是呈U形分布的。U形频数分布示意图如图3-2所示。

图3-2 U形频数分布示意图

3. J形分布

J形分布的特征是：随着标志值从小到大，次数以几何的倍数增减。其图形如字母"J"，故得此名。当次数与变量值同方向变化时，称为正J形分布，如图3-3中的(a)图；当次数与变量值反方向变化时，称为反J形分布，如图3-3中的(b)图。

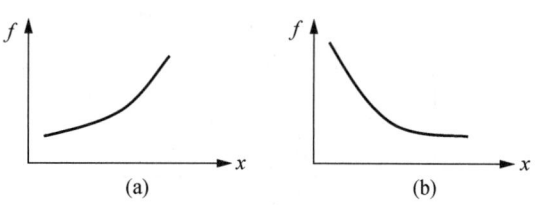

图3-3　J形频数分布示意图

第四节　统　计　表

一、统计表的概念、作用和结构

1. 统计表的概念

统计表是表示统计资料的工具，亦称统计分析表。将通过调查得来的统计资料，经过汇总整理以后，按照一定的规定和要求填列在相应的表格内，就形成了的统计表。

2. 统计表的作用

统计表是统计整理的重要形式。它利用表格形式，合理地安排统计资料，清晰、简明地反映出现象总体的特征。统计表通过科学、合理地展示统计资料，便于对统计资料进行对比和分析，有利于计算统计分析指标。在统计分析报告中使用统计表，能节省文字叙述篇幅，达到简明易懂、紧凑有力的效果。

3. 统计表的结构

从外表形式上看，统计表由四个部分构成：

(1) 总标题：它是表的名称，用于概括统计表中要说明的内容。

(2) 横行标题：它是各组的名称，用来反映总体各个组成部分。

(3) 纵栏标题：它是分组标志或指标的名称，说明纵栏所列各项资料的内容。

(4) 指标数值：也称数字资料，它是统计表的核心内容。

此外，有些统计表需要在表格下端增加注解，用以说明资料的来源、指标数值计算方法、填报单位及其他需要说明的问题等。

表3-10是我国第四次全国经济普查获得的数据，反映了2018年年末全国工业企业法人单位的类型、数量及就业人员人数的基本情况。

表3-10　按登记注册类型分组的工业企业法人单位和就业人员

企业注册类型	企业法人（万个）	就业人员（万人）
合计	345.1	1 1521.5
内资企业	336.4	9 615.4
国有企业	1.1	179.2

(续表)

企业注册类型	企业法人(万个)	就业人员(万人)
集体企业	2.6	53.9
股份合作企业	0.9	18.5
联营企业	0.2	2.6
有限责任公司	34.2	2 627.1
股份有限公司	3.9	738.4
私营企业	291.2	5 979.4
其他企业	2.2	16.2
港、澳、台商投资企业	4.3	940.8
外商投资企业	4.4	965.3

（纵栏标题）（指标数值）（横行标题）

资料来源：国家统计局官网《第四次全国经济普查公报(第三号)》。

从统计表的内容来看,它由主词和宾词两个部分组成。主词是统计表所说明的总体,即总体的各组或各组的名称。宾词是用于说明主词的各种指标。通常,统计表的主词列在表的左方,宾词列在表的右方。

二、统计表的种类

统计表按照总体分组情况的不同,可分为简单表、简单分组表和复合分组表三类。

1. 简单表

简单表是主词未经任何分组的统计表。它仅是总体单位或时间顺序的排列,具有一览表的性质,可使零乱、不规则的材料经过加工而形成系统化的统计资料。

简单表有两种形式:一种是按总体各单位排列,这种表式可用来比较各国、各地区、各单位间某一现象的基本情况(表3-11);另一种是按时间顺序排列的统计表,这种表式可用来分析现象的发展变化情况(表3-12)。

表3-11　2021年我国部分地区地方财政一般预算收入　　　单位:亿元

地区	地方财政一般预算收入
北京	5 932.31
上海	7 771.80
广东	14 103.43
江苏	10 015.16
浙江	8 262.57

资料来源:国家统计局官网。

表 3-12　2017—2021 年我国国内增值税收入　　　　　　单位:亿元

年份	国内增值税
2017	56 378.18
2018	61 530.77
2019	62 347.36
2020	56 791.24
2021	63 519.12

资料来源:国家统计局官网。

2. 简单分组表

简单分组表是主词仅按一个标志分组的统计表。它可以揭示出不同类型现象的特征,研究现象的内部结构是对总体(表的主词)按某一标志进行简单分组的一种统计表式。利用分组表,可以揭示不同类型现象的特征,研究现象的内部构成,分析现象之间的相互关系。2021 年我国就业人员按就业人员产业类别一个标志分组就是简单分组,如表 3-13 所示。

表 3-13　2021 年我国就业人员构成

就业人员产业类别	就业人数(万人)
第一产业	17 072
第二产业	21 712
第三产业	35 868
合计	74 652

资料来源:国家统计局官网。

3. 复合分组表

复合分组表是主词按照两个或两个以上的标志层叠分组所形成的统计表。总体按两个或两个以上标志进行分组,可以按品质标志分组,也可以按数量标志分组。把几个标志结合起来进行复合分组,能更深入地分析比较复杂的社会现象。但分组层次也不宜太多,否则会显得十分繁琐,反而不易观察总体的规律性。表 3-14 是对某高校大一新生报到人数进行的复合分组。

表 3-14　某高校大一新生报到人数及其构成

学科(第一标志)	性别(第二标志)	人数(人)	比重
理科生	男生	2 148	38.69%
	女生	365	6.58%
文科生	男生	682	12.29%
	女生	2 356	42.44%
合计		5 551	100.00%

三、统计表的设计要求

（1）设计总标题时，应以简洁明了的语言为统计表命名，总标题中应包括统计资料所反映的空间范围和时间条件。

（2）统计表上下两端的基线应以粗线或双线绘制，其他线条则以细线绘制。表格纵栏之间一般用细线隔开，但左右两端采取不划线的"开口"表式。表格横行之间一般不用划线，需要合计时，合计行一般列在最后，并用细线与上面的行隔开。

（3）复合分组表应在第一次分组名称下后退一或二字再填写第二次分组的名称，此时第一次分组的组别即为第二次分组的各组小计，若需进行多次分组，则以此类推。

（4）当统计表的栏目较多时，可以加编号。主词部分一般是总体、各个单位、部分的文字名称。可以用（甲）、（乙）、（丙）等文字排序区分。宾词部分一般是指标名称对应的数字资料，可以用①、②、③等数字排序区分。各指标之间如果有对应的计算关系，还可以用数字序号把计算关系表示出来，如"④＝②×③"。

（5）在主词分组和复合分组情况下，一般应先部分，然后总体，即先排列总体各个单位或各个组，最后一行是总（小）计。如果不是总体各个单位或各个组都要列出，而只是列出总体中的若干个单位或若干个组，则一般是先写总计，后排列出要列出的各部分。

（6）统计表中的数字资料部分不允许空格。当数字为"0"时，"0"要写出；当缺乏某项资料或因数据太小可以忽略不计时，一般用"……"表示。不存在数据的表格划"—"表示。

（7）统计表必须注明计量单位。当表中数据资料的计量单位完全一样时，计量单位写在表的右肩上方。如果计量单位不完全一样，横行的计量单位可以专设一个计量单位栏目，纵栏的计量单位一般与纵栏标题（指标）写在一起。

（8）统计表的内容如有特殊情况，如个别指标的统计口径与整个栏目不一致、个别指标具体计算方法与整个栏目不一致、个别资料不完整等，这类问题应在表后分别加以注释、说明。

本章小结

> 统计整理在整个统计研究中占有重要的地位，在统计工作中处于中间环节，起着承前启后的作用。它是统计调查的继续，也是统计分析的前提。本章主要介绍了统计数据整理的内容与程序、统计分组、分配数列以及统计表的编制等内容。

 练习题

一、单项选择题

1. 工业企业按经济类型分组和按职工人数分组，则两个统计分组是（　　）。

    A. 数量分组　　　　　　　　　　　B. 品质分组

    C. 前者是数量分组，后者是品质分组　　D. 前者是品质分组，后者是数量分组

2. 统计分组的结果表现为(　　)。

　　A. 组内同质性,组间同质性　　　　　B. 组内同质性,组间差异性

　　C. 组内差异性,组间同质性　　　　　D. 组内差异性,组间差异性

3. 在分配数列中,各组的频率之和(　　)。

　　A. 大于1　　　　　B. 小于1　　　　　C. 等于1　　　　　D. 等于零

4. 当变量值恰好为本组上限时,对于变量值的归属问题统计上规定的处理原则是(　　)。

　　A. 上限不在内　　　　　　　　　　　B. 下限不在内

　　C. 归入本组　　　　　　　　　　　　D. 归入本组或下一组

5. 用组中值代表各组内变量值的一般水平的假定条件是(　　)。

　　A. 各组的频数均相等　　　　　　　　B. 各组组距相等

　　C. 各组的变量值均相等　　　　　　　D. 变量值在本组范围内呈均匀分布

6. 在统计分组中,组数和组距的关系是(　　)。

　　A. 组数越多,组距越大　　　　　　　B. 组数越多,组距越小

　　C. 组数越小,组距越小　　　　　　　D. 组数与组距无关

7. 某企业将职工月工资分为六组:4 000元以下、4 000～5 000元、5 000～6 000元、6 000～7 000元、7 000～8 000元、8 000元以上,则最后一组的组中值为(　　)。

　　A. 8 000元　　　B. 8 500元　　　C. 9 000元　　　D. 无法确定

8. 在对总体进行分组时,采用等距分组还是异距分组,取决于(　　)。

　　A. 变量的大小　　　　　　　　　　　B. 次数的多少

　　C. 组数的多少　　　　　　　　　　　D. 现象的性质和研究的目的

9. 如果总体单位的标志值分布很不均匀,则应编制(　　)。

　　A. 开口组数列　　　B. 闭口组数列　　　C. 等距数列　　　D. 异距数列

10. 统计表中的主词是表明统计总体及其分组的名称,一般写在统计表的(　　)。

　　A. 上方　　　　　B. 下方　　　　　C. 左方　　　　　D. 右方

二、多项选择题

1. 下列适宜编制组距式变量数列的有(　　)。

　　A. 企业利润总额　　　　　　　　　　B. 职工的文化程度

　　C. 企业工业增加值计划完成程度　　　D. 居民家庭人口数

2. 统计分组的关键问题有(　　)。

　　A. 确定组数　　　B. 确定组距　　　C. 选择分组标志　　　D. 划分各组界限

3. 统计分组的作用主要有(　　)。

　　A. 区分事物的类型　　　　　　　　　B. 反映总体的内部结构

　　C. 分析现象之间的依存关系　　　　　D. 说明总体单位的数量特征

4. 统计表的基本形式一般包括(　　)。

　　A. 总标题　　　B. 横行标题　　　C. 纵栏标题　　　D. 指标数值

5. 统计分组的原则包括(　　)。

　　A. 穷尽原则　　　　　　　　　　　　B. 互斥原则

　　C. 上限不在内原则　　　　　　　　　D. 下限不在内原则

三、判断题

1. 原始资料的逻辑检查就是利用统计指标之间的计算关系,通过验算来验证资料的真伪。

( )

2. 对于时效性较强的统计资料,一般采用逐级汇总形式。 ( )

3. 在进行统计分组时,应选择能够反映事物本质特征的标志作为分组标志。 ( )

4. 在确定组限时,应做到最大组的上限不小于数据资料中的最大变量值。 ( )

5. 按分组标志的多少,统计分组可分为品质分组和数量分组。 ( )

6. 对于连续型变量或数值较多、变化范围较大的离散型变量,适合编制单项式变量数列。

( )

7. 向下累计是从变量值最大一组起逐组次数累计,每组的累计频数表示小于该组上限值的次数有多少。 ( )

8. 一般来说复合分组优于简单分组,因而其应用更为广泛。 ( )

9. 统计表的左右两端采取不划线的"开口"表式。 ( )

10. 统计表的主词是用于说明宾词的各种指标,宾词是统计表所说明的总体,总体的各组或各组的名称。 ( )

四、思考题

1. 简述统计整理的概念及其意义。

2. 何谓统计分组? 统计分组应遵循的基本原则是什么?

3. 说明全距、组距、组限、组数与组中值的含义及其计算方法。

4. 简述统计表的构成内容。

五、计算题

1. 某房地产公司销售部 20 名员工 2022 年第一季度月销售房屋套数资料如表 3-15 所示。

表 3-15 某房地产公司销售部 20 名员工 2022 年第一季度月销售房屋套数

8	3	4	6	5	9	2	4	8	5
6	5	6	5	8	2	5	3	5	6

要求:根据以上资料编制单项式分配数列。

2. 某高三重点班 50 名同学的数学模拟考试成绩如表 3-16 所示。

表 3-16 某高三重点班 50 名同学的数学模拟考试成绩

117	122	124	129	139	107	117	130	122	125
110	118	123	126	133	134	127	123	118	112
108	131	125	117	122	133	126	122	118	108
112	134	127	123	119	113	120	123	118	112
137	114	120	128	124	115	139	128	124	121

要求:以 105 分为最小值、140 分为最大值、组距为 5 分编制等距数列,并计算列示各组的频数、频率、向上累计次数与频率、向下累计次数与频率。

第四章

总量指标和相对指标

第一节　总量指标

一、总量指标的概念和作用

总量指标是反映在一定时间、地点条件下社会经济现象总规模、总水平或工作总量的综合指标，其表现形式是绝对数，因此也称为绝对指标。总量指标的特点是其数值大小会随着总体范围的大小而增减，一般情况下总体范围越大，指标数值越大；总体范围越小，指标数值越小。这类指标一般是通过全面调查的方法对总体单位进行调查登记，逐步汇总取得的。例如，根据国家统计局《中华人民共和国2021年国民经济和社会发展统计公报》，2021年我国国内生产总值1 143 670亿元就是一个总量指标，它反映了2021年我国经济发展的总规模。

总量指标在社会经济管理和科学研究中的作用主要表现在以下几个方面。

1. 总量指标可以反映社会经济现象总体的基本情况

我们要想了解一个国家或地区的国民经济和社会发展状况，先要掌握它在一定时间、地点条件下的发展规模或水平。例如，一国的国土面积、人口和劳动资源、自然资源、钢铁产量、工业总产值、粮食产量、农业总产值、国民收入等指标，这些指标可以反映基本国情；企业的资产负债总额、销售收入以及利税总额等指标，这些指标可以反映企业在一定时间的财务状况、经营成果等方面的情况。

2. 总量指标是进行社会经济管理的主要依据

政府为了更有效地促进经济增长，保持经济协调、稳定发展，就必须统计、核算国民经济和社会发展的主要总量指标，为制定经济政策、实施宏观调控提供可靠的依据。经营者要改善企业的经营管理，也必须立足于企业现状，研究分析诸如资产负债、销售收入、利润总额、产品产量等指标，通过对比分析，寻找差距，发现问题。

3. 总量指标是计算相对指标和平均指标的基础

总量指标是说明社会经济现象总量的综合性数字，是最基本的统计指标。相对指标和平均指标一般是由两个有联系的总量指标进行对比计算出来的，它们是总量指标的派生指标。经济管理中使用了大量的相对指标和平均指标，如经济增长率、物价指数、失业率、人均可支配收入、职工平均工资等。但相对指标和平均指标的计算,归根结底还是需要掌握相关的总量指标。总量指标的计算是否科学、合理、准确,将会直接影响相对指标和平均指标的准确性。

二、总量指标的种类

(一) 按其反映内容的不同,可分为总体单位总量和总体标志总量

总体单位总量是指总体中单位的总数,是由每个总体单位加总得到的,说明总体本身的规模大小。例如,某地区的工业企业总数、某企业的职工人数等。

总体标志总量是总体各单位某一数量标志值的总和,反映总体的规模和水平,如某地区的工业增加值、社会消费品零售总额、工商企业户数等。对于统计研究的特定总体,总体单位总量是唯一的,而总体标志总量却可以有多个。例如,研究 2021 年某市上市公司对地方经济社会的贡献时,当地所有上市公司构成了统计总体,全市上市公司的数目就是总体单位总量,而所有上市公司的纳税总额以及吸收当地就业人数等指标,就是总体标志总量。

(二) 按其反映的时间状况不同,可分为时期指标和时点指标

1. 时期指标

时期指标是反映总体在一段时期内活动过程所达到的总规模、总水平或工作总量,在经济学中称之为流量。时期指标一般用"某年""某季""某月"或"某段时期"等方式表示指标的时间状况,如产品产量、工业增加值、销售收入等。时期指标具有以下特点:

第一,时期指标的数值是连续登记、累计计算的结果,具有累加性。时期指标表明现象在一定时期活动过程的总成果。将若干个时期指标相加可得到一个更长时期的累计总量,这些结果仍然是时期指标。例如,某钢铁企业全年的钢铁产量是月产量的累加,而月产量又是日产量的累加。

第二,时期指标的大小与现象活动时期的长短有直接关系。一般来说,时期越长,时期指标的数值就越大,反之则越小。例如,在正常情况下企业一个季度的工业增加值大于一个月的工业增加值,而全年的工业增加值大于某一季度的工业增加值。但也有例外的情况,比如利润指标虽然也是一个时期指标,因数值存在零或负数的情况,所以利润的大小不一定和时期长短相关。假如企业上半年盈利,下半年亏损,全年利润就会小于上半年利润。

2. 时点指标

时点指标是反映总体在某一特定时刻(瞬间)上的数量状态,在经济学中称之为存量。时点指标一般用"期初""期末""某日"等方式表示指标的时间状况。例如,在应用职工人数、设备台数、商品库存量(金额)等时点指标时,必须要明确指标所属的具体日期或时间,否则没有意义。时点指标的特点主要有两个:

第一,时点指标数值是间断计数的,即每隔一定时间登记一次,时点指标不能累计相加。时点指标是表明现象在某一时点上的状况,只能按时点所表示的瞬间计数,若累计相加,所得到的结果包含着大量的重复计算,没有任何实际意义。例如,某银行营业网点年末居民存款余额即当年 12 月末的居民存款余额,而不是全年 12 个月月末居民存款余额的合计。在实际工作中,时点指标可采用式(4-1)计算:

$$本期期末数＝本期期初数(上期期末数)＋本期增加数－本期减少数 \qquad (4-1)$$

第二,时点指标的大小与时点的间隔长短无直接关系。根据式(4-1),时点指标的大小取决于期初数、本期增加数和本期减少数,与时间间隔长短无关。因此,企业年末的职工人数就不一定比某月末的职工人数多,年末商品库存量也未必大于年初数。

(三) 按采用的计量单位不同,可分为实物指标、价值指标和劳动指标

1. 实物指标

实物指标是以实物单位计量的总量指标,用于反映各同类实物的总量。实物单位的不同表现形式如下:

(1)自然单位。它是根据实物的自然属性来度量其数量的计量单位,如人口按"人"、汽车按"辆"计量等。

(2)度量衡单位。它是根据度量衡制度规定的计量单位,如长度用"米"、重量用"吨"、容积用"公升"计量等。

(3)标准实物单位。它是按照统一折算标准来度量被研究现象数量的一种计量单位。例如,若以发热值为 7 000 大卡/千克的煤炭为标准煤,则 1 吨发热值为 3 500 大卡的煤炭折算为 0.5 吨标准煤。

(4)复合计量单位。它是用两种单位的乘积来表明某一种事物的数量,如货运量用"吨公里"、发电量用"千瓦时"、铁路发送旅客数量用"人次"表示等。

2. 价值指标

价值指标是以货币单位计量的总量指标,可以综合表现各种具有不同使用价值的产品或商品的总量,具有综合和概括的能力,如增加值、总成本、销售额、成交额等。

3. 劳动指标

劳动指标是以劳动单位计量的总量指标。劳动单位一般用劳动时间表示,是一种复合单位,通常用工时、工日表示。工时是指一人工作一小时的劳动量,工日是指一人工作 8 小时的劳动量。

总量指标的种类如表 4-1 所示,社会经济活动中常用的总量指标如表 4-2 所示。

表 4-1　总量指标的种类

分类依据	指标种类	指标含义
按指标内容	总体单位总量	即总体单位的总数,说明总体本身的规模大小,如某地区工业企业总数
	总体标志总量	总体中各单位某一标志值的总和,是说明总体某一数量特征的总量,如某企业的职工工资总额
按时间状况	时期指标	总体在一段时期内活动过程的总量,如产品产量、增加值、销售收入、利润总额等
	时点指标	总体在某一特定时刻(瞬间)上的总量,如期末的职工人数、设备台数、商品库存量、资产总额、负债总额等
按计量单位	实物指标	以实物单位计量的总量指标
	价值指标	以货币单位计量的总量指标
	劳动指标	以劳动单位计量的总量指标

表 4-2　社会经济活动中常用的总量指标

国民经济和社会发展主要总量指标	工业企业主要总量指标
国内生产总值(GDP)	工业总产值
一般公共预算收入/支出	工业增加值
全年粮食产量	产品产量
工业增加值	实收资本
主要工业产品产量	总资产
工业企业实现利润总额	总负债
全社会固定资产投资	所有者权益
社会消费品零售总额	固定资产原价
进出口总额	销售收入
金融机构本外币各项存款余额	营业利润
金融机构各项贷款余额	利润总额
人口数	年末职工人数

三、总量指标的注意事项

计算和应用总量指标时,应注意以下几点:

(1)必须明确总量指标的统计含义、适用范围和计算方法。指标含义、适用范围和计算方法界定了总量指标所反映的事物某方面的特征、总体范围与计算口径。例如,人口统计需要明确"常住人口"等指标的含义,才可以准确统计一个地区的人口总数。

(2)必须注意现象的同质性。在计算实物总量指标时,不同种类的实物总量是不可以直接加总的,只有同类现象才能计算总量。例如,简单地把工业品和农产品相加是没有意义的。

(3)必须做到计量单位一致。计算同类现象总量指标的数值,计算单位必须一致才能加总。否则,在统计汇总时要先换算成统一的计量单位。

(4)总量指标要与相对指标、平均指标结合运用。总量指标只能说明事物的规模、水平,不能说明事物之间的相互联系、发展变化的程度和效益的高低。因此,只有把总量指标和相对指标、平均指标结合起来,才能全面说明事物的规模、水平、内部结构及其发展变化情况。

第二节　相 对 指 标

一、相对指标的概念和作用

相对指标也称为相对数,它是两个相互联系的指标的比值,可以说明现象或总体的结构、比例、程度、发展速度等对比关系。对比分析是统计分析的基本方法,因此相对指标在社会经济领域中的应用十分广泛。例如,工业企业的产品合格率、市场占有率、资产负债率、销售利润率以及银行系统使用的存款准备金率、存贷比等指标均属于相对指标。

相对指标的作用如下:

(1) 综合反映社会经济现象之间的内部结构、比例关系,从而深入分析其性质。例如,分析某企业的资本结构,能够了解企业的财务风险状况;计算某地区第一、二、三产业增加值的比重,可以反映该地区社会经济现代化的程度。

(2) 将现象的绝对差异抽象化,使原来不能直接对比的统计指标可以进行比较。由于不同企业的生产规模及条件各不相同,如果直接用产量、增加值、净利润等总量指标比较不同企业的业绩,缺乏可比性评价意义不大。如果同时采用劳动生产率、销售净利率、每股收益等相对指标进行比较,就可以对不同企业的经营成果作出客观、合理的业绩评价。

(3) 表明现象的发展过程及事物之间的相互关联程度,反映事物发展变化的趋势。

二、相对指标的表现形式

相对指标有两种表现形式:无名数和有名数。

(一) 无名数

无名数是一种抽象化的数值,多以系数、倍数、成数、百分数和千分数表示。系数和倍数是将对比的基数抽象化为1而计算的相对数。在两个数字对比时,其分子数值与分母数值比较接近时用系数表示,如工资等级系数、固定资产折旧系数等。当分子数值比分母数值大很多时用倍数表示。例如,2020年我国汽车产量达到2 532.5万辆,为2010年1 826.99万辆的1.39倍[①]。成数是将对比的基数抽象化为10而计算出来的相对数,即一成等于10%。例如,某企业利润比上年增长一成,即增长10%。百分数是将对比的基数抽象化为100而计算出来的相对数,其符号为%,它是相对指标中最常用的一种表现形式。千分数是将对比的基数抽象化为1 000而计算出来的相对数,其符号为‰,它适用于对比的分子数值比分母数值小很多的情况,如人口出生率、人口自然增长率等多用千分数来表示。

(二) 有名数

有名数是将对比的分子和分母指标的计量单位结合使用,以表明事物的密度、普遍程度和强度等。有名数主要用来表现某些强度相对指标。例如,人口密度用"人/平方公里"、人均国内生产总值用"元/人"、商业网点密度用"人口数/每个商业网点"表示等。

人们在日常经济生活中经常听到或见到"百分点""千分点"这些词,它与上述的百分数、千分数是不同的概念。在对比分析中,比较两个百分数或千分数时,有时用相减的方法求其差额,相差数为1%称为一个百分点,相差数为1‰称为一个千分点。例如,2020年1月6日中国人民银行下调金融机构存款准备金率0.5个百分点,就是降低0.5%的意思。

---

① 资料来源:国家统计局2010年、2020年国民经济和社会发展统计公报。

三、相对指标的种类和计算

由于对比基础和研究目的不同,相对指标可分为计划完成程度相对指标、结构相对指标、比例相对指标、比较相对指标、强度相对指标和动态相对指标六种形式。

(一) 计划完成程度相对指标

1. 计划完成程度相对指标的概念和计算

计划完成程度相对指标是现象在某时期内的实际完成数与计划任务数对比的结果,一般用百分数表示,主要用来检查和监督计划的执行情况。其基本公式为:

$$计划完成程度相对指标 = \frac{实际完成数}{计划任务数} \times 100\% \qquad (4-2)$$

实际应用中的计划任务一般有三种形式,即总量指标、相对指标和平均指标,因此,计划完成程度相对指标计算公式也有三种形式。

1) 期末检查计划完成程度

(1) 计划指标为总量指标时,计算公式为:

$$计划完成程度相对指标 = \frac{实际完成数}{计划任务数} \times 100\% \qquad (4-3)$$

该指标适用于考核社会经济现象的规模或水平的计划完成程度。

【例4-1】 某连锁企业2021年商品销售额计划为3 000万元,实际完成4 500万元。计算该企业2021年销售额计划完成程度。

$$计划完成程度相对指标 = \frac{4\ 500}{3\ 000} \times 100\% = 150\%$$

计算表明,该企业销售额计划完成程度相对指标为150%,超额完成销售额计划的50%。

(2) 计划指标为相对指标时,计算公式为:

$$计划完成程度相对指标 = \frac{1 \pm 实际提高(降低)百分数}{1 \pm 计划提高(降低)百分数} \times 100\% \qquad (4-4)$$

该指标是用于考核社会经济现象的增长率、降低率的计划完成程度。可以证明,式(4-4)与式(4-3)本质是相同的。

【例4-2】 某公司劳动生产率计划规定2021年比2020年提高5%,实际提高了8%,计算该公司劳动生产率计划完成程度。

$$计划完成程度相对指标 = \frac{1 + 8\%}{1 + 5\%} \times 100\% = 102.86\%$$

计算结果表明,该公司2021年劳动生产率计划完成相对指标为102.86%,超额完成计划的2.86%。

【例 4-3】 华强公司 2021 年计划将其生产的水泥单位成本比上年降低 5%，实际降低了 8.5%，计算该公司水泥单位成本计划完成程度。

$$计划完成程度相对指标 = \frac{1-8.5\%}{1-5\%} \times 100\% = 96.32\%$$

计算结果表明，该公司水泥单位成本计划完成程度为 96.32%，实际单位成本比计划降低了 3.68%，超额完成了成本降低计划。

（3）计划指标是平均指标时，计算公式为：

$$计划完成程度相对指标 = \frac{实际平均水平}{计划平均水平} \times 100\%$$

【例 4-4】 2021 年某厂 A 产品计划单位成本 150 元/件，实际单位成本 120 元/件，计算 A 产品单位成本计划完成程度。

$$计划完成程度相对指标 = \frac{120}{150} \times 100\% = 80\%$$

计算表明，该厂 A 产品单位成本计划完成程度为 80%，实际单位成本比计划降低了 20%，超额完成成本计划。

2）计划进度执行情况的检查

在计划执行过程中，为了及时了解进度的快慢，保证计划的实现，需要对计划进度情况进行监控。通常用计划期中某一段时期的实际累计完成数与计划期全期计划数进行对比，来评判计划的进展情况。计算公式为：

$$计划执行进度 = \frac{本期累计完成数}{全期计划数} \times 100\% \tag{4-5}$$

【例 4-5】 某煤炭企业 2022 年计划生产原煤 1 500 万吨，截至 2022 年 3 月底，已累计生产原煤 420 万吨。计算该企业 2022 年 1~3 月原煤生产计划执行进度。

$$计划执行进度 = \frac{420}{1\ 500} \times 100\% = 28\%$$

计算结果表明，截至 2022 年 3 月底该企业已完成全年原煤生产计划的 28%。从时间方面来衡量，1~3 月占全年的 25% 时间，而实际产量已完成全年的 28%，产量的进度快于时间的进度，说明该企业 2022 年 1~3 月原煤生产计划的执行情况较好。

2. 计划完成程度相对指标的评价方法

计划完成程度相对指标的评价标准是不同的，需要根据指标本身的特点得出评价结论。一般来讲，劳动成果指标（产出）从经济意义上说越大越好，不设上限。若计划完成程度高于 100%，表示超额完成计划；若计划完成程度低于 100%，表示未完成计划。劳动消耗和劳动占用指标（投入）从经济意义上说，实际完成低于计划为好，不设下限。若计划完成程度低于 100%，才算是超额完成计划。对计划完成程度相对指标的评价方法简要归纳如表 4-3 所示。

表 4-3　计划完成程度相对指标的评价方法

指标类型	指标特点	指标数值及含义	
劳动成果指标	只规定最低限额,不设上限,以提高或增长为目标,如产量、增加值、销售收入、劳动生产率、利润等	>100%	表示超额完成
		=100%	表示刚好完成
		<100%	表示未完成
劳动耗费指标	只规定最高限额,不设下限,以降低或减少为目标,如产品成本、管理费用、销售费用等	>100%	表示未完成
		=100%	表示刚好完成
		<100%	表示超额完成

(二)结构相对指标

1. 结构相对指标的概念与计算

结构相对指标是总体中某部分数值与总体数值的比值(即部分占总体的比重),它说明总体的内部构成情况。其计算公式为:

$$结构相对指标=\frac{总体中某一部分数值}{总体全部数值}\times100\% \qquad (4-6)$$

例如,2018 年年末全国共有第二产业和第三产业的企业法人单位 1 857.0 万个。其中,内资企业占 98.8%,港、澳、台商投资企业占 0.6%,外商投资企业占 0.6%。内资企业中,国有企业占全部企业法人单位的 0.4%,私营企业占 84.1%。各种注册类型企业所占比重属于结构相对指标,计算结果详见表 4-4。

表 4-4　2018 年按登记注册类型分组的企业法人单位

企业注册类型	单位数(万个)	比重
内资企业	1 834.8	98.8%
国有企业	7.2	0.4%
集体企业	9.8	0.5%
股份合作企业	2.5	0.1%
联营企业	0.7	0.0%
有限责任公司	233.4	12.6%
股份有限公司	19.7	1.1%
私营企业	1 561.4	84.1%
其他企业	0.1	0.0%
港、澳、台商投资企业	11.9	0.6%
外商投资企业	10.3	0.6%
合　　计	1 857.0	100.0%

资料来源:国家统计局《第四次全国经济普查公报(第二号)》。

表 4-4 反映了 2018 年年末我国第二产业和第三产业的企业法人单位主要以内资企业

为主,而在内资企业中,私营企业的数量占绝对优势,对我国经济社会发展至关重要。

【例4-6】 某公司2021年7月甲产品单位成本和总成本明细资料如表4-5所示。请分析甲产品成本构成情况。

表4-5 某公司2021年7月甲产品单位成本和总成本明细表

项 目	单位成本(元/件)	总成本(元)	成本构成
材料	92.5	14 800.0	74.3%
燃料动力	7.6	1 216.0	6.1%
工资	8.8	1 408.0	7.1%
制造费用	15.6	2 496.0	12.5%
合 计	124.5	19 920.0	100.0%

从表4-5中可以看出,材料成本占甲产品单位成本的74.3%,是构成成本的主要项目,也是企业控制甲产品成本的关键。

需要说明的是,结构相对指标必须在统计分组的基础上才可以计算。在计算时,分子与分母的位置不能互换。此外,结构相对指标是一个大于0小于1的数值,总体中所有结构相对数之和应等于100%或1。

2. 结构相对指标的作用

结构相对指标能表明总体在一定时间、地点、条件下的结构特征,不同时期的结构相对指标,可以反映现象的变化过程及发展趋势,利用结构相对指标有助于分清主次,确定工作重点。结构相对指标在经济活动中有非常广泛的应用。利用结构相对指标可以研究总体内各组成部分的分配比重及其变化,深刻认识事物各个部分的特殊性及其在总体中所处的地位。

(三)比例相对指标

比例相对指标是同一总体内不同组成部分的指标数值之比,用以分析总体内各部分之间的比例关系。其计算公式为:

$$比例相对指标 = \frac{总体中某一部分数值}{总体中另一部分数值} \qquad (4-7)$$

【例4-7】 我国以2020年11月1日零时为标准时点进行了第七次全国人口普查,大陆31个省、自治区、直辖市和现役军人的人口中,男性人口为723 339 956人,占51.24%;女性人口为688 438 768人,占48.76%。请计算总人口性别比。

$$男女人口性别比 = \frac{723\ 339\ 956}{688\ 438\ 768} \times 100\% = 105.07\%$$

以女性人口为100,男性人口对女性人口的比例为105.07∶100。

计算比例相对指标先要进行统计分组,计算该指标时分子数值和分母数值可以互换。

(四)比较相对指标

1. 比较相对指标的概念与计算

比较相对指标是同一时间内两种同类现象在不同空间、不同条件下的指标数值之比,用百分数或倍数表示。其计算公式如下：

$$比较相对指标 = \frac{某一总体某类指标数值}{另一总体同类指标数值} \tag{4-8}$$

例如，根据中商情报网报道，2020年华为手机出货量为1.25亿台，苹果手机出货量为0.36亿台，则华为手机出货量为苹果手机的3.47倍，这是一个比较相对指标。

比较相对指标与比例相对指标类似，计算时分子分母可以互换位置。两者的主要区别是：比例相对指标是同一总体内不同部分之间的比较，而比较相对指标则是不同总体或空间同类统计指标的对比。

2. 比较相对指标的作用

比较相对指标可用来比较不同国家和地区的社会经济情况，也可用来比较同类现象在不同单位（地区、部门等）之间的差异程度，在实践中运用非常广泛。

（五）强度相对指标

1. 强度相对指标的概念和计算

强度相对指标是性质不同但又有密切联系的两个总量指标之比，是用来分析不同事物之间的数量对比关系，表明现象的强度、密度和普遍程度的综合指标。强度相对指标常用来比较不同国家、地区或部门的经济实力或公共服务水平。其计算公式为：

$$强度相对指标 = \frac{某一总量指标数值}{另一有联系而性质不同的总量指标数值} \tag{4-9}$$

【例4-8】 根据国家统计局《2018年国民经济和社会发展统计公报》，2018年我国人口总数为139 538万人，国土面积为960万平方公里，国内生产总值为900 309亿元，钢材产量为110 551.7万吨。根据资料计算相关强度相对指标。

$$我国人口密度 = \frac{139\,538}{960} = 145（人/平方公里）$$

$$我国人均国内生产总值 = \frac{9\,003\,090\,000}{139\,538} = 64\,520.70（元/人）$$

$$我国人均钢产量 = \frac{110\,551.7}{139\,538} = 79.23（吨/百人）$$

强度相对指标有正指标和逆指标之分。正指标是指标数值的大小与现象的发展程度或密度呈正方向变化的强度相对指标，即指标数值越大，现象的发展程度或密度越高，反之就越低。逆指标是指标数值的大小与现象的发展程度或密度呈反向变化的强度相对指标，即指标数值越大，现象的发展程度或密度越低，反之就越高。同一强度相对指标的正指标和逆指标互为倒数。

【例4-9】 某高校有在校生15 000人，校园内设有4个食堂，试计算强度相对指标。

$$正指标：该高校食堂密度 = \frac{4}{15\,000} = 0.27（个/千人）$$

$$逆指标：该高校食堂密度 = \frac{15\,000}{4} = 3\,750（人/个）$$

计算结果表明,该高校每千人拥有 0.27 个食堂。该指标数值越大,表示强度越高,学生就餐就越方便,是正指标。如果把分子和分母对换,则形成递指标,表明平均每个食堂要为 3 750 名学生提供服务。该指标数值越大,表示强度越低,每个食堂服务的学生人数就越多,就餐条件就越差。

2. 强度相对指标的作用

强度相对指标能反映一个国家、地区或部门的经济实力,便于进行对比分析,如人均国民收入、人均粮食产量、人均钢产量等;可以描述一定区域公共服务的能力和工作生活的便利程度,如按人口均摊的幼儿园、学校、医院、商业以及银行网点密度等;还可以反映社会经济活动的条件或效果。许多重要的经济效益指标,都是强度相对指标,如资金利润率、商品流通费用率等。

(六) 动态相对指标

动态相对指标是同类现象在不同时间上发展水平的比值,一般用百分数或倍数表示,反映该现象在时间上的发展变化和程度,又称为发展速度和指数。其计算公式为:

$$动态相对指标 = \frac{报告期水平}{基期水平} \times 100\% \qquad (4\text{-}10)$$

式(4-10)中,报告期是指我们研究或计算的时期,基期则是作为比较基础的时期,通常是指固定的某一时期或报告期的前一期。例如,2020 年我国原煤产量为 39 亿吨,比 2019 年增长了 1.4%,这里的 2019 年是基期,2020 年是报告期。如果用 2020 年的原煤产量与 2010 年对比,则 2010 年就是基期。动态相对指标在统计分析中应用广泛,详细内容将在本书第六章专门介绍。

 **本章小结**

本章主要介绍总量指标和相对指标的概念和种类,各种相对指标的计算方法及其应用。

1. 总量指标是反映在一定时间、地点条件下社会经济现象总规模、总水平或工作总量的综合指标,其表现形式是绝对数,因此也称为绝对指标。总量指标的特点是其数值大小会随着总体范围的大小而增减,一般情况下总体范围越大,指标数值越大;总体范围越小,指标数值越小。

2. 总量指标按其反映内容的不同,可分为总体单位总量和总体标志总量;按其反映的时间状况不同,可分为时期指标和时点指标;按其采用的计量单位不同,可分为实物指标、价值指标和劳动指标。

3. 相对指标也称为相对数,它是两个相互联系的指标的比值,可以说明现象或总体的结构、比例、程度、发展速度等对比关系。相对指标有无名数和有名数两种表现形式。

4. 相对指标可分为计划完成程度相对指标、结构相对指标、比例相对指标、比较相对指标、强度相对指标和动态相对指标等六种形式。

 **练习题**

一、单项选择题

1. 下列指标中属于时点指标的是（　　）。

   A. 利润总额　　　　B. 销售收入　　　　C. 资产总额　　　　D. 平均工资

2. 下列指标中属于总量指标的是（　　）。

   A. 人均住房面积　　B. 产品单位成本　　C. 汽车年产量　　　D. 员工平均年龄

3. 同一时间内两种同类现象在不同空间、不同条件下的指标数值之比称为（　　）。

   A. 动态相对指标　　　　　　　　　　B. 结构相对指标

   C. 比例相对指标　　　　　　　　　　D. 比较相对指标

4. 某公司 A 产品产量计划比上年增长 10%，实际增长 18%，则产量计划超额完成程度为
   （　　）。

   A. 107.27%　　　　B. 7.27%　　　　　C. 180%　　　　　　D. 80%

5. 时点指标的数值（　　）。

   A. 与时间间隔长短无关　　　　　　　B. 通常是连续登记的

   C. 时间间隔越长，指标数值越大　　　D. 具有可加性

6. 某公司管理费用计划比上年降低 5%，实际降低了 10%，则管理费用计划完成程度为
   （　　）。

   A. 200%　　　　　B. 105.56%　　　　C. 94.74%　　　　　D. 50%

7. 总体各部分指标数值与总体指标数值对比计算的结构相对数之和（　　）。

   A. 小于100%　　　B. 等于100%　　　C. 大于100%　　　　D. 无法确定

8. 由总体各单位某一标志值汇总得到的指标是（　　）。

   A. 总体单位总量　　B. 总体标志总量　　C. 质量指标　　　　D. 数量指标

9. 下列总量指标中，（　　）是总体单位总量。

   A. 企业工资总额　　B. 班级英语总成绩　C. 全市企业总数　　D. 病床总数

10. 下列指标中，不属于时期指标的是（　　）。

    A. 全年销售收入　　B. 年末设备台数　　C. 全年产品销售量　D. 一季度利润总额

11. 产品合格率是（　　）。

    A. 结构相对指标　　B. 比例相对指标　　C. 比较相对指标　　D. 强度相对指标

12. 某企业生产某种产品计划比上年增长 5%，实际比上年增长 7%，计算该企业生产计划完
    成程度的正确算式为（　　）。

    A. $\dfrac{5\%}{7\%}$　　　　B. $\dfrac{7\%}{5\%}$　　　　C. $\dfrac{105\%}{107\%}$　　　　D. $\dfrac{107\%}{105\%}$

13. 某企业工业增加值计划在去年的基础上提高 8%，执行结果仅比去年提高 4%，则工业增
    加值实际提高程度的计算公式是（　　）。

    A. $\dfrac{4\%}{8\%}$　　　　B. $\dfrac{8\%}{4\%}$　　　　C. $\dfrac{104\%}{108\%}-1$　　　　D. $\dfrac{108\%}{104\%}-1$

14. 人口自然增长率,属于(　　)。

　　A. 结构相对数　　　B. 比较相对数　　　C. 强度相对数　　　D. 比例相对数

15. 相对指标数值的大小(　　)。

　　A. 随总体范围扩大而增大　　　　　B. 随总体范围扩大而减小

　　C. 随总体范围缩小而减小　　　　　D. 与总体范围大小无关

二、多项选择题

1. 下列指标中属于时期指标的有(　　)。

　　A. 国内生产总值　　B. 一般预算收入　　C. 营业收入　　　D. 固定资产原值

2. 时期指标的数值(　　)。

　　A. 可以连续计量　　　　　　　　　B. 反映现象在某一时期内状况的总量

　　C. 相邻两时期指标具有可加性　　　D. 其数值大小与时间长短有关

3. 时点指标的数值(　　)。

　　A. 直接相加没有实际意义　　　　　B. 反映现象在某一时刻上状况的总量

　　C. 只能间断计数　　　　　　　　　D. 其大小与时间长短成正比

4. 常用的相对指标除了计划完成程度相对指标,还包括(　　)。

　　A. 结构相对指标　　　　　　　　　B. 比例与比较相对指标

　　C. 强度相对指标　　　　　　　　　D. 动态相对指标

5. 相对指标数值的表现形式有(　　)。

　　A. 比例数　　　　　B. 结构数　　　　　C. 无名数　　　　D. 有名数

6. 在计算相对指标时,分子、分母可以互换的相对指标有(　　)。

　　A. 结构相对数　　　B. 动态相对数　　　C. 比例相对数　　　D. 强度相对数

7. 下列指标中属于强度相对指标的有(　　)。

　　A. 人均 GDP　　　　　　　　　　　B. 人均肉类消费量

　　C. 人口密度　　　　　　　　　　　D. 每千人拥有的银行网点数

8. 总量指标与相对指标的关系,表现为(　　)。

　　A. 总量指标是计算相对指标的基础　B. 相对指标能表明总量间的对比关系

　　C. 相对指标能补充总量指标的不足　D. 相对指标与总量指标应结合运用

9. 下列属于结构相对指标的有(　　)。

　　A. 第二产业增加值占 GDP 的比重　B. 恩格尔系数

　　C. 某市城镇人口比重　　　　　　　D. 某高校男性与女性教师人数之比

10. 下列属于比较相对指标的有(　　)。

　　A. 某公司管理人员与生产人员的比例

　　B. 2021 年 A 公司研发费用是 B 公司的 4 倍

　　C. 深圳市 2021 年完成一般公共预算收入 3 857.39 亿元,约为广州市的 2 倍

　　D. 江苏省 2021 年地区生产总值达到 116 364.2 亿元,约为广东省地区生产总值的 94%

三、判断题

1. 总量指标的特点是其数值大小会随着总体范围的大小而增减,一般情况下总体范围越

　　大,指标数值越大。 （　　）

2. 对某一统计总体而言,总体单位总量和总体标志总量都具有唯一性。 （　　）

3. 时点指标的数值是连续登记、累计计算的,具有累加性。 （　　）

4. 总量指标是计算相对指标和平均指标的基础。 （　　）

5. 总量指标既反映现象的规模和水平,也可以说明各种现象之间的数量对比关系。 （　　）

6. 相对指标是反映在一定时间、地点条件下社会经济现象总规模或总水平的统计指标。

（　　）

7. 计划完成程度相对指标越大,表示计划执行效果越好。 （　　）

8. 在特殊情况下,结构相对指标将会大于1。 （　　）

9. 强度相对指标的数值越大,表示现象的发展程度或密度越高,反之就越低。 （　　）

10. 比较相对指标的数值一般是小于1的正数。 （　　）

四、简答题

1. 总量指标有哪些种类?

2. 什么是时期指标和时点指标? 它们各有何特点?

3. 相对指标有哪些种类?

4. 比较相对指标与比例相对指标有何异同?

5. 简述强度相对指标的概念及其作用。

第五章

平均指标和变异指标

第一节 平均指标

一、平均指标的概念和作用

平均指标又称平均数,是说明同质总体内各单位某一数量标志在具体条件下,具体标志值一般水平的综合指标。平均指标具有以下特点:平均指标是通过平均将总体各单位变量值之间的差异抽象化,消除了总体各单位标志值的数量差异,使一些偶然的、个别的数量因素相互抵消,从而将总体的一般特征或趋势显示出来。平均指标是总体的代表水平,计算平均指标的各单位必须具有同质性,这是计算平均指标的前提。

平均指标可以反映总体各单位变量分布的集中趋势和一般水平,便于比较同类现象在不同单位之间的发展水平,能够比较同类现象在不同时期的发展变化趋势或规律,分析现象之间的依存关系时也常借助于平均指标。

二、平均指标的种类与计算

社会经济统计中常用的平均指标有算术平均数、调和平均数、几何平均数、众数、中位数等。其中,算术平均数、调和平均数、几何平均数是根据分布数列中各单位的标志值计算的,称为数值平均数;众数和中位数是根据分布数列中某些标志值所处的位置来确定的,称为位置平均数。

(一)算术平均数

算术平均数(mean)也称为均值,它是总体各单位某一数量标志总量除以总体单位总量求得的平均数。计算公式为:

$$算术平均数 = \frac{总体标志总量}{总体单位总量}$$

对于很多社会经济现象,总体标志总量是总体单位变量值的总和。例如,企业职工工资总额是每个职工工资的总和;广东省的 GDP 是所属 21 个地级市 GDP 的总和。只要取得总体某一标志总量和总体单位总量的数据,就可以计算平均指标。根据所掌握数据形式的不同,算术平均数有简单算术平均数和加权算术平均数两种形式。

1. 简单算术平均数

简单算术平均数(simple mean)是将总体各单位标志值直接相加除以总体单位个数计算的平均数,适用于未经分组整理的原始数据。若设未分组统计数据为 x_1, x_2, $\cdots$, x_n,则其算术平均数 $\bar{x}$ 的计算公式为:

$$\bar{x} = \frac{x_1 + x_2 + \cdots + x_n}{n} = \frac{\sum\limits_{i=1}^{n} x_i}{n} \tag{5-1}$$

【例 5-1】 某班级 50 名同学统计学期末考试成绩原始资料如表 5-1 所示,计算该班级统计学的平均成绩。

表 5-1 某班级 50 名同学统计学成绩原始资料

62	88	85	87	93	84	60	70	71	55
53	78	61	83	80	87	60	73	72	76
51	89	98	77	79	93	80	86	84	79
57	76	76	69	65	67	86	89	85	86
62	74	82	92	66	75	78	96	78	83

$$\bar{x} = \frac{62 + 88 + 85 + \cdots + 96 + 78 + 83}{50} = \frac{3\,836}{50} = 76.72(\text{分})$$

必须注意:在计算算术平均数时,分子与分母必须同属一个总体,分子数值是分母各单位标志值的总和。也就是说,分子与分母具有"一一对应"的关系,有一个总体单位必有一个标志值与之对应,只有这样计算出的平均指标才能表明总体的一般水平。

2. 加权算术平均数

加权算术平均数(weighted mean)是以各组变量值乘以该组的权数(次数或频数)求出总体标志值总量,再除以总体单位总量求得的平均数,适用于经过分组整理的数据。

设原始数据被分成 k 组,各组的变量值分别为 x_1, x_2, $\cdots$, x_k,与各组变量值对应的次数或频数分别为 f_1, f_2, $\cdots$, f_k,则加权的算术平均数为:

$$\bar{x} = \frac{x_1 f_1 + x_2 f_2 + \cdots + x_k f_k}{f_1 + f_2 + \cdots + f_k} = \frac{\sum\limits_{i=1}^{k} x_i f_i}{\sum\limits_{i=1}^{k} f_i} \tag{5-2}$$

或

$$\bar{x} = \frac{\sum\limits_{i=1}^{k} x_i f_i}{\sum\limits_{i=1}^{k} f_i} = \sum\limits_{i=1}^{k} x_i \frac{f_i}{\sum\limits_{i=1}^{k} f_i} \tag{5-3}$$

【例 5-2】 根据表 5-1 对 50 名同学统计学成绩原始资料分组整理如表 5-2 所示,计算 50 名同学统计学的平均成绩。

表 5-2 50 名同学统计学成绩分组表

成绩(分)	频数 f_i	频率 $\dfrac{f_i}{\sum f_i}$	组中值 x_i	各分组标志总量 $x_i f_i$
60 以下	4	0.08	55	220
60～70	9	0.18	65	585
70～80	15	0.30	75	1 125
80～90	17	0.34	85	1 445
90～100	5	0.10	95	475
合计	50	1.00	—	3 850

根据式(5-2)计算得:

$$\bar{x} = \frac{\sum_{i=1}^{k} x_i f_i}{\sum_{i=1}^{k} f_i} = \frac{3\ 850}{50} = 77.00(\text{分})$$

根据式(5-2)计算的平均成绩是 77.00 分,与式(5-1)计算的平均成绩 76.72 分相差 0.28 分,显然 76.72 分是准确的平均成绩。这是因为式(5-1)采用的是原始数据的全部信息,而式(5-2)是采用各组的组中值代表本组的实际数据。使用组中值作为代表值是假定数据在各组中的分布是均匀的,但实际情况并非如此。统计分组资料越准确,计算的平均数与实际平均数之间就会产生误差就越小,因此它只是实际平均数的理论值。

从式(5-2)看,加权算术平均数数值的大小不仅受各组变量值 x_i 大小的影响,而且受各组变量值出现的频数即权数 f_i 大小的影响。如果某一组的权数大,说明该组的数据较多,那么该组数据的大小对算术平均数的影响就越大;反之,则越小。

当我们掌握的权数不是各组变量值出现的频数而是频率时,可根据式(5-3)计算加权算术平均数。仍以[例 5-1]分析,根据各组频数计算的频率分别为 0.08、0.18、0.30、0.34、0.10(表 5-2),则用频率加权计算的加权算术平均数为:

$$\bar{x} = \sum_{i=1}^{k} x_i \frac{f_i}{\sum_{i=1}^{k} f_i}$$

$$= 55 \times 0.08 + 65 \times 0.18 + 75 \times 0.30 + 85 \times 0.34 + 95 \times 0.10 = 77.00(\text{分})$$

从计算结果看,用频率加权计算的结果与用频数加权计算的结果是一致的。当各组变量值出现的频数 f_i 或频率 $\dfrac{f_i}{\sum f_i}$ 相等时,权数的作用就消失了。

算术平均数具有下面一些重要的数学性质,这些数学性质在实际中有着广泛的应用,同时也体现了算术平均数的统计思想。

(1) 各变量值与其算术平均数的离差之和等于零,即:

$$\sum_{i=1}^{n}(x_i-\bar{x})=0 \quad 或 \quad \sum_{i=1}^{k}(x_i-\bar{x})f_i=0$$

(2) 各变量值与其算术平均数的离差平方和最小,即:

$$\sum_{i=1}^{n}(x_i-\bar{x})^2=\min(最小) \quad 或 \quad \sum_{i=1}^{k}(x_i-\bar{x})^2f_i=\min(最小)$$

对于未分组数据其含义是:对于任意变量值 x_0,若 $x_0 \neq \bar{x}$,总有:

$$\sum_{i=1}^{n}(x_i-\bar{x})^2 < \sum_{i=1}^{n}(x_i-x_0)^2$$

(二) 调和平均数

调和平均数(harmonic mean)是各个变量值倒数的算术平均数的倒数,又称为倒数平均数,习惯上用 H 表示。在实际工作中,若只掌握各组变量值和各组标志总量而缺少总体单位数时,就要用调和平均数法计算平均指标。调和平均数有简单调和平均数和加权调和平均数两种计算方法。

1. 简单调和平均数

简单调和平均数的计算公式如下:

$$H=\frac{1}{\dfrac{\dfrac{1}{x_1}+\dfrac{1}{x_2}+\cdots+\dfrac{1}{x_n}}{n}}=\frac{n}{\sum_{i=1}^{n}\dfrac{1}{x_i}} \tag{5-4}$$

2. 加权调和平均数

在实际工作中,加权调和平均数通常是作为加权算术平均数的变形来使用的。由于受所掌握资料的限制,有时不能直接采用加权算术平均数公式计算平均数,这时就需要使用加权调和平均数的形式进行计算,计算公式如下:

$$H=\frac{m_1+m_2+\cdots+m_k}{\dfrac{m_1}{x_1}+\dfrac{m_2}{x_2}+\cdots+\dfrac{m_k}{x_k}}=\frac{\sum_{i=1}^{k}m_i}{\sum_{i=1}^{k}\dfrac{m_i}{x_i}} \tag{5-5}$$

【**例 5-3**】 某企业 2021 年 8 月采购四批同规格的原材料,各批次的采购单价与采购数量如表 5-3 所示,如何计算 8 月份原材料的平均采购价格?

表 5-3 某企业 2021 年 8 月采购原材料资料(一)

采购日期	采购单价 x_i(元/件)	采购数量 f_i(件)	采购金额 x_if_i(元)
8 月 2 日	120	850	102 000
8 月 9 日	150	1 500	225 000
8 月 18 日	180	2 200	396 000

采购日期	采购单价 x_i（元／件）	采购数量 f_i（件）	采购金额 $x_i f_i$（元）
8月30日	220	1 800	396 000
合计	—	6 350	1 119 000

从平均价格的实际意义看，其计算方法应采用如下公式：

$$平均价格 = \frac{采购金额合计}{采购数量合计}$$

根据［例5-3］中给出的采购单价和采购数量数据，可以求出采购金额合计 $\sum x_i f_i$ 和采购数量合计 $\sum f_i$。计算平均价格在形式上采用的是加权算术平均数公式，即：

$$\bar{x} = \frac{\sum\limits_{i=1}^{k} x_i f_i}{\sum\limits_{i=1}^{k} f_i} = \frac{1\,119\,000}{6\,350} = 176.22（元/件）$$

如果已知条件只有采购单价和采购金额，如表5-4所示，就需要改变计算方法。

表5-4　某企业2021年8月采购原材料资料（二）

采购日期	采购单价 x_i（元／件）	采购数量 f_i（件）	采购金额 $x_i f_i$（元）
8月2日	120		102 000
8月9日	150		225 000
8月18日	180		396 000
8月30日	220		396 000
合计			1 119 000

根据表5-4给出的采购单价与采购金额来计算平均采购价格，无法直接采用加权算术平均数形式。这时，需要根据采购单价和采购金额数据先求出各批次采购数量，计算出采购数量合计，再用采购金额合计除以采购数量合计即得平均采购价格。这种平均方法即加权调和平均。根据表5-4的数据，代入式（5-5）得平均采购价格为：

$$H = \frac{m_1 + m_2 + \cdots + m_k}{\dfrac{m_1}{x_1} + \dfrac{m_2}{x_2} + \cdots + \dfrac{m_k}{x_k}} = \frac{\sum\limits_{i=1}^{k} m_i}{\sum\limits_{i=1}^{k} \dfrac{m_i}{x_i}} = \frac{102\,000 + 225\,000 + 396\,000 + 396\,000}{\dfrac{102\,000}{120} + \dfrac{225\,000}{150} + \dfrac{396\,000}{180} + \dfrac{396\,000}{220}}$$

$$= \frac{1\,119\,000}{6\,350} = 176.22（元／件）$$

在［例5-3］中，当采购金额 m_i 等于采购单价 x_i 与采购数量 f_i 的乘积，即 $m_i = x_i f_i$ 时，加权调和平均数是作为加权算术平均数的变形来使用的。推导过程如下：

$$H = \frac{\sum\limits_{i=1}^{K} m_i}{\sum\limits_{i=1}^{K} \frac{m_i}{x_i}} = \frac{\sum\limits_{i=1}^{K} x_i f_i}{\sum\limits_{i=1}^{K} \frac{x_i f_i}{x_i}} = \frac{\sum\limits_{i=1}^{K} x_i f_i}{\sum\limits_{i=1}^{K} f_i} = \bar{x}$$

在实际应用中,当我们掌握的是分母资料时,可使用算术平均数公式计算平均数;当我们掌握的是分子资料时,就需要采用调和平均数公式计算平均数。

(三) 几何平均数

几何平均数(geometric mean)是若干个变量值连乘积开项数 n 次方根,分为简单几何平均数和加权几何平均数两种形式。计算公式分别为:

简单几何平均数: $\qquad G = \sqrt[n]{x_1 x_2 \cdots x_n} = \sqrt[n]{\prod\limits_{i=1}^{n} x_i}$ $\qquad$ (5-6)

加权几何平均数: $G = \sum\limits_{i=1}^{k} f_i \sqrt{x_1^{f_1} \cdot x_2^{f_2} \cdot \cdots \cdot x_k^{f_k}} = \sqrt[\sum\limits_{i=1}^{k} f_i]{\prod\limits_{i=1}^{k} x_i^{f_i}}$ $\qquad$ (5-7)

几何平均数是适用于特殊数据的一种平均数,通常用来计算平均比率和平均发展速度。当变量值是比率的形式,而且各比率的连乘积等于总比率时,就应采用几何平均法计算平均比率。

应用几何平均数需要满足两个基本条件:一是各个比率或速度的连乘积等于总比率或总速度;二是相乘的各个比率或速度不得为零或负数。

【例 5-4】 某产品需经三个车间连续加工才能完工。已知三个车间制品的合格率分别为 95%、93%、90%,求三个车间制品的平均合格率。

该产品是由三个车间连续加工完成的,第二车间加工的是第一车间产出的合格品,第三车间加工的则是第二车间产出的合格品。因此,三个车间总合格率是三个车间相应合格率的连乘积,如表 5-5 所示。

表 5-5 某产品各工序产出合格率计算表

生产车间	各车间投入	各车间产出合格率
第一车间	100%	95%
第二车间	95%	95%×93%
第三车间	95%×93%	95%×93%×90%

设三个车间制品的平均合格率为 G,则根据题意有:

$$G^3 = 95\% \times 93\% \times 90\%, \text{则} \ G = \sqrt[3]{95\% \times 93\% \times 90\%} = 92.64\%$$

【例 5-5】 某市 2012—2016 年 GDP 平均发展速度为 108.9%,2017—2019 年平均发展速度为 110.5%,2020—2021 年平均发展速度为 112.6%。计算该市 2012—2021 年 10 年间 GDP 的平均发展速度。

由于总速度是各年发展速度的连乘积,该资料提供各时段的平均发展速度所代表的时

间长度各不相同,计算平均发展速度需采用加权几何平均法。根据式(5-7),所求 GDP 平均发展速度为:

$$G = \sum_{i=1}^{k} f_i \sqrt{x_1^{f_1} \cdot x_2^{f_2} \cdot \cdots \cdot x_k^{f_k}} = \sqrt[10]{1.089^5 \times 1.105^3 \times 1.126^2} = 110.1\%$$

(四) 众数

1. 众数的概念

众数(mode)是指变量数列中出现次数最多的变量值,一般用 M_0 表示,众数是位置平均数。从变量分布的角度看,众数是具有明显集中趋势点的数值,一组数据分布的最高峰点所对应的数值即为众数。如果数据分布没有明显的集中趋势或最高峰点,就不存在众数;如果有多个高峰点,也就有多个众数。例如:

无众数原始数据:10、5、9、12、6、8

一个众数原始数据:6、5、9、8、5、5

多于一个众数原始数据:25、28、28、36、42、42

2. 众数的计算

根据未分组数据或单项式分组数据确定众数时,我们只需找到出现次数最多的变量值即为众数。对于组距式分组数据,众数的计算公式如下:

下限公式:

$$M_0 = L + \frac{f_m - f_{-1}}{(f_m - f_{-1}) + (f_m - f_{+1})} \cdot d \tag{5-8}$$

上限公式:

$$M_0 = U - \frac{f_m - f_{+1}}{(f_m - f_{-1}) + (f_m - f_{+1})} \cdot d \tag{5-9}$$

式(5-8)和式(5-9)中:f_m 表示众数组的频数;f_{-1} 表示众数组前一组的频数;f_{+1} 表示众数组后一组的频数;L 表示众数所在组的下限;U 表示众数所在组的上限;d 表示众数所在组的组距。

当采用上限公式和下限公式计算众数的结果是相等时,一般采用下限公式。

【例5-6】　某居民小区 1 200 户家庭月人均收入资料如表 5-6 所示。请计算 1 200 户家庭月人均收入的众数。

表 5-6　某居民小区 1 200 户家庭月人均收入情况

按月人均收入分组(元)	居民家庭数(户)	向上累计频数(户)	向下累计频数(户)
2 000～2 200	56	56	1 200
2 200～2 400	125	181	1 144
2 400～2 600	180	361	1 019
2 600～2 800	270	631	839
2 800～3 000	340	971	569
3 000～3 200	120	1 091	229

（续表）

按月人均收入分组（元）	居民家庭数（户）	向上累计频数（户）	向下累计频数（户）
3 200~3 400	60	1 151	109
3 400~3 600	25	1 176	49
3 600~3 800	16	1 192	24
3 800~4 000	8	1 200	8
合计	1 200	—	—

从表 5-6 中的数据可以看出，出现频数最多的是 340，即众数组为 2 800~3 000 这一组。则，$f_m = 340$，$f_{-1} = 270$，$f_{+1} = 120$，根据式（5-8）可得众数为：

$$M_0 = L + \frac{f_m - f_{-1}}{(f_m - f_{-1}) + (f_m - f_{+1})} \cdot d$$

$$= 2\,800 + \frac{340 - 270}{(340 - 270) + (340 - 120)} \times 200 = 2\,848.28（元）$$

也可以根据式（5-9）计算众数：

$$M_0 = U - \frac{f_m - f_{+1}}{(f_m - f_{-1}) + (f_m - f_{+1})} \cdot d$$

$$= 3\,000 - \frac{340 - 120}{(340 - 270) + (340 - 120)} \times 200 = 2\,848.28（元）$$

利用上述公式计算众数时，是假定数据分布具有明显的集中趋势，且众数组的频数在该组内是均匀分布的。如果这些假定不成立，则众数的代表性就会很差。从众数的计算公式可以看出，众数是根据众数组及相邻组的频率分布信息来确定数据中心点位置的，因此，众数是一个位置代表值，它不受数据中极端值的影响。在某些情况下，众数是一个较好的代表值。例如，要了解某地区居民家庭的收入状况时，用众数就比平均数更符合实际。

（五）中位数

1. 中位数的概念

中位数（median）是将总体各单位某一数量标志值按大小顺序排列，居于中间位置的那个标志值，一般用 M_e 表示。中位数将变量数列的数据一分为二，有一半比它小，另外一半比它大。在实践中，许多经济变量常常可用中位数来描述，如居民可支配收入、房价等。中位数是位置平均数，是反映数据集中趋势的测度值之一，中位数对极端值不敏感，不受极端值的影响。

2. 中位数的计算

根据掌握数据资料的不同，中位数的计算具体分为三种情况：

（1）对于未分组的原始资料，先要对所有变量值由小到大进行排序。设排序的结果为：$x_1 \leqslant x_2 \leqslant x_3 \leqslant \cdots \leqslant x_n$，则中位数可按以下方式确定：

当 n 为奇数时，居于中间位置的数据为中位数，即：

$$M_e = x_{\frac{n+1}{2}} \tag{5-10}$$

当 n 为偶数时,居于中间位置的 2 个数据的平均值为中位数,即:

$$M_e = \frac{x_{\frac{n}{2}} + x_{\frac{n}{2}+1}}{2} \tag{5-11}$$

【例 5-7】 原始资料中有 9 个数据,按大小排序为:2,3,5,6,9,10,11,13,14。确定这组数据的中位数。

$$M_e = x_{\frac{n+1}{2}} = x_5 = 9$$

【例 5-8】 原始资料中有 10 个数据,按大小排序为:2,3,5,6,9,10,11,13,14,15。确定这组数据的中位数。

$$M_e = \frac{x_{\frac{n}{2}} + x_{\frac{n}{2}+1}}{2} = \frac{x_5 + x_6}{2} = \frac{9+10}{2} = 9.5$$

(2) 对于单项式变量数列资料,由于变量值已经序列化,先计算各组累计次数,然后确定中位数所在的位置。设总次数 $n = \sum f$,则其中位数可按以下方式确定。

第一步:计算向上累计频数和向下累计频数,从变量数列的累计频数栏中找出第 $\dfrac{\sum f}{2}$ 个单位对应的组。

中位数所在的位置公式:

$$\frac{\sum f}{2} \tag{5-12}$$

第二步:确定中位数所在组的变量值即中位数 M_e。

【例 5-9】 已知某车间有 24 名工人,他们的日产量(件)如表 5-7 所示。计算工人日产量的中位数。

表 5-7 某车间 24 名工人日产量统计表

日产量(件)	工人数(人)	向上累计(人)	向下累计(人)
20	3	3	24
21	5	8	21
22	6	14	16
23	4	18	10
24	3	21	6
25	2	23	3
26	1	24	1
合计	24	—	—

确定中位数的位置：$\dfrac{\sum f}{2}=\dfrac{24}{2}=12$

从累计频数看，中位数在累计频数为向上累计 14 或向下累计 16 这一组，该组的工人日产量 22 件即中位数。

（3）对于组距式变量数列，确定中位数需要分两步进行。

第一步：计算向上累计频数和向下累计频数，从变量数列的累计频数栏中找出第 $\dfrac{\sum f}{2}$ 个单位对应的组，即中位数所在组。

第二步：可利用下限公式或上限公式计算中位数的近似值。

下限公式（向上累计时用）：

$$M_e=L+\frac{\dfrac{\sum f}{2}-S_{m-1}}{f_m}\cdot d \qquad (5\text{-}13)$$

上限公式（向下累计时用）：

$$M_e=U-\frac{\dfrac{\sum f}{2}-S_{m+1}}{f_m}\cdot d \qquad (5\text{-}14)$$

式（5-13）和式（5-14）中：M_e 表示中位数，L、U 分别表示中位数所在组的下限、上限；f_m 表示中位数所在组的频数；S_{m-1} 表示向上累计栏中位数所在组前一组的累计频数；S_{m+1} 表示向下累计栏中位数所在组后一组的累计频数；$\sum f$ 表示频数之和，d 表示中位数所在组的组距。

【例 5-10】 根据表 5-6 提供的资料，计算 1 200 户家庭月人均收入的中位数。

由于 $\dfrac{\sum f}{2}=\dfrac{1\,200}{2}=600$，600 落在累计频数 362～631，对应年人均收入 2 600～2 800 这一组，也就是中位数所在组。则 $f_m=270$，$S_{m-1}=361$，$S_{m+1}=569$，$d=200$，根据中位数计算公式：

下限公式：

$$M_e=L+\frac{\dfrac{\sum f}{2}-S_{m-1}}{f_m}\cdot d=2\,600+\frac{\dfrac{1\,200}{2}-361}{270}\times200=2\,777.04（元）$$

上限公式：

$$M_e=U-\frac{\dfrac{\sum f}{2}-S_{m+1}}{f_m}\cdot d=2\,800-\frac{\dfrac{1\,200}{2}-569}{270}\times200=2\,777.04（元）$$

第二节　变 异 指 标

一、变异指标概述

平均指标是统计总体中各单位某一数量标志的一般水平,反映总体分布的集中趋势。集中趋势只是数据分布的一个特征,它所反映的是各变量值向其中心值聚集的程度。要全面描述数据的分布特征,除了要对数据集中趋势加以度量,还要对数据的差异程度进行度量。数据的差异程度就是各变量值远离其中心值的程度,因此也称为离散趋势或离中趋势,通常用变异指标来说明。

(一) 变异指标的概念

在统计研究中,综合反映总体各单位标志值变异程度的指标叫做标志变异指标,简称变异指标。变异指标可以显示总体中变量值分布的离散趋势,是说明总体特征的重要指标。

(二) 变异指标的作用

变异指标在统计分析、统计推断中具有十分重要的作用,具体可以概括为以下几点。

(1) 反映总体各单位变量值分布的均衡性。一般来说,变异指标数值越大,总体各单位变量值分布的离散趋势越高、均衡性越低;反之,变量值分布的离散趋势越低、均衡性就越高。

(2) 衡量总体平均指标的代表性。平均指标作为总体各单位某一数量标志的代表值,其代表性的高低与总体各单位标志值的差异程度有直接关系:总体的变异指标值越大,平均数的代表性越差;反之,变异指标值越小,平均数的代表性越好。

(3) 借助变异指标还可以对社会经济活动过程的协调性和均衡性进行评价。

(4) 变异指标是衡量风险大小的重要指标。例如,在投资项目评价中,项目的风险程度通常以其预期收益的标准差或变异系数(标准离差率)来表示。

(三) 变异指标的种类

根据所依据数据类型的不同,变异指标分为极差、平均差、方差和标准差、变异系数等。

二、变异指标的计算

(一) 极差

1. 极差的概念及其计算

极差(range)又称全距,是一组数据的最大值与最小值之差,用 R 表示。计算公式为:

$$R = \max x_i - \min x_i \tag{5-15}$$

式(5-15)中, $\max x_i$ 、 $\min x_i$ 分别表示一组数据中的最大值与最小值。由于极差是根据一组数据的两个极值的差表示的,所以极差表明了一组数据数值总的变动范围。极差越大,表明数值变动的范围越大,即数列中各变量值差异越大;反之,极差越小,表明数值变动的范围越小,即数列中各变量值差异越小。

【例 5-11】 车间某班组有 4 名工人,测得他们各自在 1 小时内加工的 5 个零件外径数据如表 5-8 所示。请分别计算 4 名工人加工零件的极差。

表 5-8 某班组 4 名工人加工零件外径数据表   单位:毫米

操作工人	加工零件外径					极差
甲	48.50	49.55	50.02	50.13	51.62	3.12
乙	50.15	50.56	50.68	50.75	51.26	1.11
丙	50.00	50.01	50.06	50.09	50.10	0.10
丁	47.56	49.85	49.99	50.07	50.65	3.09

$$R_{甲} = 51.62 - 48.50 = 3.12(毫米), \quad R_{乙} = 51.26 - 50.15 = 1.11(毫米)$$
$$R_{丙} = 50.10 - 50.00 = 0.10(毫米), \quad R_{丁} = 50.65 - 47.56 = 3.09(毫米)$$

计算结果表明,丙工人加工的零件极差最小,说明其加工的零件质量稳定;甲工人加工的零件极差最大,说明其操作技术欠佳,加工的零件质量波动幅度较大。

如果数据资料经过整理并形成组距式分配数列,极差可近似地表示为:

R = 最高组上限值 － 最低组下限值

2. 极差的特点

极差是描述数据离散程度最简单的度量值,具有计算简单、直观、易于理解的优点。如果只要求观察、控制标志值的变动范围,那么极差是比较适用的指标。在工业生产过程中,极差常被用来检验产品质量的稳定性,是质量控制常用的统计工具,如 SPC(statistical process control)控制图就用到极差的概念。但极差对极端值十分敏感,其数值大小很容易受极端值的影响,且不能反映一组数据中间变量值的差异情况,因而不能准确描述出数据的离散程度。

(二) 平均差

1. 平均差的意义

平均差(mean deviation)的概念来源于离差。离差是总体单位标志值与其平均数之差,即 $x_i - \bar{x}$。平均差又称为平均绝对偏差,是总体各单位标志值对其算术平均数的离差绝对值的算术平均数,常用 M_D 表示。采用标志值对算术平均数的离差绝对值之和,是因为各标志值对算术平均数的离差的代数和等于零。

平均差能够综合反映总体各单位标志值变动的程度。如果用来比较的不同资料平均数相等、计量单位一致,平均差越大,表示标志变异程度越大,则平均数的代表性越差;反之,平均差越小,表示标志变异程度越小,则平均数的代表性越好。

2. 平均差的计算

(1) 未分组资料平均差计算公式如下:

$$M_D = \frac{\sum\limits_{i=1}^{n} |x_i - \bar{x}|}{n} \tag{5-16}$$

式(5-16)中,M_D 表示平均差,x_i 表示各组标志值,$\bar{x}$ 表示算术平均数,n 表示总体单位数。

【例 5-12】 某班级甲组学生经济数学成绩分别为 60、70、80、90、100 分。计算甲组学生经济数学成绩的平均差。

甲组学生经济数学的平均成绩为:$\bar{x} = \dfrac{60+70+80+90+100}{5} = 80$(分),则:

$$M_D = \frac{|60-80|+|70-80|+|80-80|+|90-80|+|100-80|}{5} = 12(分)$$

(2)分组资料平均差计算公式如下:

$$M_D = \frac{\sum\limits_{i=1}^{n} |x_i - \bar{x}| f_i}{\sum\limits_{i=1}^{n} f_i} \tag{5-17}$$

式(5-17)中,M_D 表示平均差,x_i 表示各分组的组中值,$\bar{x}$ 表示算术平均数,f_i 表示各分组的频数(次数),n 表示分组的组数。

【例 5-13】 根据表 5-2 提供的资料,计算 50 名同学统计学成绩的平均差,如表 5-9 所示。

表 5-9 相关数据

成绩(分)	频数 f_i	频率 $\dfrac{f_i}{\sum f_i}$	组中值 x_i	各组标志总量 $x_i f_i$	$|x_i - \bar{x}| f_i$
60 以下	4	0.08	55	220	88
60～70	9	0.18	65	585	108
70～80	15	0.30	75	1 125	30
80～90	17	0.34	85	1 445	136
90～100	5	0.10	95	475	90
合计	50	1.00	—	3 850	452

因平均数为:

$$\bar{x} = \frac{\sum\limits_{i=1}^{n} x_i f_i}{\sum\limits_{i=1}^{n} f_i} = \frac{3\,850}{50} = 77.00(分)$$

则平均差为:

$$M_D = \frac{\sum\limits_{i=1}^{n} |x_i - \bar{x}| f_i}{\sum\limits_{i=1}^{n} f_i} = \frac{452}{50} = 9.04(分)$$

以上计算说明,50 名同学统计学成绩的平均差为 9.04 分,其含义是每位同学的成绩与平均成绩之间平均相差 9.04 分。

平均差是根据全部变量值计算出来的，它以平均数为中心，反映了所有数据与平均数的平均差异程度，因而对于整个变量值的离散趋势具有较为充分的代表性。但因平均差取绝对值，它的数学性质不理想，在实际中较少使用。

（三）方差和标准差

1. 方差和标准差的意义

方差（variance）是各变量值与其算术平均数离差平方的算术平均数，标准差（standard deviation）是方差的平方根。

方差、标准差同平均差一样，也是根据全部数据计算的，反映每个数据与其算术平均数相比平均相差的数值，因此方差和标准差能够准确地反映出数据的差异程度。

在计算处理方法上，平均差是通过取离差的绝对值消除正负号，而方差、标准差则是取离差的平方消除正负号，这更便于数学上的处理。因此，方差、标准差是实际中应用最广泛的离散程度度量值。

2. 方差和标准差的计算

由于总体的方差、标准差与样本的方差、标准差在计算上有所区别，下面分别加以介绍。

1）总体的方差和标准差

（1）设总体的方差为 σ^2，标准差为 σ，对于未分组整理的原始资料，方差和标准差的计算公式分别为：

$$\sigma^2 = \frac{\sum_{i=1}^{n}(x_i - \bar{x})^2}{n} \tag{5-18}$$

$$\sigma = \sqrt{\frac{\sum_{i=1}^{n}(x_i - \bar{x})^2}{n}} \tag{5-19}$$

【例 5-14】 利用［例 5-12］的数据资料，计算甲组学生经济数学成绩的方差和标准差，如表 5-10 所示。

表 5-10　相关数据

变量值 x_i	离差 $x_i - \bar{x}$	离差平方 $(x_i - \bar{x})^2$
60	−20	400
70	−10	100
80	0	0
90	10	100
100	20	400
合计	—	1 000

在［例 5-12］中已计算出经济数学的平均成绩 $\bar{x} = 80$（分），则：

$$\sigma^2 = \frac{\sum_{i=1}^{n}(x_i - \bar{x})^2}{n} = \frac{1\,000}{5} = 200$$

$$\sigma = \sqrt{\frac{\sum\limits_{i=1}^{n}(x_i - \bar{x})^2}{n}} = \sqrt{\frac{1\,000}{5}} = 14.14(\text{分})$$

（2）对于分组数据，方差和标准差的计算公式分别为：

$$\sigma^2 = \frac{\sum\limits_{i=1}^{k}(x_i - \bar{x})^2 f_i}{\sum\limits_{i=1}^{k} f_i} \tag{5-20}$$

$$\sigma = \sqrt{\frac{\sum\limits_{i=1}^{k}(x_i - \bar{x})^2 f_i}{\sum\limits_{i=1}^{k} f_i}} \tag{5-21}$$

【例5-15】 利用表5-2资料的计算50名同学统计学成绩的方差和标准差。计算过程如表5-11所示。

表5-11　相关数据

成绩（分）	权数 f_i	组中值 x_i	离差 $x_i - \bar{x}$	离差平方×权数 $(x_i - \bar{x})^2 f_i$
60以下	4	55	−22	1 936
60～70	9	65	−12	1 296
70～80	15	75	−2	60
80～90	17	85	8	1 088
90～100	5	95	18	1 620
合计	50	—	—	6 000

$$\sigma^2 = \frac{\sum\limits_{i=1}^{k}(x_i - \bar{x})^2 f_i}{\sum\limits_{i=1}^{k} f_i} = \frac{6\,000}{50} = 120$$

$$\sigma = \sqrt{\frac{\sum\limits_{i=1}^{k}(x_i - \bar{x})^2 f_i}{\sum\limits_{i=1}^{k} f_i}} = \sqrt{\frac{6\,000}{50}} = 10.95(\text{分})$$

2）样本的方差和标准差

总体的方差和标准差在对各个离差平方平均时是除以数据个数或总频数，而样本的方差和标准差在对各个离差平方平均时是用样本数据个数或总频数减1去除总离差平方和。

设样本的方差为 s^2，标准差为 s，对于未分组整理的原始资料，样本方差和标准差的计算公式分别为：

$$s^2 = \frac{\sum\limits_{i=1}^{n}(x_i - \bar{x})^2}{n-1} \tag{5-22}$$

$$s = \sqrt{\frac{\sum\limits_{i=1}^{n}(x_i - \bar{x})^2}{n-1}} \tag{5-23}$$

对于分组数据,样本方差和标准差的计算公式分别为:

$$s^2 = \frac{\sum\limits_{i=1}^{k}(x_i - \bar{x})^2 f_i}{\sum\limits_{i=1}^{k} f_i - 1} \tag{5-24}$$

$$s = \sqrt{\frac{\sum\limits_{i=1}^{k}(x_i - \bar{x})^2 f_i}{\sum\limits_{i=1}^{k} f_i - 1}} \tag{5-25}$$

样本的方差和标准差,与根据总体方差和标准差计算公式计算的结果相差不大。当 n 很大时,样本方差 s^2 与总体的方差 σ^2 的计算结果相差很小,这时样本方差也可以用总体方差的公式来计算。

计算样本方差和标准差时,之所以要用 $n-1$ 或 $\sum\limits_{i=1}^{k} f_i - 1$ 去除总离差平方和,是因为这样计算得到的样本方差、标准差是总体方差、标准差的无偏估计量。相关内容详见本书第十章。

标准差是实际中应用最广泛的反映数据离散程度的测度值。与全距相比,标准差不受极端值的影响,能够综合反映全部总体单位标志值对其平均数的实际差异情况;与平均差相比,标准差用平方的方法消除了各标志值与其算术平均数离差的正负值问题,在数学运算中处理起来比较方便。同时,标准差的计算结果略大于平均差,这对于提高参数估计的保证程度具有一定意义。因此,标准差的应用较为广泛,是最常用的标志变异指标。

(四) 变异系数

变异系数(coefficient of variation)又称为离散系数或标准差系数,是标准差与其算术平均数的比值。变异系数是一个无名数,可用于比较不同总体或样本的变异程度。变异系数通常用 V 表示,其计算公式如下:

$$V_\sigma = \frac{\sigma}{\bar{X}} \times 100\% \tag{5-26}$$

前面介绍的极差、方差和标准差都是反映一组数值变异程度的绝对值,其数值的大小,不仅取决于数值的变异程度,而且还与变量值平均水平的高低、计量单位的不同有关。所以,对不同平均水平、不同计量单位的现象不宜直接利用上述变异指标进行比较,应当先将反映数据绝对差异程度的变异指标转化为反映相对差异程度的指标,然后进行对比。

在分析不同数据变异程度时,如果数据的平均数相同、标准差不同,可直接比较标准差得出结论,无需计算变异系数。在对比对象的平均数或计量单位不同的情况下,就需要计算变异系数,根据其数值大小作出判断。

【例5-16】　甲、乙两组工人的月平均工资分别为 3 280 元、3 850 元,标准差分别为 20.56 元、23.45 元。哪一组工人月平均工资的代表性比较好?

分析:对比对象的均值和标准差都不相同。若只对比标准差,乙组工人月平均工资的标准差比甲组大,但不能由此判定乙组平均工资的代表性不好。这是因为两组工人的月平均工资不同,所以不能直接根据标准差的大小来判断月平均工资的代表性。正确的方法是用消除了绝对差异水平的变异系数进行比较。

$$V_{\sigma甲} = \frac{20.56}{3\ 280} \times 100\% = 0.63\%$$

$$V_{\sigma乙} = \frac{23.45}{3\ 850} \times 100\% = 0.61\%$$

结论:从两组工人月平均工资的变异系数可以看出,甲组相对的变异程度大于乙组,因而乙组月平均工资的代表性较好。

（五）是非标志的平均数、方差与标准差

1. 是非标志的概念

在实际生活中,有些事物或现象的特征只表现为两种性质上的差异。例如,产品的质量表现为合格或不合格,人们对某种意见表示为同意或不同意,学生考试成绩分为及格和不及格,等等。这些只表现为是与否、有或无的标志称为是非标志,也称为交替标志。在进行抽样估计时,是非标志的方差或标准差具有很重要的意义。

2. 是非标志的成数

是非标志只有两种表现,我们把总体或样本中具有某种表现或不具有某种表现的单位数占全部单位数的比重称为成数,它反映了总体或样本中"是"与"非"的构成,并且代表着两种表现或性质重复出现的程度,即频率。例如,某一批产品中合格品占98%,不合格品占2%。98%和2%分别代表合格品率和不合格品率,两者均为成数。

若以 N_1 表示具有某种标志的单位数,N_0 表示不具有某种标志的单位数,总体单位数以 $N = N_1 + N_0$ 表示,则成数可表示为:

$$P = \frac{N_1}{N},\ Q = \frac{N_0}{N} = \frac{N - N_1}{N} = 1 - \frac{N_1}{N} = 1 - P$$

显然,$P + Q = \frac{N_1}{N} + \frac{N_0}{N} = 1$。

3. 是非标志的平均数

是非标志是一种品质标志,一般用文字表示。因此,在计算是非标志的平均数时,先需要将文字表现进行数量化处理。用"1"表示具有某种表现,用"0"表示不具有某种表现,然后以"1"和"0"作为变量值,计算加权算术平均数。现以总体的是非标志为例予以说明。

$$\bar{X}_p = \frac{1 \cdot N_1 + 0 \cdot N_0}{N_1 + N_0} = \frac{N_1}{N} = p \tag{5-27}$$

可见,总体的是非标志的平均数,即为总体中标志值为"1"的属性的成数 P。

4. 是非标志的方差与标准差

为区别于一般变量值的方差,我们将是非标志的方差记为 σ_p^2。将经过量化处理的是非标志的表现"1"和"0"作为变量值代入总体方差计算公式,即:

$$\sigma_p^2 = \frac{\sum_{i=1}^{k}(x_i - \bar{x})^2 f_i}{\sum_{i=1}^{k} f_i} = \frac{(1-P)^2 N_1 + (0-P)^2 N_0}{N_1 + N_0} \tag{5-28}$$

$$= (1-P)^2 P + P^2(1-P) = P(1-P)$$

则是非标志的标准差为:

$$\sigma_p = \sqrt{P(1-P)} \tag{5-29}$$

类似地,可得样本是非标志的方差 s_p^2 和标准差 s_p:

$$s_p^2 = p(1-p) \tag{5-30}$$

$$s_p = \sqrt{p(1-p)} \tag{5-31}$$

【例 5-17】 从一批产品中随机抽取 100 件进行质量检验,检验结果为 96 件合格,4 件不合格。试计算该批产品质量分布的均值、方差与标准差。

产品质量分布的均值即合格品的成数 p,根据所给资料可得:

$$p = \frac{96}{100} = 96\% \qquad 1-p = \frac{4}{100} = 4\%$$

$$s_p^2 = 96\% \times 4\% = 3.84\% \quad s_p = \sqrt{3.84\%} = 19.6\%$$

对于是非标志的方差、标准差,可以证明:当成数 $P = 0.5$ 时,方差取得最大值 0.25,标准差取得最大值 0.5,也就是说,此时是非标志的变异程度最大。是非标志的方差、标准差的最小值均为 0。

 **本章小结**

　　平均指标也称平均数,它是将同质总体内各单位某一数量标志的差异抽象化,用以反映同类现象在具体条件下的一般水平。常用的平均指标有算术平均数、调和平均数、几何平均数、众数和中位数。算术平均数有简单算术平均数和加权算术平均数两种形式,调和平均数通常是作为算术平均数的变形使用。

　　标志变异指标简称变异指标,是综合反映总体各单位标志值变异程度的指标。变异指标可以显示总体中变量数值分布的离散趋势或离中趋势。变异指标的种类有极差、平均差、方差和标准差、变异系数等。常用的变异指标是方差和标准差。

在实际工作中,平均指标、变异指标的计算均可借助 Excel 来完成,有关内容将在本书第十三章详细介绍。

 练习题

一、单项选择题

1. 在反映各变量值离散趋势的变异指标中,只与变量极端标志值有关的指标是(　　)。

    A. 全距　　　　　　　B. 平均差　　　　　　C. 标准差　　　　　　D. 方差

2. 加权算术平均数的权数实质上是(　　)。

    A. 各组单位数占总体单位数的比重　　　　B. 各组的次数

    C. 各组的标志值　　　　　　　　　　　　D. 各组的频数

3. 几何平均数适用于计算(　　)。

    A. 平均发展速度和平均比率　　　　　　　B. 平均发展水平

    C. 平均增长水平　　　　　　　　　　　　D. 序时平均数

4. 用标准差比较分析两个同类总体平均指标的代表性大小时,前提是这两个总体的(　　)必须相等。

    A. 标准差　　　　　　B. 平均数　　　　　　C. 总体单位数　　　　D. 平均差

5. 下列指标中不能反映定量数据集中趋势的是(　　)。

    A. 中位数　　　　　　B. 平均数　　　　　　C. 众数　　　　　　　D. 标准差

6. 下列指标中不能反映定量数据离散趋势的是(　　)。

    A. 极差　　　　　　　B. 平均差　　　　　　C. 众数　　　　　　　D. 标准差

7. 在下列变异指标中,受极端值影响最大的是(　　)。

    A. 方差　　　　　　　B. 标准差　　　　　　C. 极差　　　　　　　D. 平均差

8. 若两个总体的平均数不相等,则需要计算(　　)才能衡量这两个总体各单位标志值的差异程度。

    A. 方差　　　　　　　B. 标准差　　　　　　C. 极差　　　　　　　D. 变异系数

9. 若两组数据具有相同的标准差,但其平均数不同,则(　　)。

    A. 平均数小的,离散程度大　　　　　　　B. 平均数大的,离散程度大

    C. 平均数小的,离散程度小　　　　　　　D. 两组数据的离散程度相同

10. 某机械厂生产的一批铸件产品平均合格率为 90%,则其标准差为(　　)。

    A. 0.90　　　　　　　B. 0.81　　　　　　　C. 0.09　　　　　　　D. 0.30

11. 度量数据集中趋势的统计量是(　　)。

    A. 极差　　　　　　　B. 方差和标准差　　　C. 离散系数　　　　　D. 均值、中位数和众数

12. 调查了某企业 10 名员工上半年的出勤情况:其中有 3 人缺勤 0 天,2 人缺勤 2 天,4 人缺勤 3 天,1 人缺勤 4 天。则缺勤天数的(　　)。

    A. 中位数为 2　　　　B. 中位数为 2.5　　　C. 中位数为 3　　　　D. 众数为 4

13. 某商品销量的算术平均数为 257 件,方差为 647,则该商品销售量的离散系数为(　　)。

A. $\dfrac{257}{647} = 39.72\%$　　　　　　　　B. $\dfrac{647}{257} = 2.52$

C. $\dfrac{257}{\sqrt{647}} = 10.10$　　　　　　　　D. $\dfrac{\sqrt{647}}{257} = 9.90\%$

14. 某班级 9 名学生每月上网时间(小时)分别为:120,150,90,120,130,120,140,110,100。则根据数据进行相关计算,下列关系正确的是(　　)。

    A. 众数＞中位数＞均值　　　　　　B. 均值＞中位数＞众数

    C. 中位数＞均值＞众数　　　　　　D. 均值＝中位数＝众数

15. 有 5 名房地产经纪人的年收入分别为 19 万元、28 万元、46 万元、39.5 万元和 150 万元。下列指标中,更适宜反映 5 名经纪人收入水平的是(　　)

    A. 简单算数平均数　　　B. 加权算数平均数　　　C. 中位数　　　D. 众数

二、多项选择题

1. 在各种平均指标中,不受极端值影响的平均指标有(　　)。

    A. 算数平均数　　　B. 调和平均数　　　C. 中位数　　　D. 众数

2. 在一项调查问卷中,有八名受访者表示他们在 2021 年 6 月份网购的次数分别为:2,2,3,2,5,1,3,6。则其 6 月份网购次数的(　　)。

    A. 算术平均数等于 3　　　　　　　B. 中位数等于 3

    C. 中位数等于 2.5　　　　　　　　D. 众数等于 2

3. 在对经济活动现象分析中有水平度量(平均数)与差异度量(标准差),将两者结合运用体现在(　　)。

    A. 用标准差说明平均数代表性的大小

    B. 以标准差为基础,用平均数说明经济活动的均衡性

    C. 以平均数为基础,用标准差说明经济活动的均衡性

    D. 以平均数为基础,用标准差说明研究总体的离散程度

4. 某高校大学生每周上网时间的差异很大,因此宜采用(　　)反映该校大学生上网时间的平均水平。

    A. 平均数　　　　　B. 中位数　　　　　C. 众数　　　　　D. 极差

5. 反映数据集中趋势的指标包括(　　)。

    A. 平均数　　　　　B. 中位数　　　　　C. 众数　　　　　D. 标准差

6. 一项调查显示,某地区本科毕业生的平均月薪 5 000 元,方差为 160 000 元;研究生的平均月薪为 8 000 元,方差为 360 000 元。则(　　)。

    A. 本科生月薪的离散系数为 $\dfrac{5\,000}{160\,000} \times 100\% = 3.125\%$

    B. 研究生月薪的离散系数为 $\dfrac{8\,000}{360\,000} \times 100\% = 2.22\%$

    C. 本科生月薪的离散系数为 $\dfrac{\sqrt{160\,000}}{5\,000} \times 100\% = 8\%$

D. 研究生月薪的离散系数为 $\dfrac{\sqrt{360\,000}}{8\,000}\times 100\%=7.5\%$

7. 在下列统计量中,不受极端值影响的包括(　　　)。

　　A. 平均数　　　　　　　　B. 中位数　　　　　　C. 标准差　　　　　　D. 众数

8. 假设 5 人的年薪(单位:万元)分别为 80、16、15、25 和 20,则这 5 人年薪的全距(　　　)。

　　A. 是 65 万元　　　　　　　　　　　　B. 是 31.2 万元

　　C. 能够反映 5 人年薪的分布情况　　　　D. 受 5 人年薪中极端变量值的影响

9. 影响加权算术平均数的因素有(　　　)。

　　A. 总体标志总量　　　　　　　　　　　B. 分配数列中各组标志值的大小

　　C. 各组标志值出现的次数　　　　　　　D. 各组单位数占总体单位数的比重

10. 几何平均数的计算公式有(　　　)。

　　A. $\sqrt[n]{x_1 \cdot x_2 \cdot \cdots \cdot x_{n-1} \cdot x_n}$ 　　　　　　B. $\dfrac{x_1 \cdot x_2 \cdot \cdots \cdot x_{n-1} \cdot x_n}{n}$

　　C. $\dfrac{\dfrac{x_1}{2}+x_2+\cdots+x_{n-1}+\dfrac{x_n}{2}}{n-1}$ 　　　　　　D. $\sqrt[\sum_{i=1}^{k} f_i]{\prod_{i=1}^{k} x_i^{f_i}}$

11. 计算几何平均数应满足的条件有(　　　)。

　　A. 总比率等于若干比率之和　　　　　　B. 总比率等于若干比率的乘积

　　C. 总速度等于若干个发展速度的乘积　　D. 被平均的变量值不得为零或负数

12. 算术平均数的数学性质有(　　　)。

　　A. 各个标志值与算术平均数的离差之和最小

　　B. 各个标志值与算术平均数的离差之和等于零

　　C. 各个标志值与算术平均数的离差平方之和最小

　　D. 各个标志值与算术平均数的离差平方之和最大

三、判断题

1. 算术平均数、调和平均数、几何平均数、众数和变异系数可用来描述数据的集中趋势。

　　　　　　　　　　　　　　　　　　　　　　　　　　　　　　　　(　　　)

2. 加权平均数中的权数影响作用取决于权数的比重大小。　　　　　　　　(　　　)

3. 中位数是指数据按照大小排列之后位于中间的那个数(样本量为奇数时),或者中间两个数的平均(样本量为偶数时)。　　　　　　　　　　　　　　　　　(　　　)

4. 几何平均数是一种位置平均数。　　　　　　　　　　　　　　　　　　(　　　)

5. 对于严重偏态分布的数据,平均数的代表性比中位数和众数好。　　　　(　　　)

6. 一组数据中的极端值会影响其算术平均数和众数,但对中位数没有影响。　(　　　)

7. 不论数据中是否存在极端数值,平均数的代表性均优于中位数,因而其应用最为广泛。

　　　　　　　　　　　　　　　　　　　　　　　　　　　　　　　　(　　　)

8. 标志变异指标数值越大,说明总体中各单位标志值的变动程度就越大,则平均指标的代表性就越小。　　　　　　　　　　　　　　　　　　　　　　　　(　　　)

9. 极差容易受数据中极端值的影响,因而不能准确描述数据的分散程度。　(　　　)

10. 变异系数是测量数据差异程度的一个相对指标,所以其数值的大小与数值之间的差异值大小无关。 ( )

四、计算分析题

1. 某机械厂 2021 年按产品等级分类的 C 产品产量计划和实际产量数据如表 5-12 所示。计算各等级产品产量的计划完成程度及其结构相对指标(即一级品率、二级品率和三级品率),评价该厂 2021 年度 C 产品产量和质量计划的完成情况。

表 5-12 某机械厂 2021 年 C 产品产量计划与质量计划完成情况表

产品等级	产量(件)		各等级产品产量占总产量的比重	
	计划	实际	计划	实际
一级品	500	800		
二级品	1 300	1 200		
三级品	200	—		
合计	2 000	2 000		

2. 某钢铁厂 2021 年计划粗钢产量要比上年提高 8%,实际产量比上年提高了 10%。则该厂 2021 年粗钢产量计划完成程度为多少?

3. 某企业 2021 年 6 月 20 日统计 550 名工人的日产量分组资料如表 5-13 所示。计算该企业当日全部工人的平均日产量。

表 5-13 某企业 2021 年 6 月 20 日产量统计表

日产量 x_i(件)	工人人数 f_i(人)
10	70
11	90
12	175
13	135
14	80
合计	550

4. 某企业的生产线有前后衔接的四道工序,各工序产出品的合格率分别为 96%、94%、92% 和 95%。计算该生产线四道工序的平均合格率。

5. 某公司 2021 年员工平均月收入资料如表 5-14 所示。

表 5-14 某公司 2021 年员工平均月收入情况表

按平均月收入分组(元)	员工人数(人)
3 000～4 000	10
4 000～5 000	30
5 000～6 000	120

（续表）

按平均月收入分组（元）	员工人数（人）
6 000～7 000	80
7 000 以上	15
合　计	255

根据以上资料，计算该企业 2021 年员工月收入的平均数、众数、中位数和标准差。

6. 车间要求机床加工的螺丝直径为 10 毫米。甲、乙两名工人加工的 5 个螺丝直径数据如表 5-15 所示。计算相关指标，判断哪位工人的加工质量较为稳定？

表 5-15　甲、乙两名工人加工螺丝的直径数据　　　　　单位：毫米

甲	10.21	9.98	10.00	9.85	10.35
乙	9.96	9.78	10.15	9.52	10.25

五、简答题

1. 平均指标有什么特点？

2. 简述数值平均数和位置平均数的种类和特点。

3. 什么是变异指标？变异指标具体包括哪些种类？

第六章

时 间 数 列

第一节　时间数列概述

一、时间数列的概念

时间数列也称为动态数列或时间序列(time series),就是把反映某一现象的同一指标在不同时间上的取值,按时间先后顺序排列所形成的数列。时间数列有两个基本要素:一是统计指标所属的时间。时间一般是年份、季度、月份或日,也可以是其他时间单位。二是统计指标在特定时间的具体数值。

【例6-1】　表6-1反映的是2011—2021年中国国内生产总值及其构成情况。表6-1中所列的时间数列有国内生产总值、第一产业增加值、第二产业增加值和第三产业增加值。

表6-1　2011—2021年中国国内生产总值及其构成　　　　　　单位:亿元

年份	国内生产总值	第一产业增加值	第二产业增加值	第三产业增加值
2011	487 940.2	44 781.5	227 035.1	216 123.6
2012	538 579.9	49 084.6	244 639.1	244 856.2
2013	592 963.2	53 028.1	261 951.6	277 983.5
2014	643 563.1	55 626.3	277 282.8	310 654.0
2015	688 858.2	57 774.6	281 338.9	349 744.7
2016	746 395.1	60 139.2	295 427.8	390 828.1
2017	832 035.9	62 099.5	331 580.5	438 355.9
2018	919 281.2	64 745.2	364 835.2	489 700.8
2019	986 515.2	70 473.6	380 670.6	535 371.0
2020	1 013 567.0	78 030.9	383 562.4	551 973.7
2021	1 143 669.7	83 085.5	450 904.5	609 679.7

资料来源:国家统计局官网。

二、时间数列的分类

时间数列的分类在时间数列分析中具有重要意义。在很多情况下,由于时间数列的种类不同,时间数列的分析方法也就不同。时间数列可分为总量指标时间数列、相对指标时间数列和平均指标时间数列。

(一)总量指标时间数列

总量指标时间数列又称为绝对数时间数列,是指由一系列同类的总量指标数值所构成的时间数列。它反映事物在不同时间上的规模、水平等总量特征。总量指标时间数列又可以分为时期数列和时点数列。

1. 时期数列

时期数列是指由反映社会经济现象在一段时期内发展过程累计量的总量指标所构成的绝对数时间数列,反映现象在每个时期内达到的规模和水平。例如,国内生产总值、产品产量、销售收入、利润总额等数列均为时期数列。时期数列的特点如下:

(1)时期数列中各项指标值是反映现象在一段时期内发展过程的总量。

(2)各项指标值随着现象的发展进程进行连续登记,因而各项指标值可以相加,相加后的指标值是反映现象在更长时期内发展过程的总量。

(3)每项指标值的大小与其所包括的时间长短有直接关系。一般情况下时期越长,指标值越大,时期越短,指标值越小,因此其时期间隔一般应该相等。

2. 时点数列

时点数列是指由反映社会经济现象在某一时点上的发展状况的总量指标所构成的绝对数时间数列。例如,企业年末(月末、季度末)职工人数、期末资产总额、期末库存量(金额)等数列都属于时点数列。时点数列的特点如下:

(1)时点数列中各项指标值反映现象在一定时点上的发展状况。

(2)各项指标值只能按时点所表示的瞬间进行不连续登记,不能直接相加。例如,企业上月末某商品库存量为 100 件,本月末商品库存量为 80 件,相加得到的 180 件没有实际意义。

(3)各项指标值的大小,与其时点间隔的长短没有直接关系。例如,某商品的年末库存量不一定大于某一月末库存量。

(二)相对指标时间数列

相对指标时间数列是指由一系列同类的相对指标数值所构成的时间数列。它可以反映社会经济现象数量对比关系的发展过程。相对指标一般是由总量指标计算而得出的,所以相对指标组成的数列还能反映不同事物(或现象)之间相互联系的发展过程,如各年人口自然增长率、第三产业从业人数占全部劳动者人数的比重、商品流通费用率、劳动生产率等。相对指标时间数列包括以下三种情况:

(1)由两个时期数列对比所形成的相对数时间数列。

(2)由两个时点数列对比所形成的相对数时间数列。

(3)由一个时期数列和一个时点数列对比所形成的相对数时间数列。

相对指标时间数列反映事物数量关系的发展变化动态,由于各期相对指标的对比基数不同,故其各项水平数值不能直接相加。

（三）平均指标时间数列

平均指标时间数列是指由一系列同类的平均数指标数值所构成的时间数列。它可以反映社会经济现象一般水平的发展变化过程。这类时间数列可以揭示研究对象一般水平的发展趋势和发展规律。例如,职工历年平均工资数列、平均单位面积产量数列、农民人均纯收入数列等。

相对指标时间数列和平均指标时间数列都是由总量指标时间数列计算得出的,是派生的时间数列。为了全面分析社会经济现象的发展过程,各种时间数列可以结合运用。

三、时间数列的编制原则

编制时间数列的目的是通过数列中各项指标值对比,说明社会经济现象的发展过程和规律性。因此,为了保证同一时间数列中指标值的可比性,即数列中前后各项指标值可以相互比较,应遵守以下编制原则。

（一）时间方面的可比性

由于时期数列数值的大小与时期长短成正比,时期越长指标值越大,反之则越小。因此,时期数列中各项指标值所属的时期长短前后保持一致才能进行对比。如果时期长短不同,应进行必要的调整。

对于时点数列来说,因为不存在指标值所属时间长短的问题,只要求注意时点间隔是否一致即可。由于时点数列指标值的大小与时点间隔的长短没有直接关系,其时点间隔虽然可以不一致,但是为了明显地反映社会经济现象发展变化的规律性,时点间隔也应力求一致。

（二）空间的可比性

总体范围是指时间数列指标值所包括的地区范围、隶属关系范围等。在进行时间数列分析时,要查明所依据的指标值总体范围是否前后一致。只有范围一致才能对比,如有变动应进行必要的调整。

（三）指标口径的可比性

指标口径是指指标所包括的经济内容。一般来说,只有同质的现象才可以进行动态对比,才能表明现象发展变化的过程及趋势。在经济分析中,经常存在着这样一种情况,即从指标名称上看,有些指标在不同时间上并没有什么变化,但随着时间的推移,其经济内容却发生了很大的变化。

（四）指标计算方法和计量单位方面的可比性

编制时间数列时,指标的计算方法和计量单位方面应保持一致。各个指标的计算方法如果不一致,不便于动态对比。指标数值的计量单位也应该保持一致,否则也不可比。

第二节　时间数列的分析指标

时间数列分析的第一个层次,即最基本的层次,就是从时间的角度对事物发展变化的基本状态进行描述。这种描述包括两方面的内容:一是回答"多少"的问题,二是回答"快慢"的问题。在时间数列分析中,一般将描述前者的动态分析指标称为水平指标,将描述后者的动态分析指标称为速度指标。

一、时间数列的水平分析指标

时间数列的水平分析指标有发展水平、增长水平、平均发展水平、平均增长水平等。

（一）时间数列的发展水平

发展水平是指时间数列中每一项具体的指标数值,它反映社会经济现象在不同时期达到的规模或水平,是计算其他动态分析指标的基础数据。

发展水平一般是总量指标,也可以是相对指标和平均指标。通常我们把时间数列中第一个时期的指标数值称为最初水平,最后一期的指标数值称为最末水平,其余各期的指标值称为中间水平。在动态对比分析时,将作为对比的基础时期的指标称为基期水平,将所要研究的那一时期的指标称为报告期水平或计算期水平,并且报告期水平是近期的,基期水平是较早时期的。基期或报告期的指标是随着研究目的的不同而改变的,今年的报告期水平可能是将来某个时期的基期水平。

如果用符号 a_i 代表数列中各个发展水平,则常用 a_0 代表最初水平,a_n 则表示最末水平,其余各期即中间水平分别用 a_1,a_2,…,a_{n-1} 代表。表6-2是相对指标时间数列的例子。

表6-2 2011—2021年中国人均GDP变动情况

年份	人均GDP(元/人)	增长量(元/人)	
		逐期增长量	累计增长量
2011	36 277	—	—
2012	39 771	3 494	3 494
2013	43 497	3 726	7 220
2014	46 912	3 415	10 635
2015	49 922	3 010	13 645
2016	53 783	3 861	17 506
2017	59 592	5 809	23 315
2018	65 534	5 942	29 257
2019	70 078	4 544	33 801
2020	71 828	1 750	35 551
2021	80 976	9 148	44 699

资料来源:国家统计局官网。

（二）时间数列的增长水平

增长水平也称增长量,是报告期水平与基期水平之差,说明某种现象在一定时期内增加或减少的绝对数量。其计算公式为:

$$增长量＝报告期水平－基期水平 \tag{6-1}$$

当报告期水平大于基期水平时,增长量为正值,表示报告期比基期增加的绝对量;当报告期水平小于基期水平时,增长量为负值,表示报告期比基期减少的绝对量。所以,增长量指标也可称为增减量指标。

分析、计算增长量时,可能是分析报告期与前一期的对比,也可能分析各期水平同历史最高水平、平均水平或最低水平的对比。所以,分析研究时可以采用变动基期或固定基期。这样,由于计算增长量时采用的基期不同,可将增长量分为逐期增长量和累计增长量。

逐期增长量是报告期水平与前期水平之差,说明本期比上期增加(或减少)的绝对量。各期逐期增长量用符号表示如下:

$$a_1 - a_0, \ a_2 - a_1, \ \cdots, \ a_n - a_{n-1}$$

累计增长量是计算期水平与某一固定基期水平之差,说明报告期比某一固定基期增加(或减少)的绝对量,即说明现象在若干时期内总的增长量。各期累计增长量用符号表示如下:

$$a_1 - a_0, \ a_2 - a_0, \ \cdots, \ a_n - a_0$$

逐期增长量和累计增长量这两个指标形成的两个新数列的指标之间的关系是:累计增长量等于相应各个逐期增长量之和,即:

$$(a_n - a_0) = (a_1 - a_0) + (a_2 - a_1) + \cdots + (a_n - a_{n-1}) \tag{6-2}$$

表 6-2 显示了 2011—2021 年中国人均 GDP 的逐期增长量和累计增长量变动情况。

在实际分析研究中,为了消除季节变动的影响,可以计算年距增长量,其公式为:

$$年距增长量＝本期发展水平－上年同期发展水平 \tag{6-3}$$

例如,企业 2022 年 1 月份净利润为 120 万元,2021 年 1 月份为 92 万元,则企业净利润的年距增长量为 28 万元。

(三) 时间数列的平均发展水平

时间数列的平均发展水平是对不同时期的发展水平加以平均得出的平均数,也称序时平均数或动态平均数。它和一般平均数不同,是将不同时间上的数量差异抽象化所得到的一般水平。平均发展水平是依据时间数列计算的,是对社会经济现象在不同时间上数量差异的抽象化,所得到的是在某一段时期内发展的一般水平。例如,年平均国内生产总值、年平均粮食总产量等。

平均发展水平的计算方法,因时间数列的不同性质而不同。即总量指标时间数列、相对指标时间数列和平均指标时间数列的平均发展水平的分析研究方法是各不相同的。

1. 总量指标时间数列的平均发展水平

由于总量指标数列分为时期总量指标数列和时点总量指标数列,计算平均发展水平的方法也不同。

1) 由时期数列计算序时平均数

时期数列的序时平均数只有一种情况,采用简单算术平均法计算,即以时期数列中的各个指标数值之和再除以时期的项数,其计算公式如下:

$$\bar{a} = \frac{\sum_{i=1}^{n} a_i}{n} = \frac{a_1 + a_2 + \cdots + a_n}{n} \tag{6-4}$$

式(6-4)中，$\bar{a}$ 为时期数列的序时平均数，a_i 为各期发展水平，n 为时期的项数。

例如，根据表6-1中的数据资料，计算中国2011—2021年的年平均国内生产总值如下：

$$\bar{a} = (487\ 940.2 + 538\ 579.9 + 592\ 963.2 + \cdots + 1\ 143\ 669.7) \div 11 = 781\ 215.34(亿元)$$

计算结果表明：中国2011—2021年平均国内生产总值为781 215.34亿元，说明了近11年间中国国内生产总值的一般水平。

2）由时点数列计算序时平均数

时点数列有连续时点和间断时点之别，每种情况下又有等距（间隔相等）和不等距（间隔不相等）之分。因此，计算时点数列的序时平均数有以下四种情况：

（1）连续等距时点数列的序时平均数，即时点数列是以日为间隔编制的，可用时点个数去除时点数值的总和求得，其计算公式如下：

$$\bar{a} = \frac{\sum_{i=1}^{n} a_i}{n} \tag{6-5}$$

式(6-5)中，$\bar{a}$ 为时点数列的序时平均数，a_i 为每日数值，n 为日数。

可见，对于连续等距时点数列，可采用简单算术平均法计算平均发展水平，其计算公式与时期数列序时平均数相同。

如果需要研究的事物都能按日计量，然后以简单算术平均法求出该现象在一段时间内的平均水平，这是精确的计算方法。但在实际工作中，许多现象的变化十分频繁，人们不可能或者不必要对现象的变动逐日计量，往往间隔一定时间在现象发生变化时才进行计量，因此产生了连续不等距时点数列。

（2）连续不等距时点数列，即被研究现象不是每日变动的，而是隔一段时间才发生变动，可用每次变动持续的间隔长度 f_i 为权数，以各时点水平 a_i 为变量值，采用加权算术平均法计算序时平均数，其计算公式如下：

$$\bar{a} = \frac{\sum_{i=1}^{n} a_i f_i}{\sum f_i} \tag{6-6}$$

【例6-2】　某公司2022年3月1日至3月10日每天工作的职工人数是400人，3月11日到3月底每天工作的职工人数为450人，计算该公司3月份平均职工人数。

$$\bar{a} = \frac{400 \times 10 + 450 \times 21}{10 + 21} = \frac{13\ 450}{31} = 434(人)$$

计算结果表明该公司2022年3月份平均职工人数为434人。

需要说明的是，对于连续时点数列，不论是等距数列还是不等距数列，其各个时点上的数据是已知的，这是它和间断时点数列的一个主要区别。此外，连续不等距时点数列序时平均数的计算公式,可以看成是连续等距时点数列序时平均数的特例或简便运算。

(3)间断等距时点数列,即掌握间隔相等的各时点数据,可采用首位折半法计算序时平均数,其计算公式如下:

$$\bar{a} = \frac{\dfrac{a_0}{2} + a_1 + a_2 + \cdots + a_{n-1} + \dfrac{a_n}{2}}{n} \tag{6-7}$$

【例6-3】 根据某企业职工人数资料,计算第二季度每月的平均人数、第二季度平均人数,资料如表6-3所示。

表6-3 某企业第二季度各月末职工人数统计表

日期	3月末	4月末	5月末	6月末
职工人数(人)	200	100	160	180

根据表6-3中提供的资料计算如下:

4月份平均人数=(200+100)÷2=150(人)

5月份平均人数=(100+160)÷2=130(人)

6月份平均人数=(160+180)÷2=170(人)

第二季度平均人数=(150+130+170)÷3=150(人)

计算第二季度平均人数时,也可以把以上两个步骤的计算过程合并,直接采用首位折半法,则第二季度平均人数为:

$$\bar{a} = \frac{\dfrac{200+100}{2} + \dfrac{100+160}{2} + \dfrac{160+180}{2}}{3}$$

$$= \frac{\dfrac{200}{2} + 100 + 160 + \dfrac{180}{2}}{3}$$

$$= 150(人)$$

(4)间断不等距时点序列。如果在时点数列中,相邻的两个时点数值之间的间隔不相等时,则可用各间隔长度为权数,对各相应的时点平均数加权,用加权平均法计算其序时平均数。其计算公式如下:

$$\bar{a} = \frac{\dfrac{a_0+a_1}{2} \cdot f_1 + \dfrac{a_1+a_2}{2} \cdot f_2 + \cdots + \dfrac{a_{n-1}+a_n}{2} \cdot f_i}{f_1 + f_2 + \cdots + f_i} \tag{6-8}$$

式(6-8)中,a_0,a_1,$\cdots$,a_n 是时点数据;f_1,f_2,$\cdots$,f_i 是各间隔期的时间权数。

【例6-4】 表6-4是某化工厂燃煤库存量统计表。计算2021年该厂燃煤平均每月库存量。

表 6-4　某化工厂燃煤库存量统计表

单位:吨

时间	2020年年末	2021年4月末	2021年6月末	2021年10月末	2021年12月末
库存量	1 000	1 500	1 800	1 400	2 200

由于燃煤库存量是时点数列,根据表 6-4 提供的资料,应采用间断不等距时点序列序时平均数计算公式[即式(6-8)],则 2021 年该厂燃煤平均每月库存量为:

$$\bar{a} = \frac{\dfrac{1\ 000 + 1\ 500}{2} \times 4 + \dfrac{1\ 500 + 1\ 800}{2} \times 2 + \dfrac{1\ 800 + 1\ 400}{2} \times 4 + \dfrac{1\ 400 + 2\ 200}{2} \times 2}{4 + 2 + 4 + 2}$$

$$= 1\ 525(吨)$$

上述序时平均法,是假定现象在两个相邻时点之间作均匀变动的条件下进行的,因此计算结果并不精确,难免存在一定误差。为了更好地接近实际,时点数列的间隔不宜太长。时间间隔越短,取得的数据资料计算出的平均值就越准确。

2. 相对指标时间数列的平均发展水平

相对指标时间数列是由两个有联系的时间数列的相应项对比计算的,因此要分别计算出构成相对指标时间数列的分子数列与分母数列的序时平均数,然后再将这两个序时平均数加以对比求得相对指标时间数列的序时平均数。其基本计算公式如下:

$$\bar{c} = \frac{\bar{a}}{\bar{b}} \tag{6-9}$$

式(6-9)中,$\bar{a}$ 为分子数列的序时平均数,$\bar{b}$ 为分母数列的序时平均数,$\bar{c}$ 为相对指标时间数列的序时平均数。

分子、分母序时平均数的计算,需要根据时间数列的性质采用相应的计算公式,具体分为以下三种情况。

1)分子分母均由时期数列对比组成的时间数列

$$\bar{c} = \frac{\bar{a}}{\bar{b}} = \frac{\dfrac{\sum a_i}{n}}{\dfrac{\sum b_i}{n}} = \frac{\sum a_i}{\sum b_i} \tag{6-10}$$

2)分子分母由时点数列对比组成的时间数列

$$\bar{c} = \frac{\bar{a}}{\bar{b}} = \frac{\dfrac{\frac{1}{2}a_0 + a_1 + a_2 + \cdots + a_{n-1} + \frac{1}{2}a_n}{n}}{\dfrac{\frac{1}{2}b_0 + b_1 + b_2 + \cdots + b_{n-1} + \frac{1}{2}b_n}{n}} = \frac{\frac{1}{2}a_0 + a_1 + a_2 + \cdots + a_{n-1} + \frac{1}{2}a_n}{\frac{1}{2}b_0 + b_1 + b_2 + \cdots + b_{n-1} + \frac{1}{2}b_n} \tag{6-11}$$

3) 分子、分母由一个时期数列与一个时点数列对比组成的时间数列

$$\bar{c} = \frac{\bar{a}}{\bar{b}} = \frac{\dfrac{a_1 + a_2 + \cdots + a_{n-1} + a_n}{n}}{\dfrac{\dfrac{1}{2}b_0 + b_1 + \cdots + b_{n-1} + \dfrac{1}{2}b_n}{n}} = \frac{a_1 + a_2 + \cdots + a_{n-1} + a_n}{\dfrac{1}{2}b_0 + b_1 + \cdots + b_{n-1} + \dfrac{1}{2}b_n} \qquad (6-12)$$

【例 6-5】 根据表 6-5 某公司 2021 年第三季度各月份商品销售额及库存金额资料,已知 6 月 30 日商品库存金额为 185 万元,计算该公司当年第三季度平均商品流转次数。

表 6-5　某公司 2021 年第三季度商品流转情况

月份	7 月	8 月	9 月
商品销售额 a(万元)	1 060	1 165	1 284
月末库存商品金额 b(万元)	205	216	228
商品流转次数 c(次)	5.44	5.53	5.78

根据表 6-5 相关资料,商品销售额 a 为时期数列,月末库存商品金额 b 为连续等距时点数列,第三季度平均商品流转次数 $\bar{c}$ 为第三季度平均每月商品销售额 $\bar{a}$ 与第三季度平均每月库存金额 $\bar{b}$ 之比,则:

$$\bar{a} = \frac{1\,060 + 1\,165 + 1\,284}{3} = 1\,169.67(万元)$$

$$\bar{b} = \frac{\dfrac{185}{2} + 205 + 216 + \dfrac{228}{2}}{3} = 209.17(万元)$$

$$\bar{c} = \frac{\bar{a}}{\bar{b}} = \frac{1\,169.67}{209.17} = 5.59(次)$$

即该公司 2021 年第三季度平均商品流转次数为 5.59 次。

【例 6-6】 某公司 2022 年一季度工业增加值和员工人数资料如表 6-6 所示。计算该公司 2022 年一季度全员月平均劳动生产率。

表 6-6　某公司工业增加值和员工人数资料

指标	1 月	2 月	3 月	4 月
工业增加值 a(万元)	1 200	820	1 360	—
月初员工人数 b(人)	81	76	96	105

由于全员劳动生产率＝工业增加值÷全部从业人员平均人数,该指标为强度相对指标。以 $\bar{c}$ 表示一季度工人月平均劳动生产率,$\bar{a}$ 表示一季度月平均工业增加值,$\bar{b}$ 表示一季度月平均员工人数。因工业增加值是一个时期数列,员工人数为时点指标,则:

$$\bar{a} = \frac{1\ 200 + 820 + 1\ 360}{3} = 1\ 126.67(万元)$$

$$\bar{b} = \frac{\dfrac{81}{2} + 76 + 96 + \dfrac{105}{2}}{3} = 88(人)$$

$$\bar{c} = \frac{\bar{a}}{\bar{b}} = \frac{1\ 126.67}{88} = 12.80(万元／人)$$

计算结果表明,该公司 2022 年一季度工人月平均劳动生产率为 12.80 万元/人。

3. 平均指标时间数列的平均发展水平

平均指标时间数列是由两个总量指标时间数列相应项对比形成的,因此计算平均指标时间数列序时平均数的方法与相对指标时间序列的方法基本一致,即先分别计算分子数列和分母数列的序时平均数,然后将这两个序时平均数进行对比即可。其基本公式为:

$$\bar{c} = \frac{\bar{a}}{\bar{b}} \tag{6-13}$$

(四) 时间数列的平均增长水平

平均增长水平是说明某种现象在一定时期内平均每期比上期增长(或减少)的绝对量。从广义上说,它也是序时平均数的一种。计算方法可用各个逐期增长量之和除以逐期增长量的个数,或将累计增长量除以时间数列的项数减 1。其计算公式为:

$$平均增长量 = \frac{逐期增长量之和}{逐期增长量的个数} = \frac{累计增长量}{数列的项数 - 1} \tag{6-14}$$

根据表 6-2 的数据计算中国 2011—2021 年人均 GDP 的平均增长量为:

$$平均增长量 = \frac{3\ 494 + 3\ 726 + \cdots + 9\ 148}{10} = \frac{80\ 976 - 36\ 277}{11 - 1}$$
$$= 4\ 469.90(元／人)$$

二、时间数列的速度分析指标

对时间数列的分析,不仅要分析研究水平指标的变化,还要分析研究发展速度的快慢、节奏等,在分析时将水平分析与速度分析相结合,综合研究事物发展变化的规律性。时间数列的速度分析指标主要包括发展速度、增长速度、增长 1% 的绝对值、平均速度等。

1. 发展速度

发展速度是报告期水平与基期水平之比,是表明社会经济现象发展程度的相对指标,说明报告期水平已发展到基期水平的若干倍或百分之几,一般以百分数表示。其计算公式为:

$$发展速度 = \frac{报告期水平}{基期水平} \times 100\% \tag{6-15}$$

由于研究的目的不同,发展速度可能是报告期与上期对比的速度,也可能是报告期与某一固定基期对比的速度。所以,发展速度可分为环比发展速度和定基发展速度。

环比发展速度是报告期水平与前一期水平之比,表明现象逐期的发展变化程度。定基发展速度是报告期水平与某一固定时期的水平之比,表明现象在较长时期内总的发展速度,也称为发展总速度。其计算表达式如下:

各期环比发展速度:

$$\frac{a_1}{a_0}, \frac{a_2}{a_1}, \frac{a_3}{a_2}, \cdots, \frac{a_n}{a_{n-1}}$$

各期定基发展速度:

$$\frac{a_1}{a_0}, \frac{a_2}{a_0}, \frac{a_3}{a_0}, \cdots, \frac{a_n}{a_0}$$

【例6-7】 根据表6-7提供的2011—2021年我国粮食产量数据,计算11年来我国粮食产量的发展速度、增长速度。

表6-7 2011—2021年中国粮食产量速度分析计算表

序号	年份	粮食产量 (万吨)	发展速度		增长速度		增长1%的绝对值 (万吨)
			环比	定基	环比	定基	
1	2011	58 849.33	——	——	——	——	——
2	2012	61 222.62	104.03%	104.03%	4.03%	4.03%	588.49
3	2013	63 048.20	102.98%	107.13%	2.98%	7.13%	612.23
4	2014	63 964.83	101.45%	108.69%	1.45%	8.69%	630.48
5	2015	66 060.27	103.28%	112.25%	3.28%	12.25%	639.65
6	2016	66 043.51	99.97%	112.22%	−0.03%	12.22%	660.60
7	2017	66 160.73	100.18%	112.42%	0.18%	12.42%	660.44
8	2018	65 789.22	99.44%	111.79%	−0.56%	11.79%	661.61
9	2019	66 384.34	100.90%	112.80%	0.90%	12.80%	657.89
10	2020	66 949.15	100.85%	113.76%	0.85%	13.76%	663.84
11	2021	68 284.75	101.99%	116.03%	1.99%	16.03%	669.49

资料来源:国家统计局官网。

环比发展速度和定基发展速度存在一定的数量关系:

(1)定基发展速度等于各相应时期环比发展速度的连乘积。即:

$$\frac{a_1}{a_0} \cdot \frac{a_2}{a_1} \cdot \cdots \cdot \frac{a_n}{a_{n-1}} = \frac{a_n}{a_0} \qquad (6-16)$$

（2）两个相邻时期的定基发展速度之比等于相应时期的环比发展速度，即：

$$\frac{\dfrac{a_n}{a_0}}{\dfrac{a_{n-1}}{a_0}}=\frac{a_n}{a_{n-1}} \tag{6-17}$$

在计算定基发展速度时，可以结合不同的研究目的选择适当的基期。如以五年计划的前一年为基期，以历史最高水平或最低水平的时期为基期等。在实际工作中可以利用以上关系进行相互推算。

此外，为了消除季节变动的影响，可计算年距发展速度。这是针对存在季节变动影响的现象如家电、服装、农资和农产品的产销量和上市量等。对这类现象，将本月与上年同月数据对比才更具有实际意义。

$$年距发展速度=\frac{本期发展水平}{上年同期发展水平}\times100\% \tag{6-18}$$

【例 6-8】 某商场 2021 年 9 月份月饼的销售量是 5 120 千克，2020 年 9 月份的销售量是 4 560 千克，试计算 9 月份月饼销售量的年距发展速度。

$$月饼销售量的年距发展速度=\frac{5\ 120}{4\ 560}\times100\%=112.28\%$$

月饼的消费具有明显的季节性，其销售量与上年同一月份对比才能看出变动趋势。计算结果表明，该商场 9 月份月饼销售量的年距发展速度为 112.28%，销售量比上年同期增长 12.28%。

2. 增长速度

增长速度是增长量与基期水平之比，或者等于发展速度减去 100%（或 1），是表明现象增长变化程度的相对指标，其计算公式如下：

$$增长速度=发展速度-100\%=\frac{增长量}{基期水平}\times100\% \tag{6-19}$$

$$=\frac{报告期水平-基期水平}{基期水平}\times100\%$$

发展速度一般是正数，但增长速度可能是正数、负数或零。当发展速度大于 1 时，表示报告期水平高于基期水平，增长速度为正值。当发展速度小于 1 时，表示报告期水平低于基期水平，增长速度为负值，称为负增长。当发展速度等于 1 时，表示报告期水平与基期水平相等，增长速度为零，称为零增长。

增长速度可分为定基增长速度和环比增长速度。由于分析研究时，可能是每期与上期的对比分析，这时计算的一系列增长速度由于所用的基期是变动的，表明逐期的增长程度，称为逐期或环比增长速度。如果每期与某一固定基期相对比分析，则计算的是定基发展速度，由定基发展速度计算的增长速度，反映现象在较长时期内（如若干年内）总的增长程度。其计算公式如下：

环比增长速度：

$$\frac{a_1}{a_0}-1, \frac{a_2}{a_1}-1, \cdots, \frac{a_n}{a_{n-1}}-1 \tag{6-20}$$

定基增长速度：

$$\frac{a_1}{a_0}-1, \frac{a_2}{a_0}-1, \cdots, \frac{a_n}{a_0}-1 \tag{6-21}$$

在分析时间数列时，如果环比增长速度较高，则长时期内总的增长速度也会高。需要注意的是，环比增长速度和定基增长速度之间在数量对比上没有直接的关系，环比增长速度的连乘积并不等于定基增长速度。两者的推算关系是：先将各期增长速度转化为环比发展速度，由环比发展速度的连乘积得到定基发展速度，然后用定基发展速度减去100%或1得到定基增长速度。

【例6-9】 某地区粮食总产量2019年比上年增长2.3%、2020年比上年增长2.8%、2021年比上年减少3.1%，则该地区3年间粮食产量的定基增长速度是多少？

首先要计算出各年的环比发展速度，其次将各年的环比发展速度相乘之后减去100%得出定基增长速度。即：

$$102.3\% \times 102.8\% \times 96.9\% - 100\% = 101.9\% - 100\% = 1.9\%$$

计算结果表明该地区3年间粮食产量的定基增长速度为1.9%。

3. 增长1%的绝对值

在进行时间数列分析研究时，经常会出现增长率很高而包含的绝对数量却较少，产生相对指标和绝对量指标矛盾的现象，也就是说在做分析评价时只考察相对数指标是有缺陷的，必须考虑基数对增长速度的影响。这时，就需要把相对指标与绝对指标结合起来进行分析，一般通过计算报告期比前期每增长1%所包含的绝对数量来衡量。该指标在现象的动态分析中能够更好地说明增长程度与绝对水平之间的关系，是分析中常用的指标。其计算公式为：

$$增长1\%的绝对值 = \frac{前期水平}{100} = \frac{逐期增长量}{环比增长速度} \times 1\% \tag{6-22}$$

表6-7计算了2012—2021年中国粮食产量增长1%的绝对数量，反映了随着粮食产量的提高，增长1%的绝对数量也在逐步上升。它揭示了一个统计规律，即当现象的基数已经很大时，其增长速度放缓是必然的，或者说维持原有的增长速度将会变得非常困难。

4. 平均速度

时间数列的平均速度指标包括平均发展速度和平均增长速度。平均发展速度说明社会经济现象在较长时期中逐年平均发展变化的程度。平均增长速度则说明社会经济现象逐年平均增长变化的程度。这两个平均速度指标具有密切的联系，平均发展速度减去1（或100%）等于平均增长速度，即：

$$平均发展速度 - 1（或100\%）= 平均增长速度 \tag{6-23}$$

平均发展速度和平均增长速度都是动态分析的重要指标，在实际工作中被广泛应用，也可以用来预测现象的未来。平均速度的计算方法通常有水平法和累计法（方程式法）。

1) 水平法(几何平均法)

水平法也称为几何平均法,是计算时间数列的 n 个环比发展速度的连乘积的 n 次方根。因为现象发展的总速度等于各期环比发展速度之积,而不等于环比发展速度之和,所以平均发展速度不能用算术平均法计算,通常采用几何平均法。其计算公式为:

$$\bar{X} = \sqrt[n]{\prod_{i=1}^{n} X_i} = \sqrt[n]{X_1 \cdot X_2 \cdot \cdots \cdot X_n} = \sqrt[n]{\frac{a_1}{a_0} \cdot \frac{a_2}{a_1} \cdot \cdots \cdot \frac{a_n}{a_{n-1}}} = \sqrt[n]{\frac{a_n}{a_0}} \quad (6-24)$$

式(6-24)中, $\bar{X}$ 为几何平均法计算出的平均发展速度, X_i 为各期环比发展速度, n 为环比发展速度的个数; $\prod$ 为连乘符号。

以上计算公式可根据掌握的具体资料情况选择应用。水平法的实质是要求最初水平 a_0 在平均速度下发展以达到最末水平 a_n ,即:

$$a_0 \bar{X}^n = a_n \quad (6-25)$$

平均增长速度不能直接由环比发展速度求得,也不能由增长量或增长速度求得。应该先计算平均发展速度再减 1(或 100%)而得出平均增长速度。

当平均发展速度大于 1 时,平均增长速度为正值,表明现象在较长时间内逐期平均递增的速度;当平均发展速度小于 1 时,平均增长速度就为负值,表明现象逐年平均递减的速度。平均发展速度可以用来预测未来,为编制长期计划提供依据。

【例 6-10】 根据表 6-7 计算 2017—2021 年我国粮食产量的平均发展速度和平均增长速度。

解:平均发展速度:

$$\bar{X} = \sqrt[5]{100.18\% \times 99.44\% \times 100.90\% \times 100.85\% \times 101.99\%}$$
$$= 100.67\%$$

或

$$\bar{X} = \sqrt[5]{\frac{68\ 284.75}{66\ 043.51}} = 100.67\%$$

则 2017—2021 年我国粮食产量平均增长速度为:100.67% $-1=0.67\%$ 。

【例 6-11】 某市 2021 年国内生产总值为 1 215 亿元,如果以后每年递增 6%,则 2026 年国内生产总值将达到多少?

$$a_n = a_0 \bar{X}^n = 1\ 215 \times (1+6\%)^5 = 1\ 215 \times 1.34 = 1\ 628.1(亿元)$$

即按每年均递增 6% 的速度发展,该市 2026 年国内生产总值将达到 1 628.1 亿元。

2) 累计法(方程式法)

累计法的基本要求是:从时间数列的最初水平出发,每期按照平均发展速度发展,各期计算水平的总和应等于各期实际水平的总和。我们先假设 $\bar{X}$ 代表应用累计法求得的平均发展速度指标,则平均发展速度的计算公式如下:

$$\bar{X}^1 + \bar{X}^2 + \bar{X}^3 + \cdots + \bar{X}^n = \frac{\sum_{i=1}^{n} a_i}{a_0} \quad (6-26)$$

即：

$$\bar{X}^1 + \bar{X}^2 + \bar{X}^3 + \cdots + \bar{X}^n - \frac{\sum\limits_{i=1}^{n} a_i}{a_0} = 0 \qquad (6\text{-}27)$$

解这个高次方程式得出 $\bar{X}$ 的正根，就是用方程式法求得的平均发展速度。

如果所分析研究的资料是时期数列，而我们所关心的是现象在整个研究时期达到的发展水平的累计总和，则可用方程式法计算平均发展速度。

应用几何平均法和方程式法求平均速度，其数学依据、计算方法和应用场合都不相同。几何平均法侧重于考察最末水平，按其平均速度发展使最末水平的理论值和实际水平一致。同时，最末一期的定基发展速度和实际资料的定基发展速度相一致。方程式法则在于考察全期发展水平之和的理论值与全期实际总水平相一致。

5. 计算和应用速度指标应注意的问题

第一，当时间数列中的指标值出现 0 或负数时，不宜采用几何平均法计算平均发展速度。

第二，发展速度指标应与发展水平指标结合运用。要把发展速度和增长速度同隐藏在其后的发展水平结合起来。在进行动态分析时，既要看速度，又要看水平，即增长 1% 的绝对值。应当充分考虑基数的大小对速度的影响，必须同时考察发展水平和增长量指标，把发展速度、增长速度和发展水平、增长量结合起来，全面分析、评价社会现象的发展变化。

第三节　长期趋势分析

社会经济现象的发展变化是由许多错综复杂的因素共同作用的结果。有些属于基本因素，它对事物的发展起决定性作用，影响事物在较长时期呈现出一定的趋势，沿着一个方向（上升或下降）发展；有些属于偶然的或非基本的因素，它对事物的发展只起局部的非决定性作用，影响时间数列各期发展水平出现短期不规则的波动；还有些属于季节性因素，影响时间数列以 1 年为周期的季节性波动。为了研究社会经济现象发展变化的趋势或规律，并以此为依据来预测未来，就需要将这些不同因素的不同作用结果从时间数列的实际数据中分离出来，这就是时间数列的结构分析问题。

分析时间数列结构的意义在于通过对时间数列进行深入的分析，研究社会经济现象发展变化的趋势或规律，并以此为依据来预测事物发展的前景，为决策层制定政策与计划提供科学的依据。

一、时间数列的构成因素及分析模型

社会经济现象的性质多种多样，发展的时空条件千差万别，影响事物发展的具体原因繁多复杂。但就共同规律而言，一般可归纳为长期趋势、季节变动、循环变动和不规则变动四个因素。

1. 长期趋势

长期趋势(trend)是指社会经济现象在较长持续期内展现出来的总态势,通常以 T 表示。长期趋势可能呈现不断增加或减少的基本趋势,也可能表现为只围绕某一常数值波动而无明显增减变化的水平趋势。长期趋势是受某种固定的起根本作用的因素影响的结果。例如,中国自 1978 年以来持续的经济增长、中国人口老龄化等。

2. 季节变动

季节变动(seasonal variation)亦称"季节波动",通常以 S 表示。季节变动是指社会经济现象随着季节更替而发生的,受自然气候、社会生产条件和风俗习惯等影响造成的周期性变动。研究季节变动的目的是掌握以往季节变动情况,作为当前经济活动的参考,也是为了预测未来季节变动的动向,以克服季节变动对经济生活可能带来的不利影响,更好地计划生产、销售和安排生活。

季节变动是有规律的,是每年重复出现的,各年的变动幅度是大致相同的。例如,农产品收购、农业生产资料和家电等季节性商品的销售、重大节假日民航、铁路、公路的客运量等都存在明显的季节性,而且年复一年地呈规律性变动。

3. 循环变动

循环变动(cyclical variation)是指社会经济现象以若干年为周期的涨落起伏相同或基本相同的一种波浪式的变动,通常以 C 表示。例如,资本主义经济周期,经济由危机、萧条、复苏、繁荣的一个周期再到下一个危机、萧条、复苏、繁荣的周期就是一个典型的循环变动。

循环变动与长期趋势不同,它不是单一方向的持续变动,而是有涨有落的交替波动。循环变动与季节变动也不同,循环变动的周期长短很不一致,不像季节变动那样有明显的按月或按季的固定周期规律,循环变动的规律性不太明显,通常较难识别。

4. 不规则变动

不规则变动(irregular random variation)亦称"随机变动",通常以 I 表示。不规则变动是指客观社会经济现象由于天灾、人祸、战乱等突发事件或偶然因素引起是无周期性波动,如地震、水灾、疫情、意外事故等因素所引起的变动。不规则变动不服从通常的规律性,但是许多不规则变动服从统计规律性。时间数列各种修匀法的作用,就在于消除不规则变动的影响,从而揭示规律性变动。

社会经济现象的发展变化,都是上述四种因素的全部或部分变动影响的结果。因此,时间数列预测分析应从实际出发,实际包含几个因素就分解和测定几个因素。

由于客观事物存在复杂性和多样性,其影响因素在发生作用的过程中所表现出来的关系也是多种多样的。在统计分析中,将这种关系一般概括为以下两种模型:

加法模型:假设现象的各个影响因素相互独立,对时间数列的影响是可加的,时间数列数值与各因素之间的数量关系表现为:

$$Y = T + C + S + I \tag{6-28}$$

乘法模型:假设现象的各个影响因素相互不独立,时间数列数值与各因素之间的数量关系表现为:

$$Y = T \cdot C \cdot S \cdot I \tag{6-29}$$

式(6-28)和式(6-29)中,Y 为时间数列(总变动),T 为长期趋势,C 为循环变动,S 为季节变动，I 为不规则变动。

二、长期趋势测定

测定长期趋势的基本方法是对时间数列进行修匀，修匀的基本目的在于消除季节变动、偶然变动等因素的影响，显示出现象变动的基本趋势，以此作为预测的依据。长期趋势测定的方法主要有时距扩大法、移动平均法和最小二乘法。

（一）时距扩大法

时距扩大法是时间数列修匀的一种简单方法。它是把原来指标较多、变动规律又不明显的时间数列中各个时期的发展水平相加，得出较长时距的资料，形成一个比原时间数列间隔扩大的时间数列，用以消除由于时距较短受偶然因素影响所引起的波动，从而能够比较明显地反映出现象变动的总趋势。

时距扩大法的作用是：用时距扩大后的总量指标和序时平均数，编制新的时间数列和序时平均数，可以反映现象发展变化的长期趋势；以月或季度为时距的数列，通过合并扩大为以年为时距单位的数列，就可以消除季节变动的影响。

时距扩大法的特点是：计算简便，但也有一定局限性；时距扩大后新编制的数列项数明显减少，不能以此预测未来的发展趋势；不能满足消除长期趋势、分析季节变动和循环变动的需要。

时距扩大的各个时期的时距应该相等，以便进行比较。时距扩大法中时距扩大多少为宜，取决于资料的具体情况。总的要求是在时距扩大以后，能够明显地反映出现象的发展趋势。应用时距扩大法需要注意：

（1）时距扩大法只适用于时期数列，因为只有时期数列中的发展水平才具有可加性。

（2）对同一时间数列，扩大的时距应当一致，以保持前后时距的数据具有可比性。

（3）时距长短的选择应根据现象的具体特点而定。若原数列发展水平波动有周期性，则扩大的时距与周期相同；若无明显周期性，按经验逐步扩大时距。

【例 6-12】 某企业 2021 年各月产品产量资料如表 6-8 所示，试分析当年产品产量的发展趋势。

表 6-8 某企业 2021 年产品产量统计表（一）　　　单位：吨

月份	1	2	3	4	5	6	7	8	9	10	11	12
产量	160	162	155	151	161	170	149	170	167	173	155	178

根据表 6-8，2021 年各月产量起伏波动，难以判断产量变动趋势。应用时距扩大法对以上数据资料进行整理，按季度统计的产量数据如表 6-9 所示。

表 6-9 某企业 2021 年产品产量统计表（二）　　　单位：吨

季度	一	二	三	四
产量	477	482	486	506
月平均产量	159	161	162	169

由表 6-9 可以发现，该企业 2021 年的产品销量呈现上升趋势。

（二）移动平均法

移动平均法是通过时间数列修匀来分析社会和经济现象动态发展趋势的方法。它是将时间数列的各个指标值根据确定的时间间隔,从第一项开始,用逐项移动的方法计算序时平均数,得到由序时平均数构成的新的时间数列。这个新的时间数列把原数列中短时期的不规则变动加以修匀,使其变动更为平滑,趋势倾向更为明显。

移动平均法的作用是:采用移动平均法修匀时间数列,可以削弱或消除不规则变动的影响;对于包含季节变动的时间数列,用含有季节变动周期的序时项数进行移动平均,可以消除季节变动的影响;利用移动平均法,能够测定现象发展变化的基本趋势。

移动平均的主要特点是:计算简便;相比时距扩大法,能以较多的数据反映长期趋势变动,同时可以对最近一期的数据进行预测。

通过移动平均计算序时平均数,其项数的多少直接影响修匀的程度。项数用得越多,修匀的作用就越大,所得移动平均数数目也就越少;反之,项数用得越少,修匀的作用就越小,所得移动平均数目也就越多。如果在数列中存在自然周期,则应以周期数作为移动平均计算序时平均数的项数,如月度资料以 12 个月为项数移动平均为宜,季度资料则以 4 个季度为项数移动平均为宜。如果数列中没有自然周期,则宜用奇数项(如 3、5、7 项)较简便。每次的移动平均值应对准所平均时期的正中间。奇数项平均数正好对着中间时期,一次平均即可。偶数项平均数因为中点错了半期,需要再做一次两项移动平均才能得到移动平均的趋势值。

【例 6-13】 某企业 2021 年各月产品产量资料如表 6-10 所示,请进行移动平均数计算。

数列选择 3 项移动可以一次完成,4 项移动需要移动两次:第一次(4 项平均移动)是原数列连续 4 个月数值的平均数,第二次(移正平均)是在 4 项移动平均数的基础上连续两期数值的平均数。计算结果如表 6-10 所示。

表 6-10　移动平均数计算表　　　　　单位:吨

月份	产量	3 项移动平均	4 项移动平均	移正平均
1	160	——		
2	162	159.00		——
3	155	156.00	157.00	157.13
4	151	155.67	157.25	158.25
5	161	160.67	159.25	158.50
6	170	160.00	157.75	160.13
7	149	163.00	162.50	163.25
8	170	162.00	164.00	164.38
9	167	170.00	164.75	165.50
10	173	165.00	166.25	167.25
11	155	168.67	168.25	——
12	178	——	——	——

(三) 最小二乘法

最小二乘法也叫最小平方法,是建立趋势方程、分析长期趋势较为常用的方法。它是依据时间数列的观察值与趋势值的离差平方和为最小值的基本原理,拟合一种趋势模型,然后利用数学中求极值的方法来确定方程中的待定系数,并建立方程。

假设长期趋势的直线回归方程为:

$$\hat{y}_t = a + bx \tag{6-30}$$

式(6-30)中,$\hat{y}_t$ 表示时间数列的长期趋势值;x 表示时间序号;a 是直线的截距,是 $x = 0$ 时的趋势值;b 是直线的斜率,表示 x 每变动一个时期 $\hat{y}_t$ 平均增加或减少的量,称回归系数。a 和 b 都是待定参数。

将给定的自变量 x 之值代入上述方程中,可求出估计的因变量 y 之值。这个估计值不是一个确定的数值,而是 y 许多可能取值的平均数,所以用 $\hat{y}_t$ 表示。当 x 取某一个值时,y 有多个可能值。因此,将给定的 x 值代入方程后得出的 $\hat{y}_t$ 值,只能看作是一种平均数或期望值。配合直线方程的具体方法如下:

$$Q = \sum (y_t - \hat{y}_t)^2 = 最小值 \tag{6-31}$$

用直线方程 $\hat{y}_t = a + bx$ 代入式(6-31)得:

$$Q = \sum (y_t - a - bx)^2 = 最小值 \tag{6-32}$$

分别求 Q 关于 a 和 Q 关于 b 的偏导,并令它们等于 0:

$$\begin{cases} \dfrac{\partial Q}{\partial a} = \sum 2(y - a - bx)(-1) = 0 \\ \dfrac{\partial Q}{\partial b} = \sum 2(y - a - bx)(-x) = 0 \end{cases}$$

$$\sum (y - a - bx) = 0$$

$$\sum (xy - ax - bx^2) = 0$$

整理后得出由下列两个方程式所组成的方程组:

$$\begin{aligned} \sum y &= na + b \sum x \\ \sum xy &= a \sum x + b \sum x^2 \end{aligned} \tag{6-33}$$

根据已知的或样本的相应资料 x、y 值代入式(6-33),可求出 a 和 b 两个参数:

$$a = \frac{\sum x^2 \sum y - \sum x \sum xy}{n \sum x^2 - \left(\sum x \right)^2} \tag{6-34}$$

$$b = \frac{n \sum xy - \sum x \sum y}{n \sum x^2 - \left(\sum x \right)^2}$$

只要把 a 和 b 两个参数代入 $\hat{y}_t$，就可得到直线回归方程 $\hat{y}_t = a + bx$，并根据此方程在自变量给定的条件下估计因变量的平均可能值。

【例 6-14】 某市 2012—2021 年地区生产总值资料见表 6-11，要求建立直线回归方程，并预测该市 2022 年的地区生产总值。

表 6-11 直线回归方程参数计算表

年份	地区生产总值(亿元) y	x	x^2	xy
2012	1 220	1	1	1 220
2013	1 305	2	4	2 610
2014	1 410	3	9	4 230
2015	1 534	4	16	6 136
2016	1 691	5	25	8 455
2017	1 808	6	36	10 848
2018	1 936	7	49	13 552
2019	2 072	8	64	16 576
2020	2 237	9	81	20 133
2021	2 326	10	100	23 260
合计	17 539	55	385	107 020

将表 6-11 的数据代入式(6-33)，则：

$$17\ 539 = 10a + 55b$$
$$107\ 020 = 55a + 385b$$

计算可得：$a = 1\ 050.199\ 8$，$b = 127.945\ 5$

直线回归方程为：$\hat{y}_t = 1\ 050.199\ 8 + 127.945\ 5x$

预测该市 2022 年地区生产总值为：$y = 1\ 050.199\ 8 + 127.945\ 5 \times 11 = 2\ 457.6$(亿元)

第四节 季节变动分析

一、季节变动的概念和特征

(一)季节变动的概念

季节变动是指社会经济现象随着季节更替而发生的周期性变动。它是受自然气候、社会生产条件、风俗习惯等影响造成的。

（二）季节变动的特征

（1）季节变动按照一定的周期进行，是一种有规律的变动。

（2）季节变动每年重复进行。

（3）每个周期变化的强度大体相同。

二、季节变动的分析原理与方法

（一）季节变动的分析原理

季节变动是一种各年变化强度大体相同且每年重现的有规律的变动。根据这一基本特征，可以将其归纳为一种典型的季节模型。所谓季节模型，就是指时间序列在各年中所呈现出的典型状态，这种状态年复一年以基本相同的形态出现。季节模型是由一套指数组成的，各指数刻画了现象在 1 个年度内各月或各季的典型特征。

如果所分析的是月份数据，季节模型就由 12 个指数组成；若为季度数据，季节模型就由 4 个指数组成。其中各个指数是以全年月或季度资料的平均数为基础计算的，因而 12 个月（或 4 个季度）指数的平均数应等于 100%，而各月（或季）的指数之和应等于 1 200%（或 400%）。季节模型正是以各个指数的平均数等于 100% 为条件而构成的，它反映了某一月份或季度的数值占全年平均数的大小。

如果现象的发展没有季节变动，则各期的季节指数应等于 100%；如果某一月份或季度有明显的季节变化，则各期的季节指数应大于或小于 100%。因此，分析季节变动，也就是对一个时间序列计算出该月（或季）指数，即所谓季节指数，然后根据各季节指数与其平均数（100%）的偏差程度来测定季节变动的程度。

（二）季节变动的分析方法

1. 季节变动的分析方法与长期趋势的分析方法的联系和区别

区别：长期趋势通过平均的方法将其他三个因素消除（抵消），而季节变动则采用新的方法消除季节变动以外的三个因素。

在长期趋势的分析中，构成时间数列的四个因素中除了长期趋势，其他三个因素即季节变动、循环变动和不规则变动，要么是周期性的，要么是随机性的。而不论是周期性的，还是随机性的，都可以通过平均的方法使它们相互抵消，抵消的结果就是长期趋势。但在测定季节变动时，需要消除的是构成时间数列四因素中季节变动以外的其他三个因素，即长期趋势、循环变动和不规则变动。如果说平均的方法在消除循环变动和不规则变动是比较理想的话，则对长期趋势的消除就不那么理想了，这时候就需要采用新的方法，这是两者的区别。

联系：当现象变动的长期趋势不明显，甚至根本没有，那么从时间数列中测定季节变动，实际上就只需要消除循环变动和不规则变动，这时测定季节变动的方法和测定长期趋势的方法本质上是相同的，都是平均法的思想，这是两者的联系。

2. 测定季节变动的方法

测定季节变动的方法可以分两种情况：一是在现象不存在长期趋势或长期趋势不明显的情况下，一般是直接用平均的方法，通过消除循环变动和不规则变动来测定季节变动，统计学中将这种方法称为"同期平均法"。二是当现象具有明显的长期趋势时，一般是先消除长期趋势，然后再用平均的方法消除循环变动和不规则变动，统计学中把这种方法称为"移动平均趋势剔除法"。

1）同期平均法

同期平均法的基本思想和长期趋势测定中的移动平均法是相同的。实际上，"同期平均法"就是一种特殊的"移动平均法"。一方面它是对时间序列的各指标数值的序时平均；另一方面，这种平均的范围是仅仅局限在不同年份的相同季节中，季节不同，平均数的范围也就随之而"移动"。因此，所谓"同期平均"就是在同季（月）内"平均"，而在不同季（月）之间"移动"的一种"移动平均"法。"平均"是为了消除非季节因素的影响，而"移动"则是为了测定季节因素的影响程度。用同期平均法来测定其季节变动的步骤如下：

第一，计算各年同季（月）的平均数，目的是要消除非季节因素的影响。同样是旺季或者淡季，有些年份的旺季更旺或更淡，这显然是非季节因素的影响。假设没有长期趋势，因此，这些因素通过平均的方法就可以相互抵消。

第二，计算各年同季（或同月）平均数的平均数，即时间数列的序时平均数，目的是计算季节指数（季节比率）。平均数大，表明是旺季，越大越旺；平均数小，表明是淡季，越小越淡。

第三，计算季节指数。方法是将各年同季（或同月）的平均数分别和时间数列的序时平均数进行对比。一般用百分数表示，用公式表示为：

$$季节指数 = \frac{同季（或月）平均数}{总季（或月）平均数} \times 100\% \tag{6-35}$$

【例6-15】　某轿车二级经销商2017—2021年各季度轿车销售量如表6-12所示。要求计算各季度的季节指数。

表6-12　某轿车二级经销商销售量季节指数计算表　　　　　单位：台

年份	第一季度	第二季度	第三季度	第四季度	合计
2017	110	66	76	105	357
2018	113	73	81	118	385
2019	116	78	85	121	400
2020	120	85	93	131	429
2021	108	67	88	127	390
合计	567	369	423	602	1 961
季度平均数	113.40	73.80	84.60	120.40	98.05
季节指数	115.66%	75.27%	86.28%	122.79%	400.00%

利用同期平均法计算季节指数如下：

首先，计算各年份同一季度的平均数，如第一季度为：567÷5＝113.4（台）

其次，计算各年份所有季节总平均数：1 961÷20＝98.05（台）

最后，计算各季度的季节指数：

$$第一季度季节指数 = \frac{113.40}{98.05} \times 100\% = 115.66\%$$

$$第二季度季节指数 = \frac{73.80}{98.05} \times 100\% = 75.27\%$$

$$第三季度季节指数 = \frac{84.60}{98.05} \times 100\% = 86.28\%$$

$$第四季度季节指数 = \frac{120.40}{98.05} \times 100\% = 122.79\%$$

从时间上看,第一季度、第四季度的季节指数大于100%,表明这两个季度是轿车销售的旺季;第二季度和第三季度的季节指数小于100%,是轿车销售的淡季。

季节指数用百分比表示,四个季度的季节指数之和应为400%,12个月的季节指数之和应为1 200%。若不为400%或1 200%,则应计算矫正系数予以修正。

2) 移动平均长期趋势剔除法

移动平均长期趋势剔除法,是在现象具有明显长期趋势的情况下,测定季节变动的一种基本方法。其基本思路是:首先从时间数列中将长期趋势剔除掉,其次应用"同期平均法"剔除循环变动和不规则变动,最后通过计算季节指数来测定季节变动的程度。剔除长期趋势的方法一般用移动平均法。因此,它是长期趋势的测定方法——"移动平均法"和季节变动的测定方法——"同期平均法"的结合运用。

"移动平均趋势剔除法"测定季节变动趋势的基本步骤如下:

第一,先根据各年的季度(或月度)资料 (Y) 计算四季(或12个月)的移动平均数,然后为了"正位",再计算二季(月)移动平均数,作为各期的长期趋势值 (T)。

第二,将实际数值 (Y) 除以相应的移动平均数 (T),得到各期的 $\frac{Y}{T}$。 这就是消除了长期趋势影响的时间数列,它是一个相对数,称为季节指数。

第三,将 $\frac{Y}{T}$ 重新按"同期平均法"计算季节比率的方式排列。首先计算"异年同季平均数",其次计算"异年同季平均数的平均数",即消除长期趋势变动后新数列的序时平均数,最后计算季节指数并画图显示。

 **本章小结**

时间数列也称为动态数列或时间序列,就是把反映某一现象的指标在不同时间上的取值,按时间的先后顺序排列所形成的数列。时间数列有两个基本要素:统计指标所属的时间及其在特定时间的具体数值。

时间数列可分为三种类型:总量指标时间数列、相对指标时间数列和平均指标时间数列。编制时间数列应在保证时间、空间和指标口径的可比性。

时间数列的水平分析指标有发展水平、平均发展水平、增长量、平均增长量和增长1%的绝对值等。时间数列的速度分析指标主要包括发展速度、增长速度、平均增长速度等。

时间数列的构成可归纳为长期趋势、季节变动、循环变动和不规则变动四个因素。长期趋势测定的方法主要有时距扩大法、移动平均法和最小二乘法。季节变动分析常用的方法有同期水平平均法和长期趋势剔除法。

 **练习题**

一、单项选择题

1. 时间数列由( )基本要素组成。

   A. 一个   B. 两个   C. 三个   D. 四个

2. 时期数列的指标数值( )。

   A. 无须连续统计   B. 不具有可加性   C. 与时间长短无关   D. 可以加总

3. 进行时间数列分析的基础数据是( )。

   A. 发展水平   B. 平均发展水平   C. 发展速度   D. 平均发展速度

4. 下列指标可编制时点数列的是( )。

   A. 月产量   B. 月末库存金额   C. 月销售额   D. 近五年利润总额

5. 某市"十三五"期间的地区生产总值是( )。

   A. 发展速度   B. 增长速度   C. 时期数列   D. 时点数列

6. 说明现象在较长时期内发展总速度的是( )。

   A. 定基发展速度   B. 环比发展速度   C. 平均发展速度   D. 定基增长速度

7. 平均增长量等于( )。

   A. 逐期增长量之和除以时间数列的项数

   B. 逐期增长量之和除以时间数列的项数减 1

   C. 平均发展速度乘以期初水平

   D. 平均增长速度乘以期初水平

8. 几何平均法计算平均发展速度的公式是( )。

   A. $\bar{X} = \sqrt{\prod\limits_{i=1}^{n} X_i}$ B. $\bar{X} = \sqrt{X_1 \cdot X_2 \cdot \cdots \cdot X_n}$

   C. $\bar{X} = \sqrt[n]{\dfrac{a_n}{a_0}}$ D. $\bar{X} = \sqrt{\dfrac{a_1}{a_0} \cdot \dfrac{a_2}{a_1} \cdot \cdots \cdot \dfrac{a_n}{a_{n-1}}}$

9. 时点数列指标的时间间隔不相等时,计算序时平均数的公式是( )。

   A. $\bar{a}_i = \dfrac{\sum\limits_{i=1}^{n} a_i}{n}$

   B. $\bar{a}_i = \dfrac{a_1 + a_2 + \cdots + a_n}{n}$

   C. $\bar{a} = \dfrac{\dfrac{a_0}{2} + a_1 + a_2 + \cdots + a_{n-1} + \dfrac{a_n}{2}}{n}$

   D. $\bar{a} = \dfrac{\dfrac{a_0 + a_1}{2} \cdot f_1 + \dfrac{a_1 + a_2}{2} \cdot f_2 + \cdots + \dfrac{a_{n-1} + a_n}{2} \cdot f_i}{f_1 + f_2 + \cdots + f_i}$

10. 采用按月平均法测定季节指数,各月季节指数之和应等于( )。

    A. 100%   B. 120%   C. 1 200%   D. 400%

二、多项选择题

1. 时期数列的特点有( )。

    A. 数列中各总量指标值具有可加性

    B. 数列中各总量指标值的大小与时期长短无关

    C. 数列中各总量指标值的大小与时期长短有关

    D. 数列中各总量指标值具有连续计数的特点

2. 时点数列的特点有( )。

    A. 数列中各总量指标值不具有可加性

    B. 数列中各总量指标值的大小与时期长短无关

    C. 数列中各总量指标值的大小与时期长短有关

    D. 数列中各总量指标值不具有连续计数的特点

3. 下列属于时期数列的有( )。

    A. 近 5 年全国汽车产量   B. 某市"十三五"年末人口数

    C. 某企业历年销售收入   D. 某银行支行各季度末存款余额

4. 时间数列的水平指标有( )。

    A. 发展水平   B. 平均发展水平   C. 增长量   D. 增长 1% 的绝对值

5. 时间数列可以分解( )因素的影响。

    A. 长期趋势   B. 循环变动   C. 季节变动   D. 不规则变动

6. 定基发展速度和环比发展速度的关系有( )。

    A. 两个相邻时期的定基发展速度之比等于相应时期的环比发展速度

    B. 两个相邻时期的环比发展速度之比等于相应时期的定基发展速度

    C. 环比发展速度等于各相应时期定基发展速度的连乘积

    D. 定基发展速度等于各相应时期环比发展速度的连乘积

7. 下列有关增长 1% 的绝对值正确的表述有( )。

    A. 前一期发展水平除以 100

    B. 本期发展水平除以 100

    C. 逐期增长量与环比增长速度之比除以 100

    D. 逐期增长量与定基增长速度之比

8. 某企业 2018 年销售收入为 2 155 万元,2021 年为 2 640 万元,则( )。

    A. 逐期增长量为 485 万元   B. 累计增长量为 485 万元

    C. 环比发展速度为 122.5%   D. 平均发展速度为 $\sqrt[3]{\dfrac{2\ 640}{2\ 155}}$

9. 若已知各时期的环比发展速度,则可计算出( )。

    A. 定基发展速度   B. 平均发展速度   C. 平均增长量   D. 平均增长速度

10. 下列关于季节指数的表述,正确的有( )。

    A. 大于 100% 表示各月(季)比全期水平高,现象处于旺季

B. 大于 100% 表示各月(季)比全期平均水平高,现象处于旺季

C. 小于 100% 表示各月(季)比全期水平低,现象处于淡季

D. 小于 100% 表示各月(季)比全期平均水平低,现象处于淡季

三、判断题

1. 发展水平是指时间数列中每一项具体的指标数值,只能表现为绝对数。　　　　　(　　)

2. 如果各期的增长量相同,则各期的增长速度也是相同的。　　　　　　(　　)

3. 连续等距时点数列序时平均数的计算公式,与时期数列相同。　　　　(　　)

4. 现象的平均发展速度既可以用算术平均法计算,也可采用几何平均法计算。　(　　)

5. 某市近四年税收收入环比增长速度分别为 9.8%、10.2%、11.6% 和 9.5%,则相应的定基增长速度为 $9.8\% \times 10.2\% \times 11.6\% \times 9.5\% - 1$。　　　　　(　　)

6. 某公司 2016—2020 年管理费用的平均发展速度为 92.8%,说明 2020 年的管理费用是 2016 年的 92.8%,下降了 7.2%。　　　　　　　　　　(　　)

7. 如果各时期的环比发展速度均为正数,则相应的增长速度也是正数。　　(　　)

8. 移动平均的平均项数越大,则对时间数列的平滑修匀作用越强。　　　(　　)

9. 在长期趋势直线回归方程 $\hat{y}_t = a + bx$ 中,若 b 为负数,则 y 呈现下降的趋势。　(　　)

10. 若季节指数等于 100%,说明现象没有季节变动。　　　　　　　　(　　)

四、思考题

1. 简述时期数列和时点数列的特点。

2. 什么是发展速度? 说明发展速度的种类及其关系。

3. 什么是平均发展速度? 如何计算?

4. 什么是增长量? 说明增长量的种类及其关系。

5. 什么是时距扩大法? 其作用和特点有哪些?

6. 什么是移动平均法? 其作用和特点有哪些?

五、计算分析题

1. 某企业 2021 年 10 月 A 产品库存量如下:1 日 88 件,9 日 58 件,15 日 46 件,31 日 92 件。求该企业 10 月份 A 产品的平均库存量。

2. 某高校上半年教职工人数统计数据如表 6-13 所示。

表 6-13　某高校上半年教职工人数统计表

时间	1 月 1 日	2 月 1 日	4 月 1 日	6 月 30 日
教职工人数(人)	904	912	936	925

要求:

(1) 计算一季度教职工平均人数。

(2) 计算上半年教职工平均人数。

3. 某企业 2021 年 1~6 月铸件产品产量和单位成本资料如表 6-14 所示。

表 6-14　某企业 2021 年 1~6 月铸件产品产量和单位成本资料

月份	1 月	2 月	3 月	4 月	5 月	6 月
产量(件)	520	490	530	580	620	660
单位成本(元/件)	148	156	140	137	134	128

要求:计算该企业 2021 年上半年铸件产品的平均单位成本。

4. 某公司 2017—2021 年主营业务收入数据如表 6-15 所示。

表 6-15　某公司 2017—2021 年主营业务收入资料

年度		2017	2018	2019	2020	2021
主营业务收入(万元)		560		770	878	
发展速度	环比	—				
	定基	—				144.64%
增长速度	环比	—	10.00%			
	定基	—				

要求:

(1) 通过相关计算填写表中缺失的数字。

(2) 计算该公司 2017—2021 年平均主营业务收入。

(3) 计算该公司 2017—2021 年主营业务收入的平均发展速度和平均增长速度。

5. 某公司 2021 年第四季度管理人员与员工总人数资料如表 6-16 所示。要求计算该公司第四季度管理人员占员工总人数的平均比重。

表 6-16　某公司 2021 年第四季度管理人员与员工总人数统计表

日期	9 月 30 日	10 月 31 日	11 月 30 日	12 月 31 日
管理人员人数(人)	228	242	252	226
员工总人数(人)	2 850	2 930	3 010	2 965

6. 某商场年近 4 年来某商品各月销售量数据如表 6-17 所示。要求计算季节指数,并对季节变动情况作简要分析。

表 6-17　某商品近 4 年销售量统计表　　　　　　　　　单位:件

月份	第一年	第二年	第三年	第四年
1	1 231	1 236	1 243	1 250
2	1 230	1 315	1 360	1 375
3	1 325	1 358	1 422	1 490
4	1 010	1 023	1 136	1 168

（续表）

月份	第一年	第二年	第三年	第四年
5	1 003	1 007	1 010	1 012
6	1 222	1 253	1 267	1 306
7	1 430	1 465	1 501	1 510
8	1 441	1 472	1 533	1 536
9	1 242	1 255	1 259	1 264
10	1 012	1 055	1 082	1 107
11	1 003	1 012	1 065	1 073
12	1 192	1 227	1 255	1 290

7. 某县 2012—2021 年教育支出资料如表 6-18 所示。

表 6-18 某县 2012—2021 年教育支出统计表　　　　单位：亿元

年份	2012	2013	2014	2015	2016	2017	2018	2019	2020	2021
教育支出	9.15	9.88	10.87	11.65	13.05	15.01	17.11	18.39	19.59	20.47

要求：根据以上资料应用最小二乘法拟合直线趋势方程。

第七章

统 计 指 数

第一节　统计指数概述

统计指数是用来分析和研究复杂事物数量变动的相对数，它与动态相对数不同，是一种具有特殊属性的相对数。统计指数既是综合反映多种因素组成的经济现象在不同时空条件下平均变动的相对数，又是计算测定某一经济现象总量变动及其构成要素对总量变动影响程度的统计分析方法。

一、统计指数的概念

统计指数简称指数，是常用的进行社会经济分析的重要方法之一。指数的含义有广义和狭义两方面的理解。广义的指数是指一切动态相对数和某些比较相对数，凡是分析社会经济现象数量变动的相对数都是指数。例如，本书第四章介绍的计划完成程度相对数、比较相对数、动态相对数等都可以称为指数。狭义的指数是指特殊的相对数，是用来分析和研究使用价值不同或不能直接加总的复杂社会经济现象综合变动程度的相对数。例如，零售物价指数是反映和说明全部零售商品价格总变动的相对数；工业产品产量指数是说明一定国家或地区全部工业产品实物量总变动的相对程度，而这些工业品因使用价值不同，在数量上是不能直接加总的。本章所研究的指数主要指狭义的指数。

指数的产生是从研究物价的变动开始的。在 18 世纪中叶，金银大量流入欧洲市场，引起欧洲物价的上涨，导致了社会的动荡。政府和居民都产生了反映物价综合变动程度的需求，因此就产生了物价指数。

1650 年，英国人沃汉（Rice Youghan）首创物价指数，用于度量物价的变化状况。后来，随着社会经济发展的需要，美国、英国等西方国家政府相继开始开展价格指数的计算工作，这样就使指数的实践和理论得到发展。20 世纪初，指数的概念有了进一步的发展，其应用范围也在扩大，突破了最初只反映物价变动的状况，不仅用来说明商品价格的变动，还可用来说明工业产品产量的变动。例如，零售物价总指数、消费品价格指数、居民生活费用价格指数、生产资料价格指数、工业生产产量指数、股票价格指数等得到普遍应用。指数已经直接影响到投资者的投资活动和人们的日常生活，成为衡量社会经济发展的晴雨表。

目前，统计指数的概念和应用范围更加广阔，已超出了动态对比的范畴，不仅应用于经济现象在不同国家、地区和部门的对比,还可以用指数反映计划与实际的对比分析等。

二、统计指数的作用

统计指数的作用,也就是应用指数分析的方法要解决的统计研究任务,主要体现在以下四个方面。

1. 指数分析可以综合分析研究事物的变动方向和程度

指数的计算结果一般是以百分数来表示的相对量。指数是大于还是小于100%,表示事物的发展变化方向是上升的还是下降的。比100%大多少或者小多少,就是表示上升或下降的程度。例如,我国2021年居民消费价格指数是100.9%,就表示主要居民消费品价格与上年相比综合上涨了0.9%。在指数分析中,既可以计算事物综合变动的方向和程度,也可以计算其公式中分子与分母的两个总量指标之差,表示绝对的变动量。

2. 指数可以分析现象总变动中各构成因素变动的影响方向和程度

社会现象的总变动一般是由若干构成因素变动共同影响而形成的,即现象的总量指标是各影响因素的乘积。例如,一个总量指标受两个因素影响例子有:商品销售额受销售量和销售价格的影响,产品总成本受产品产量和单位产品成本的影响,产品产值受产品产量和产品价格影响,其关系式如下:

$$商品销售额＝销售量×销售价格$$
$$产品总成本＝产品产量×单位产品成本$$
$$产品产值＝产品产量×产品价格$$

一个总量指标也可能受三个因素的影响。例如,原材料费用总额受产品产量、单位产品原材料消耗量和原材料价格的影响,其关系式为:

$$原材料费用总额＝产品产量×单位产品原材料消耗量×原材料价格$$

那么,在商品销售总额的变动中,受商品销售量和商品价格两因素变动影响的结果各是多少?原材料费用总额变动受产品产量、单位产品原材料消耗量和原材料价格的影响又是多少?这些问题都可以通过指数分析法从相对数和绝对数两方面分析出各个因素的影响方向和程度。

需要指出的是,应用指数分析法也是有前提条件的。当一个总量指标可以分解为具有乘积关系的各个因素时,分析各个因素的变动程度时才能应用指数。

3. 指数分析法可以研究事物总体平均水平的变动及各因素影响的方向和程度

在分组条件下,社会经济现象总体的平均水平变动,一般受各组平均水平的变动和总体中各组数量结构变动这两个因素的影响。例如,粮食作物平均亩产水平的变动,既受各种粮食作物平均亩产水平变动的影响,又受各种粮食作物总播种面积结构变动的影响;总平均工资的变动,受各组平均工资水平和职工人数结构变动的共同影响。

4. 利用指数数列分析现象的变动趋势

利用指数数列,可以进行社会经济现象在长时间内的变动趋势分析。由于指数在应用上的扩展,其常常用于编制国民经济主要指标的动态指数数列,能够反映事物在较长时期内的发展变化趋势,如历年工业产品产量指数、历年农产品价格指数、历年社会商品零售物价指数等。同时,指数还可以在不同国家、不同地区之间进行对比,以说明其差异程度。

三、统计指数的分类

指数的种类很多,可以从不同的角度分为以下几种主要类型。

(一) 指数按其反映的对象范围不同分类

指数按照反映的对象范围不同可以分为个体指数和总指数。

1. 个体指数

个体指数(individual index)是以单项事物为对象而计算的指数,如一种产品的产量动态指数、一种商品的销售量动态指数、一种商品的价格动态指数、一种产品的单位成本指数等。个体指数通常用符号 K 表示。例如,如果以 p 表示价格,q 表示产量或销售量,Z 表示产品单位成本,则有:

个体产品产量或销售量指数: $$K_q = \frac{q_1}{q_0} \tag{7-1}$$

个体产品成本指数: $$K_Z = \frac{Z_1}{Z_0} \tag{7-2}$$

个体产品价格指数: $$K_P = \frac{P_1}{P_0} \tag{7-3}$$

式(7-1)、式(7-2)和式(7-3)中,q_1 为报告期产量或销售量,q_0 为基期产量或销售量,Z_1 为报告期单位成本,Z_0 为基期单位成本,P_1 为报告期价格,P_0 为基期价格。

2. 总指数

总指数(total index)是综合表明多种事物综合变动程度的指标。例如,反映多种商品价格变动程度的指数,以及使用价值不同的多种产品产量综合变动的指数。总指数是反映总体的数量对比关系的一种相对数,如全部工业产品的产量动态指标、零售物价总指数、商品销售量总指数、多种产品成本综合变动的相对数等。

个体指数与总指数有一定的联系,个体指数的高低影响着总指数的高低,可以认为总指数是个体指数的加权平均数。

在进行指数分析时,可以结合分组法对较大的现象总体按照不同的标志分组或分类,在组或类中可以进行再分组,按照每个类或组计算组指数或类指数(group index)。例如,我国零售商品价格指数就分为食品类商品零售价格指数、粮食类商品零售价格指数、油脂类商品零售价格指数等。

(二) 总指数按照研究方法和表现形式不同分类

总指数按照研究方法或表现形式不同可分为综合指数和平均指数。综合指数(comprehensive index)是总指数的基本形式,其主要特点是:将不能直接度量的指数化指标通过同度量因素转化为可以加总的总量指标,然后将不同时期的总量指标进行对比,以综合反映现象的总动态。

平均指数(average index)是个体指数的加权平均数,包括算术平均数指数和调和平均数指数。平均指数可以看作是综合指数的变形,其内容与综合指数相同。

（三）指数按照事物的经济内容和性质不同分类

指数按照反映事物的经济内容和性质的不同,分为数量指标指数和质量指标指数。

数量指数(quantitative index)是数量指标指数的简称,它是综合反映产品或商品数量变动的相对数,即反映数量指标变动的相对数。其主要是反映现象的发展总量、规模、水平变化的指数,如产品产量指数、商品销售量指数等。

质量指数(qulitive index)是质量指标指数的简称。它是综合反映质量指标变动的相对数,用来反映生产经营过程中的劳动生产率变动、工作质量和工作效率的变动情况,如劳动生产率指数、物价指数、工业品价格指数、农产品价格指数、产品成本指数等。

（四）指数按照对比分析时采用的基期不同分类

从指数的具体计算方法来看,指数是两个时期总量指标数值的对比,其中作为比较基础的时期称为基期,而被比较的时期称为计算期或报告期。计算分析不只是对两个时期之间的对比分析,根据研究问题的需要,也可能是对多个时期进行对比,一般是随着时间的推移而连续编制各期的一系列指数,把各期的指数按照时间顺序进行排列就形成了指数数列。

在指数数列中,如果各个指数的编制都是采用相同的时期作为基期,就称为定基指数(fixed-base index),它用来说明现象在较长时期内的发展变化情况;如果各个指数的编制都是以前一期作为基期,则得到的指数称为环比指数(chain index),它能够反映现象逐期变动的情况。

第二节 综 合 指 数

一、综合指数的编制原理

综合指数是总指数的基本形式,是由两个总量指标进行对比计算的一种相对数。一个总量指标可分解为两个或两个以上因素指标,将其中一个或一个以上的因素指标假设为固定不变,然后采取综合加总的方法分别计算分子和分母的总量并进行对比,这样计算的总指数称为综合指数。

编制综合指数的基本方式是"先综合,后对比"。综合指数分析从研究对象的经济内容出发,根据现象之间的内部联系,使不能加总的因素过渡为能够加总的因素(同度量因素),并利用这种因素把许多使用价值不同、不能直接相加的事物,变成能加总的综合数值(总量指标),计算分析该综合数值的变动情况。例如,使用价值不同的产品产量,由于使用价值的度量单位不同,不能直接将其汇总在一起分析总产量的变动程度,需要以产品价格作为同度量因素,将产量与价格相乘计算出产值后再进行对比。再如,要分析社会商品零售价格的变动,由于不同商品的单价不能相加,需要把销售量作为同度量因素转化为社会商品零售额,就可以相加并进行对比。

需要注意的是,同度量因素不能随意选择,应根据事物固有的经济关系来确定。以商品的销售价格和销售量为例,两者的经济联系是:

销售额＝销售量×销售价格

即在计算销售价格总指数时,以销售量为同度量因素;计算销售量总指数时,以销售价格为同度量因素。销售额、销售量和销售价格这三个指标既相互独立又相互联系,可以把销售额作为销售量和销售价格的综合,也可以将销售量和销售价格作为销售额的分解。

二、综合指数的编制形式

(一)质量指标综合指数

质量指标综合指数是综合反映多种商品或产品的质量指标总变动的指数。例如,价格综合指数、成本综合指数、劳动生产率综合指数等。总指数与个体指数是相互联系的,所以要分别介绍个体质量指标指数和质量指标综合指数。如果以 q 代表数量指标,p 代表质量指标,分别以下标1和0代表报告期和基期,以 K_p 代表个体质量指标指数。下面以个体价格指数为例,说明个体质量指标指数的编制原理。

1. 个体价格指数的计算

个体价格指数的计算就是每种商品销售价格变动的相对数。其计算公式为:

$$K_p = \frac{p_1}{p_0} \tag{7-4}$$

甲、乙、丙三种商品的个体价格指数计算如表7-1所示。

表7-1 某商业企业三种商品销售情况统计表

商品名称	计量单位	销售量			销售价格(元)		
		2020年	2021年	个体指数	2020年	2021年	个体指数
代表符号		q_0	q_1	$K_q = \dfrac{q_1}{q_0}$	p_0	p_1	$K_p = \dfrac{p_1}{p_0}$
甲	吨	1 000	1 150	1.15	100	100	1.00
乙	米	2 000	2 200	1.10	50	55	1.10
丙	克	3 000	3 150	1.05	20	25	1.25

2. 质量指标综合指数的编制

质量指标综合指数是综合说明社会经济现象总量中质量因素变动及其对现象总量动态的影响,如物价综合指数、产品成本综合指数、股票价格综合指数、劳动生产率指数等,是综合反映质量指标的变动方向、影响程度和影响效果的指数。编制质量指标综合指数时,是采取"测定一个因素变动时,把另一个因素固定"的原则。

以物价综合指数为例,说明质量指标综合指数的编制,如表7-2所示。编制方法是在销售额的变动中只反映销售价格的变化,而将同度量因素(即销售量)固定不变。

商品销售价格指数是商品个体价格指数的综合,是反映多种商品价格综合变动的总指数。在编制价格综合指数时,要注意如下几个问题:

(1)由于各种商品的使用价值不同,每种商品的销售价格是不能相加的,即单位商品价格相加是没有意义的,计算单位商品价格的简单平均也没有意义。

(2)需要使用同度量因素,使不能直接加总的商品销售价格过渡到销售额以便加总。将各种商品的销售价格乘以各自的销售量就能得到可以加总的销售额,即:

$$销售价格 \times 销售量 = 销售额 \tag{7-5}$$

式(7-5)中的销售量称为同度量因素,它起着媒介的作用,其作用是将不能直接相加的商品销售价格过渡到价值量可以相加的销售额,形成商品总销售额 $\sum pq$。为了进行比较,需要分别计算报告期和基期两个时期的总销售额。

(3)为了在总销售额中只反映销售价格的变动,需要假定销售量是固定不变的,即基期和报告期的总销售额,按照同一时期的销售量来计算。这样就会产生一个问题:销售量固定在基期,还是固定在计算期?

1)以基期销售量作为同度量因素的物价综合指数

以基期销售量作为同度量因素编制的物价综合指数,称为拉斯贝尔物价综合指数(laspeyres index),是1864年由德国学者拉斯贝尔(Laspeyres)提出的指数计算方法。如果用 p 表示价格、用 q 表示销售量,则用 $\bar{K}_p$ 表示价格综合指数或价格总指数。其计算公式为:

$$\bar{K}_p = \frac{\sum p_1 q_0}{\sum p_0 q_0} \tag{7-6}$$

【例7-1】 某商业企业2020—2021年甲、乙、丙三种商品的销售量和销售价格情况如表7-2所示,试计算三种商品销售价格综合指数(销售量固定在基期)。

表7-2 三种商品的销售价格和销售量综合指数计算表 金额单位:元

商品名称	计量单位	销售量		销售价格		销售额			
		2020年	2021年	2020年	2021年	2020年	2021年	假设	假设
		q_0	q_1	p_0	p_1	$p_0 q_0$	$p_1 q_1$	$p_0 q_1$	$p_1 q_0$
甲	吨	1 000	1 150	100	100	100 000	115 000	115 000	100 000
乙	米	2 000	2 200	50	55	100 000	121 000	110 000	110 000
丙	千克	3 000	3 150	20	25	60 000	78 750	63 000	75 000
合计	—	—	—	—	—	260 000	314 750	288 000	285 000

将表7-2相关数据代入式(7-6):

$$\bar{K}_p = \frac{\sum p_1 q_0}{\sum p_0 q_0} = \frac{285\,000}{260\,000} = 109.62\%$$

$$\sum p_1 q_0 - \sum p_0 q_0 = 285\,000 - 260\,000 = 25\,000(元)$$

以上计算结果表明,当销售量固定在基期时,三种商品的销售价格平均上升了9.62%。

由于价格上涨,致使该企业增加销售额 25 000 元(也就是消费者多支出的金额)。

2) 以报告期销售量作为同度量因素编制的价格综合指数

以报告期销售量作为同度量因素编制的价格综合指数,也可以反映和测定价格的综合变动程度,称为派氏物价综合指数(paasche index),是 1874 年由德国学者派舍(Paasche)提出的指数计算方法。其计算公式为:

$$\bar{K}_p = \frac{\sum p_1 q_1}{\sum p_0 q_1} \tag{7-7}$$

【例 7-2】 以表 7-2 相关数据,计算甲、乙、丙三种商品的销售价格综合指数(销售量固定在报告期)。

将表 7-2 相关数据代入式(7-6):

$$\bar{K}_p = \frac{\sum p_1 q_1}{\sum p_0 q_1} = \frac{314\ 750}{288\ 000} = 109.29\%$$

$$\sum p_1 q_1 - \sum p_0 q_1 = 314\ 750 - 288\ 000 = 26\ 750(元)$$

计算结果表明,当销售量固定在报告期时,甲、乙、丙三种商品的销售价格平均上升 9.29%。对于企业来说,由于商品售价上涨增加了销售额 26 750 元,对于消费者而言则意味着比上年多支出 26 750 元。

式(7-7)中的分母指标的意义是,报告期商品销售量按基期价格计算的销售额。这个假定的指标更有意义,其中包含了报告期与基期购买量的差额数。由于式(7-7)最早是由派氏提出的,因此,也称为派氏质量综合指数公式。

将上述两种物价指数进行比较,显然,派氏质量综合指数公式(即 $\bar{K}_p = \dfrac{\sum p_1 q_1}{\sum p_0 q_1}$)更具有现实的经济意义,其分母是商品报告期销售量与基期价格乘积计算的假定销售额,具有很多优点,已广泛应用于理论研究和实际工作,所以编制质量指数应采用派氏质量综合指数公式。

总之,编制质量综合指数的基本原则是:将作为同度量因素的数量指标固定在报告期,并作为对比的权数。

(二) 数量指标综合指数

1. 个体数量指数的计算

仍以表 7-1 的资料计算个体销售量指数,说明个体数量指数的计算。以 K_q 表示个体销售量指数,计算每种商品的个体销售量指数,即每种商品的销售量动态相对指标。其计算公式如下:

$$K_q = \frac{q_1}{q_0} \tag{7-8}$$

甲、乙、丙三种商品的个体销售量指数计算结果如表 7-1 所示。

2. 数量指标综合指数的编制

为了综合说明现象总变动中数量因素的变动及其对现象总变动的影响,需要编制数量指标综合指数,又称物量综合指数,如产品产量综合指数、商品销售量综合指数、原材料消耗量综合指数等。数量指标综合指数说明了数量指标综合变动的方向、程度和影响效果。下面以商品销售量为例,说明数量指标综合指数的编制原理。

销售量指标综合指数的编制方法,是在销售总额的变动中只反映销售量的变化,而将同度量因素即销售价格固定不变。问题是销售价格是固定在基期,还是固定在计算期?编制数量指数,也有两个计算公式,分别是由拉斯贝尔和派舍提出的。

1）以基期价格作为同度量因素编制销售量指标综合指数

以基期价格作为同度量因素编制的销售量指标综合指数,说明在各种商品价格水平保持不变情况下销售额的变动程度,用以反映销售量的综合变动。该指数是 1864 年由德国学者拉斯贝尔提出的一种指数计算方法。如果用 $\bar{K}_q$ 表示数量指标综合指数或称为物量总指数,其计算公式为:

$$\bar{K}_q = \frac{\sum p_0 q_1}{\sum p_0 q_0} \tag{7-9}$$

【例 7-3】 以表 7-2 提供的资料计算销售量综合指数（价格固定在基期）。将表 7-2 数据代入式(7-9)：

$$\bar{K}_q = \frac{\sum p_0 q_1}{\sum p_0 q_0} = \frac{288\ 000}{260\ 000} = 110.77\%$$

根据计算结果,可知甲、乙、丙三种商品价格综合上涨了 10.77%。

销售量综合指数分子与分母的差额为：

$$\sum p_0 q_1 - \sum p_0 q_0 = 288\ 000 - 260\ 000 = 28\ 000(元)$$

以上计算结果说明,当价格固定在基期时,甲、乙、丙三种商品的销售量综合上升（或平均上升）了 10.77%,由于销售量增加致使销售额增加了 28 000 元。对消费者来说,这个差额则是由于商品购买量增加而多支付的货币。

2）以报告期价格作为同度量因素编制销售量指标综合指数

该指数用以说明在价格经历了从基期到报告期变动的情况下,通过计算报告期销售额的总变化,以反映销售量的综合变动情况。该公式是由德国学者派舍于 1874 年提出的计算指数的方法,其计算公式为:

$$\bar{K}_q = \frac{\sum p_1 q_1}{\sum p_1 q_0} \tag{7-10}$$

【例 7-4】 仍以表 7-2 提供的资料计算销售量综合指数（价格固定在报告期）。

$$\bar{K}_q = \frac{\sum p_1 q_1}{\sum p_1 q_0} = \frac{314\ 750}{285\ 000} = 110.44\%$$

$$\sum p_1 q_1 - \sum p_1 q_0 = 314\ 750 - 285\ 000 = 29\ 750(元)$$

以上计算表明,当价格固定在报告期时,甲、乙、丙三种商品的销售量平均提高了10.44%,由于销售量上升而增加的销售额为 29 750 元。

三、综合指数编制的原则和步骤

质量指标综合指数和数量指标综合指数分别有两个计算公式,但在实际应用中一般只能采用其中的一个。通常数量指标综合指数采用拉氏指数,质量指标综合指数采用派氏指数。

数量指标综合指数(拉氏指数): $\bar{K}_q = \dfrac{\sum p_0 q_1}{\sum p_0 q_0}$

质量指标综合指数(派氏指数): $\bar{K}_p = \dfrac{\sum p_1 q_1}{\sum p_0 q_1}$

总之,编制综合指数的一般原则是:编制数量指标综合指数时,把同度量因素(即质量指标)固定在基期;编制质量指标综合指数时,把同度量因素(即数量指标)固定在报告期。在统计实践中,采取这种计算方法,便于直接形成指数体系并进行因素分析。

第三节　平　均　指　数

一、平均指数的编制原理

由于掌握的资料不同,编制综合指数时经常采用平均指数。平均指数在内容上与综合指数相同,在表现形式上与之不同。平均指数是以个体指数进行加权平均计算出的总指数,即以个体指数为变量求其平均数。

平均指数本质上是综合指数的变形,它是以个体指数为基础计算的加权平均数,其计算结果与综合指数完全相同。常用的平均指数有加权算术平均指数和加权调和平均指数。

二、平均指数的编制形式

由于收集掌握的数据资料不同,编制平均指数时不能直接采用数量指标综合指数和质量指标综合指数的编制方法,可采取综合指数的两个变形公式,即加权算术平均指数和加权调和平均指数。

(一)加权算术平均指数

加权算术平均指数是以个体指数为基础,采取加权算术平均的方法计算出的总指数。

由于计算的目的及掌握的资料不同,可以有多种形式,常用于编制数量总指数。其计算公式为:

$$\bar{K}_q = \frac{\sum K_q p_0 q_0}{\sum p_0 q_0} \tag{7-11}$$

式(7-11)中,$\bar{K}_q$ 为加权算术平均指数,K_q 为个体数量指数。

对于数量指标综合指数 $\bar{K}_q = \dfrac{\sum p_0 q_1}{\sum p_0 q_0}$,如果缺乏报告期的数量指标 q_1,但掌握个体数量指数资料 $K_q = \dfrac{q_1}{q_0}$,可以将 $q_1 = K_q q_0$ 代入式(7-9)得到:

$$\bar{K}_q = \frac{\sum p_0 q_1}{\sum p_0 q_0} = \frac{\sum K_q p_0 q_0}{\sum p_0 q_0}$$

可见,加权算术平均指数本质上是数量指标综合指数的变形。

【例7-5】 根据某工业企业 2020—2021 年的相关资料,计算甲、乙、丙三种产品的产量指数,以及产量变动对生产总费用的影响。计算资料及计算过程见表 7-3。

表 7-3 加权算术平均指数计算表

产品名称	计量单位	产品产量		个体产量指数	2020 年生产总费用(万元)	加权
		2020 年	2021 年			
代表符号		q_0	q_1	$K_q = \dfrac{q_1}{q_0}$	$p_0 q_0$	$K_q p_0 q_0$
甲	件	1 000		1.20	200	240
乙	吨	300		1.10	30	33
丙	米	60		1.05	80	84
合计					310	357

$$\bar{K}_q = \frac{\sum K_q p_0 q_0}{\sum p_0 q_0} = \frac{357}{310} = 115.16\%$$

$$\sum K_q p_0 q_0 - \sum p_0 q_0 = 357 - 310 = 47(万元)$$

计算结果表明,甲、乙、丙三种产品的产量比上年平均增长 15.16%,由于产量增长使生产总费用增加了 47 万元。

(二)加权调和平均指数

在计算质量指标综合指数时,如果我们掌握的资料只有个体价格指数 K_p 和综合指数的分子 $p_1 q_1$(即报告期总量指标数值),这时就需要采用加权调和平均指数计算总指数。加权调和平均指数的计算公式为:

$$\bar{K}_p = \frac{\sum p_1 q_1}{\sum \frac{1}{K_p} p_1 q_1} \tag{7-12}$$

式(7-12)的来源和理论意义是:

$$\bar{K}_p = \frac{\sum p_1 q_1}{\sum p_0 q_1} = \frac{\sum p_1 q_1}{\sum \frac{p_0}{p_1} \times p_1 q_1} = \frac{\sum p_1 q_1}{\sum \frac{1}{K_p} p_1 q_1}$$

式(7-12)中，$K_p = \frac{p_1}{p_0}$ 是每种商品或产品的个体价格指数。加权调和平均指数公式的

意义，就是在已知个体价格指数时，将其代入质量指标综合指数 $\bar{K}_p = \frac{\sum p_1 q_1}{\sum p_0 q_1}$ 得到的，同时

以报告期总量指标 $\sum p_1 q_1$ 为权数。

【例7-6】 某农资公司2021年5～6月化肥等三种商品的销售额及个体价格指数资料见表7-4。计算三种商品的销售价格总指数，以及由于销售价格变动影响总销售额变动的绝对额。

表 7-4 加权调和平均指数计算表

产品名称	计量单位	销售价格（元）		6月销售额（万元）$\sum p_1 q_1$	个体价格指数 K_p	加权 $\frac{p_1 q_1}{K_p}$
		5月 p_0	6月 p_1			
化肥	吨		1 890	400	1.05	380.95
农药	千克		8	40	0.80	50.00
除草剂	瓶		7	70	1.40	50.00
合计	—	—	—	510	—	480.95

$$\bar{K}_p = \frac{\sum p_1 q_1}{\sum \frac{1}{K_p} p_1 q_1} = \frac{510}{480.95} = 106.04\%$$

三种商品销售价格变动幅度：$106.04\% - 1 = 6.04\%$

由于销售价格变动对销售额的影响：$510 - 480.95 = 29.05$（万元）

计算结果分析：三种农资商品的销售价格总指数为106.04%，表明2021年6月与5月相比三种商品的销售价格平均上涨了6.04%，由于销售价格上涨导致销售额增加了29.05万元。

可见，质量指标综合指数变形后是以个体质量指标指数 K_p 为变量，以报告期总量指标 $\sum p_1 q_1$ 为权数的加权调和平均指数形式。

第四节 指数体系与因素分析

利用指数进行因素分析是指数的研究内容之一。利用指数体系进行的因素分析包括两因素分析、多因素分析、平均指标变动的因素分析。

一、指数体系的概念和作用

(一)指数体系的概念

所谓指数体系,即相互联系的若干指数之间构成一定的数量对等关系,这种在经济上有联系、在数量上保持一定关系的若干个指数就称为指数体系。若干指数之间的关系,取决于社会经济现象的固有联系。这种联系,可以表现为数学上的相乘关系。例如,现实社会经济活动中存在的如下数量对等关系:

$$销售额 = 销售量 \times 销售价格$$
$$总产值 = 产品产量 \times 产品出厂价格$$
$$产品总成本 = 产品产量 \times 单位产品成本$$
$$总产值(或总产量) = 不同类别工人人数 \times 劳动生产率$$
$$原材料费用总额 = 产品产量 \times 单位产品原材料消耗量 \times 原材料价格$$

以上这些数量对等关系表现在指数中,也具有同样的数量对等关系,即:

$$销售额指数 = 销售量指数 \times 销售价格指数$$
$$总产值指数 = 产品产量指数 \times 产品出厂价格指数$$
$$产品总成本指数 = 产品产量指数 \times 单位产品成本指数$$
$$总产值(或总产量)指数 = 不同类别工人人数指数 \times 劳动生产率指数$$
$$原材料费用总额指数 = 产品产量指数 \times 单位产品原材料消耗量指数 \times$$
$$原材料价格指数$$

两因素分析是将影响总量指标的两个因素分解出来计算,对总量指标的变动作出解释。当总量指标可以分解成三个或更多因素的连乘积时,就是多因素分析。例如,原材料费用总额指数,即原材料消耗总费用的变动是由于产品产量、单位产品原材料消耗量和原材料价格三个因素共同作用的结果。

在指数体系中,反映现象的总变动指数叫做对象指数,通常表现为广义的总指数。这类指数在一个指数体系中只有一个,一般放在计算公式的左边。反映某一因素变动的指数称为因素指数,在指数体系中至少有两个,一般放在计算公式的右边。

指数体系的关系表现为相对数关系和绝对数关系。相对数关系是指总变动指数(对象指数)等于各因素指数的乘积;绝对数关系是指对象指数分子与分母之差等于各因素指数分子与分母之差的和。在总量指标是受两因素影响或决定的情况下,指数体系的关系可用下列公式表示。

相对数关系：

$$\frac{\sum p_1q_1}{\sum p_0q_0}=\frac{\sum p_0q_1}{\sum p_0q_0}\cdot\frac{\sum p_1q_1}{\sum p_0q_1},\text{即 }\bar{K}_{pq}=\bar{K}_q\cdot\bar{K}_p \tag{7-13}$$

绝对数关系：

$$\sum p_1q_1-\sum p_0q_0=(\sum p_0q_1-\sum p_0q_0)+(\sum p_1q_1-\sum p_0q_1) \tag{7-14}$$

(二) 指数体系的作用

1. 对现象的数量关系进行因素分析

指数体系可用于分析总量指标动态变化中各个因素指数的影响方向和影响程度。例如，销售额变动中的销售量、销售价格的影响方向和程度；总成本变动中的单位产品成本、产品产量变动的影响方向及程度等。

2. 可以利用指数体系进行相应的推算

例如，已知某地区报告期比基期商品销售额增长了 12%，同期商品物价上涨 3%，可以推算该地区商品销售量指数：

销售额指数＝销售量指数×销售价格指数

则销售量指数＝销售额指数÷销售价格指数＝112%÷103%＝108.74%。

计算结果表示该地区商品销售量报告期比基期增长了 8.74%。

3. 可以利用指数体系分析平均指标的动态变化及影响因素

利用指数体系可以分析平均指标变动中的内部组平均数变动和结构变动的影响。例如，分析企业总平均工资的变动中由于不同岗位人员工资变动和人员结构变动的影响等。

二、指数的因素分析

利用指数进行因素分析主要有两大类，即总量指标变动的因素分析和相对指标变动的因素分析，如图 7-1 所示。

- 指数的因素分析
  - 总量指标变动的因素分析
    - 两因素分析
      - 质量指标综合指数
      - 数量指标综合指数
    - 多因素分析
  - 平均指标变动的因素分析
    - 可变构成指数
    - 固定构成指数
    - 结构影响指数

图 7-1　指数因素分析的分类

指数体系的这种关系，表现为指数在相对数上具有乘积的关系，在绝对数上具有代数和的关系。以商品销售额指数为例，对象指数和因素指数之间的关系是：

销售额指数＝销售量指数×销售价格指数

在这个指数体系中,销售量指数和销售价格指数是销售额动态指数的两个因素指数,即销售总额的变动是由于销售量和销售价格变动共同作用的结果。

(一)应用指数体系进行因素分析的意义

因素分析是在编制指数体系的基础上,研究现象总体变动中各个因素变动及其对总体的影响方向和影响程度的一种指数分析方法。

因素分析按研究指标的不同,有总量指标指数(综合指数)因素分析法和平均指标指数(可变构成指数)因素分析法。按研究对象包含因素的多少,有两因素分析和多因素分析等。上述两种分类可交错组合形成四种因素分析法:总量指标两因素分析、平均指标两因素分析、总量指标多因素分析和平均指标多因素分析。

(二)应用指数体系进行因素分析的原则

(1)因素分析所研究的对象应是受多因素影响的复杂现象(或称多项目、多产品等)。这类现象的量表现为若干因素的乘积,其中每个因素的变化都会使总量发生变化。

(2)因素分析的目的是测定各个因素对总体变动影响的方向和程度。因此,在分析中应按照指数理论,假定其他因素不变而测定某一因素变动的影响。

(3)在分别测定各个因素变动对总量变动的影响程度和方向时,应根据若干因素指数的乘积等于对象指数、若干因素影响差额的总和等于实际发生的总差额的数量关系,分别计算出相对数和绝对数。

三、总量指标变动的因素分析

(一)总量指标变动的两因素分析

总量指标变动的两因素分析,是将总量指标分解为具有乘积关系的数量指标和质量指标两个因素。在编制因素指数时,采取固定其中一个因素以测定另一个因素变动影响的方向和程度,分别从相对数和绝对数两方面测定各个因素的变动程度。

【例 7-7】 以表 7-2 商品销售的资料为例,说明总量指标变动的两因素分析方法。

(1)根据甲、乙、丙三种商品的销售额资料,计算销售额动态指数(对象指数)。

$$\bar{K}_{pq} = \frac{\sum p_1 q_1}{\sum p_0 q_0} = \frac{314\ 750}{260\ 000} = 121.06\%$$

$$\sum p_1 q_1 - \sum p_0 q_0 = 314\ 750 - 260\ 000 = 54\ 750(元)$$

该销售额动态指数的含义是:2021 年与上年相比甲、乙、丙三种商品的销售额平均增长了 21.06%,增加的绝对额为 54 750 元。销售额增加显然是由于销售量和销售价格两个因素变动引起的。但这两个因素对销售额影响的方向和程度,并不能在对象指数中体现出来。因此,需要分别计算销售量因素指数和销售价格因素指数。

(2)计算销售量综合指数。

根据拉氏公式即式(7-9),则:

$$\overline{K}_q = \frac{\sum p_0 q_1}{\sum p_0 q_0} = \frac{288\,000}{260\,000} = 110.77\%$$

$$\sum p_0 q_1 - \sum p_0 q_0 = 288\,000 - 260\,000 = 28\,000(元)$$

以上计算结果表明:假定价格保持在基期水平,甲、乙、丙三种商品的销售量平均上升了10.77%,由于销售量的增加,导致销售额增加28 000元。

(3) 计算销售价格综合指数。

根据派氏公式即式(7-7),则:

$$\overline{K}_p = \frac{\sum p_1 q_1}{\sum p_0 q_1} = \frac{314\,750}{288\,000} = 109.29\%$$

$$\sum p_1 q_1 - \sum p_0 q_1 = 314\,750 - 288\,000 = 26\,750(元)$$

计算结果表明,当销售量固定在报告期时,甲、乙、丙三种商品的销售价格平均上升了9.29%。对销售方来说,由于销售价格上升使销售收入增加了 26 750 元;对消费者则意味着由于物价上涨,按照报告期购买量采购需要多支付 26 750 元。

相对数分析的指数体系:

$$\frac{\sum p_1 q_1}{\sum p_0 q_0} = \frac{\sum p_0 q_1}{\sum p_0 q_0} \cdot \frac{\sum p_1 q_1}{\sum p_0 q_1}, \quad \frac{314\,750}{260\,000} = \frac{288\,000}{260\,000} \times \frac{314\,750}{288\,000}$$

即: $$\overline{K}_{pq} = \overline{K}_p \cdot \overline{K}_q, \quad 121.06\% = 110.77\% \times 109.29\%$$

绝对数分析的指数体系:

$$\left(\sum p_1 q_1 - \sum p_0 q_0\right) = \left(\sum p_0 q_1 - \sum p_0 q_0\right) + \left(\sum p_1 q_1 - \sum p_0 q_1\right)$$

$$(314\,750 - 260\,000) = (288\,000 - 260\,000) + (314\,750 - 288\,000)$$

即: $$54\,750 = 28\,000 + 26\,750$$

从相对数上分析,甲、乙、丙三种商品的销售额2021年比上年增长21.06%,是销售量增加 10.77% 和销售价格上涨 9.29% 共同作用的结果。

从绝对数上分析,2021年销售额比上年增加的 54 750 元可分解为两部分,一是由于销售量增长导致销售额增加 28 000 元,二是由于销售价格上涨导致销售额增加26 750 元。

(二)总量指标变动的多因素分析

多因素分析是在两因素分析的基础上进行的更多层次的分析,应用质量指标和数量质量指标综合指数的编制原理,与两因素分析采用相同权数的原则和方法。

多因素分析是由对影响总量指标的两个以上密切联系的因素进行分析构成的,当这些因素之间具有乘积的关系时,就可以利用指数进行多因素分析。例如,影响工业企业原材料费用总额的因素可分解为产品产量 q、单位产品原材料消耗量 m 和原材料价格 p 三个因素,其关系式可表示为:

$$原材料费用总额＝产品产量×单位产品原材料消耗量×原材料价格$$
$$qmp = q \cdot m \cdot p$$

需要注意,产品产量相对于单位产品原材料消耗量和原材料价格而言,是数量指标;原材料价格相对于产品产量和单位产品原材料消耗量来说则是质量指标。但单位产品原材料消耗量指标情况较为特殊,它本身是一个相对指标,相对于产品产量来说,它是质量指标;相对于原材料价格来说,它是数量指标。因此,以上关系式在指数体系表现为:

$$原材料费用总额指数＝产品产量指数×单位产品原材料消耗量指数×$$
$$原材料价格指数$$

这四个指数之间的相对数关系为:

$$\frac{\sum q_1 m_1 p_1}{\sum q_0 m_0 p_0} = \frac{\sum q_1 m_0 p_0}{\sum q_0 m_0 p_0} \cdot \frac{\sum q_1 m_1 p_0}{\sum q_1 m_0 p_0} \cdot \frac{\sum q_1 m_1 p_1}{\sum q_1 m_1 p_0} \tag{7-15}$$

绝对数上的关系为:

$$\sum q_1 m_1 p_1 - \sum q_0 m_0 p_0 = \left(\sum q_1 m_0 p_0 - \sum q_0 m_0 p_0\right) + \left(\sum q_1 m_1 p_0 - \sum q_1 m_0 p_0\right) +$$
$$\left(\sum q_1 m_1 p_1 - \sum q_1 m_1 p_0\right) \tag{7-16}$$

式(7-15)和(7-16)中,q 为各种产品生产量,m 为单位产品原材料消耗量,p 为单位原材料价格,下标 1 表示报告期,下标 0 表示基期。

编制多因素指数体系,应遵循以下原则:

(1)分析某一因素变动及其对总量指标总变动的影响时,要将其他因素都固定起来。例如,在计算分析产品产量的变动及其对原材料费用总额变动的影响时,必须将单位产品原材料消耗量和原材料单价都固定起来。

(2)编制各个因素指数要从基期开始,即在分析第一个因素(如产量)时要把其他的因素都固定在基期,这就符合在编制数量指数时把同度量因素(质量指标)固定在基期的原则,并且以报告期逐个替代,即把已经分析过的因素固定在报告期。

在测定质量指标 m 的变动时,应将数量指标 q 固定在报告期、质量指标 p 固定在基期。当分析质量指标 p 的变动时,数量指标 q 和 m 都固定在报告期。

(3)应根据经济现象各个因素的内在联系进行多因素分析,确定排列顺序。一般来说,数量指标在前,质量指标在后。例如,构成工业产品原材料费用总额的三个因素,可按产品产量、单位产品原材料消耗量、原材料单位价格的顺序排列,以保持其相邻两个因素的乘积具有经济意义。

【例7-8】 某工业企业生产的甲、乙两种产品消耗同一种原材料。两种产品的产量、单位产品原料消耗量和原材料价格资料如表 7-5 所示。要求对甲、乙两种产品原材料费用总额变动情况进行因素分析。

表 7-5　某工业企业生产情况统计表

产品种类	产品产量		原材料单耗 (千克/件、千克/米)		单位原材料价格 (元/千克)	
	上月	本月	上月	本月	上月	本月
代表符号	q_0	q_1	m_0	m_1	p_0	p_1
甲(万件)	10.0	13.0	5.0	4.0	4.0	4.5
乙(万米)	5.0	5.6	5.2	4.1	4.0	4.5

对该企业生产的两种产品消耗原材料进行指数因素分析,需要计算出指数体系中的相关数据,如表 7-6 所示。

表 7-6　总量指标变动的多因素指数分析数据计算表

产品类别	原材料费用总额(万元)			
	$q_0 m_0 p_0$	$q_1 m_1 p_1$	$q_1 m_1 p_0$	$q_1 m_0 p_0$
甲	200.00	234.00	208.00	260.00
乙	104.00	103.32	91.84	116.48
合计	304.00	337.32	299.84	376.48

根据表 7-6 资料,对该企业生产甲、乙两种产品消耗的原材料费用进行多因素指数分析,应计算原材料费用指数及三个影响因素的变动方向、程度和绝对数,即分析每个指数在相对数和绝对数上的意义。四个指数的计算过程如下:

(1) 计算原材料费用指数。

$$\text{原材料费用指数} = \frac{\sum q_1 m_1 p_1}{\sum q_0 m_0 p_0} = \frac{337.32}{304.00} = 110.96\%$$

$$\sum q_1 m_1 p_1 - \sum q_0 m_0 p_0 = 33.32(\text{万元})$$

计算结果表明,原材料费用总额本月比上月增长了 10.96%,增加的总费用为 33.32 万元。引起变动的直接影响因素是产量、单位产品原材料消耗量和原材料价格。要分析各个因素的影响程度和绝对额,就需要计算产品产量指数、单位产品消耗量指数和原料价格指数。

(2) 计算产品产量综合指数。

$$\text{产品产量指数:} \bar{K}_q = \frac{\sum q_1 m_0 p_0}{\sum q_0 m_0 p_0} = \frac{376.48}{304.00} = 123.84\%$$

$$\sum q_1 m_0 p_0 - \sum q_0 m_0 p_0 = 72.48(\text{万元})$$

计算结果表示两种产品本月产量比上月上升了 23.84%,由于产量增加导致原材料费用增加了 72.48 万元。

（3）计算单位产品原材料消耗量指数。

$$单位产品原料消耗量指数: \bar{K}_m = \frac{\sum q_1 m_1 p_0}{\sum q_1 m_0 p_0} = \frac{299.84}{376.48} = 79.64\%$$

$$\sum q_1 m_1 p_0 - \sum q_1 m_0 p_0 = -76.64（万元）$$

计算结果表明，两种产品本月的单位产品原材料消耗量综合来说比上月降低 20.36%，从而使原材料费用节约了 76.64 万元。

（4）计算原材料价格指数。

$$原材料价格指数: \bar{K}_p = \frac{\sum q_1 m_1 p_1}{\sum q_1 m_1 p_0} = \frac{337.32}{299.84} = 112.5\%$$

$$\sum q_1 m_1 p_1 - \sum q_1 m_1 p_0 = 37.48（万元）$$

计算结果表明，由于本月单位原材料价格比上月上涨 12.5%，使原材料费用增加了 37.48 万元。

（5）分析原材料费用变动及其因素指数之间的联系。

对指数体系上的关系进行分析，即相对数分析，得出以下结论：

$$110.96\% = 123.84\% \times 79.64\% \times 112.5\%$$

两种产品原材料费用本月比上月上升 10.96%，是由于产品产量增加 23.84%、单位产品消耗量降低 20.36% 和原材料价格上涨 12.5% 三个因素共同作用的结果。

以上各个指数在绝对数上的分析，即上述四个指数的分子与分母的差额之间具有代数和的数量关系为：

$$33.32 = 72.48 - 76.64 + 37.48$$

绝对数分析的结论是：两种产品原材料费用本月比上月增加绝对额 33.32 万元，是由于产量的增长而增加 72.48 万元、单位产品原料消耗量降低而节约 76.64 万元及原料价格上涨而增加 37.48 万元这三个因素共同作用及互相抵消后的结果。

四、平均指标指数的因素分析

平均指标指数的因素分析方法是指数体系分析中的重要内容，是对影响总平均指标变动的直接因素的分析计算，也称为总平均数变动的指数分析。

（一）平均指标指数因素分析的意义

平均指标指数的因素分析与平均指标的动态分析相互联系，是指在总平均指标的动态对比中，分析各个因素的变动对于总平均指标的影响方向和程度。

总平均指标的变动受两个因素的影响：各组平均指标水平和各组单位数在总体中的比重（总体的内部构成）。为了考察总平均指标的动态及其变动因素，需要编制平均指标指数体系，包括可变构成指数、固定构成指数和结构影响指数。这三个指数的关系式为：

$$可变构成指数＝固定构成指数×结构影响指数$$

现以企业职工工资水平变动问题为例,进行平均指标指数的因素分析。

【例7-9】 某企业职工分为技术工和普通工,职工人数及周工资资料见表7-7。要求利用指数体系对全部职工人均周工资的变动进行因素分析。

表7-7　某企业工人总平均工资变动分析表　　　　金额单位:元

职工类别	职工人数(人)		人均周工资		周工资总额		
	2020 年 f_0	2021 年 f_1	2020 年 x_0	2021 年 x_1	2020 年 $x_0 f_0$	2021 年 $x_1 f_1$	假定 $x_0 f_1$
技术工	60	80	1 000	1 200	60 000	96 000	80 000
普通工	40	220	700	900	28 000	198 000	154 000
合计	100	300	880	980	88 000	294 000	234 000

从表7-7中可以看出:该企业职工2021年300人、2020年100人,全部职工2021年人均周工资为980元、2020年为880元。职工类别按照普通工和技术工分成两组,技术工每周人均工资由1 000元上升到1 200元,人均增加200元,而普通工人均周工资也从700元增加到900元。为什么在两组职工人均周工资都增加了200元的情况下,而全部职工人均周工资只增加了100元呢?

显然,总平均工资的变动受人均周工资水平和职工内部人员结构的共同影响。[例7-9]中,如果普通工人数占比较大,就会导致总平均工资的降低。职工人员结构和各组工资水平分别对总平均工资有什么影响呢? 这就需要计算可变构成指数、固定构成指数和结构影响指数并进行因素分析。平均指标的因素分析采用加权平均的方法,基本公式如下:

$$\bar{x} = \frac{\sum x_i f_i}{\sum f_i} = \sum x_i \cdot \frac{f_i}{\sum f_i}$$

加权平均数＝各组变量值×各组权数

两个时期的平均数对比时,受到各变量值和相对数权数这两个因素的影响。平均指标指数的因素分析就是将这两个因素予以分解,分别编制因素指数,从而分析各个因素对总平均数变动的影响。

(二) 平均指标指数的因素分析方法

常见的平均指标指数有平均工资指数、平均单位成本指数、劳动生产率指数等。如果研究目的是对总平均数的变动及其各个影响因素对总平均数影响的方向和程度时,就可以采用平均指标指数的因素分析法。现以[例7-9]中的资料进行企业职工平均工资的变动及影响因素分析。

1. 可变构成指数

可变构成指数是反映事物总体的总平均指标变动的方向和程度的动态指标。由于其变动包含了各组平均水平的变动和各组数量结构的变动,所以称为可变构成指数。计算公式和计算过程如下:

$$\bar{K}_{总}=\frac{\bar{x}_1}{\bar{x}_0}=\frac{\dfrac{\sum x_1 f_1}{\sum f_1}}{\dfrac{\sum x_0 f_0}{\sum f_0}}=\frac{\sum x_1 \cdot \dfrac{f_1}{\sum f_1}}{\sum x_0 \cdot \dfrac{f_0}{\sum f_0}} \qquad (7-17)$$

$$=\frac{\dfrac{294\ 000}{300}}{\dfrac{88\ 000}{100}}=\frac{980}{880}=111.36\%$$

或
$$=\frac{1\ 200 \times \dfrac{80}{300}+900 \times \dfrac{220}{300}}{1\ 000 \times \dfrac{60}{100}+700 \times \dfrac{40}{100}}=\frac{1\ 200 \times 0.267+900 \times 0.733}{1\ 000 \times 0.6+700 \times 0.4}=\frac{980}{880}=111.36\%$$

绝对额的变化：$\qquad\qquad \bar{x}_1-\bar{x}_0=100$（元）

式(7-17)中，$\bar{x}_1$ 为报告期人均周工资，$\bar{x}_0$ 为基期人均周工资；x_1 为报告期各组工资水平，x_0 为基期各组工资水平；f_1 为报告期各组职工人数，f_0 为基期各组职工人数；$\sum x_1 f_1$ 为报告期周工资总额，$\sum x_0 f_0$ 为基期周工资总额；$\sum f_1$ 为报告期职工人数，$\sum f_0$ 为基期职工人数；$\sum x_0 f_1$ 为基期各组人均周工资与报告期各组职工人数的乘积，是假定的周工资总额。

以上计算结果表明：报告期职工人均周工资比基期上升了 11.36%，人均周工资增加了 100 元。

2. 固定构成指数

固定构成指数是将总体的结构这一因素（数量指标）固定在报告期，借以测定各组平均水平变动影响程度的指数。［例 7-9］中就是将职工人数结构固定在报告期，来测定组平均工资水平的变动程度。其计算公式和计算过程为：

$$\bar{K}_x=\frac{\bar{x}_1}{\bar{x}_0}=\frac{\dfrac{\sum x_1 f_1}{\sum f_1}}{\dfrac{\sum x_0 f_1}{\sum f_1}}=\frac{\sum x_1 \cdot \dfrac{f_1}{\sum f_1}}{\sum x_0 \cdot \dfrac{f_1}{\sum f_1}}=\frac{980}{\dfrac{234\ 000}{300}}=\frac{980}{780}=125.64\%$$

绝对额的变化：$\qquad\qquad \bar{x}_1-\bar{x}_0=200$（元）

计算结果表明：消除职工结构这一因素变动的影响，报告期职工人均周工资水平比基期提高了 25.64%，致使人均周工资增加了 200 元。

3. 结构影响指数

结构影响指数是将各组平均水平（质量指标）固定在基期，借以测定总体结构变动影响程度的指数。［例 7-9］中是将各组的工资水平固定在基期，只测定职工人数结构变动影响程度的指数。计算公式和计算过程为：

$$\bar{K}_f = \frac{\bar{x}_1}{\bar{x}_0} = \frac{\dfrac{\sum x_0 f_1}{\sum f_1}}{\dfrac{\sum x_0 f_0}{\sum f_0}} = \frac{\sum x_0 \cdot \dfrac{f_1}{\sum f_1}}{\sum x_0 \cdot \dfrac{f_0}{\sum f_0}}$$

$$= \frac{780}{880} = 88.64\%$$

绝对额的变化：
$$\bar{x}_1 - \bar{x}_0 = -100（元）$$

计算结果表明：在消除各组职工工资水平变动的情况下，由于各组职工人数结构的变动使2021年人均周工资水平比2020年降低11.36%，导致人均周工资减少了100元。其原因是2021年普通工大量增加，2020年普通工在全部职工中的占比仅为40%，2021年占比则提高到73.33%。

通过以上计算分析，得出各指数之间的关系如下：

相对数关系：$\qquad 111.36\% = 125.64\% \times 88.64\%$

绝对数关系：$\qquad 100 = 200 + (-100)$

综上，该企业2021年职工人均周工资比上年增长11.36%，人均周工资增加100元。其中，由于技术工和普通工的工资水平综合上升25.64%，使人均周工资增加200元；由于各组人数结构的变动使人均周工资减少100元。由于两个因素的共同作用，使全部职工人均周工资净增100元。

第五节　常用指数简介

随着社会经济的迅速发展，指数分析方法已经应用到国民经济的各个领域。目前较为常用的指数有消费价格指数、农副产品收购价格指数、股票价格指数、工业生产指数、商品零售物价总指数、农业生产指数等。

一、消费价格指数

消费价格指数（CPI），是各国普遍编制和采用的价格指数，但不同国家对其赋予的名称不相同，我国称之为居民消费价格指数或消费价格指数。

消费价格指数是反映一定时期内城乡居民所购买的生活消费品和服务的价格综合变动程度的一种相对数。消费价格指数可以计算和分析居民消费价格的变动水平及其对消费者货币支出的影响，研究实际收入和实际消费水平的变动情况，分析生活消费品和服务项目价格变动对居民收入的影响，其分析结果可以作为研究居民生活水平和制定工资政策的依据。利用消费价格指数，可以编制全国总的消费价格指数，也可以分地区来编制各省和地区的消费价格指数。

消费价格指数和生产资料价格指数共同构成零售物价总指数。目前我国的分类情况如图 7-2 所示。

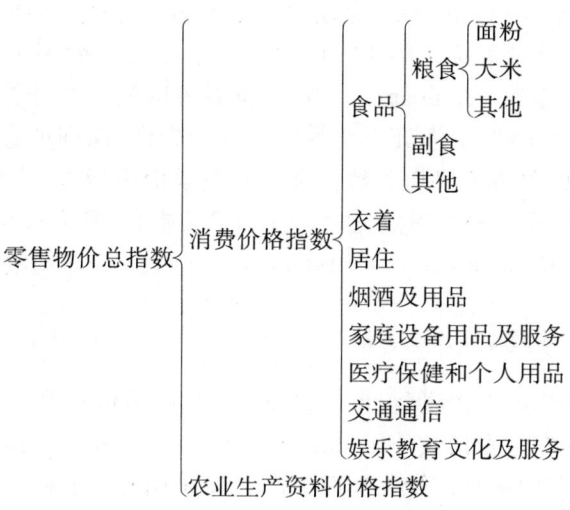

图 7-2 我国零售商品基本分类

二、农副产品收购价格指数

由于我国农副产品种类繁多,各地区之间的价格差别较大,农副产品的价格又受季节变动影响很大,因此需要编制价格指数来综合反映农副产品价格的变动。编制时,一般是使用报告期的收购总额为权数,采取加权调和平均指数进行计算。假设,某地区的小麦、玉米、大豆的收购价格分别提高 10%、15% 和 18%,报告期收购额分别为 60 万元、140 万元和 100 万元,则该三种农产品的农副产品收购价格指数是:

$$\bar{K}_p = \frac{\sum p_1 q_1}{\sum \frac{1}{K_p} p_1 q_1}$$

$$= \frac{60 + 140 + 100}{\frac{60}{110\%} + \frac{140}{115\%} + \frac{100}{118\%}}$$

$$= \frac{300}{54.55 + 121.74 + 84.75}$$

$$= \frac{300}{261} = 114.9\%$$

我国是选择多种主要的农副产品,并取得其平均收购价格和收购额资料来编制农副产品收购价格指数的。

三、股票价格指数

股票价格指数(stock price index),是反映股票市场上多种股票价格的综合变动趋势的相对数,简称股价指数,计量单位一般用"点"(point)表示。一般用来对比的基期作为 100,每上升或下降一个单位称为一个百分点。目前,世界各国的主要证券交易所都编制股票价格指数,主要有香港恒生指数、上海证券交易所的综合指数、深圳证券交易所的成分股指数和综合指数、美国道琼斯股票价格指数和标准普尔股票价格指数、伦敦金融时报股价指数、巴黎 CAC 指数、瑞士苏黎世 SMI 指数、法兰克福 DAX 指数、日本日经指数等。

道琼斯工业股价平均数(down jones industrial average)是纽约股票交易所 30 种成交最活跃的"蓝筹股"价格的平均数,计算方法是:$P = \dfrac{\sum p_i}{n}$。它始于 1884 年 6 月 3 日,是美国工业类股票最具有代表性的股价指数,也是目前最常用的股价指数之一。

标准普尔 500 种股票综合指数(Standard & Poor's Composite Index of 500 Stocks),是以 1941—1943 年各股票的平均市价为基期价格 P_0,采用综合加权法计算的,即:

$$\bar{K}_p = \frac{\sum p_1 q_0}{\sum p_0 q_0}$$

股票价格指数一般以发行量或成交量为权数进行加权综合平均计算。计算公式为:

$$\bar{K}_p = \frac{\sum p_{1i} q_i}{\sum p_{0i} q_i} \tag{7-18}$$

式(7-18)中,p_{1i} 为为第 i 种样本股票计算期价格,p_{0i} 为为第 i 种股票基期价格,q_i 为第 i 种股票的发行量。

股票发行量可以根据研究的目的和时期确定为基期,也可以确定为计算期。大多数股票价格指数是以计算期的发行量或成交量为权数计算的。

四、工业生产指数

工业生产指数,即工业产品产量指数,是反映一个国家或地区主要工业产品产量综合变动程度的指数,是衡量一个国家或地区工业生产水平变动和判断经济形势的重要依据。因此,各个国家都普遍重视工业产量指数的计算和发布。各个国家采用的计算方法也不相同,常用的有不变价格法、生产指数法和价格指数缩减法。

📖 本章小结

统计指数的概念有广义和狭义之分,前者是泛指反映社会经济现象变动程度的相对数,后者是指综合反映多种不同事物在不同时间上的总变动的特殊的相对数,是用来分析和研究使用价值不同或不能直接加总的复杂社会经济现象综合变动程度的相对数。

综合指数的编制特点是先综合后对比。编制综合指数必须明确指数化指标和同度量因素。指数化指标是指被测定的因素,同度量因素亦即权数,作为同度量因素的指标固定在哪个时期,不是固定不变的。拉氏指数将同度量因素固定在基期水平上,而派氏指数将同度量因素固定在报告期水平上。在实际工作中,数量指标指数按拉氏公式计算,质量指标指数按派氏公式计算。

平均指数的编制是从个体指数出发,先对比后平均。平均指数有算术平均指数和调和平均指数两种形式。算术平均指数一般用基期总值来加权,调和平均指数一般用报告期总值来加权。

指数的因素分析是对现象总变动中各个因素变动的影响程度,从相对数和绝对数两方面进行分析。相对数分析是从各个指数计算结果来分析,绝对数分析则是从各个指数的分子与分母指标之差来分析。

平均指标指数是对总体平均指标的测定,分析平均指标指数的变动需要计算可变构成指数、固定构成指数和结构影响指数。利用三种指数之间的相互关系,可以分析现象平均指标变动受各组平均水平和各组结构变动的影响程度。

常用的指数有消费价格指数、农副产品收购价格指数、股票价格指数、工业生产指数、商品零售物价总指数、农业生产指数等。

 练习题

一、单项选择题

1. 下列属于质量指标指数的是（　　）。

 A. 产量总指数 B. 价格总指数 C. 销售额指数 D. 销售量总指数

2. 编制多种商品的价格综合指数,通常采用的同度量因素是（　　）。

 A. 报告期销售量 B. 基期销售量 C. 报告期单位成本 D. 基期单位成本

3. 编制多种产品的单位成本综合指数,通常采用的同度量因素是（　　）。

 A. 基期产量   B. 基期产品出厂价格

 C. 报告期产量   D. 报告期产品出厂价格

4. 编制商品销售量综合指数的同度量因素,通常选择（　　）。

 A. 报告期商品价格   B. 基期商品价格

 C. 报告期销售量   D. 基期销售量

5. 下列指数中属于质量指标指数的是（　　）。

 A. 销售量指数 B. 产品产量指数 C. 单位成本指数 D. 职工人数指数

6. 统计指数按照反映现象的性质不同（或按指数化指标的性质不同）分为（　　）。

 A. 综合指数和平均指数   B. 总指数和个体指数

 C. 数量指标指数和质量指标指数 D. 定基指数和环比指数

7. 总指数的两种计算形式是指（   ）。

    A. 个体指数和综合指数

    B. 算术平均指数和调和平均指数

    C. 综合指数和平均指数

    D. 可变构成指数、固定构成指数和结构影响指数

8. 如果消费价格指数上涨 20%，则现在的 100 元钱（   ）。

    A. 只值原来的 80 元　　　　　　　　B. 只值原来的 83 元

    C. 与原来的 100 元等值　　　　　　　D. 无法比较

9. 商品价格下降后，如果支出等额货币可多购买 20% 的商品，则物价指数为（   ）。

    A. 80%　　　　　　B. 83.3%　　　　　　C. 120%　　　　　　D. 20%

10. 已知某地区主要副食品消费价格指数上涨 3%，副食品零售总额上涨 10%，则副食品零售量指数为（   ）。

    A. 113%　　　　　　B. 7%　　　　　　C. 106.8%　　　　　　D. 6.8%

11. 某企业 2021 年 12 月与上月相比，职工人数增长了 2%，职工平均工资水平上涨了 5%，则该企业工资总额增长了（   ）。

    A. 7%　　　　　　B. 5%　　　　　　C. 7.1%　　　　　　D. 10%

12. 研究企业各级别的职工工资的变动，对全体职工的平均工资变动的影响程度，应计算的指数是（   ）。

    A. 可变构成指数　　　　　　　　　　B. 结构影响指数

    C. 固定构成指数　　　　　　　　　　D. 加权算数指数

二、多项选择题

1. 下列属于质量指标指数的有（   ）。

    A. 个体价格指数　　　　　　　　　　B. 价格总指数

    C. 销售总额指数　　　　　　　　　　D. 销售量总指数

2. 某制造业企业 12 月的生产总成本为 20 万元，比上月多支出 0.4 万元，单位成本比上月降低 2%，则（   ）。

    A. 单位成本指数为 2%　　　　　　　B. 生产总成本指数为 102%

    C. 产品产量指数为 104%　　　　　　D. 单位成本指数为 98%

    E. 由于单位成本降低而节约的生产总成本为 0.408 万元

3. 统计指数按在指数数列中所采用的基期不同，可分为（   ）。

    A. 动态变化指数　　　　　　　　　　B. 综合指数

    C. 定基指数　　　　　　　　　　　　D. 静态指数

    E. 环比指数

4. 设 p 为销售价格，q 为销售量，则指数 $\dfrac{\sum p_0 q_1}{\sum p_0 q_0}$ 的意义有（   ）。

    A. 综合反映商品销售额的变动程度

    B. 反映商品销售量变动对销售额变动的影响程度

C. 综合反映多种商品价格的变动程度

D. 综合反映多种商品价格和销售量的变动程度

E. 综合反映多种商品销售量的变动程度

5. 设 p 为销售价格、q 为销售量,则公式 $\sum p_1 q_1 - \sum p_0 q_1$ 的含义有(　　)。

A. 综合反映商品销售价格的变动程度

B. 综合反映商品销售量和销售价格变动的绝对额

C. 综合反映由于商品价格变动对消费者购买支出影响的绝对数

D. 综合反映多种商品销售量变动对销售额的影响

E. 综合反映多种商品价格变动对销售额的影响

三、填空题

1. 在编制数量指标综合指数时,一般以_____作为同度量因素,并将其固定在_____。

2. 平均指数是_____的加权平均数,基本形式有两种:一是加权算术平均数指数,二是加权_____平均数指数。

3. 产品单位成本指数 $= \dfrac{\sum p_1 q_1}{\sum p_0 q_1} = 95\%$ 的含义是_____,绝对

数 $\sum p_1 q_1 - \sum p_0 q_1 = 2\ 500(元)$ 的含义是_____。

4. 使用同样多的货币,今年比上年少购买 5% 的商品,则物价指数是_____。

5. 职工平均工资增长了 8%,固定构成指数是 120%,则职工人数结构影响指数是_____。

6. 某商业企业的副食品组 2 月份销售额比上年同期增长了 26%,销售量指数是 120%,则销售价格指数是_____。

四、简答题

1. 简述统计指数的含义。

2. 什么是综合指数?

3. 简述数量指标综合指数和质量指标综合指数的原理及其编制方法。

4. 简述平均指数的原理及编制方法。

5. 简述平均数变动的指数因素分析法。

6. 简述采用指数方法进行多因素分析的基本原则。

7. 简述可变构成指数、固定构成指数、结构变动影响指数的原理和应用。

8. 简述物价指数和物量指数的含义。

五、计算分析题

1. 某商业企业 2021 年 5~6 月销售甲、乙、丙三种商品的相关资料如表 7-8 所示。试计算:

(1) 三种商品的销售额指数。

(2) 销售量综合指数,以及由于销售量变动对销售额影响的绝对数。

(3) 销售价格综合指数,以及由于价格变动对销售额影响的绝对数。

表 7-8　某商业企业 2021 年 5～6 月甲、乙、丙三种商品销售资料

商品名称	计量单位	销售量		销售价格(元)	
		5 月	6 月	5 月	6 月
甲	千克	300	360	0.42	0.45
乙	件	200	200	0.30	0.36
丙	袋	1 400	1 600	0.20	0.28

2. 某乳品公司所属三个工厂生产的某种乳制品,2020 年和 2021 年的产量与出厂价格资料见表 7-9。要求计算并分析:

(1) 2021 年与 2020 年相比的总产值指数。

(2) 出厂价格综合指数、价格变动的幅度和由于价格变动对总产值影响的绝对数。

(3) 产量综合指数、产量变动的幅度和由于产量变动引起的产值变动额。

(4) 总产值指数与产量综合指数、出厂价格综合指数的关系,即相对数(指数)与绝对数(影响额)之间的关系。

表 7-9　某种乳制品 2020—2021 年产量与出厂价格资料

厂名	计量单位	产品产量		产品出厂价格(元/盒)	
		2020 年	2021 年	2020 年	2021 年
一厂	盒	160 000	240 000	10.0	9.0
二厂	盒	180 000	240 000	10.4	9.2
三厂	盒	240 000	160 000	9.6	9.6

3. 某企业生产的甲、乙、丙三种产品成本情况见表 7-10。试编制三种产品的成本综合指数,并指出由于单位成本变动对总成本影响的相对数和绝对数。

表 7-10　某企业 2020—2021 年甲、乙、丙三种产品成本资料

产品名称	计量单位	产品成本总额(万元)		2021 年单位成本比上年的变动幅度
		2020 年	2021 年	
甲	吨	500	550	5%
乙	台	1 000	1 200	15%
丙	件	400	500	−5%

4. 某企业 2022 年 1～2 月生产的甲、乙、丙三种产品的有关资料如表 7-11 所示。

表 7-11　某企业 2022 年 1～2 月甲、乙、丙三种产品总成本及产量情况

产品名称	计量单位	产品成本总额(万元)		2 月份比 1 月份产量增长率
		1 月份	2 月份	
甲	公斤	300	360	10%
乙	件	200	200	−5%
丙	袋	1 400	1 600	15%

根据以上资料分析计算以下数据：

(1) 分析三种产品生产成本总额指数。

(2) 计算产量总指数以及产量变动对成本总额影响的绝对数。

(3) 计算单位成本总指数以及单位成本变动对总成本影响的绝对数。

5. 某乡镇 2021 年社会商品零售总额为 4 700 万元,比上年增长 20%。如扣除物价因素比上年增长 7.2%。计算物价指数,并说明由于物价上涨导致当地居民多支付的金额。

6. 某地区 2021 年上半年社会商品零售额为 2 570 亿元,比上年同期增长了 9.4%。剔除零售物价上涨因素,社会商品零售额实际增长了 6.3%。试计算：

(1) 社会商品零售额指数。

(2) 零售物价总指数,以及 2021 年上半年与上年同期比较零售物价上涨的幅度。

(3) 社会商品零售量总指数,以及商品零售数量变化引起的零售额变动的绝对数。

第八章

概率与概率分布

第一节 概 率 基 础

一、概率的基本概念

（一）随机试验

无论是在自然现象还是在社会经济现象中，都存在着一类现象称为随机现象（random phenomenon），即事物发展的结果事先不能确定的现象，如天气变化、产品质量状况、投资回报情况等。导致这类现象产生随机变化的全部因素是很难被掌握的。人们研究随机现象的目的，是经过大量观察来认识随机现象变化的规律性，从而预测事物未来的发展趋势。

随机现象可能出现的不同结果称为随机事件，简称为事件（event）。例如，抛掷一枚硬币可能出现正面和反面，这是最简单的随机现象，两个事件为"正面"和"反面"两个结果。一批产品做质量检验是一个随机现象，不同的合格率也是随机事件等。对于同一个随机现象，不同的随机事件出现的可能性大小一般是不同的。

通常，人们关心的是随机事件发生概率的大小。在确定概率之前，应先明确与随机现象有关的具体场合。我们把在相同条件下重复对某种随机现象进行观察的过程称为试验（experiment）。所谓重复出现，可以是实际可能的，如抛掷 1 枚硬币或者从生产线上抽取产品进行质量检验。这里所指的试验是广义的概念，任何涉及对不确定现象的观察，不论实践中在相同条件下是否重复，都可视为是试验。

随机试验（random experiment）亦称"概率试验"，是对随机现象的观测。例如，对某个固定目标进行射击，在一批产品中进行随机抽样，观测某地区夏季暴雨次数等都是随机试验。

随机实验的基本特点是：

（1）可重复性，试验原则上可以在相同条件下重复进行。

（2）可观测性，试验结果是可以观测的，一切可能试验结果是明确的。

（3）随机性，每次试验将要出现的结果是不确定的，事先无法作出准确的预测。

（二）随机事件

随机事件可以看成是随机试验的结果。显然，重复试验不可能总是产生相同的结果。我们把随机事件的所有可能事件的全体称作样本空间（sample space），记作 S。S 中的每一个元素就是实验汇总的基本事件,称为样本点,记为 A、B、C、D 等。

【例 8-1】 样本空间的例子如下:

(1) 随机试验:投掷 1 枚硬币,样本空间:$S=\{$正面,反面$\}$。

(2) 随机试验:投掷 2 枚硬币,样本空间:$S=\{($正,正$)$,$($正,反$)$,$($反,正$)$,$($反,反$)\}$。

(3) 随机试验:对 100 件产品进行质量检验。一等品数量样本空间:$S=\{0, 1, 2, \cdots, 100\}$。

(4) 随机试验:某化工厂一年中发生的安全生产事故次数,样本空间:$S=\{0, 1, 2, \cdots\}$。

(5) 随机试验:观察某企业投资项目的盈利情况,样本空间:$S=\{-300$ 万元 $\leqslant X \leqslant 1\,500$ 万元$\}$,X 表示企业投资项目的盈利,预计项目盈亏范围为亏损 300 万元到盈利 1 500 万元。

确定样本空间时,需要满足两个条件:一是样本空间包含的事件必须是互斥的;二是样本空间必须是穷尽的,即样本空间应该包括所有实验的结果,不能有遗漏。例如,在[例 8-1(5)]中,不能将样本空间简单定义为 $S=\{$'亏损','盈利'$\}$,因为还有一种可能没有包含在内,即盈亏平衡(利润为零)的情况。

样本空间中的事件是试验的直接结果,又称作基本事件(elementary event)。基本事件(ω_0,ω_1,ω_2,$\cdots$)是试验的每一个结果(事件),这些事件不可能再分解成更简单的事件。基本事件的任何组合,即样本空间的任何子集,可以称作复合事件(composite event)或样本空间。例如,考察掷一个骰子一次的试验,可能发生的结果有 6 种:"掷得 1 点""掷得 2 点"……"掷得 6 点",这些事件属于基本事件。而"掷得奇数""掷得偶数"则为复合事件。

事件的几个概念如下。

(1) 必然事件(Ω):在一次试验中一定发生的事件;

(2) 不可能事件(φ):在一次试验中一定不发生的事件;

(3) 随机事件(A,B,$C\cdots$):在一次试验中既可能发生,也可能不发生的事件。

(三)随机事件的关系与运算法则

(1) 事件的包含与相等。若 A 发生必导致 B 发生,则称事件 B 包含事件 A(或事件 A 包含于 B),记为 $B \supset A$(或 $A \subset B$)。若 $A \subset B$ 且 $B \subset A$,则称事件 A 与 B 相等,记为 $A=B$。

(2) 事件的和(并)。事件 A 与事件 B 至少有一个发生,则称这一事件为事件 A 与事件 B 的和或并,记为 $A \bigcup B$ 或 $A+B$。

(3) 事件的交(积)。事件 A 与事件 B 同时发生,则称这一事件为事件 A 与事件 B 的交或积,记为 $A \bigcap B$ 或 AB。

(4) 事件的差。事件 A 发生而事件 B 不发生,则称这一事件为 A 与事件 B 的差,记为 $A-B$。

(5) 互斥事件。事件 A 与事件 B 不能同时发生,即 $AB=\varphi$,则称事件 A 与事件 B 互斥,或互不相容。

(6) 对立事件。对于事件 A 与事件 B,若 $AB=\varphi$ 且 $A \bigcup B=\Omega$,则称事件 A 与事件 B 互为对立事件或逆事件,记为 $\bar{A}$。

(四)概率

概率表示某事件发生的可能性,通常以 P 为代号。概率是介于 0 和 1 之间的一个数值。概率可分为古典概率、试验概率和主观概率三种。

1. 古典概率

古典概率(classical probability)讨论的对象局限于随机试验所有可能结果为有限个、等可能的情形。这时基本空间 Ω 由有限个元素组成,其个数记为 n。若事件 A 包含 m 个基本事件,则定义事件 A 的概率计算公式为:

$$P(A) = \frac{m}{n} \tag{8-1}$$

【例 8-2】 投掷 1 枚骰子,$S = \{1, 2, 3, 4, 5, 6\}$,问出现点数为偶数的概率是多少?

样本空间基本事件的总数 $n = 6$,每个基本事件的出现都是等可能的,即概率均为 $\frac{1}{n} = \frac{1}{6}$。事件 $A = \{$出现偶数点数$\} = \{2, 4, 6\}$,$m = 3$,则其概率为:

$$P(A) = \frac{m}{n} = \frac{3}{6} = 0.5$$

【例 8-3】 随机安排 X、Y、Z 三个表演节目,问 X 和 Y 两个节目连接的概率是多少?

样本空间为 $S = \{XYZ, XZY, YZX, YXZ, ZXY, ZYX\}$,共有 6 个基本事件。而事件 $B = \{X、Y \text{ 相连}\} = \{XYZ, YXZ, ZXY, ZYX\}$,$m = 4$,则:

$$P(B) = \frac{m}{n} = \frac{4}{6} = \frac{2}{3}$$

2. 试验概率

试验概率(test probability)是指在确定条件下,事件 A 在大量的 n 次试验中出现 m 次,则称事件 A 的频率 $\frac{m}{n}$ 可作为事件 A 的概率 $P(A)$ 的近似比率。记为:

$$P(A) = \frac{A \text{ 事件出现的次数}(m)}{\text{重复试验次数}(n)} \tag{8-2}$$

例如,投掷 1 枚硬币,$S = \{$"正面","反面"$\}$,如果按照古典概率,应该假设这枚硬币是完全均匀的,那么出现"正面"和"反面"的机会均等,概率均为 1/2。

而按照相对频数,我们可以重复抛掷 100 次,其中有 54 次出现"正面",则可以用 $\frac{54}{100} = 0.54$ 作为抛掷 1 枚硬币出现"正面"的概率的一个估计值。可见它是用事件已经发生的相对频数作为事件未来可能发生的概率估计值。

另外,使用相对频数作为概率的估计值是有波动的,它与试验次数多少有关。但是试验次数越多,在进行大量观察条件下,相对频数会越趋于一个稳定的数值,即概率。例如,投掷硬币次数越多,出现"正面"的相对频数会趋于 1/2。从实践的观点看,以相对频数为基础的概率是统计规律的反映,也是进行统计分析的主要依据。在国民经济和企业管理活动中,通过大量观察(如历史资料和交易记录)来估计事件出现的概率是最基本的方法。

【例 8-4】 某轿车企业在过去 5 年与某零件供应商签订的 60 个采购合同中,有 54 个合同是按期交货的。试计算轿车企业签订一个采购合同能按期履约的概率。

解：A＝｛按期履约｝，根据相对频数的概率值公式及题意，有：

$$P(A) = \frac{54}{60} = 0.9$$

因此可使用 0.9 作为该企业一个采购合同能够按期履约的概率估计值。

3. 主观概率

使用相对频数来估计事件出现的概率，一般要求对事件以往的发生情况有所了解，必须具备充足的历史数据和原始记录。但在现实生活中，人们往往缺乏足够的历史数据和原始记录，因而无法用相对频数去估计事件出现的概率。在这种情况下，可以凭借决策人的经验和情景分析，对事件出现的可能性大小作出主观判断，这种凭借主观判断得出的概率就称为主观概率（subjective probability）。例如，企业研发人员估计研发一种新产品的成功有六成把握，投资者投资某公司股票盈利的可能性判断等均为主观概率。

二、概率的基本性质和运算

（一）概率的基本性质

性质 1：由于事件的频数总是小于或等于试验的次数，所以频率在 0～1，从而任何事件的概率在 0～1，即：

$$0 \leqslant P(A) \leqslant 1 \tag{8-3}$$

性质 2：每次试验中必然事件一定发生，因此它的频率为 1，从而必然事件的概率为 1，即：

$$P(\Omega) = 1 \tag{8-4}$$

性质 3：每次试验中不可能事件一定不出现，因此它的频率为 0，从而不可能事件的概率为 0，即：

$$P(\varphi) = 0 \tag{8-5}$$

性质 4：当事件 A 与 B 互斥时，$A \bigcup B$ 发生的频数等于事件 A 发生的频数与事件 B 发生的频数之和，即：

$$P(A \bigcup B) = P(A) + P(B) \tag{8-6}$$

式（8-6）称为加法定律。该定律可以推广为：若事件 A_1, A_2, …, A_n 两两互不相容，即 $A_i A_j = \varphi (1 \leqslant i \neq j \leqslant n)$，则：

$$P(A_1 \bigcup A_2 \bigcup \cdots A_n) = P(A_1) + P(A_2) + \cdots + P(A_n)$$

性质 5：当事件 A 与 B 为任意两个相容事件，则：

$$P(A \bigcup B) = P(A) + P(B) - P(AB) \tag{8-7}$$

式（8-7）称为广义加法定律。该定律可推广到 n 个相容事件之和的情况，即：

$$P(A_1 \bigcup A_2 \bigcup \cdots A_n) = \sum_{i=1}^{n} P(A_i) - \sum_{i \neq j} P(A_i A_j) + \sum_{i \neq j \neq k} P(A_i A_j A_k) + \cdots + (-1)^{n-1} P(A_i A_j \cdots A_n)$$

性质 6:对立事件概率之和为 1,即 $P(\bar{A}) = 1 - P(A)$。

性质 7:若事件 A 包含事件 $B(A \supset B)$,则事件 A 与 B 的差的概率等于这两个事件概率的差,即 $P(A - B) = P(A) - P(B)$。

(二) 概率的运算

1. 条件概率

在事件 B 发生的条件下,事件 A 的概率称为事件 A 在事件 B 已发生的条件下的条件概率,记作 $P(A \mid B)$。当 A、B 为任意事件,且 $P(B) > 0$ 时,则在事件 B 发生的条件下,事件 A 发生的概率为:

$$P(A \mid B) = \frac{P(AB)}{P(B)} \tag{8-8}$$

【例 8-5】 一盒子装有 4 只产品,其中有 3 只一等品、1 只二等品。从中取产品 2 次,每次任取 1 只,作不放回抽样。设事件 A 为"第一次取到的是一等品",事件 B 为"第二次取到的是一等品"。试求条件概率 $P(A \mid B)$。

本试验的样本空间有 $C_4^1 C_3^1 = 12$ 个样本点,事件 AB 共有 $C_3^1 C_2^1$ 个样本点。由式(8-8),得:

$$P(A \mid B) = \frac{P(AB)}{P(B)} = \frac{\frac{6}{12}}{\frac{9}{12}} = \frac{2}{3}$$

2. 乘法公式

乘法公式亦称乘法定理,是关于事件积的概率的重要定理。若 $P(A) > 0$,$P(B) > 0$,则:

$$P(AB) = P(B)P(A \mid B) = P(A)P(B \mid A) \tag{8-9}$$

【例 8-6】 在一批由 90 件合格品,3 件次品组成的产品中,不放回连续抽取 2 件产品。计算第一件取合格品、第二件取次品的概率。

设事件 $A = \{$第一件取正品$\}$;事件 $B = \{$第二件取次品$\}$

依题意,$P(A) = \frac{90}{93}$,$P(B \mid A) = \frac{3}{92}$,则根据乘法公式:

$$P(AB) = P(A)P(B \mid A) = \frac{90}{93} \times \frac{3}{92} = 0.031\ 6$$

3. 独立事件

如果两个事件中的一个事件出现与否,并不影响另一个事件出现的概率,则称这两个事件相互独立。若事件 A 对事件 B 是相互独立的,则:

$P(A \mid B) = P(A)$,$P(B \mid A) = P(B)$,根据乘法定律有:

$$P(AB) = P(B)P(A \mid B) = P(A)P(B \mid A) = P(A)P(B) \tag{8-10}$$

可见,独立事件是概率乘法定律的特殊形式。由此可推广为:若干个独立事件的乘积的概率等于这些独立事件概率的乘积,即:

$$P(A_1 A_2 \cdots A_n) = P(A_1)P(A_2) \cdots P(A_n) \tag{8-11}$$

【例8-7】 设有甲、乙两个射击选手,他们每次射击命中目标的概率分别为0.9和0.8。现两人同时向一个目标射击一次,试计算:

(1) 甲、乙同时命中目标的概率。

(2) 目标被击中的概率。

设 A 表示"甲命中目标",B 表示"乙命中目标",AB 表示"甲、乙同时命中目标",C 表示"目标被击中",则根据题意和事件的关系可知,$P(A)=0.9$,$P(B)=0.8$,$C=A+B$。

(1) 因 A 与 B 为独立事件,则 $P(AB)=P(A)P(B)=0.9\times0.8=0.72$。

(2) $P(C)=P(A+B)=P(A)+P(B)-P(AB)=0.9+0.8-0.72=0.98$。

4. 全概率公式与贝叶斯定律

如果事件组 A_1, A_2, $\cdots$, A_n 满足两两互斥,即 $A_i \bigcap A_j = \varphi$,且 $A_1 \bigcup A_2 \bigcup \cdots \bigcup A_n = \Omega$, $P(A_i)>0$, $i=1, 2, \cdots, n$,则任意事件 B 的概率为:

$$P(B) = \sum_{i=1}^{n} P(A_i)P(B \mid A_i) \tag{8-12}$$

式(8-12)即为全概率公式(formula of total probability)。全概率公式的意义在于,它可以将复杂事件的概率计算问题,分解为若干个简单事件的概率计算问题,最后应用概率的可加性求出最终结果,即由原因推算结果。当直接计算 $P(B)$ 较为困难,而 $P(A_i)$ 和 $P(B \mid A_i)$ 的计算则较为简单时,可以利用全概率公式计算 $P(B)$。

贝叶斯定律可表述为:设 A_1, A_2, $\cdots$, A_n 为 n 个互不相容事件,且 $A_1 \bigcup A_2 \bigcup \cdots \bigcup A_n = \Omega$, $P(A_i)>0$, $i=1, 2, \cdots, n$。则对任意事件 B, $P(B)>0$,有:

$$P(A_i \mid B) = \frac{P(A_i)P(B \mid A_i)}{\sum_{i=1}^{n} P(A_i)P(B \mid A_i)} \quad (i=1, 2, \cdots, n) \tag{8-13}$$

【例8-8】 某电子产品公司生产所需元件由三家供应商供应。根据以往的历史数据,三家供应商的次品率分别为0.02、0.01和0.03;提供元件所占份额分别为0.15、0.80和0.05。假定三家供应商提供的元件在该公司仓库是均匀、混合存放的,且无明显的区分标志。要求计算:

(1) 从仓库中随机抽取一个元件,出现次品的概率。

(2) 从仓库中随机抽取一个元件,已知其为次品,计算此件次品由三家供应商生产的概率分别为多少。

设 A 表示"抽取到一件次品",$B_i(i=1, 2, 3)$ 表示"所抽取的产品是由第 i 家供应商提供的"。则:

$$P(B_1)=0.15, P(B_2)=0.80, P(B_3)=0.05$$
$$P(A \mid B_1)=0.02, P(A \mid B_2)=0.01, P(A \mid B_3)=0.03$$

(1) 根据全概率公式得:

$$P(A)=P(A \mid B_1)P(B_1)+P(A \mid B_2)P(B_2)+P(A \mid B_3)P(B_3)$$

$$=0.02 \times 0.15 + 0.01 \times 0.80 + 0.03 \times 0.05 = 0.012\ 5$$

（2）由贝叶斯定律得：

$$P(B_1 \mid A) = \frac{P(A \mid B_1)P(B_1)}{P(A)} = \frac{0.02 \times 0.15}{0.012\ 5} = 0.24$$

$$P(B_2 \mid A) = \frac{P(A \mid B_2)P(B_2)}{P(A)} = \frac{0.01 \times 0.80}{0.012\ 5} = 0.64$$

$$P(B_3 \mid A) = \frac{P(A \mid B_3)P(B_3)}{P(A)} = \frac{0.03 \times 0.05}{0.012\ 5} = 0.12$$

根据以上计算结果，可判定若抽取一个元件为次品，来源于第二家供应商的可能性最大。

第二节　离散型随机变量的概率分布

概率分布亦称为随机变量分布，简称分布，是指描述随机变量所有可能取值及相应概率变化规律的函数。概率分布分为离散型随机变量概率分布（简称"离散分布"）和连续型随机变量概率分布（简称"连续分布"）。

一、离散型随机变量概率分布的性质和数字特征

离散型随机变量的概率分布，是指将离散型随机变量 X 的所有可能值 X_1，X_2，$\cdots$，X_k，$\cdots$ 及其相应的概率 $P(X_1)$，$P(X_2)$，$\cdots$，$P(X_k)$，$\cdots$ 分布的描述。概率分布表如表8-1所示。

表8-1　概率分布表

X	X_1	X_2	$\cdots$	X_k	$\cdots$
P	$P(X_1)$	$P(X_2)$	$\cdots$	$P(X_k)$	$\cdots$

1. 概率分布的性质

（1）$P(X_i) \geqslant 0$。

（2）$\sum\limits_{i=1}^{n} P(X_i) = 1$，其中：$i = 1,\ 2,\ \cdots k,\ \cdots,\ n$。

2. 概率分布的数字特征

（1）数学期望：$E(X) = \bar{X} = \sum\limits_{i=1}^{n} X_i P_i$。

（2）方差：$D(X) = \sigma^2 = \sum\limits_{i=1}^{n} [X_i - E(X)]^2 \cdot P_i$。

【例8-9】　某公司拟进行一项投资，其中一个备选方案的收益率及发生概率如表8-2所示。试计算该投资方案的预期收益率、标准差。

表 8-2　概率分布表

收益率（X）	5％	15％	25％
概率（P）	0.2	0.6	0.2

（1）预期收益率：$E(X) = \sum\limits_{i=1}^{n} X_i P_i = 5\% \times 0.2 + 15\% \times 0.6 + 25\% \times 0.2 = 15\%$

（2）方差：

$$D(X) = \sigma^2 = \sum\limits_{i=1}^{n} [X_i - E(X)]^2 \cdot p_i$$
$$= (5\% - 15\%)^2 \times 0.2 + (15\% - 15\%)^2 \times 0.6 + (25\% - 15\%)^2 \times 0.2$$
$$= 0.004$$

标准差：$\sigma = \sqrt{0.004} = 6.32\%$

二、常用的离散型随机变量的概率分布

（一）二项分布

在许多自然和社会经济现象中，随机试验的结果可以划分为两个对立的事件。例如，抛掷 1 枚硬币有正反面两种结果，从生产线上抽取一件产品有"合格"和"不合格"两种结果等。可以将感兴趣的一种试验结果称作"成功"，另一种称作"失败"。现在所要关心的问题不是进行这种单次的试验，而是要进行一系列在相同条件下的这种重复独立的试验，这种试验过程称作贝努里过程或贝努里试验（bernoulli trials）。如果贝努里过程是进行了 n 次重复且独立的试验，其中出现"成功"的次数可能是不同的，这种试验"成功"次数的概率分布称作二项分布。二项分布所要满足的条件如下：

（1）每次试验只能有两个互斥的可能结果出现，一个称为"成功"，另一个称为"失败"，即样本空间为 $S = \{$"成功"，"失败"$\}$。如"履约"与"违约"、"合格"与不合格、"男性"与"女性"等。

（2）每次试验"成功"的概率保持不变。用 p 表示"成功"的概率，则 $1-p$ 表示"失败"的概率。

（3）每次试验相互独立，即任何一次试验的结果都对另一次试验的结果无影响。

（4）试验的次数固定不变，用 n 表示试验次数。

一种随机试验如果全部满足上述四项条件，则随机变量 X 的概率分布为：

$$P(X = k) = C_n^k p^k (1-p)^{n-k} \quad (k = 0, 1, 2, \cdots, n) \tag{8-14}$$

则称 X 服从参数为 n，p 的二项分布，记作 $X \sim b(n, p)$。

可以证明，二项分布的数学期望 $E(X) = np$，方差 $D(X) = npq$。

【例 8-10】　某企业 A 产品的不合格率为 0.15，现从一批产品中随机抽取 6 件。试计算下列事件的概率：

（1）恰有 4 件不合格。

(2) 至多有 3 件不合格。

设 X 为不合格产品件数，P 为不合格率。依据题意，随机变量 X 服从二项分布，则：

(1) $P(X=4)=C_n^k p^k(1-p)^{n-k}=C_6^4 \times 0.15^4 \times (1-0.15)^2=0.005\ 5$

(2) $P(X \leqslant 3)=C_6^0 \times 0.15^0 \times (1-0.15)^6+C_6^1 \times 0.15^1 \times (1-0.15)^5+C_6^2 \times 0.15^2 \times$
$(1-0.15)^4+C_6^3 \times 0.15^3 \times (1-0.15)^3=0.994\ 1$

(二) 两点分布

两点分布是指当随机变量 X 的取值仅为 a 和 b，且 $P(x=a)=p$，$P(x=b)=q$，$a \neq b$，$p+q=1$ 时的分布。

若 $a=1, b=0$ 时，则称此种两点分布为伯努利分布或 $0-1$ 分布，记为 $X \sim B(1, p)$。$0-1$ 分布的随机变量的分布函数为：

$$F(X)=\begin{cases} 0 & (X<0) \\ 1-p & (0 \leqslant x<1) \\ 1 & (x \geqslant 1) \end{cases}$$

两点分布的数学期望为：$E(x)=p$，方差为：$D(x)=pq$。在交替标志中，称为交替标志的平均数和方差。

【例 8-11】 某公司对上月生产的 960 件完工产品进行入库检验时发现，有 48 件产品不合格。试计算完工产品的不合格率和标准差。

完工产品的不合格率：$E(x)=\dfrac{48}{960}=0.05$

标准差：$\sigma=\sqrt{pq}=\sqrt{0.05 \times (1-0.05)}=0.217\ 9$

(三) 普瓦松分布

普瓦松分布是一个常见的离散性概率分布。它是由法国数学家普瓦松（Poisson）在 1837 年提出来的。目前，这种分布在很多领域特别是管理科学中得到了广泛的应用。例如，在高速公路上单位时间内到达收费站的车辆数，超市里每单位时间在收款台前排队交款的人数，机场上请求降落和起飞的飞机架数，按固定价格每日商品销售量多少，以及交通事故、机器故障、心脏病等在一定时间或范围内出现的次数等。

普瓦松分布与二项分布不同的是，普瓦松分布出现某种事件的次数是在一段时间间隔或特定空间区域内成功的次数，可用 $X=0, 1, 2, \cdots$ 来表示，而二项分布指的则是在一系列试验中出现成功的次数。

如果单位时间或单位空间内出现某种事件的次数 X 满足以下条件，则称 X 服从普瓦松分布。

(1) 如果把时间区分成许多很小的时间区间，则在这些小的时间区间（如 1 分、1 秒）内正好发生一次某种事件的概率很小。

(2) 在这些小的时间段内，出现两个或两个以上某种事件的概率小到可以视为是 0。

(3) 某事件在某区间内发生的概率，仅与区间长度有关，而与区间所在位置无关。

(4) 任何两个单位时间内某种事件的发生次数互相独立。

普瓦松分布的定义如下。

若随机变量 X 的概率分布为：

$$P(X=k)=\frac{\lambda^k}{k!}e^{-\lambda} \quad (k=0,1,2,\cdots)(\lambda>0) \tag{8-15}$$

则称随机变量 X 服从参数为 λ 的普瓦松分布,记为 $X\sim P(\lambda)$。这里 X 表示事件发生的次数,λ 表示在间隔或区域内成功次数的均值。

普瓦松分布的数学期望和方差分别为:

$$E(x)=\lambda \tag{8-16}$$

$$D(x)=\lambda \tag{8-17}$$

普瓦松分布的均值和方差相等,这进一步说明普瓦松分布是由唯一参数 λ 确定的概率分布。

【例 8-12】 某城市每天发生火灾的次数服从参数 $\lambda=0.7$ 的普瓦松分布。要求计算该市一天内发生 3 次或 3 次以上火灾的概率。

$$P(X\geqslant3)=1-P(X<3)=1-P(X=0)-P(X=1)-P(X=2)$$
$$=1-\left(\frac{0.7^0}{0!}+\frac{0.7^1}{1!}+\frac{0.7^2}{2!}\right)\times e^{-0.7}=0.034\ 1$$

普瓦松分布可以认为是二项分布当 n 增大而 p 缩小时的一种极限形式。数学上可以证明,随着 n 不断增大而 p 逐渐缩小,np 保持不变,二项分布的概率可用普瓦松分布的概率公式近似计算,即:

$$C_n^k p^k(1-p)^{n-k}\approx\frac{e^{-\lambda}\lambda^k}{k!} \quad (k=0,1,2,\cdots,n)$$

在实际应用中,当 $n\geqslant20$ 和 $p\leqslant0.05$ 时,普瓦松分布近似二项分布。在两个概率值当 n 越大,且 p 越小的情况下,其接近程度越高。

(四)超几何分布

超几何分布是指只有两种可能结果的不重复试验的概率分布。产生超几何分布的一个背景是产品的不放回抽样问题。设随机变量 X 的概率分布为:

$$P(X=k)=\frac{C_M^k C_{N-M}^{n-k}}{C_N^n} \quad (k=0,1,2,\cdots,l) \tag{8-18}$$

式(8-18)中,$n\leqslant N$,$M<N$,$l=\min(n,M)$,n、N、M 均为正整数,则称随机变量 X 服从参数为 N、M、n 的超几何分布,记作 $X\sim H(N,M,n)$。

超几何分布的数学期望和方差分别为:

$$E(X)=np \tag{8-19}$$

$$D(X)=npq\left(\frac{N-n}{N-1}\right),其中\ p=\frac{M}{N} \tag{8-20}$$

对于式(8-20),当 N 很大时,$\frac{N-n}{N-1}$ 接近 1,超几何分布的极限为二项分布。在实际应用中,当 N 对 n 的比率在 20 倍以上就可以用二项分布作为超几何分布的近似值。

【例 8-13】 某厂生产的一批产品共有 80 件,其中 5 件为次品。现从中不重复抽取 5 件。试计算以下事件的概率:

(1) 5 件产品均为合格品。

(2) 5 件产品中有 3 件为次品。

根据题意可知,$N=80$,$M=5$,$n=5$,因抽样为不重复抽取,X 服从超几何分布。

(1) 从 80 件产品中抽取 5 件,有 C_{80}^5 种可能,从 75 件合格品中抽取 5 件,有 C_{75}^5 种可能,则:

$$P(X=0)=\frac{C_5^0 C_{75}^5}{C_{80}^5}=0.717\ 9$$

(2) 从 75 件合格品中抽取 2 件,有 C_{75}^2 种可能,从 5 件次品中抽取 3 件,有 C_5^3 种可能。根据概率乘法公式,5 件产品中有 3 件次品的数目为 $C_{75}^2 C_5^3$ 种,则:

$$P(X=2)=\frac{C_5^3 C_{75}^2}{C_{80}^5}=0.001\ 2$$

第三节　连续型随机变量的概率分布

一、连续型随机变量概率分布的定义和性质

离散型随机变量的每一个数值都有精确的概率值,表示取到该数值的可能性大小。但对于连续型随机变量,其取值范围内的数值是紧密联结、不可胜数的,所以在一次随机抽样中,恰好取到某一数值是不可能的,亦即连续型随机变量等于单个取值的概率为 0,因此研究连续型随机变量单一数值的概率是没有意义的。通常是考虑落入区间 (a,b) 的概率,在这个区间内有无穷多个实数。连续型随机变量的取值不能一一列举出来,概率分布也不像离散型随机变量那样可以用点的概率表示,而只能采用函数的形式来描述。

(一) 概率分布的定义

对于连续型随机变量 $X(-\infty<X<+\infty)$,如果存在非负可积函数 $f(x)$,对于任意 $x_1,x_2(x_1<x_2)$ 都有:

$$P(x_1<X<x_2)=P(x_1\leqslant X<x_2)=P(x_1<X\leqslant x_2)$$
$$=P(x_1\leqslant X\leqslant x_2)=\int_{x_1}^{x_2}f(x)\mathrm{d}x$$

则称 $f(x)$ 为 X 的概率密度函数,简称概率密度。

$F(x)=P(X\leqslant x)=\int_{-\infty}^x f(x)\mathrm{d}x$,称 $F(x)$ 为 X 的累计分布函数,简称分布函数。

(二) 概率密度函数的性质

性质 1:$f(x)\geqslant 0$,$-\infty<x<+\infty$

性质 2：$\displaystyle\int_{-\infty}^{+\infty} f(x)\mathrm{d}x = 1$

性质 3：对任意实数 a，$b(a < b)$，有：

$$P(a < X \leqslant b) = F(b) - F(a) = \int_a^b f(x)\mathrm{d}x$$

性质 4：连续型随机变量取一个具体数值的概率为 0，即：对任意实数 x，$P(X = x) = 0$。

二、正态分布

正态分布（Normal Distribution）是一种重要的连续型分布。它是以均值为中心呈对称的钟型分布，在统计学中应用极为广泛。

正态分布的概念是由德国的数学家和天文学家棣莫弗（Moivre）于 1733 年首次提出的，但由于德国数学家高斯（Gauss）率先将其应用于天文学家研究，故正态分布又叫高斯分布。

（一）正态分布的定义

正态分布是一种连续性分布，当随机变量 X 的取值范围为 $(-\infty < X < +\infty)$，概率密度函数为：

$$f(x) = \frac{1}{\sigma\sqrt{2\pi}} e^{-\frac{1}{2}\left(\frac{x-\mu}{\sigma}\right)^2} \quad (-\infty < x < +\infty) \tag{8-21}$$

则称 X 服从正态分布，记作 $X \sim N(\mu, \sigma^2)$。

式（8-21）中，$\pi = 3.141\,6$，$e = 2.718\,28$，均为常数；μ 和 σ 被称为正态分布的参数，用 $N(\mu, \sigma^2)$ 表示均值为 μ、标准差为 σ 的正态分布，而 μ 和 σ 一旦被确定，正态分布就被唯一确定，不同的 μ 和 σ 得到不同的正态分布。

概率密度函数 $f(x)$ 在直角坐标系内的图形如图 8-1 所示，称为正态分布曲线。

若 $X \sim N(\mu, \sigma^2)$，则其分布函数为：

$$F(x) = \frac{1}{\sigma\sqrt{2\pi}} \int_{-\infty}^{x} e^{-\frac{(t-u)^2}{2\sigma^2}} \mathrm{d}t \quad (-\infty < x < +\infty)$$

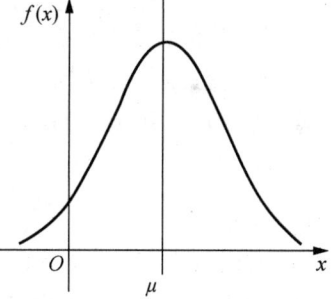

图 8-1 正态分布概率密度函数

正态分布函数曲线如图 8-2 所示。

正态分布在统计理论和实践中起着非常重要的作用。特别是在统计推断中，正态分布可以作为描述抽样误差的理论依据，从而为统计推断中估算和控制抽样误差提供了方法和手段。有些重要的离散型概率分布，也可以用正态分布求得概率的近似值，如二项分布、普瓦松分布在一定条件下都逼近正态分布。

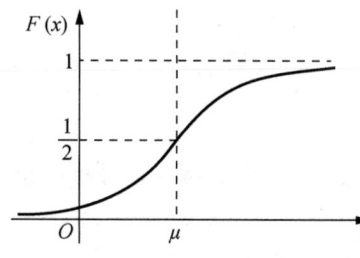

图 8-2 正态分布函数

理论研究表明，如果一个变量受到大量随机因素的影响，而各种因素所起的作用都很微小时，该变量就服从正态分布。

（二）正态分布曲线的特性

（1）正态分布是对称分布，其对称轴位置为均值 μ（均值、中位数和众数三者重合），且其概率密度函数曲线呈钟形，所以又称为钟形曲线。

（2）正态分布下的面积集中在中心部分而向两边逐渐减少。任何正态分布曲线下，在 μ 左右各一个标准差范围内（$\mu-\sigma$, $\mu+\sigma$）包含总体单位总数的 68.3%，即随机变量取值在这个范围内的概率 $P(\mu-\sigma<x<\mu+\sigma)$ 为 68.3%，在（$\mu-2\sigma$, $\mu+2\sigma$）范围内约为 95.4%，在（$\mu-3\sigma$, $\mu+3\sigma$）范围内约为 99.7%（图 8-3）。

（3）正态分布的标准差 σ 影响正态分布曲线的形状。尽管任何正态分布都是钟形的，但正态分布曲线的陡缓程度完全由 σ 决定。当 μ 固定不变时，σ 越大，正态分布曲线就越平坦，表示随机变量分布较为分散；当 σ 越小，正态分布曲线就越陡峭，表示随机变量分布较为集中，如图 8-4 所示。

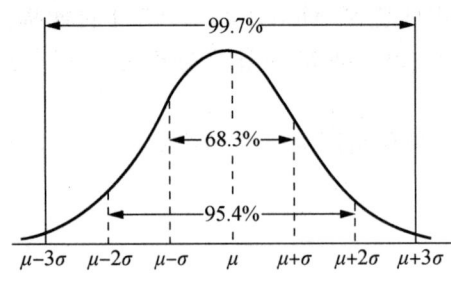

图 8-3　正态分布

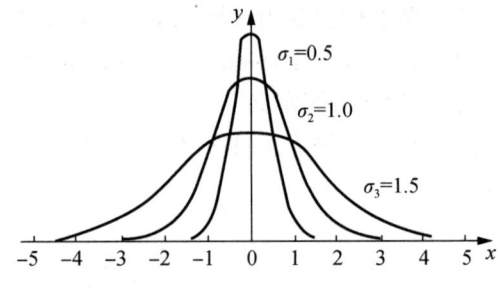

图 8-4　正态分布标准差与正态分布曲线的关系

（三）标准正态分布及其应用

当正态分布的参数 $\mu=0$, $\sigma=1$ 时，即 $X \sim N(0, 1)$ 时，则称 X 服从标准正态分布。这时用 $\phi(x)$ 和 $\Phi(x)$ 分别表示 X 的概率密度函数和分布函数。即：

$$\phi(x)=\frac{1}{\sqrt{2\pi}}\mathrm{e}^{-\frac{x^2}{2}} \quad (-\infty<x<+\infty)$$

$$\Phi(x)=\frac{1}{\sqrt{2\pi}}\int_{-\infty}^{x}\mathrm{e}^{-\frac{t^2}{2}}\mathrm{d}t \quad (-\infty<x<+\infty)$$

正态分布的概率密度函数 $\phi(x)$ 与分布函数 $\Phi(x)$ 具有以下性质：

（1）$\phi(x)$ 是偶函数：$\phi(x)=\phi(-x)$。

（2）当 $x=0$ 时，$\phi(x)$ 取最大值 $\frac{1}{\sqrt{2\pi}}$。

（3）$\Phi(-x)=1-\Phi(x)$，且 $\Phi(0)=\frac{1}{2}$。

正态随机变量的分布函数可借助于标准正态分布函数来计算。标准正态分布随机变量分布函数的值已经制成表，可根据需要查表应用，见本书附表 1。

【例 8-14】　设 $X \sim N(0, 1)$，试计算 $P(X>1.2)$、$P(-1.6<X<2.5)$、$P(|X|<1.5)$ 和 $P(|X|>3)$。

(1) $P(X>1.2)=1-P(X\leqslant1.2)=1-\varPhi(1.2)$，查附表 1 可知 $\varPhi(1.2)=0.8849$，则：

$$P(X>1.2)=1-0.8849=0.1151$$

(2) $P(-1.6<X<2.5)=P(X<2.5)-P(X\leqslant-1.6)=\varPhi(2.5)-\varPhi(-1.6)=\varPhi(2.5)-[1-\varPhi(1.6)]=\varPhi(2.5)+\varPhi(1.6)-1$。

查附表 1 可知，$\varPhi(2.5)=0.9938$，$\varPhi(1.6)=0.9452$，则：

$$P(-1.6<X<2.5)=0.9938+0.9452-1=0.9390$$

(3) $P(|X|<1.5)=P(-1.5<X<1.5)=P(X<1.5)-P(X\leqslant-1.5)=\varPhi(1.5)-\varPhi(-1.5)=\varPhi(1.5)-[1-\varPhi(1.5)]=2\varPhi(1.5)-1$。

查附表 1 可知，$\varPhi(1.5)=0.9332$，则：

$$P(|X|<1.5)=2\times0.9332-1=0.8664$$

(4) $P(|X|>3)=2P(X>3)=2[1-\varPhi(3)]$，查附表 1 可知，$\varPhi(3)=0.9987$，则：

$$P(|X|>3)=2\times(1-0.9987)=0.0026$$

【例 8-15】 设 $X\sim N(3,9)$，试计算 $P(X\leqslant4)$ 和 $P(|X|<5)$。

依题意随机变量 X 服从正态分布，但不是标准正态分布。需要先将 X 标准化成 $\dfrac{x-\mu}{\sigma}$ 的形式。因 $\mu=3$，$\sigma=3$，则：

$$P(X\leqslant4)=\varPhi\left(\frac{4-3}{3}\right)=\varPhi(0.33)=0.6293$$

$$P(|X|<5)=P(-5<X<5)$$
$$=\varPhi\left(\frac{5-3}{3}\right)-\varPhi\left(\frac{-5-3}{3}\right)$$
$$=\varPhi(0.67)-[1-\varPhi(2.67)]$$

查附表 1 可知，$\varPhi(0.67)=0.7486$，$\varPhi(2.67)=0.9962$，则：

$$P(|X|<5)=0.7486+0.9962-1=0.7448$$

📖 **本章小结**

　　本章主要介绍随机试验、随机事件、随机变量的概念，概率的概念和其基本运算，以及统计中常见的概率分布。

　　1. 在相同条件下重复对某种随机现象进行观察的过程称为试验。如果该实验在相同的条件下可以重复进行，且每次试验的结果事先可以预知，则称此类试验为随机试验。

　　2. 在随机试验中，可能发生也可能不发生的试验结果称为随机事件。

　　3. 为了便于研究随机试验的各种可能结果及其发生的概率，将随机试验的结果与某一数值对应起来，表示随机试验数值的量为随机变量。

　　4. 概率表示某事件发生的可能性，是介于 0 和 1 之间的一个数值。概率可分为古典概率、试验概率和主观概率三种。概率的基本运算分为条件概率、乘法公式、独立事件、全概率公式、贝叶斯定律等几种情况。

　　5. 概率分布是指描述随机变量所有可能取值及相应概率变化规律的函数。概率分布分为离散型随机变量概率分布和连续型随机变量概率分布。常见的离散型概率分布有二项分布、两点分布、普瓦松分布和超几何分布。常见的连续型概率分布有正态分布、t 分布、χ^2 分布和 F 分布。本章着重介绍正态分布，t 分布、χ^2 分布和 F 分布将在第九章中介绍。

 **练习题**

一、单项选择题

1. 一项试验中所有可能的结果的集合称为（　　）。

　　A. 样本空间　　　　B. 事件　　　　C. 简单事件　　　　D. 基本事件

2. 每次试验可能出现也有可能不出现的事件称为（　　）。

　　A. 可能事件　　　B. 必然事件　　　C. 不可能事件　　　D. 随机事件

3. 随机抽取一台液晶电视机，设其寿命为 t，则样本空间 $\Omega =$（　　）。

　　A. $\{t<0\}$　　　B. $\{t=0\}$　　　C. $\{t>0\}$　　　D. $\{t\geq 0\}$

4. 某企业对一批完工产品进行入库检验，假设产品的合格率为 p，则样本空间 $\Omega =$（　　）。

　　A. $\{0\leq p<1\}$　　B. $\{0\leq p\leq 1\}$　　C. $\{p\leq 1\}$　　D. $\{p\geq 1\}$

5. 如果 A 事件的概率取值为 1，则称这一事件为（　　）。

　　A. 可能事件　　　B. 不可能事件　　　C. 随机事件　　　D. 必然事件

6. 某书店在一项调查中发现，有 75% 的顾客来书店购买学习参考书，62% 的顾客是来买文学著作，有 36% 的顾客既买学习参考书，也买文学著作。则在某顾客来书店购买学习参考书的条件下，也购买文学著作的概率为（　　）。

　　A. 0.75　　　　B. 0.62　　　　C. 0.36　　　　D. 0.48

7. 某工厂有一台发电机，在某月发生故障的次数与概率如表 8-3 所示，则表 8-3 中 p_3 的值为（　　）。

表 8-3　某工厂发电机某月发生故障的次数与概率

故障次数（x_i）	0	1	2	3
概率（p_i）	0.15	0.32	p_3	0.15

　　A. 0.15　　　　B. 0.32　　　　C. 0.38　　　　D. 0.62

8. 下列有关 n 重贝努利试验的陈述中，不正确的是（　　）。

　　A. 一次试验只有两个结果："成功"和"失败"

　　B. 每次试验成功的概率都是相同的

　　C. 在 n 次试验中，"失败"的次数对应一个连续型随机变量

　　D. 试验是相互独立的

9. 下列选项中，属于连续型随机变量概率分布的是（　　）。

A. 二项分布　　　　　B. 0—1 分布　　　　　C. 正态分布　　　　　D. 普瓦松分布

10. 设随机变量 X 服从标准正态分布,则 $P(0.5 \leqslant X \leqslant 1.4)=($　　$)$。

A. 0.227 7　　　　　B. 0.919 2　　　　　C. 0.691 5　　　　　D. 0.080 8

二、计算题

1. 已知在 100 个完工产品中有 5 件次品,现采用不重复随机抽样方式抽取产品。要求计算:

(1) 两次均抽到正品的概率。

(2) 求第三次抽到正品的概率。

(3) 若改为重复随机抽取,求两次均抽到正品的概率。

2. 某市发行一批福利彩票,中奖金额及其概率分布如表 8-4 所示。某人花 2 元购买福利彩票,试求购买者的期望收益。

表 8-4　中奖金额及概率　　　　　单位:元

奖金(x_i)	10 000	1 000	100	20	10
中奖概率(p_i)	0.000 01	0.000 1	0.001	0.01	0.1

3. 在一份统计学试卷中有 10 道单项选择题,每道题有 4 个备选答案,其中只有 1 个正确答案。某考生随机选择答案。试计算:

(1) 答对 6~10 题的概率。

(2) 至少答对 6 道题的概率。

4. 某生产车间为保障油泵的正常运行,需要配备适量的维修工。若每台油泵发生故障是相互独立的,且发生故障的概率均为 0.03。试计算:

(1) 如果由 1 人负责维修 20 台油泵,油泵发生故障不能及时维修的概率。

(2) 若由 3 人共同负责维修 60 台油泵,油泵发生故障而不能及时维修的概率。

5. 设 $X \sim N(12, 2.5^2)$,试计算:

(1) $P(X > 8)$。

(2) $P(10 \leqslant X \leqslant 15)$。

第九章

抽样与抽样分布

第一节　抽样和抽样方法

一、抽样的含义、特点及适用范围

1. 抽样的含义

抽样是指从样本总体中抽取部分个体作为样本,通过观察样本某一或某些属性获得的数据,对总体特征作出具有一定可靠性的判断,从而达到对总体的认识。

在对总体进行研究时,进行抽样研究是非常重要的。特别是在研究的总体很大时,人们不可能对总体逐一进行研究,或者由于试验或检验具有破坏性,也不允许进行全面检查。此外,在许多情况下人们没有必要对所有对象都进行研究、试验或考察。例如,工业产品完工后需要进行入库检验,但实施全面检验是完全没有必要的,一般采用抽样技术就可以解决质量检验问题。

2. 抽样的特点

抽样的特点可以概括为三个方面:按随机原则抽取样本单位;抽样目的是推断总体的数量特征;抽样推断的结果具有一定的可靠程度,抽样误差可以事先计算并加以控制。

3. 抽样估计的适用范围

抽样估计的一般步骤是:设计抽样方案→抽取样本单位→收集样本数据→计算样本统计量→推断总体参数。一般来说,抽样估计适用于下列情形:

(1) 不可能进行全面调查时。

(2) 不必要进行全面调查时。

(3) 需要进行假设检验时。

(4) 对全面调查资料进行补充、修正时。

二、抽样中的基本概念

1. 总体和样本

总体是研究对象的全体,它是由具有某种共性的所有单位组成的集合,是唯一的、确定的。总体单位的总数称为总体容量,一般用 N 表示。样本是按随机原则从总体中抽取一部分单位组成的整体,样本是随机的、不确定的。样本中所包括的单位数叫样本容量,一般用 n 表示。一般地,当样本容量 $n \geqslant 30$ 称为大样本,$n < 30$ 称为小样本。

2. 总体参数

总体参数是根据总体各单位的标志值或特征计算的、反映总体某一属性的综合指标。总体参数是唯一的、确定的常数,但一般情况下又是未知的。常用的总体参数有总体均值、总体标准差、总体方差、总体比例(成数)。

(1) 总体均值 $\bar{X}$:

$$\bar{X} = \frac{\sum\limits_{i=1}^{N} X_i}{N} \quad 或 \quad \bar{X} = \frac{\sum\limits_{i=1}^{m} X_i f_i}{\sum\limits_{i=1}^{m} f_i}$$

(2) 总体标准差 σ:

$$\sigma = \sqrt{\frac{1}{N}\sum_{i=1}^{N}(X_i - \bar{X})^2} \quad 或 \quad \sigma = \sqrt{\frac{1}{\sum\limits_{i=1}^{m} f_i}\sum_{i=1}^{m}(X_i - \bar{X})^2 f_i}$$

(3) 总体方差 σ^2:

$$\sigma^2 = \frac{1}{N}\sum_{i=1}^{N}(X_i - \bar{X})^2 \quad 或 \quad \sigma^2 = \frac{1}{\sum\limits_{i=1}^{m} f_i}\sum_{i=1}^{m}(X_i - \bar{X})^2 f_i$$

(4) 总体比例(成数) P:

$$P = \frac{N_1}{N}, \; Q = \frac{N_0}{N} = 1 - P \; (N = N_0 + N_1)$$

(5) 总体是非标志的标准差 σ_P:

$$\sigma_P = \sqrt{P(1-P)} = \sqrt{PQ} \quad (当 P = Q = 0.5 时,\sigma_P 有最大值)$$

(6) 总体是非标志的方差 σ_P^2:

$$\sigma_P^2 = P(1-P) = PQ$$

3. 样本统计量

样本统计量是由抽取样本的各个标志值或标志特征计算的综合指标,样本统计量有样本均值、样本比例(成数)、样本标准差及方差等。由于样本是从总体中多次独立地随机抽取的,统计量是一个随机变量。

(1) 样本均值 $\bar{x}$:

$$\bar{x} = \frac{1}{n}\sum_{i=1}^{n} x_i \quad 或 \quad \bar{x} = \frac{\sum\limits_{i=1}^{m} x_i f_i}{\sum\limits_{i=1}^{m} f_i}$$

（2）样本标准差 s：

$$s = \sqrt{\frac{1}{n-1}\sum_{i=1}^{n}(x_i-\bar{x})^2} \quad \text{或} \quad s = \sqrt{\frac{1}{\sum_{i=1}^{m}f_i-1}\sum_{i=1}^{m}(x_i-\bar{x})^2 f_i}$$

（3）样本方差 s^2：

$$s^2 = \frac{1}{n-1}\sum_{i=1}^{n}(x_i-\bar{x})^2 \quad \text{或} \quad s^2 = \frac{1}{\sum_{i=1}^{m}f_i-1}\sum_{i=1}^{m}(x_i-\bar{x})^2 f_i$$

（4）样本比例（成数）p：

$$p = \frac{n_1}{n}, \quad q = \frac{n_0}{n} = 1-p \quad (n=n_0+n_1)$$

（5）样本是非标志的标准差 s_p：

$$s_p = \sqrt{\frac{n}{n-1}p(1-p)} = \sqrt{\frac{n}{n-1}pq} \quad (\text{当 } p=q=0.5 \text{ 时}, s_p \text{ 有最大值})$$

（6）样本是非标志的方差 s_p^2：

$$s_p^2 = \frac{n}{n-1}p(1-p) = \frac{n}{n-1}pq$$

当样本容量很大时，$\frac{1}{n}$ 与 $\frac{1}{n-1}$ 相差不大，样本方差的公式可以直接除以 n，与总体方差的计算公式保持一致。

$$s = \sqrt{\frac{1}{n}\sum_{i=1}^{n}(x_i-\bar{x})^2} \quad \text{或} \quad s = \sqrt{\frac{1}{\sum_{i=1}^{m}f_i}\sum_{i=1}^{m}(x_i-\bar{x})^2 f_i}$$

$$s^2 = \frac{1}{n}\sum_{i=1}^{n}(x_i-\bar{x})^2 \quad \text{或} \quad s^2 = \frac{1}{\sum_{i=1}^{m}f_i}\sum_{i=1}^{m}(x_i-\bar{x})^2 f_i$$

$$s_p = \sqrt{p(1-p)} = \sqrt{pq}, \quad s_p^2 = p(1-p) = pq$$

三、抽样方法

要做到从抽样结果正确地推断出总体的数量特征，抽样时应遵守随机性原则，以保证样本的代表性。所谓随机性原则就是要保证在抽样时，每一个总体单位被抽中的机会都要相等。但在实践中，由于受到费用、时间、总体分布特征等因素的限制，要完全满足随机性原则是很困难的。因此，在抽样时必须根据所研究总体的特征和研究目的要求，对抽取样本的程序和方法进行周密的设计和安排，这称为抽样方法或抽样的组织方式。抽样方法主要有简单随机抽样、分层抽样、等距抽样、整群抽样和多阶段抽样等。

（一）简单随机抽样

简单随机抽样（simple random sampling）是按照随机性原则，从总体 N 个单位中任意抽取 n 个单位作为样本，使每个可能的样本被抽中的概率相等的一种抽样方式。为减少抽样误差，保证抽样结果的精确性，就需要抽取较多的样本数。所以，简单随机抽样只适合于总体中单位之间差异较小、分布较为均匀的情形。

此外，这种方法在实践中也有较大局限性。因为简单随机抽样是直接从总体中随机抽取样本的，需要事先将总体中的各单位进行编号。如果总体单位的数量较多而分布又分散时，此方法实施起来较为困难。因此简单随机抽样又只适用于总体单位数较少、分布集中的情形。

简单随机抽样又可以分为重复抽样（duplicate sampling）和不重复抽样（simple sampling without replacement）两种方法。

重复抽样又叫重置抽样或放回抽样，是指抽样时对每次被抽到的单位登记后再放回总体，重新参与下一次抽选的抽样方法。在重复抽样情况下，总体待抽选的单位数是不变的，前面被抽到的单位在后面的抽选中还有可能被抽中，这样各总体单位每次被抽选的概率都是相等的，n 次抽取就相当于 n 次相互独立的试验。

不重复抽样则是每次抽取样本以后不再将这个单位放回总体，而在余下的单位中抽取样本。重复抽样能够保证每次抽样时总体的构成不变，但是总体中的同一个单位可能会被多次抽到样本中去。不重复抽样能够保证总体中的单位在样本中最多只出现一次。对于单位数较少的总体而言，采用不重复抽样，更有利于获得总体的信息。

需要注意的是，在重复抽样和不重复抽样两种情形下，所得到的样本方差是不同的。

（二）分层抽样

分层抽样（stratified sampling）又称为分类抽样或类型抽样。它是先将总体各单位按照其属性特征分成若干个组，称为层次或类型，然后在各层次或类型中再用简单随机抽样或等距抽样抽取出所需要的样本单位。

分层抽样通过分层可以保证同一层中各单位之间的差异较小，所抽取的单位对于该层的其他单位有较好的代表性，而且各层都有一定的单位选入样本。因此，用较少的单位就可以取得较好的抽样效果。

分层抽样适用于总体情况比较复杂，各层次或类型之间的差异较大，而总体单位数又比较多的情形。

分层抽样中根据每一层所抽取的样本数的决定方法不同，又可以分为等数分层抽样法、等比例分层抽样法和最优分配的分层抽样法。

1. 等数分层抽样法

等数分层抽样法是一种在每一层中都抽取相同单位的样本数的抽样方法。在总体中各层的单位数基本相等或差异不大时，用这种方法分配样本数比较简单，否则用这种方法所产生的抽样误差就比较大。采用等数分层抽样法，各组分配的单位数相同，即 $n_1 = n_2 = \cdots = n_k$。

2. 等比例分层抽样

等比例分层抽样要求在每一层次中所抽取的样本数在样本总数中所占比例与该层次的单位数在总体中所占比例相一致。这样可以保证样本结构与总体结构一致性，使样本具有

更大的代表性。在进行等比例分层抽样时,要求分配各组的抽样单位数应满足:

$$\frac{n_1}{N_1}=\frac{n_2}{N_1}=\frac{n_3}{N_1}=\cdots=\frac{n_k}{N_k}=\frac{n}{N},\ n_i=\frac{n}{N}N_i$$

一般地,如果对样本的代表性要求一致时,等比例分层抽样所需要的样本单位数可以比简单随机抽样或等距抽样所需要的少一些,因此这是一种应用最广的抽样方法之一。

3. 最优分配的分层抽样法

这是一种按照各层单位的差异大小来决定样本数量的抽样方法。这种方法主要是考虑总体单位在分层以后,不仅各层所包含的单位数不同,而且各层的标志变动程度 σ_i 也不同。在决定抽样单位时,对于标志变动程度大的层,抽样单位数要多;对于变动程度小的层,抽样单位数可以相应少些。这样就可以使各层所抽取的样本数在样本总数中的比例与该层的变动程度在所有变动程度总和中的比例相等。各层所抽取的样本数在样本总数中的比例为:

$$\frac{n_i}{n}=\frac{N_i\sigma_i}{\sum N_i\sigma_i}$$

则各类型组分配的抽样单位数为:$n_i=n\times\dfrac{N_i\sigma_i}{\sum N_i\sigma_i}$

这种样本分配方式可以使样本的抽样误差最小。但由于在决定样本数前,难以判断各层内单位的变动程度,所以这种方法在实际工作中很少采用。

(三)等距抽样

等距抽样(systematic sampling)又称为系统抽样或机械抽样。这种方法先将总体中各单位按某一标志顺序排列,然后每隔一定的间距抽取样本单位。

等距抽样按照排队时所依据的标志不同,可以分为无关标志排队和有关标志排队。无关标志排队就是按照与调查研究无关的标志进行排队。例如,在研究居民的平均收入水平时,先按其姓氏笔划顺序进行排队就是一种无关标志排队。有关标志排队是按照与调查研究目的或内容有关的标志进行排队。例如,若要研究某企业职工的平均工资水平,先对职工按其工资高低进行排队再抽样就是一种有关标志排队。

等间距抽样的关键是确定在第一个间距内抽样单位的位置。如果总体是按无关标志排队的,可以在第一个间隔内随机抽取样本单位。如果总体是按有关标志排队的,则第一个抽样单位可以选择第一个间隔内居中的那个单位。在样本的第一个单位确定后,其余各抽样单位就可以按每隔一个等间距来确定。这样可以保证样本单位在总体中能均匀分布。等距抽样的估计误差,可以按照简单随机抽样的公式进行计算。

等距抽样的优点主要是抽样方式简单、容易实施,所以应用广泛。等距抽样能使样本在总体中均匀分布,因此,等距抽样的精度一般要高于简单随机抽样。但由于等距抽样中第一个样本单位的位置确定以后,其余的样本单位的位置也就自动确定了,因此要避免由于抽样时所采用的间距和所研究对象本身的周期性相重合而引起系统性的偏差。

(四)整群抽样

整群抽样(cluster sampling)就是将总体中的单位按一定的标志或要求分成若干群,然后以群为单位随机地抽取若干个群,对已抽中的群进行全面调查的抽样方式。

采用整群抽样时,抽取的样本单位比较集中,抽样调查实施起来简单方便,可以节省人力、物力和财力。当总体中所包括的单位数很多,而对其中单位的情况缺乏了解,直接对单位难以控制误差、风险较大时,采用整群抽样会获得较好的结果。

整群抽样所得结果的可靠性程度取决于群与群之间差异的大小及抽选的单位数的多少。如果群与群之间差异小而抽选的样本群数多,则抽样的误差就小;反之,若群与群之间的差异大,而抽选的样本群数又少,抽样的误差就大。

(五) 多阶段抽样

在实践中,总体所包括的单位数很多,分布很广,通过一次抽样就选出有代表性的样本是很困难的。此时可将整个抽样过程分为几个阶段,然后逐阶段进行抽样,最终得到所需要的有代表性的样本,这种抽样方法称为多阶段抽样(multi-stage sampling)。

多阶段抽样的阶段数不宜过多,一般采用两、三个阶段,至多四个阶段为宜,否则,手续繁琐,效果也不一定好。多阶段抽样前几个阶段的抽样,都是以整群抽样的方式进行的。为保证抽样结果的代表性,抽取的群数和抽样的方式都要注意样本单位分布的均匀性。为此,在第一阶段抽样时通常多抽一些群数。对于群间差异大的阶段,则应当多抽一些;反之,可以少抽一些。在每一阶段抽取群体时,可以采用简单随机抽样或等距抽样。不同的阶段既可以用同一种抽样方式,也可以用不同的抽样方式。

第二节　抽　样　分　布

一、抽样分布的概念

费希尔(R. A. Fisher)认为,抽样分布、参数估计和假设检验是推断统计的核心内容。其中,抽样分布最为关键,参数估计和假设检验都是以抽样分布理论为前提和基础的。

在抽样过程中,由于样本是随机抽取的,对每一个特定的样本,统计量都有一个相应的数值。可见样本统计量本身也是一个随机变量,其取值随样本的不同而不同。假如从一个总体中随机抽出容量相同的各种样本,则从这些样本计算出的统计量所有可能值的分布就称为统计量的抽样分布。简而言之,抽样分布(sample distribution),即样本统计量的概率分布,它是由样本统计量推断总体参数的理论作为基础和前提的。抽样时我们不可能将所有样本都抽取出来,因此统计量的抽样分布实际上是一种理论分布。

构造抽样分布一般包括以下几个步骤:

(1) 从容量为 N 的有限总体中随机抽出容量为 n 的所有可能样本。

(2) 计算出每个样本的统计量的具体数值。

(3) 将样本的观测值分组排列,把对应于每个观测值出现的频数排成另一列。这些全部可能的样本统计量形成了一个概率分布,即抽样分布。

【例 9-1】 从数值分别为 1,2,3,4 的总体中,随机抽取样本容量为 2 的简单随机样本。要求列出样本均值 $\bar{x}$ 的分布。

先列出总体分布,如表 9-1 所示。

表 9-1　总体分布

X	1	2	3	4
P	0.25	0.25	0.25	0.25

在重复抽样下,可能抽取的样本共有 $4^2=16$ 个。因为每个样本被抽取的概率相同,均为 1/16,则所有样本及其均值如表 9-2 所示。

表 9-2　样本单位及其均值

样本单位	1	2	3	4
1	1.0	1.5	2.0	2.5
2	1.5	2.0	2.5	3.0
3	2.0	2.5	3.0	3.5
4	2.5	3.0	3.5	4.0

根据表 9-2 可以得出样本均值的抽样分布,见表 9-3。

表 9-3　样本均值的抽样分布

样本均值	1.0	1.5	2.0	2.5	3.0	3.5	4.0
次数	1	2	3	4	3	2	1
概率	1/16	2/16	3/16	4/16	3/16	2/16	1/16

从[例 9-1]中可以看出,总体分布表现为等概率分布,样本均值的抽样分布并非等概率分布,抽样分布与总体分布存在较大的差异。

二、样本均值的抽样分布

(一) 一个样本

1. 总体服从正态分布

设 $X \sim N(\mu, \sigma^2)$, $X_1, X_2, X_3, \cdots, X_n$ 是正态分布总体的一个样本。无论样本容量大小,样本均值 $\bar{x}$ 的抽样分布具有如下性质:

(1) 样本均值 $\bar{x} = \dfrac{1}{n}\sum X_i$ 的分布仍然是正态分布。

(2) 样本均值 $\bar{x}$ 分布的均值 $\mu_{\bar{x}}$ 等于总体均值 μ。以[例 9-1]为例,

样本均值 $\bar{x}$ 的均值: $\mu_{\bar{x}} = \dfrac{1.0+1.5+2.0+\cdots+4.0}{16} = 2.5$

总体均值: $\mu = \dfrac{1+2+3+4}{4} = 2.5$

(3) 样本均值 $\bar{x}$ 分布的方差 $\sigma_{\bar{x}}^2$ 等于总体方差除以样本容量 n,即 $\sigma_{\bar{x}}^2 = \dfrac{\sigma^2}{n}$。以[例 9-1]为例,

样本均值的方差：

$$\sigma_{\bar{x}}^2 = \frac{(1-2.5)^2 + (1.5-2.5)^2 + (2-2.5)^2 + \cdots + (4-2.5)^2}{16}$$

$$= 0.625$$

总体方差：

$$\sigma^2 = \frac{(1-2.5)^2 + (2-2.5)^2 + (3-2.5)^2 + (4-2.5)^2}{4} = 1.25$$

$$\sigma_{\bar{x}}^2 = \frac{\sigma^2}{n} = \frac{1.25}{2} = 0.625$$

2. 总体服从非正态分布

根据中心极限定律，给出一个任意函数形式的总体，其均值 μ 和方差 σ^2 为有限值。在对总体进行抽样时，随着样本容量 n 的增大，样本均值 $\bar{x}$ 的抽样分布将近似服从总体均值为 μ 和方差为 $\frac{\sigma^2}{n}$ 的正态分布。或者说，若统计量 $z = \frac{\bar{x} - \mu}{\sigma}$，则 z 近似标准正态分布。一般情况下，样本容量 $n \geqslant 30$ 就可以认为是大样本，其均值近似服从正态分布。

3. 有限总体修正系数

前面提到的"样本均值的方差等于总体方差除以样本容量"，即 $\sigma_{\bar{x}}^2 = \frac{\sigma^2}{n}$，只适用于从无限总体重复或不重复简单随机抽样，以及从有限总体中进行重复简单随机抽样的情形。但实际工作中往往是采用不重复抽样或不放回抽样的方法。在这种情况下，总体的数量会不断减少，总体中各元素被抽中的概率也将发生变化。因此需要对样本均值的方差进行修正。

若抽样方法是不重复抽样，样本均值的均值 $\mu_{\bar{x}}$ 仍等于总体均值 μ，而样本标准差 $\sigma_{\bar{x}}$ 则为：

$$\sigma_{\bar{x}} = \frac{\sigma}{\sqrt{n}} \sqrt{\frac{N-n}{N-1}} \tag{9-1}$$

式（9-1）中，N 为总体容量，n 为样本容量，$\sqrt{\frac{N-n}{N-1}}$ 称为修正系数。当 N 很大时，根号里分母的 N 可以不用减 1，直接写成 $\sqrt{\frac{N-n}{N}}$ 或 $\sqrt{1 - \frac{n}{N}}$；当抽样比例 $\frac{n}{N}$ 很小时，$\sqrt{1 - \frac{n}{N}}$ 可以忽略不计。

（二）两个样本

为了通过样本数据对两个总体均值之差作出推断，需要了解两个样本均值之差 $\bar{x}_1 - \bar{x}_2$ 的抽样分布的性质。

独立样本是指在一个总体中随机抽样对在另一个总体中随机抽样没有影响的情况下所获得的样本。如果两个总体的均值分别为 μ_1 和 μ_2，方差分别为 σ_1^2 和 σ_2^2，则从这两个总体中抽取样本容量分别为 n_1 和 n_2，独立样本的均值之差 $\bar{x}_1 - \bar{x}_2$，也近似服从正态分布。

（1）样本均值之差 $(\bar{x}_1 - \bar{x}_2)$ 的均值 = 总体均值之差$(\mu_1 - \mu_2)$。

（2）样本均值之差 $(\bar{x}_1 - \bar{x}_2)$ 的标准差 $= \sqrt{\dfrac{\sigma_1^2}{n_1} + \dfrac{\sigma_2^2}{n_2}}$。

三、样本比例的抽样分布

（一）一个样本

在实际工作中，经常需要考虑在一个总体中具有某种性质或特征的对象所占总体的比例是多少的问题。例如，在容量为 N 的总体中，合格品数量为 N_1，不合格品数量为 N_2，$N = N_1 + N_2$，则 $P = \dfrac{N_1}{N}$ 表示总体中合格品所占的比例。

通常总体参数 P 是未知的，它是需要通过样本来估计的。样本比例是指样本中具有某种特征的单位所占的比例。假设从总体中抽取容量为 n 的样本，其中合格品数量为 n_1，则 $\dfrac{n_1}{n}$ 为合格品的样本比例，用 p 表示。由于每次从抽取容量为 n 的样本不同，其中合格品的数量也不相同，因此 p 也是一个随机变量，从而构成一个样本分布。所以，样本比例的抽样分布就是所有样本比例的可能取值形成的概率分布。

样本比例的抽样分布与二项分布有着非常密切的关系，二项分布总体中具有某种属性的单位称为"成功"，不具有的称为"失败"；将总体中成功的单位占全体的比例记为 P。与之类似，可将样本中成功的单位占样本容量的比例记为 p。

由于当样本容量较大时，二项分布接近于正态分布，因此在大样本的情况下，样本比例的抽样分布将近似服从正态分布，即：

$$z = \frac{p - P}{\sqrt{\dfrac{P(1-P)}{n}}} \sim N(0, 1)$$

除了要求样本容量比较大（$n \geqslant 30$），还要求 p 不能接近 0 或 1，且满足 np 或 $n(1-p)$ 大于 5。可以证明，样本比例的均值就是总体比例 P，样本比例的方差为：

$$\sigma_p^2 = \frac{PQ}{n} = \frac{P(1-P)}{n}$$

上述情况适合于从无限总体中抽样，或从有限总体中进行重复抽样的场合。如果从有限总体中进行不重复抽样，而且抽样的比重较大，即 $\dfrac{n}{N} > 0.05$ 时，样本比例 p 抽样分布的方差就需要进行修正，其公式为：

$$\sigma_p^2 = \frac{PQ}{n} \cdot \frac{N-n}{N-1} = \frac{P(1-P)}{n} \cdot \frac{N-n}{N-1}$$

（二）两个样本

对来自两个不同总体的样本进行比较，就需要研究两个样本比例之差的问题。例如，对两个车间的废品率进行比较等。设有两个总体，它们中具有某种特征的单位数所占的比重分别为 P_1 和 P_2，现在从这两个总体中分别抽取容量为 n_1 和 n_2 的两个独立的随机样本，其

样本比例为 p_1 和 p_2。当 n_1 和 n_2 很大时,这两个样本的比例之差 p_1-p_2 的抽样分布就近似服从正态分布,且其均值和方差分别为:

$$\mu_{p_1-p_2}=P_1-P_2,\ \sigma^2_{p_1-p_2}=\frac{P_1(1-P_1)}{n_1}+\frac{P_2(1-P_2)}{n_2}$$

需要注意,这里可以利用下列公式将两个样本比例之差 p_1-p_2 的抽样分布变换为服从标准正态分布:

$$z=\frac{(p_1-p_2)-(P_1-P_2)}{\sqrt{\dfrac{P_1(1-P_1)}{n_1}+\dfrac{P_2(1-P_2)}{n_2}}}\sim N(0,1)$$

四、t 分布、χ^2 分布和 F 分布

以上讨论的样本均值和样本比例的抽样分布,通常要求总体服从正态分布且总体方差已知,在此条件下不要求样本容量的大小。而对于非正态分布总体,则要求样本容量足够大(大样本),才可以按照中心极限定理进行推断。但在实际工作中,由于受到人力、物力、财力或时间因素的限制,不可能或不适宜抽取太多的样本,不能满足大样本的要求。因此,我们需要讨论 t 分布、χ^2 分布和 F 分布,研究小样本的抽样分布问题。

1. t 分布

t 分布亦称学生分布。在抽样推断时,推断平均数一般都要用到总体方差,但多数情况下总体方差是未知的,须用样本方差代替,这就会产生一定的误差,尤其在小样本时,误差会影响到必要的精确度。为克服此缺陷,必须在计算公式中避免应用总体方差。

英国统计学家戈塞特(William Sealy Gosset)用"Student"为笔名提出了著名的 t 分布,该分布属于小样本的样本分配。当样本容量小于 30 时,样本均值的分布与正态分布之间的误差较大,此时只要总体是正态的或接近正态的,样本均值就服从 t 分布。

t 分布适用于总体方差未知时以样本方差代替总体方差、由样本均值推断总体均值和两个小样本之间差异的显著性检验等情形。t 分布有如下性质:

(1)t 分布与正态分布一样也是对称的,且比正态分布更平坦一些。不同的样本大小都有一个相应的 t 分布,随着样本数的增加,t 分布的形状由平坦逐渐变得接近于正态分布。

(2)当 t 分布的样本容量 n 较小时,其方差大于1;当 $n\geqslant30$ 时,其方差趋近于1,t 分布渐近于标准正态分布,此时可用标准正态分布来代替 t 分布。

(3)t 分布是一个分布族,不同的样本容量对应着不同的分布,且其均值都为0。

(4)与标准正态分布相比,t 分布的中心部分较低,两个尾部较高。

(5)变量 t 的取值范围是 $(-\infty,+\infty)$。

不同大小的样本对应于不同的 t 分布,这是因为 t 分布与自由度有关。所谓自由度就是可以自由选样的数值个数。假如样本的大小是 n,在样本均值 $\bar{x}$ 确定的条件下,对样本中的数据能够自由决定数值的个数就只有 $n-1$ 个了。实际上,当把 $n-1$ 个数值选定以后,第 n 个数据的值也就自动确定了。可见,大小为 n 的样本的自由度就是 $n-1$。图 9-1 展示

的是 t 分布与正态分布的比较以及自由度分别为 1、5、10 的 t 分布曲线。

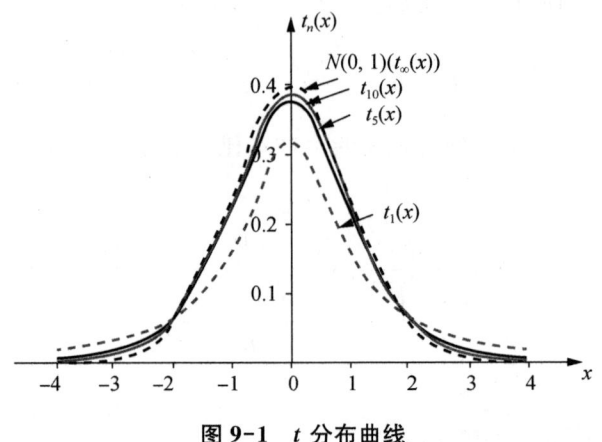

图 9-1　t 分布曲线

2. χ^2 分布

χ^2 分布是赫尔默特(Helmert)和皮尔逊(Karl Pearson)分别于 1875 年和 1890 年提出的,主要应用于总体方差的估计和检验、总体分布的拟合优度检验及独立性检验等。

设总体服从于标准正态分布,即 $X \sim N(0,1)$,$x_1,x_2,\cdots,x_n$ 为取自该总体的一个样本,它们的平方和记作 χ^2,即:

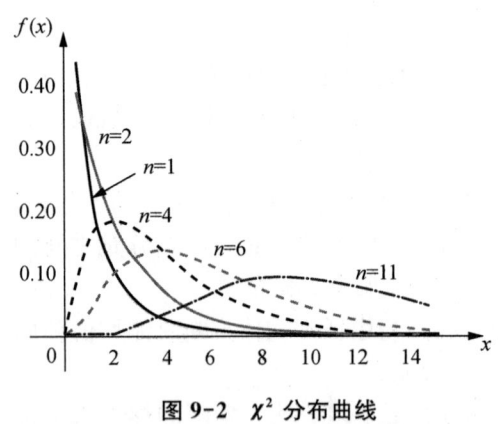

$$\chi^2 = x_1^2 + x_2^2 + \cdots + x_n^2 = \sum_{i=1}^{n} x_i^2$$

则称统计量 χ^2 为服从自由度为 n 的 χ^2 分布,记为 $\chi^2 = \chi^2(n)$。

χ^2 的分布曲线与 t 分布一样与自由度有关。图 9-2 是自由度分别为 1、2、4、6 和 11 的五种的分布曲线。从图 9-2 可以看出,当自由度很小时, χ^2 的分布曲线向右伸展;随着自由度的增加, χ^2 的分布曲线变得越来越对称;当自由度达到相当大时, χ^2 的分布曲线接近于正态分布。

图 9-2　χ^2 分布曲线

χ^2 分布的特点如下:

(1) χ^2 分布是一个自由度 n 为参数的分布族,自由度 n 决定分布的形状。对于不同的 n,就会有不同的 χ^2 分布。

(2) χ^2 分布是一个非对称分布。这一点与 t 分布和标准正态分布不同。χ^2 分布一般为正偏分布,当自由度 n 很大时,χ^2 分布就会接近于正态分布。

(3) χ^2 分布的变量始终为正值。

可以证明,χ^2 分布的平均值 $E(\chi^2) = n$,方差 $D(\chi^2) = 2n$。

与其他分布曲线一样,每一条 χ^2 分布曲线下的总面积都等于 1。我们可以根据某一问题计算得到的 χ^2 实际值来计算出这一观察值发生的可能性。

(4) χ^2 分布具有可加性,设随机变量 $\chi_1^2 \sim \chi^2(n_1)$、$\chi_2^2 \sim \chi^2(n_2)$,且相互独立,则:

$$\chi_1^2 + \chi_2^2 \sim \chi^2(n_1 + n_2)$$

在统计推断中经常要用到下面几个关于 χ^2 分布的结果。

(1) 若 $x_1, x_2, \cdots, x_n$ 是取自正态总体 $N(\mu, \sigma^2)$ 的一个样本,其中均值 μ 为已知,则:

$$\chi^2 = \frac{\sum_{i=1}^{n}(x_i - \mu)^2}{\sigma^2} \sim \chi^2(n)$$

(2) 若 $x_1, x_2, \cdots, x_n$ 是取自正态总体的一个样本,$\bar{x}$ 为样本均值,$s^2 = \frac{1}{n-1}\sum(x_i - \bar{x})^2$ 为样本方差,则 $\frac{(n-1)s^2}{\sigma^2} \sim \chi^2(n-1)$,且 $\bar{x}$ 与 s^2 相互独立。

上述统计量是由样本方差和总体方差所构成的。因此,我们可以用这一统计量的分布由样本方差来推断总体方差。

3. F 分布

F 分布是 1924 年英国统计学家费希尔(R. A. Fisher)提出,并以其姓氏的第一个字母命名的。它是一种非对称分布,有两个自由度,且位置不可互换。F 分布是两个独立的 χ^2 分布被各自的自由度相除后再对比得到的统计量的分布。F 分布广泛应用于方差分析、协方差分析和回归分析等。

设 U 和 V 分别为服从于自由度为 n_1 和 n_2 的 χ^2 分布,即 $U \sim \chi^2(n_1)$,$V \sim \chi^2(n_2)$,且 U 和 V 相互独立,则称统计量 $F = \dfrac{\dfrac{U}{n_1}}{\dfrac{V}{n_2}}$ 为服从自由度为 n_1 和 n_2 的 F 分布,记作 $F \sim F(n_1, n_2)$。

根据样本方差的抽样分布结论可知,样本方差的抽样分布服从 $\chi^2(n-1)$ 分布,所以:

$$\frac{(n_1-1)s_1^2}{\sigma_1^2} \sim \chi^2(n_1 - 1)$$

$$\frac{(n_2-1)s_2^2}{\sigma_2^2} \sim \chi^2(n_2 - 1)$$

两个独立的 χ^2 分布除以各自的自由度后相比即为 F 分布,即:

$$F = \frac{\dfrac{(n_1-1)s_1^2}{\sigma_1^2}}{\dfrac{n_1-1}{\dfrac{(n_2-1)s_2^2}{\sigma_2^2}}} = \frac{s_1^2\sigma_2^2}{s_2^2\sigma_1^2} \sim F(n_1-1, n_2-1)$$

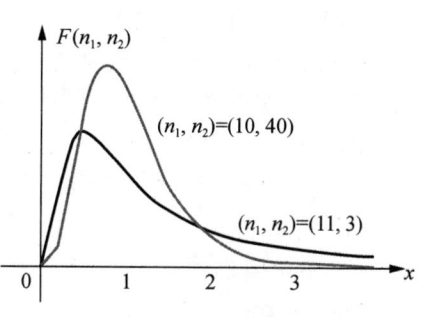

图 9-3 F 分布

图 9-3 是 F 分布的密度曲线图。图 9-3 中的曲线随自由度的取值不同而不同。F 分布的密度曲线是一

个单峰的偏态曲线。它的具体形状取决于 F 比值中分子和分母的自由度。一般地，F 分布向右方倾斜，随着分子分母自由度的增加，分布越来越趋于对称。但它不以正态分布为其极限。

 **本章小结**

　　本章主要介绍了抽样的含义、特点及适用范围，抽样中的几个基本概念，抽样方法的种类以及抽样分布的基本理论。

　　抽样是指从样本总体中抽取部分个体作为样本，通过观察样本某一或某些属性获得的数据，对总体特征作出具有一定可靠性的判断，从而达到对总体的认识。

　　总体是研究对象的全体，它是由具有某种共性的所有单位组成的集合，是唯一的、确定的。总体单位的总数称为总体容量。样本是按随机原则从总体中抽取的一部分单位组成的整体，样本是随机的、不确定的。样本总体中所包括的单位数叫样本容量。

　　总体参数是根据总体各单位的标志值或特征计算的，反映总体某一属性的综合指标。总体参数是唯一的、确定的常数，但一般情况下是未知的。常用的总体参数有总体均值、总体比例（成数）、总体标准差及方差等。

　　样本统计量是由抽样总体各个标志值或标志特征计算的综合指标，样本统计量有样本均值、样本比例（成数）、样本标准差及方差等。由于样本的多样性，样本统计量是一个随机变量。

　　抽样方法主要有简单随机抽样、分层抽样、等距抽样、整群抽样和多阶段抽样等。

　　抽样分布即样本统计量的概率分布，它是由样本统计量推断总体参数的理论作为基础和前提的。常用统计量的抽样分布主要有正态分布、t 分布、χ^2 分布和 F 分布。

练习题

一、单项选择题

1. 抽样调查的目的是（　　　）。
　　A. 了解总体的基本情况　　　　　　　B. 了解样本的基本情况
　　C. 用样本统计量推断总体参数　　　　D. 对总体进行全面调查

2. 抽样调查应遵循的基本原则是（　　　）。
　　A. 准确性原则　　　B. 可靠性原则　　　C. 随机性原则　　　D. 及时性原则

3. 按随机原则抽取样本单位是指（　　　）。
　　A. 随意取样　　　　　　　　　　　　B. 有倾向性取样
　　C. 不重复取样　　　　　　　　　　　D. 各个总体单位被抽取的机会相等

4. 样本是指（　　　）。
　　A. 任意一个被抽取的调查单位　　　　B. 任意一个总体

　　C. 由被抽取调查单位形成的整体　　　　D. 抽样单元

5. 统计上通常所说的大样本是指样本容量（　　　）。

　　A. ≥30　　　　　　B. <30　　　　　　C. ≥10　　　　　　D. <10

6. 总体单位在某标志上的变异较小、分布较为均匀，可以编号形成抽样框的场合适宜于（　　　）。

　　A. 简单随机抽样　　B. 类型抽样　　　　C. 等距抽样　　　　D. 整群抽样

7. 比例和标准差的关系为（　　　）。

　　A. 比例的数值越接近于1，比例的方差越大

　　B. 比例的数值越接近于0，比例的方差越大

　　C. 比例的数值越接近于0.25，比例的方差越大

　　D. 比例的数值越接近于0.5，比例的方差越大

8. 使用 t 分布估计总体均值时，适用于（　　　）的情况。

　　A. 总体为正态分布且方差已知　　　　　B. 总体为非正态分布

　　C. 总体为非正态分布但方差已知　　　　D. 正态总体但方差未知，且为小样本

9. 从均值为 μ、方差为 σ^2 的任意总体中抽取样本容量为 n 的样本，则（　　　）。

　　A. 当 n 充分大时，样本均值 $\bar{x}$ 的分布近似服从正态分布

　　B. 当 $n < 30$ 时，样本均值 $\bar{x}$ 的分布近似服从正态分布

　　C. 样本均值 $\bar{x}$ 的分布与样本容量 n 无关

　　D. 无论 n 的大小，样本均值 $\bar{x}$ 的分布均为非正态分布

10. 根据中心极限定律，当样本容量充分大时，样本均值 $\bar{x}$ 的分布服从正态分布，$\bar{x}$ 分布的均值等于（　　　）。

　　A. σ^2　　　　　　B. $\dfrac{\sigma^2}{n}$　　　　　　C. μ　　　　　　D. $\dfrac{\mu}{n}$

二、多项选择题

1. 可用于推断总体的样本统计量有（　　　）。

　　A. 样本容量　　　　　　　　　　　　　B. 样本均值

　　C. 样本比例　　　　　　　　　　　　　D. 样本方差和标准差

2. 抽样推断的特点有（　　　）。

　　A. 按调查者的偏好抽取样本　　　　　　B. 按随机原则抽取样本

　　C. 由样本数据推断总体数据　　　　　　D. 抽样误差可以事先计算、控制

3. 抽样的方法主要有（　　　）。

　　A. 分层抽样　　　　　　　　　　　　　B. 简单随机抽样

　　C. 等距抽样　　　　　　　　　　　　　D. 整群抽样

4. 下列说法正确的有（　　　）。

　　A. 总体指标和样本指标均为随机变量

　　B. 总体指标是确定值，样本指标是随机变量

　　C. 样本指标是确定值，总体指标是随机变量

　　D. 对于正态总体，样本均值的均值等于总体均值

5. 抽样推断适用于( )。

    A. 破坏性产品检验情况下

    B. 对大规模或无限总体进行调查时

    C. 对全面调查的结果进行核查和修正时

    D. 进行假设检验时

三、判断题

1. 从总体中按照随机原则抽取部分总体单位组成样本,只能组成一个样本。　　　（　　）

2. 对于正态总体,其样本均值分布的方差等于总体方差。　　　（　　）

3. 在重复抽样中,由于总体中待抽选的单位数是变动的,总体单位被抽中的概率是不相同的。　　　（　　）

4. 当总体内单位之间差异较大、分布不均匀时,一般不采用简单随机抽样。　　　（　　）

5. 在整群抽样方式下,对已抽中的群需必须进行全面调查。　　　（　　）

6. 多阶段抽样时前几个阶段的抽样,都是以整群抽样的方式进行的。　　　（　　）

7. F 分布也是一种对称分布,有两个自由度,且自由度的位置可以互换。　　　（　　）

第十章

参 数 估 计

第一节 参数估计概述

统计估计问题专门研究由样本估计总体的未知分布或分布中的未知参数。直接对总体的未知分布进行估计的问题称为非参数估计。当总体分布类型已知,仅需对分布的未知参数进行估计的问题称为参数估计。参数估计是指根据从总体中抽取的样本估计总体分布中包含的未知参数,分析或推断数据反映的本质规律。

一、参数估计的基本方法

(一) 估计量与估计值

(1) 参数估计就是用样本统计量去估计总体参数。

(2) 用来估计总体参数的统计量的名称称为估计量,如样本均值、样本比例、样本方差等都可以是一个估计量。

(3) 估计量的具体数值称为估计值。

(二) 参数估计的方法

参数估计方法有点估计与区间估计两种。

1. 点估计

设总体 X 的分布类型已知,但包含有未知参数 θ,从总体中抽取一个简单随机样本(X_1,X_2,$\cdots$,X_n),欲利用样本提供的信息对总体未知参数 θ 进行估计。构造一个适当的统计量:

$$\hat{\theta} = T(X_1, X_2, \cdots, X_n)$$

作为 θ 的估计,称 $\hat{\theta}$ 为未知参数 θ 的点估计量(point estimate)。

当有了一个具体的样本观测值 (x_1, x_2, $\cdots$, x_n) 后,将其代入估计量中就得到估计量的一个具体观察值 $T(x_1, x_2, \cdots, x_n)$,称为参数 θ 的一个点估计值。通常,不强调点估计量和点估计值这两个名词的区别,统称为点估计。通俗地说,用样本估计量的值直接作为总体参数的估计值称为点估计。

常用的点估计量有:$\hat{\mu} = \bar{X}$, $\hat{p} = P$, $\hat{\sigma}^2 = s^2 = \dfrac{\sum (X - \bar{X})^2}{n - 1}$

点估计的优点是简单、具体明确,缺点是无法控制估计的误差,仅适用于对推断的准确程度与可靠程度要求不高的情况。

2. 区间估计

在参数估计中,虽然点估计可以给出未知参数的一个估计,但不能给出估计的精度。为此人们希望利用样本给出一个范围,要求它以足够大的概率包含待估参数真值,因此提出了区间估计(interval estimation)问题。所谓区间估计,就是估计总体参数的区间范围,并要求给出区间估计成立的概率值。

设 θ 是未知参数,$(X_1, X_2, \cdots, X_n)$ 是来自总体的样本,构造两个统计量 $\hat{\theta}_1 = T_1(X_1, X_2, \cdots, X_n)$,$\hat{\theta}_2 = T_2(X_1, X_2, \cdots, X_n)$,对于给定的 $\alpha(0 < \alpha < 1)$,若 $\hat{\theta}_1$、$\hat{\theta}_2$ 满足:

$$P\{\hat{\theta}_1 \leqslant \theta \leqslant \hat{\theta}_2\} = 1 - \alpha$$

则称随机区间 $[\hat{\theta}_1, \hat{\theta}_2]$ 是参数 θ 的置信水平(confidence level)为 $1-\alpha$ 的置信区间(confidence interval),$1-\alpha$ 称为 $[\hat{\theta}_1, \hat{\theta}_2]$ 的置信度或置信水平,$\hat{\theta}_1$、$\hat{\theta}_2$ 称为置信限(confidence limit)。需要说明以下几点:

(1) 区间 $[\hat{\theta}_1, \hat{\theta}_2]$ 的端点 $\hat{\theta}_1$、$\hat{\theta}_2$ 及长度 $\hat{\theta}_2 - \hat{\theta}_1$ 都是样本的函数,从而均为随机变量,因此 $[\hat{\theta}_1, \hat{\theta}_2]$ 是一个随机区间。

(2) $P\{\hat{\theta}_1 \leqslant \theta \leqslant \hat{\theta}_2\} = 1 - \alpha$ 是说随机区间 $[\hat{\theta}_1, \hat{\theta}_2]$ 以 $1-\alpha$ 的概率包含未知参数真值,区间长度 $\hat{\theta}_2 - \hat{\theta}_1$ 描述估计的精度,数值越小精度就越高;置信水平 $1-\alpha$ 描述了估计的可靠度,置信水平越高,置信区间就越宽。

(3) 因为未知参数 θ 是非随机变量,所以不能说 θ 落入区间 $[\hat{\theta}_1, \hat{\theta}_2]$ 的概率是 $1-\alpha$,而应是随机区间 $[\hat{\theta}_1, \hat{\theta}_2]$ 包含 θ 的概率是 $1-\alpha$。

通俗地说,在点估计的基础上给出总体参数的一个范围就称为区间估计。区间估计示意图如图 10-1 所示。

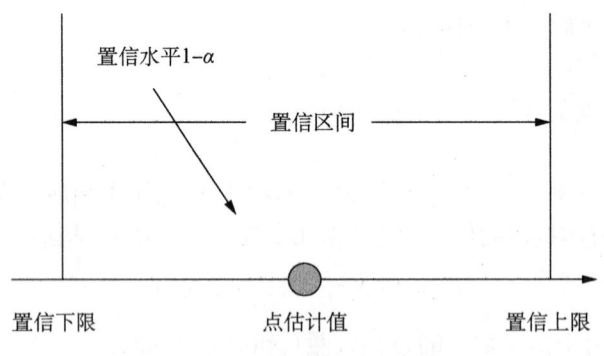

图 10-1 区间估计示意图

在构造置信区间时,我们可以选用所希望的值作为置信水平。常用的置信水平有 90%、95% 和 99%,不同置信水平所对应的正态分布曲线下右侧面积为 $\dfrac{\alpha}{2}$ 时的临界值的数值,如表 10-1 所示。

表 10-1 常用的置信水平的 $z_{\frac{\alpha}{2}}$ 值

置信水平	α	$\alpha/2$	$z_{\frac{\alpha}{2}}$
90%	0.10	0.050	1.65
95%	0.05	0.025	1.96
99%	0.01	0.005	2.58

二、样本统计量的优良标准

利用样本数据估计总体参数,会得到不同的估计量。人们总是希望选取好的估计量,从而使这种估计是合理的或优良的,这就需要评价估计量的优良性。对于点估计,估计量的优良性可以从以下三个方面考虑。

1. 无偏性

设 $\hat{\theta} = T(X_1, X_2, \cdots, X_n)$ 是未知参数 θ 的一个点估计量,若 $\hat{\theta}$ 满足:$E(\hat{\theta}) = \theta$,即估计量的数学期望等于被估计参数,则称 $\hat{\theta}$ 是 θ 的无偏估计量(unbiased estimate),否则称为有偏估计量,如图 10-2 所示。无偏性是优良统计量的重要条件。例如,以样本均值作为总体均值的点估计时的统计量就符合这一要求。

需要注意的是,由于估计量 $\hat{\theta}$ 是样本($X_1, X_2, \cdots, X_n$)的函数,样本量是 n 维随机变量,所以对 $\hat{\theta}$ 求平均是按样本($X_1, X_2, \cdots, X_n$)的概率分布求平均。

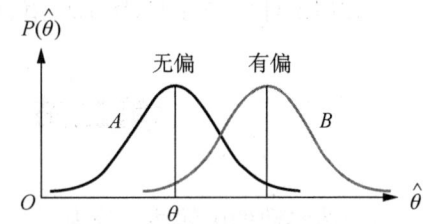

图 10-2 无偏估计量和有偏估计量

无偏性是衡量点估计量好坏的一个评价标准,这个评价标准的直观意义是:样本的出现带有随机性,所以基于一次具体抽样所得的参数估计值未必等于参数真值,这是由样本的随机性造成的。我们希望当大量使用这个估计量对参数进行估计时,一系列估计值的平均值应该与待估参数真值相等。这就从平均效果上对估计量的优劣给出一个评价标准。

2. 有效性

设 $\hat{\theta}_1 = T_1(X_1, X_2, \cdots, X_n)$,$\hat{\theta}_2 = T_2(X_1, X_2, \cdots, X_n)$ 均为未知参数 θ 的无偏估计量,如果对参数 θ 的一切可能取值有:$Var(\hat{\theta}_1) \leqslant Var(\hat{\theta}_2)$,则称无偏估计量 $\hat{\theta}_1$ 比 $\hat{\theta}_2$ 有效(efficiency)。也就是说,对同一总体参数的两个无偏点估计量,方差小者更有效。两个无偏估计量的抽样分布如图 10-3 所示。

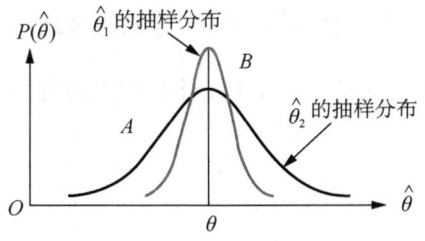

图 10-3 两个无偏估计量的抽样分布

3. 一致性

设对容量为 n 的样本($X_1, X_2, \cdots, X_n$),$\hat{\theta}_n = T_n(X_1, X_2, \cdots, X_n)$ 是参数 θ 的一个估计量,$n = 1, 2, \cdots$,若对任意 $\varepsilon > 0$,则:

$$\lim_{n \to \infty} P\{|\hat{\theta}_n - \theta| < \varepsilon\} = 1$$

则称 $\{\hat{\theta}_n\}$ 是 θ 的一个一致的估计量序列,或称此估计量序列 $\{\hat{\theta}_n\}$ 具有一致性。两个不同样本容量的样本统计量的抽样分布如图 10-4 所示。

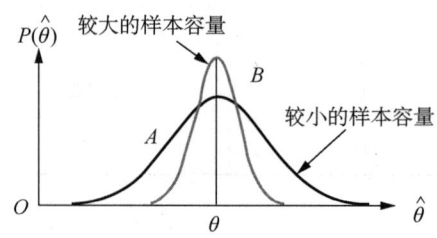

图 10-4　两个不同样本容量的样本统计量的抽样分布

一致性的含义是指随着样本容量的增大,点估计量的值越来越接近于总体参数。显然,估计量的一致性是从极限意义上讲的,它适用于大样本的情况。如果一个统计量是一致统计量,那么采用大样本将更加可靠。当然,为了增强一致性而扩大样本容量 n,调查所需的人力、物力和财力也需要相应地增加。

数理统计已经证明,样本均值、样本比例分别为总体均值、总体比例的优良统计量。

第二节　总体参数的区间估计

总体参数的区间估计分为一个总体和两个总体参数估计两种情况。当人们只研究一个总体时,通常关注的参数主要是总体均值 μ、总体比例 P 和总体方差 σ^2 等。本节只介绍如何构造一个总体参数的置信区间。

一、总体均值的区间估计

（一）正态分布总体且方差已知或非正态分布总体、方差未知、大样本情况下

在这种情况下,样本均值的抽样分布呈正态分布,其数学期望为总体均值 μ,方差为 $\dfrac{\sigma^2}{n}$,则 $\bar{x} \pm z_{\frac{\alpha}{2}} \dfrac{\sigma}{\sqrt{n}}$ 称为总体均值在 $1-\alpha$ 置信水平下的置信区间。

设样本 $(x_1, x_2, \cdots, x_n)$ 来自正态总体 $N(\mu, \sigma_x^2)$,μ 是总体均值,当 σ_x^2 已知时数理统计证明 $\bar{x}$ 服从正态分布 $N\left(\mu, \dfrac{\sigma^2}{n}\right)$,从而 $\dfrac{\bar{x}-\mu}{\sigma/\sqrt{n}}$ 服从标准正态分布 $N(0, 1)$,对于给定的置信度 $1-\alpha$ 查 $N(0, 1)$ 表可得 $z_{\frac{\alpha}{2}}$,使得:

$$P\left\{\left|\frac{\bar{x}-\mu}{\sigma/\sqrt{n}}\right| \leqslant z_{\frac{\alpha}{2}}\right\} = 1-\alpha$$

从而有：

$$P\left\{\bar{x} - z_{\frac{\alpha}{2}}\frac{\sigma}{\sqrt{n}} \leqslant \mu \leqslant \bar{x} + z_{\frac{\alpha}{2}}\frac{\sigma}{\sqrt{n}}\right\} = 1 - \alpha$$

取 $\hat{\mu}_1 = \bar{x} - z_{\frac{\alpha}{2}}\dfrac{\sigma}{\sqrt{n}}$，$\hat{\mu}_2 = \bar{x} + z_{\frac{\alpha}{2}}\dfrac{\sigma}{\sqrt{n}}$，则 $[\hat{\mu}_1, \hat{\mu}_2]$ 即为 μ 的置信水平为 $1 - \alpha$ 的置信区间。置信区间的最小值为置信下限，最大值为置信上限。总体均值 μ 的区间估计可表示为：

$$\bar{x} \pm z_{\frac{\alpha}{2}}\frac{\sigma}{\sqrt{n}} \tag{10-1}$$

总体均值 μ 的置信水平也可以这样理解：如果我们抽取了很多样本，比如说样本容量为 100，那么每一个样本都可以构造一个置信区间，将会产生 100 个置信区间。假如在这 100 个置信区间中有 95% 的区间包含了总体均值 μ，5% 的区间没有包含总体均值 μ，则称 95% 为置信水平。

式（10-6）中的 $\dfrac{\sigma}{\sqrt{n}} = \sigma(\bar{x})$ 表示 $\bar{x}$ 的标准差，也称为抽样平均误差。当总体方差 σ^2 已知时，正态总体均值 μ 的 $1 - \alpha$ 置信区间是以样本均值 $\bar{x}$ 为中心、标准误差 $\dfrac{\sigma}{\sqrt{n}}$ 的 $z_{\frac{\alpha}{2}}$ 倍为半径的区间。$z_{\frac{\alpha}{2}}$ 表示标准正态分布右侧 $\dfrac{\alpha}{2}$ 面积对应的 z 值，如图 10-5 所示。

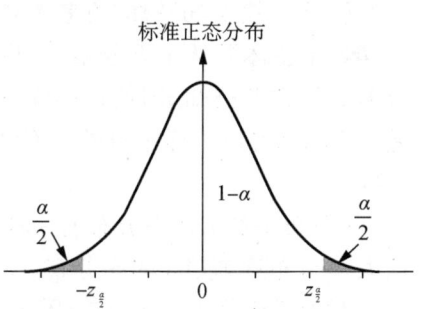

图 10-5 标准正态分布的临界值

【例 10-1】 某保险公司从机动车辆保险投保人中随机抽取 50 人，计算 50 人的平均年龄为 35.2 岁。已知投保人平均年龄近似服从正态分布，标准差 5.8 岁。如果置信水平为 90%，试求全体投保人平均年龄的置信区间。

依题意可知 $\bar{x} = 35.2$，$\sigma = 5.8$，$1 - \alpha = 0.90$，$\alpha = 0.10$，查 $N(0, 1)$ 表得临界值 $z_{\frac{\alpha}{2}} = 1.645$，则：

$$\begin{aligned}
\hat{\mu}_1 &= \bar{x} - z_{\frac{\alpha}{2}}\frac{\sigma}{\sqrt{n}} = 35.2 - 1.645 \times \frac{5.8}{\sqrt{50}} \\
&= 33.85 \\
\hat{\mu}_2 &= \bar{x} + z_{\frac{\alpha}{2}}\frac{\sigma}{\sqrt{n}} = 35.2 + 1.645 \times \frac{5.8}{\sqrt{50}} \\
&= 36.55
\end{aligned}$$

即全体投保人平均年龄 90% 的置信区间为 33.85～36.55。

无论总体是否为正态总体，当总体方差 σ^2 未知，且为大样本（$n \geqslant 30$）时，可以用样本方差 s^2 代替总体方差 σ^2。此时，总体均值 μ 在 $1 - \alpha$ 置信水平下的置信区间为：

$$\left(\bar{x} - z_{\frac{a}{2}}\frac{s}{\sqrt{n}}, \ \bar{x} + z_{\frac{a}{2}}\frac{s}{\sqrt{n}}\right)$$

【例 10-2】 某高等数学老师想了解所带班级学生的高考数学成绩情况,他从 336 名学生中随机抽了 55 名学生进行调查,获得 55 名学生高考数学的平均成绩为 87.4 分,标准差为 12.6 分。试以 95% 的置信水平估计全部学生的高考数学平均成绩的置信区间。

由于总体方差未知,但 $n=55$ 为大样本,可用样本方差代替总体方差。依题意可知 $\bar{x}=87.4$,$s=12.6$,$1-\alpha=0.95$,查正态分布表得临界值 $z_{\frac{a}{2}}=1.96$,则:

$$\left(\bar{x} - z_{\frac{a}{2}}\frac{s}{\sqrt{n}}, \ \bar{x} + z_{\frac{a}{2}}\frac{s}{\sqrt{n}}\right) = \left(87.4 - 1.96 \times \frac{12.6}{\sqrt{55}}, \ 87.4 + 1.96 \times \frac{12.6}{\sqrt{55}}\right)$$
$$= (84.07, \ 90.73)$$

即在 95% 的置信水平下,全部学生高考数学的平均成绩为 84.07~90.73 分。

(二) 正态分布总体、方差未知、小样本情况下

如果总体服从正态分布,无论样本容量大小,样本均值的抽样分布都服从正态分布。只要总体方差已知,即使在小样本情况下,也可以计算总体均值的置信区间。如果总体方差 σ^2 未知,可以用样本方差 s^2 代替。在小样本情况下,应用 t 分布来建立总体均值的置信区间。

t 分布是类似正态分布的一种对称分布,通常要比正态分布平坦和分散。随着自由度的增大,t 分布逐渐趋于正态分布。

对于正态分布总体,在方差未知、小样本情况下,总体均值在 $1-\alpha$ 置信水平下的置信区间为:

$$\bar{x} \pm t_{\frac{a}{2}}(n-1)\frac{s}{\sqrt{n}} \qquad (重复抽样条件下) \qquad (10-2)$$

$$\bar{x} \pm t_{\frac{a}{2}}(n-1)\frac{s}{\sqrt{n}} \cdot \sqrt{\frac{N-n}{N-1}} \qquad (不重复抽样条件下) \qquad (10-3)$$

其中,$t_{\frac{a}{2}}(n-1)$ 为 t 分布的临界值,可以查 t 分布表得到,也可用 Excel 计算得到。

【例 10-3】 已知某种铝合金零件的尺寸服从正态分布,质检部门从一批零件中随机抽取 25 件,测得其平均尺寸为 980.5 mm,标准差为 0.28 mm。试建立该批零件平均尺寸置信水平为 95% 的置信区间。

由于总体方差未知,且为小样本,应采用 t 分布来建立总体均值的置信区间。

依据题意已知 $n=25$,$\bar{x}=980.5$,$s=0.28$,$1-\alpha=95\%$,查 t 分布表得到 $t_{\frac{a}{2}}(n-1)=t_{0.025}(25-1)=2.064$,则:

$$\bar{x} \pm t_{\frac{a}{2}}(n-1)\frac{s}{\sqrt{n}} = 980.5 \pm 2.064 \times \frac{0.28}{\sqrt{25}} = 980.5 \pm 0.116$$

即该批零件平均尺寸在95%的置信水平下的置信区间为(980.38，980.62)。

现将总体均值的区间估计总结如表10-2所示。

表 10-2　不同情况下总体均值的区间估计

总体分布	样本容量	σ 已知	σ 未知
正态分布	大样本（$n \geqslant 30$）	$\bar{x} \pm z_{\frac{\alpha}{2}} \dfrac{\sigma}{\sqrt{n}}$	$\bar{x} \pm z_{\frac{\alpha}{2}} \dfrac{s}{\sqrt{n}}$
	小样本（$n < 30$）		$\bar{x} \pm t_{\frac{\alpha}{2}} \dfrac{s}{\sqrt{n}}$
非正态分布	大样本（$n \geqslant 30$）		$\bar{x} \pm z_{\frac{\alpha}{2}} \dfrac{s}{\sqrt{n}}$

二、总体比例的区间估计

在大样本条件下，如果 $np \geqslant 5$，$n(1-p) \geqslant 5$，样本比例的抽样分布可用正态分布近似。在这种情况下，总体比例在置信水平为 $1-\alpha$ 的置信区间为：

$$p \pm z_{\frac{\alpha}{2}} \sqrt{\frac{p(1-p)}{n}} \qquad \text{（重复抽样）} \tag{10-4}$$

$$p \pm z_{\frac{\alpha}{2}} \sqrt{\frac{p(1-p)}{n} \times \frac{N-n}{N-1}} \qquad \text{（不重复抽样）} \tag{10-5}$$

【例 10-4】　某高校后勤部门欲了解本校学生对食堂服务质量的满意度，采用重复抽样方法随机抽取了160名学生进行调查，结果显示有132名学生对食堂的服务质量表示满意。试以95.45%的置信水平，估计该校学生对食堂服务质量满意度的置信区间。

已知 $n=160$，$p=\dfrac{132}{160}=82.5\%$，$np=132>5$，$n(1-p)=28>5$，$1-\alpha=0.9545$，查正态分布表得 $z_{\frac{\alpha}{2}}=2$。 根据式(10-4)可得：

$$p \pm z_{\frac{\alpha}{2}} \sqrt{\frac{p(1-p)}{n}} = 0.825 \pm 2 \times \sqrt{\frac{0.825 \times (1-0.825)}{160}}$$
$$= 0.825 \pm 0.06$$

即在95.45%的置信水平下，该校学生对食堂服务质量满意度的置信区间为76.5%～88.5%。

【例 10-5】　某公司现有职工1 200人，计划对现行工资制度实行改革。在征求职工意见过程中，采用不重复抽样方法，随机抽取200人作为样本。调查结果显示，有156人表示支持工资制度改革，有44人表示反对。试以95%的置信水平，估计支持工资制度改革的人数比例的置信区间。

已知 $n=200$，$p=\dfrac{156}{200}=78\%$，$np=156>5$，$n(1-p)=44>5$，$1-\alpha=0.95$，查正

态分布表得 $z_{\frac{\alpha}{2}} = 1.96$。根据式(10-5)可得:

$$p \pm z_{\frac{\alpha}{2}} \sqrt{\frac{p(1-p)}{n} \times \frac{N-n}{N-1}}$$

$$= 0.78 \pm 1.96 \times \sqrt{\frac{0.78 \times (1-0.78)}{200} \times \frac{1\,200-200}{1\,200-1}} = 0.78 \pm 0.053$$

即在95%的置信水平下,支持工资制度改革的人数比例的置信区间为72.7%~83.3%。

三、总体方差的区间估计

推断总体均值主要是为了获取有关总体中心位置的信息,也就是总体的集中程度。如果我们要推断总体的变异程度,所要研究的参数就变成总体方差总体 σ^2。在实际工作中,我们需要知道总体方差(标准差)和样本方差(标准差)之间的抽样误差。例如,电子产品的平均使用寿命(总体均值)虽然达到了质量标准,但是如果各个产品寿命的差异很大,则表明电子产品的质量并不稳定。

根据本书第九章抽样分布的知识可知,对于方差为 σ^2 的正态分布总体,如果样本容量为 n,样本方差为 s^2,则统计量 $\dfrac{(n-1)s^2}{\sigma^2}$ 服从自由度为 $n-1$ 的 χ^2 分布,即:

$$\frac{(n-1)s^2}{\sigma^2} \sim \chi^2(n-1)$$

为了构造 σ^2 的 $1-\alpha$ 置信区间,查 χ^2 分布表可得 $\chi^2_{1-\frac{\alpha}{2}}$ 和 $\chi^2_{\frac{\alpha}{2}}$,使下列公式成立:

$$P\left\{\chi^2_{1-\frac{\alpha}{2}}(n-1) < \frac{(n-1)s^2}{\sigma^2} < \chi^2_{\frac{\alpha}{2}}(n-1)\right\} = 1-\alpha$$

从而有:

$$P\left\{\frac{(n-1)s^2}{\chi^2_{\frac{\alpha}{2}}(n-1)} < \sigma^2 < \frac{(n-1)s^2}{\chi^2_{1-\frac{\alpha}{2}}(n-1)}\right\} = 1-\alpha$$

因此,总体方差 σ^2 的置信度为 $1-\alpha$ 置信区间为:

$$\left(\frac{(n-1)s^2}{\chi^2_{\frac{\alpha}{2}}(n-1)}, \frac{(n-1)s^2}{\chi^2_{1-\frac{\alpha}{2}}(n-1)}\right) \tag{10-6}$$

也就是说,该区间以 $1-\alpha$ 的概率包含 σ^2,而随机区间[即式(10-7)]表示以 $1-\alpha$ 的概率包含 σ。由 χ^2 分布构造总体方差的置信区间如图10-6所示。

$$\left(\sqrt{\frac{n-1}{\chi^2_{\frac{\alpha}{2}}(n-1)}} \cdot s, \sqrt{\frac{n-1}{\chi^2_{1-\frac{\alpha}{2}}(n-1)}} \cdot s\right)$$

$$\tag{10-7}$$

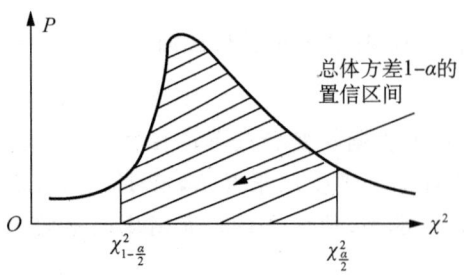

图10-6 自由度为 $n-1$ 的 χ^2 分布

【例 10-6】 某油漆厂从生产的桶装油漆中随机抽取 25 桶检验其重量是否符合出厂规定,测得样本方差为 2.45。假设桶装油漆的重量服从正态分布,试计算总体方差的置信水平为 90% 的置信区间。

根据题意已知 $n=25$,$s^2=2.45$,$1-\alpha=0.9$,$\frac{\alpha}{2}=0.05$,$1-\frac{\alpha}{2}=0.95$,查 χ^2 分布表得:

$$\chi^2_{0.05}(24)=36.42,\quad \chi^2_{0.95}(24)=13.85$$

则:

$$\frac{(n-1)s^2}{\chi^2_{\frac{\alpha}{2}}(n-1)}=\frac{24\times 2.45}{36.42}=1.61$$

$$\frac{(n-1)s^2}{\chi^2_{1-\frac{\alpha}{2}}(n-1)}=\frac{24\times 2.45}{13.85}=4.25$$

所以,总体方差的置信水平为 90 的置信区间为 1.61~4.25。

第三节 样本容量的确定

一、影响样本容量的因素

在抽取样本时,如何确定适当的样本容量是一个很实际的问题,人们必须权衡估计精度和调查费用的关系。如果样本容量比较大,收集的信息自然比较多,从而可以获得较高的估计精度,但缺点是进行抽样调查投入的人力、费用和时间就比较多。如果样本容量取得比较小,则投入的费用、人力及时间就比较少,但收集的信息也相应减少,从而使估计精度降低。这说明估计精度和调查费用对样本量的影响是相互矛盾的,不存在既使精度最高,又使费用最省的样本容量。一个常用的准则是,在保证精度的前提下寻求使费用最少的样本容量。调查费用通常是样本容量的正向线性函数,所以能够使调查费用最少的样本容量也就是使精度得到保证的最小样本容量。一般来说,影响样本容量的因素主要有以下三个:

(1)总体方差的大小。若总体方差较大,则抽样误差也较大,这就需要多抽取样本加大样本容量;反之,就少抽取样本缩小样本容量。

(2)可靠性程度的高低。参数估计要求的可靠性越高,则所需要的样本容量就越大。换言之,为了获取比较高的精度指定的概率越大,样本容量必然要扩大。

(3)允许误差范围。这是由研究目的决定的。如果要求的精度较高,允许误差范围就应该小一些,抽取的样本数量就要多一些。反之,如果允许误差范围较大,则样本单位数可以少一些。

上述三个因素对样本容量的影响,可以从样本容量的计算公式中得到进一步说明。

二、估计总体均值时样本容量的确定

在简单随机重复抽样下,设样本 $(X_1, X_2, \cdots, X_n)$ 来自正态总体 $N(\mu, \sigma_{\bar{x}}^2)$,总体均值 μ 的点估计为样本均值 $\bar{X}$。如果要求以 $\bar{X}$ 估计 μ 时的允许误差为 Δ,可靠度为 $1-\alpha$,即要求:

$$P\{|\bar{X}-\mu| \leqslant \Delta\} = 1-\alpha$$

由 $P\left\{\left|\dfrac{\bar{X}-\mu}{\sigma/\sqrt{n}}\right| \leqslant z_{\frac{\alpha}{2}}\right\} = 1-\alpha$,可知 $P\left\{|\bar{X}-\mu| \leqslant z_{\frac{\alpha}{2}}\dfrac{\sigma}{\sqrt{n}}\right\} = 1-\alpha$,故只要取允许误差 $\Delta = z_{\frac{\alpha}{2}}\dfrac{\sigma}{\sqrt{n}}$,从而解得:

$$n = \frac{z_{\frac{\alpha}{2}}^2 \sigma^2}{\Delta^2} \quad \text{(重复抽样条件下)} \tag{10-8}$$

同理,在不重复抽样条件下,我们可以得出估计总体均值时样本容量的计算公式为:

$$n = \frac{N z_{\frac{\alpha}{2}}^2 \sigma^2}{(N-1)\Delta^2 + z_{\frac{\alpha}{2}}^2 \sigma^2} \quad \text{(不重复抽样条件下)} \tag{10-9}$$

【例 10-7】 某公司采用重复抽样方式进行简单随机抽样,检验某批次产品的质量是否符合质量标准。已知该批产品平均质量为 80 千克,总体标准差为 4.5 千克。如果要求估计的允许误差为 1.2 千克,可靠度为 95%,试计算应抽取多少件产品作为样本?

已知 $\sigma = 4.5$,$\Delta = 1.2$,$1-\alpha = 0.95$,$z_{\frac{\alpha}{2}} = 1.96$,则按重复抽样条件下样本容量计算公式如下:

$$\begin{aligned} n &= \frac{z_{\frac{\alpha}{2}}^2 \sigma^2}{\Delta^2} \\ &= \frac{1.96^2 \times 4.5^2}{1.2^2} \\ &= 54.02 \approx 55 \text{(件)} \end{aligned}$$

即需要抽取 55 件产品作为样本进行检验。

三、估计总体比例时样本容量的确定

在简单随机重复抽样条件下,估计总体比例时,可以定义允许误差 Δ 为:

$$\Delta = z_{\frac{\alpha}{2}} \sqrt{\frac{P(1-P)}{n}}$$

从而得到样本容量：

$$n = \frac{z_{\frac{\alpha}{2}}^2 P(1-P)}{\Delta^2} \quad （重复抽样条件下） \tag{10-10}$$

同理,在简单随机不重复抽样条件下,可以得出估计总体比例时样本容量的计算公式为：

$$n = \frac{N z_{\frac{\alpha}{2}}^2 P(1-P)}{(N-1)\Delta^2 + z_{\frac{\alpha}{2}}^2 P(1-P)} \quad （不重复抽样条件下） \tag{10-11}$$

【例 10-8】 根据以往的生产统计资料,某产品的合格率为 90%。为检查产品质量情况,现要求允许误差为 6%,置信水平为 95% 的置信区间,应抽取多少件产品作为样本?

已知 $P = 0.9$, $\Delta = 0.06$, $z_{\frac{\alpha}{2}} = 1.96$, 则：

$$n = \frac{z_{\frac{\alpha}{2}}^2 P(1-P)}{\Delta^2} = \frac{1.96^2 \times 0.9 \times 0.1}{0.06^2}$$
$$= 96.04 \approx 97 （件）$$

即在允许误差为 5%、置信水平为 95% 的置信区间时,应抽取 97 件样本。

【例 10-9】 某智能手机生产企业为估计某地区使用其产品的用户比例 P,计划做一次市场调查。该企业要求对 P 的估计误差不超过 0.08,置信度为 95.45%,但缺乏 P 的估计值。则在这种情况下,企业应抽取多少智能手机用户作为样本?

根据题意可知 $\Delta = 0.08$, $z_{\frac{\alpha}{2}} = 2.0$。由于没有 P 的估计值,可取 $P = 0.5$, 则：

$$n = \frac{z_{\frac{\alpha}{2}}^2 P(1-P)}{\Delta^2} = \frac{2^2 \times 0.5 \times 0.5}{0.08^2}$$
$$= 156.25 \approx 157 （户）$$

即企业应抽取一个样本容量为 157 户的样本。

四、确定样本容量应注意的问题

(1) 计算样本容量时,一般情况下总体方差和比例都是未知的,可用相关数据代替,具体方式如下：一是用历史资料中已有的方差和比例代替；二是通过几次实验性调查,采用实验中最大的方差；三是在比例方差完全缺乏资料的情况下,采用比例方差的最大值 0.25 代替总体的比例方差。

(2) 如果进行一次抽样调查,需要同时估计总体均值和比例,就会得出两个不同的样本容量。此时应选择较大的样本容量,这样就能同时满足两方面的要求。

(3) 样本容量的计算结果一般都带有小数,不适用四舍五入的法则取整数。通常要取比该数值大的最小整数。例如,当计算结果 $n = 36.25$ 时,样本容量应取 37。

 **本章小结**

1. 参数估计是指根据从总体中抽取的样本估计总体分布中包含的未知参数,分析或推断数据反映的本质规律。对于一个总体,参数主要有总体均值、总体比例和总体方差。

2. 参数估计的方法有点估计和区间估计。用样本估计量的值直接作为总体参数的估计值称为点估计。区间估计则是在点估计的基础上,给出总体参数一个置信区间,即区间估计=点估计±允许误差。

3. 估计一个总体均值的置信区间时,需要考虑两种情况:

(1) 在正态分布总体、方差已知或非正态分布总体、大样本情况下,可用正态分布构造总体均值的置信区间。

(2) 在正态分布总体、方差未知、小样本的情况下,则需要用 t 分布构造总体均值的置信区间。

4. 估计总体比例的置信区间,一般是在大样本条件下,由正态分布给出。

5. 总体方差的置信区间,由 χ^2 分布给出。

6. 在抽样调查中,样本容量需要事先计算、确定。本章主要介绍估计总体均值和总体比例时样本容量的确定方法。

练习题

一、单项选择题

1. 估计量的含义是(　　　)。

A. 用来估计总体参数的统计量的名称

B. 用来估计总体参数的统计量的具体数值

C. 总体参数的具体数值

D. 总体参数的名称

2. 对同一总体参数的两个无偏点估计量,方差较小者更有效。这种评价统计量的标准称为(　　　)。

A. 无偏性　　　　　　B. 一致性　　　　　　C. 有效性　　　　　　D. 完备性

3. 无偏估计是指(　　　)。

A. 样本统计量的数值等于待估计的总体参数

B. 样本估计值围绕待估计总体参数使其误差最小

C. 所有可能样本估计值的数学期望等于待估计的总体参数

D. 当样本容量不断扩大时,样本统计量接近总体参数的可能性就越大

4. 一个估计量的有效性是指(　　　)。

A. 该估计量的数学期望等于被估计的总体参数

B. 该估计量的一个具体数值等于被估计的总体参数

  C. 该估计量的方差比其他估计量小

  D. 该估计量的方差比其他估计量大

5. 90%的置信水平的含义是指(　　)。

  A. 总体参数落在某特定样本构造的区间内的概率为90%

  B. 总体参数落在某特定样本构造的区间内的概率为10%

  C. 在用同样方法构造的总体参数的多个区间中,包含总体参数的区间比例为90%

  D. 在用同样方法构造的总体参数的多个区间中,包含总体参数的区间比例为10%

6. 如果不改变置信水平$1-\alpha$,要缩小置信区间,则需要(　　)。

  A. 增大样本容量　　　　　　　　　B. 减少样本容量

  C. 样本容量保持不变　　　　　　　D. 改变统计量的抽样标准差

7. 在其他条件不变的情况下,未知总体参数的$1-\alpha$置信区间(　　)。

  A. α越大,长度越小　　　　　　　B. α越大,长度越大

  C. α越小,长度越小　　　　　　　D. α与置信区间的长度无关

8. 当正态总体方差未知,大样本条件下,则估计总体均值使用的分布是(　　)。

  A. 正态分布　　　B. t 分布　　　C. χ^2 分布　　　D. F 分布

9. 当正态总体方差未知,小样本条件下,则估计总体均值使用的分布是(　　)。

  A. 正态分布　　　B. t 分布　　　C. χ^2 分布　　　D. F 分布

10. 假定其他条件不变,总体数据的方差越大,则估计所需要的样本容量(　　)。

  A. 越小　　　　　B. 越大　　　　　C. 不变　　　　　D. 不确定

11. 对正态总体均值进行区间估计时,如果要求置信水平为 95%,则相应的临界值为(　　)。

  A. 1.645　　　　　B. 1.69　　　　　C. 1.96　　　　　D. 2.58

12. 以正态分布进行区间估计时,与临界值 2.58 对应的置信水平为(　　)。

  A. 68.27%　　　　B. 90%　　　　　C. 95%　　　　　D. 99%

13. 抽取样本容量为120的随机样本,样本均值 $\bar{x}=90$,样本标准差 $s=10.25$。则总体均值 μ 的 99%的置信区间为(　　)。

  A. 90 ± 2.14　　B. 90 ± 2.41　　C. 90 ± 2.62　　D. 90 ± 2.26

14. 一项调查规定允许误差为6.5,总体标准差为35,则要估计总体均值 μ 的 95%的置信区间所需要的样本容量为(　　)。

  A. 112　　　　　B. 121　　　　　C. 211　　　　　D. 724

15. 某企业对产品质量进行抽检,要求概率保证度为95%,允许误差范围不超过3%。根据以往进行的三次调查,发现产品的不合格率分别为 1.15%、1.68%和2.2%,则必要样本容量为(　　)。

  A. 49　　　　　　B. 70　　　　　　C. 71　　　　　　D. 92

二、计算题

1. 现随机从一批服从正态分布 $N(\mu,0.15^2)$ 的零件中抽取 40 个,测得样本的平均长度为 3.25 cm。试估计该批零件的平均长度 μ 在置信水平为 95%的置信区间。

2. 已知某种电子元件的使用寿命服从正态分布,现从一批电子元件中随机抽取 20 件,测

得样本的平均使用寿命为 1 815 小时,标准差为 20.82 小时。在置信水平为 95％ 的情况下,试建立该批电子元件平均使用寿命的置信区间。

3. 某市老城区一个居民小区有 816 户业主,业主委员会就小区加装电梯事项征求业主们的意见。调查人员采用不重复抽样方法,随机抽取了 180 户业主作为样本,调查结果显示有 135 户业主表示支持小区加装电梯,有 45 户业主则持反对意见。试以 95％ 的置信水平确定该居民小区赞成安装加装电梯的户数比例。

4. 某食品公司计划检验本月生产的产品重量是否达标。根据历史资料,该产品每盒重量的标准差为 35 克。在置信度为 95.45％、允许误差不超过 8 克的情况下,采用重复抽样方式进行简单随机抽样,则应抽取多少盒产品?

第十一章

假　设　检　验

第一节　假设检验概述

一、假设检验的基本思想和步骤

（一）假设检验的基本思想

所谓假设检验，就是对某一总体参数首先作出假设的数值，其次搜集样本资料，用这些样本资料确定假设数值与样本数值之间的差异，最后，进一步判断两者差异是否显著。若两者差异很小，则假设的参数是可信的，作出"接受"的结论；若两者的差异很大，则假设的参数准确的可能性很小，作出"拒绝"的结论。假设检验以判断所作估计的误差是否显著，因此也称为统计检验或显著性检验。

假设检验可分为参数检验（parametric test）和非参数检验（non-parametric test）。当总体分布形式已知，只对某些参数作出假设，进而作出的检验为参数检验。非参数检验是指总体分布未知或已知信息较少时，利用已有样本数据对单一总体的分布形态作出推断的方法，包含卡方检验、二项分布检验、游程检验等多种方法。

假设检验的基本思想是小概率原理，应用反证法。小概率原理是指小概率随机事件在一次试验中几乎不可能发生。如果小概率事件发生了，那么关于该事件的说法或结论（原假设）就难以令人信服，不可能成立。在一次实验中小概率事件一旦发生，我们就有理由拒绝原假设。小概率是由研究者事先确定的。

例如，一个卖西瓜的商贩声称，他的一整车西瓜99%包熟，某顾客就随机选了一个西瓜要求切开品尝，结果发现西瓜未成熟。根据小概率原理，如果99%的西瓜是成熟的，随机抽取1只西瓜未成熟的可能性应该非常低。但这种情况还是发生了，这就表明商贩的说法不能成立，因此我们有理由拒绝。这就是反证法的应用。

尽管小概率事件几乎不可能发生，但仍然存在发生的可能性。因此，应用反证法得出的结论也具有一定的风险。在上面的例子中，如果商贩的西瓜确实是99%成熟，仅有1%未成熟，我们恰好挑选到不成熟的西瓜，因而拒绝商贩的说法，在这种情况下就存在判断错误的可能。

（二）假设检验的步骤

1. 提出原假设和备择假设

原假设（又称"零假设"）是接受检验的假设，记作 H_0；备择假设（又称"替代假设"）是当原假设被否定时另一种可成立的假设,记作 H_1。

H_0 与 H_1 两者是对立的,若 H_0 真实,则 H_1 不真实;若 H_0 不真实,则 H_1 为真实。H_0 和 H_1 在统计学中称为统计假设。例如,关于总体均值的假设有三种情况:

(1) $H_0: \mu = \mu_0$,$H_1: \mu \neq \mu_0$。

(2) $H_0: \mu \geqslant \mu_0$,$H_1: \mu < \mu_0$。

(3) $H_0: \mu \leqslant \mu_0$,$H_1: \mu > \mu_0$。

以上三种类型,对第一种类型的检验称为双侧检验,因为 $\mu \neq \mu_0$,包含了 $\mu > \mu_0$ 和 $\mu < \mu_0$ 两种情况。而对第二、三种类型的检验,称为单侧检验。

2. 选择适当的检验统计量及其分布

用于假设检验问题的统计量称为检验统计量。检验统计量的基本形式如下:

$$检验统计量 = \frac{样本统计量 - 被假设参数}{统计量的标准差}$$

例如,检验总体均值的统计量有:$Z = \dfrac{\bar{x} - \mu}{\dfrac{\sigma}{\sqrt{n}}}$,$t = \dfrac{\bar{x} - \mu}{\dfrac{s}{\sqrt{n}}}$。选择检验统计量需要考虑进

行检验的样本是大样本还是小样本,总体方差已知还是未知等具体条件。

3. 选择显著性水平 α,确定临界值

当原假设 H_0 为真时,却因为样本指标的差异而被拒绝,这种否定真实原假设的概率就是显著性水平,用 α 表示。显著性水平是指当原假设为真时而被拒绝的概率或风险。这个概率是可以事先确定的,通常取值为 $\alpha = 0.05$ 或 $\alpha = 0.01$,其含义是当我们作出接受原假设的判断时,这个判断正确的可能性或概率为 95% 或 99%。

假设检验应用的是小概率事件实际极少发生的原理,给定了显著性水平 α,就可由有关的概率分布表查得临界值,从而确定 H_0 的接受域和拒绝域。临界值是接受域和拒绝域的分界点。

所谓拒绝域是指在原假设成立的条件下,其发生的概率不超过显著性水平 α 的区域。如果检验统计量的取值落在拒绝域内,则表明小概率事件发生了,即原假设成立的概率极小,我们应当拒绝原假设,接受备择假设。接受域就是在原假设成立的前提下,发生的概率为 $1 - \alpha$ 的区域。假如检验统计量的取值落入了该区域,意味着在原假设成立的条件下,其发生的概率还不够小,即没有充分证据证明备择假设的结论为真,因此还不能拒绝原假设。

由于假设的形式不同,H_0 的接受域和拒绝域也有所区别。对于双侧检验,拒绝域位于统计量分布曲线的两侧;左侧检验的拒绝域位于抽样分布的左侧;右侧检验的拒绝域位于抽样分布的右侧。假设检验的接受域和拒绝域如图 11-1 所示。

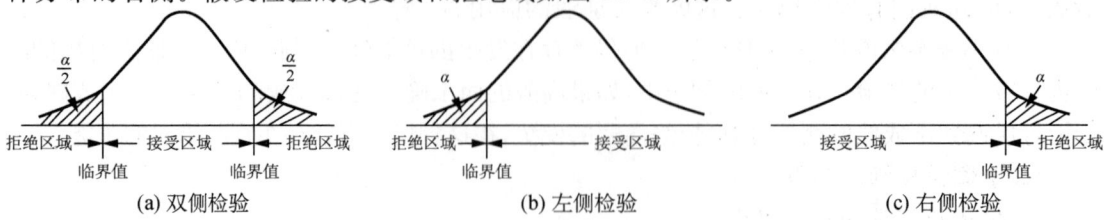

| (a) 双侧检验 | (b) 左侧检验 | (c) 右侧检验 |

图 11-1 假设检验的拒绝域和接受域

4. 计算检验统计量

在计算检验统计量时，要注意是双侧检验还是单侧检验。应当根据显著性水平 α 的值确定统计量的拒绝域、接受域及临界值。

5. 根据样本指标计算的检验统计量的数值做出结论

如果检验统计量的数值落在拒绝域内（包括临界值），就说明原假设 H_0 与样本描述的情况有显著差异，应该否定原假设；如果该数值落在接受域内，就说明原假设 H_0 与样本描述的情况无显著差异，则应接受原假设。

二、单侧检验与双侧检验

使用单侧检验还是双侧检验、左侧检验还是右侧检验，取决于备择假设中的不等式形式与方向。与"不相等"对应的是双侧检验，与"小于"相对应的是左侧检验，与"大于"相对应的是右侧检验。双侧检验、左侧检验和右侧检验示意图见图 11-2。

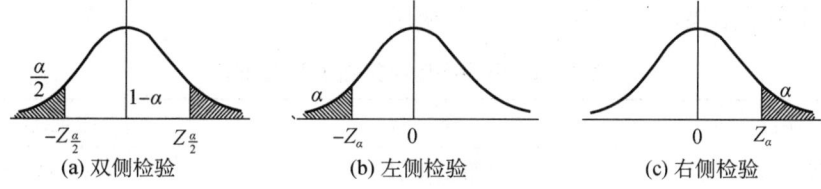

图 11-2　双侧检验、左侧检验和右侧检验示意图

双侧检验：$H_0 : \mu = \mu_0$，$H_1 : \mu \neq \mu_0$，用于只需判断有无显著性差异或同时关注总体参数偏大或偏小的情况。

左侧检验：$H_0 : \mu \geqslant \mu_0$，$H_1 : \mu < \mu_0$，用于判断总体参数是否比某一数值偏小的情形。

右侧检验：$H_0 : \mu \leqslant \mu_0$，$H_1 : \mu > \mu_0$，用于判断总体参数是否比某一数值偏大的情形。

三、原假设和备择假设的选择

（一）原假设

（1）原假设（null hypothesis）是待检验的假设，又称"零假设"。

（2）原假设是研究者想收集证据予以反对的假设。

（3）原假设总是有等号"="、小于等于号"≤"或大于等于号"≥"。

（4）原假设表示为 H_0。

例如，若原假设 $H_0 : \mu = 78$，其备择假设 $H_1 : \mu \neq 78$。

（二）备择假设

（1）备择假设（alternative hypothesis）是与原假设对立的假设，也称"研究假设"。

（2）备择假设是研究者想收集证据予以支持的假设。

（3）备择假设总是有不等号"≠"、小于号"<"或大于号">"。

（4）备择假设表示为 H_1。

例如，原假设为 $H_0 : \mu \geqslant 78$，其备择假设为 $H_1 : \mu < 78$。

提出假设需要注意两点：①提出原假设应本着"保守"或"不轻易拒绝原假设"的原则；②等号总是出现在原假设的一方。

四、假设检验中的两类错误

假设检验是根据小概率原理作出判断的，因此存在判断错误的可能。研究者总是希望能作出正确的决策，但由于决策是建立在样本信息的基础之上，而样本又是随机的，因而就有可能犯错误。原假设和备择假设不能同时成立，决策的结果要么拒绝 H_0，要么不拒绝 H_0。决策者总是希望当原假设正确时没有拒绝它，当原假设不正确时拒绝它，但实际上很难做到这一点。我们可以把假设检验中的错误归结为两类：

第一类错误（弃真错误）：原假设为真时拒绝原假设，犯第一类错误的概率为 α 被称为显著性水平（significance level）。

第二类错误（取伪错误）：原假设为假时接受原假设，犯第二类错误的概率为 β。

假设检验决策结果及其概率如表 11-1 所示。

表 11-1　假设检验决策结果及其概率

项目	接受 H_0	拒绝 H_0
原假设 H_0 真实	决策正确（$1-\alpha$）	第一类错误（α）
原假设 H_0 不真实	第二类错误（β）	决策正确（$1-\beta$）

假设检验中的两类错误发生的概率是密切相关的。在样本一定的情况下，第一类错误（α）和第二类错误（β）此消彼长，α 变小则 β 会变大，α 变大则 β 会变小。为了同时减小 α 和 β，只能增大样本容量，降低抽样分布的离散程度。

五、检验功效和小概率原理

在犯第一类错误概率得到控制的条件下，犯取伪错误的概率也要尽可能地小，或者说，不取伪的概率 $1-\beta$ 应尽可能增大。$1-\beta$ 越大，意味着当原假设不真实时，检验判断出原假设不真实的概率越大，检验的判别能力就越好；$1-\beta$ 越小，意味着当原假设不真实时，检验结论判断出原假设不真实的概率越小，检验的判别能力就越差。可见 $1-\beta$ 是反映统计检验判别能力大小的重要标志，我们称之为检验功效或检验力。

在统计检验中，由于 α 风险一般比 β 风险重要，所以应控制第一类错误的概率，也就是显著性水平 α 尽量取较小的值，尽可能避免犯弃真错误。

六、决策规则

（1）计算检验的统计量。

（2）给定显著性水平 α，查表得出相应的临界值 Z_α 或 $Z_{\frac{\alpha}{2}}$、t_α 或 $t_{\frac{\alpha}{2}}$。

（3）将检验统计量的值与 α 水平的临界值进行比较作出决策。

双侧检验:|统计量|>临界值,拒绝 H_0。

左侧检验:统计量<-临界值,拒绝 H_0。

右侧检验:统计量>临界值,拒绝 H_0。

（4）得出拒绝或不拒绝原假设的结论。

统计量检验是我们事先给出的一个显著性水平,以此为标准进行决策,但我们无法知道实际的显著性水平究竟是多少。例如,根据统计量进行检验时,只要统计量的值落在拒绝域,那么我们拒绝原假设得出的结论都是一样的,即结果显著。但实际上,统计量落在拒绝域不同的地方,实际的显著性是不同的。例如,统计量落在临界值附近与落在远离临界值的地方,实际的显著性就有较大差异。而 P 值给出的是实际算出的显著性水平,它能告诉我们实际的显著性水平是多少。此外,用 P 值进行检验比根据统计量检验提供更多的信息。P 值越小,拒绝原假设的理由就越充分。

七、假设检验的过程

（1）陈述原假设和备择假设。

（2）从所研究的总体中抽取一个随机样本。

（3）确定一个适当的检验统计量,并利用样本数据计算出其统计量的具体数值。

（4）确定一个适当的显著性水平,并计算出其临界值,指定拒绝域。

（5）将统计量的值与临界值进行比较,作出决策。如果统计量的值落在拒绝域,拒绝 H_0,否则不拒绝 H_0。当然,也可以直接计算 P 值作出决策。

八、P 值决策

在假设检验中,显著性水平 α 一般是在检验之前确定了,这意味着拒绝域也是事先确定的。根据样本统计量的实现值是否落入拒绝域来判断原假设是否被拒绝,这种判断的可靠度为 $1-\alpha$,而犯错的概率为 α。显然,α 即犯第一类错误的概率上限。但对于一个特定的假设检验问题,显著性水平并不能提供样本观测值与原假设差异程度的精确值。实际应用中难免出现这样的情况:在一个较大的显著性水平(如 $\alpha=0.05$)下我们得到了拒绝原假设的结论,而在一个较小的显著性水平(如 $\alpha=0.01$)下却得到了接受原假设的结论。

P 值被称为可观察的显著性水平,它是指在原假设下检验统计量的实现值对应的、沿备择假设方向的概率值。P 值度量了从样本数据得到的信息对原假设的支持程度。对于一般的假设检验,P 值越小,样本数据不支持原假设的理由就越充分。

第二节　总体参数的假设检验

一、总体均值的假设检验

1. 正态总体,总体方差已知

如果总体 $X \sim N(\mu, \sigma^2)$,且方差 σ^2 已知,样本均值为 $\bar{x}$。此时对总体均值 μ 进行假设

检验,原假设为 $H_0: \mu = \mu_0$（或 $H_0: \mu \leqslant \mu_0$，$H_0: \mu \geqslant \mu_0$）。根据抽样分布理论,则 $\bar{x}$ 的标准化值 $z = \dfrac{\bar{x} - \mu_0}{\dfrac{\sigma}{\sqrt{n}}} \sim N(0, 1)$。

利用服从正态分布的 z 统计量进行的假设检验称为 z 检验法。z 值可以根据总体方差 σ^2、样本容量 n 和样本均值 $\bar{x}$ 计算得出。在给定检验水平的条件下,查阅正态分布表可以得到临界值,将计算出的 z 值与临界值进行比较,就可以作出检验结论。

【例 11-1】 某面粉加工厂自动生产线包装的面粉重量服从正态分布,每袋面粉的标准重量为 5 000 克,已知总体标准差 $\sigma = 80$ 克。现随机抽取 10 袋面粉,检验发现样本平均重量为 4 945 克。则在显著性水平 $\alpha = 0.05$ 的情况下,能否判定该生产线的工作状态正常?

建立假设 $H_0: \mu = 5\,000$，$H_1: \mu \neq 5\,000$。由于正态总体的标准差已知,可选择 z 统计量进行的假设检验。则:

$$z = \frac{\bar{x} - \mu_0}{\dfrac{\sigma}{\sqrt{n}}} = \frac{4\,945 - 5\,000}{\dfrac{80}{\sqrt{10}}} = -2.174$$

当显著性水平 $\alpha = 0.05$,正态分布双侧检验的临界值 $\pm z_{\frac{\alpha}{2}} = \pm z_{0.025} = \pm 1.96$。而 $z = -2.174 < -z_{\frac{\alpha}{2}} = -1.96$,落入了拒绝域,所以拒绝原假设,即判定该生产线工作异常。

【例 11-2】 某 LED 生产厂家生产的 LED 灯质量标准为平均寿命 5 000 小时,标准差为 240 小时。该厂销售人员宣称其产品远远超过了规定的质量标准。为了验证销售人员说法,市场监管部门随机抽取 30 件产品作为样本,测得平均寿命为 5 068 小时。这是否说明该厂生产的 LED 灯的质量明显高于规定标准?

本例属于右侧检验的情况,建立假设为 $H_0: \mu \leqslant 5\,000$，$H_1: \mu > 5\,000$。设显著性水平 $\alpha = 0.05$,则临界值 $z_{0.05} = 1.645$。检验统计量 z 值为:

$$z = \frac{\bar{x} - \mu_0}{\dfrac{\sigma}{\sqrt{n}}} = \frac{5\,068 - 5\,000}{\dfrac{240}{\sqrt{30}}} = 1.552$$

由于 $z = 1.552 < z_{0.05}$,所以我们不能拒绝 H_0,即不能判定该厂生产的 LED 灯的质量明显高于规定标准。

2. 大样本,总体方差未知

当总体方差未知,样本容量 $n \geqslant 30$ 时,统计量 $z = \dfrac{\bar{x} - \mu_0}{\dfrac{s}{\sqrt{n}}} \sim N(0, 1)$。因此,在大样本条件下,即使总体方差未知,以样本方差代替总体方差,仍然可用 z 统计量进行检验。

【例 11-3】 一种消毒酒精采用自动化生产线生产,产品的质量标准中规定每瓶的净容量为 250 ml,标准差为 8 ml。质检人员从某天生产的酒精中随机抽取了 50 瓶进行检验,测得每瓶酒精的平均容量为 251.6 ml。如果取显著性水平 $\alpha = 0.05$,判断当日生产的酒精净容量是否符合质量标准要求。

酒精净容量是否符合质量标准,就是要看总体均值 μ 是否等于 250 ml。净容量大于或小于 250 ml 都不符合要求,因此本例属于双侧检验问题。

建立假设 $H_0: \mu = 250$, $H_1: \mu \neq 250$。因样本容量 $n = 50 \geqslant 30$,可采用 z 统计量进行检验。

$$z = \frac{251.6 - 250}{\dfrac{8}{\sqrt{50}}} = 1.414$$

当显著性水平 $\alpha = 0.05$ 时,$z_{\frac{\alpha}{2}} = z_{0.025} = 1.96$。由于 $|z| = 1.414 < z_{\frac{\alpha}{2}} = 1.96$,所以不能拒绝原假设。检验结论为:样本提供的证据不足以推翻原假设,即不能判定当日生产的酒精净容量不符合质量标准要求。

3. 小样本,总体方差未知

当总体方差未知,可用样本方差代替总体方差。在小样本($n < 30$)的情形下,检验统计量 $t = \dfrac{\bar{x} - \mu}{\dfrac{s}{\sqrt{n}}} \sim t(n-1)$。

【例 11-4】　某零件的长度服从正态分布,质量要求为 12 cm。为检验生产设备是否正常,检验员在一批零件中随机抽取了 10 件产品。已知样本均值为 11.78 cm,样本标准差为 4.65 cm。则在显著性水平 $\alpha = 0.05$ 的条件下,判断该零件生产线的工作是否正常。

根据题意,建立假设 $H_0: \mu = 12$, $H_1: \mu \neq 12$。

本例中总体服从正态分布,且总体方差未知,样本容量为 10,属于小样本的情况,可以计算服从 t 分布的 t 检验统计量:

$$t = \frac{\bar{x} - \mu}{\dfrac{s}{\sqrt{n}}} = \frac{11.78 - 12}{\dfrac{4.65}{\sqrt{10}}} = -0.15$$

$\alpha = 0.05$ 时,$t_{\frac{\alpha}{2}}(n-1) = t_{\frac{0.05}{2}}(10-1) = 2.262\,2$。由于 $|t| = 0.15 < t_{\frac{\alpha}{2}}(n-1) = 2.262\,2$,所以不能拒绝原假设,样本提供证据不足以推翻原假设,应当认为该零件生产线的工作是正常的。

二、总体比例的假设检验

总体比例(成数)是表明现象的数量结构的指标,如产品合格率、电视收视率、升学率、大学毕业生就业率等。如果要研究总体比率是否发生显著变化,可以利用样本比例对总体比例作出假设检验。通常用字母 π 表示总体比例,π_0 表示总体比例的假设值,p 表示样本比例。

研究比例问题时,一般使用大样本。根据抽样分布理论,在大样本条件下,样本比例 p 近似服从正态分布,即:

$$z = \frac{p - \pi}{\sqrt{\dfrac{\pi(1-\pi)}{n}}} \sim N(0, 1)$$

如果给定显著性水平 α，总体比例检验的拒绝域、临界值与总体均值的假设检验类似，总体比例检验也分为双侧检验、单侧检验。

双侧检验：$H_0: \pi = \pi_0$，$H_1: \pi \neq \pi_0$。

左侧检验：$H_0: \pi \geqslant \pi_0$，$H_1: \pi < \pi_0$。

右侧检验：$H_0: \pi \leqslant \mu_0$，$H_1: \pi > \pi_0$。

【例 11-5】 某居民小区的物业公司估计 80% 以上的业主对其服务质量表示满意。为了证实这个判断是否准确，物业公司委托某咨询公司随机调查了小区内的 300 名业主，结果显示对服务质量表示满意的业主有 252 人。试问在显著性水平 $\alpha = 0.05$ 的条件下，调查结果是否支持物业公司的估计？

根据题意，样本比例 $p = \dfrac{252}{300} = 84\%$，本例属于右侧检验，可以建立假设：

$$H_0: \pi \leqslant 80\% ;\quad H_1: \pi > 80\%$$

计算统计量 z 值：

$$z = \frac{p - \pi}{\sqrt{\dfrac{\pi(1-\pi)}{n}}} = \frac{0.84 - 0.8}{\sqrt{\dfrac{0.8 \times (1 - 0.8)}{300}}}$$
$$= 1.732$$

在显著性水平 $\alpha = 0.05$ 的条件下，正态分布右侧检验的临界值 $z_{0.05} = 1.645$，$z > z_\alpha$ 落入拒绝域，因此拒绝原假设，即物业公司的估计是可信的。

三、总体方差的假设检验

方差是衡量总体某一数量指标变异程度的指标，如股票收益率、商品价格、产品质量、学生考试成绩等的波动情况。要了解总体方差是否发生显著性变化，就需要利用总体方差的假设检验方法。一般用 σ^2 表示总体方差，σ_0^2 表示总体方差的某一取值。总体方差检验分为双侧检验、单侧检验。

双侧检验：$H_0: \sigma^2 = \sigma_0^2$，$H_1: \sigma^2 \neq \sigma_0^2$。

左侧检验：$H_0: \sigma^2 \geqslant \sigma_0^2$，$H_1: \sigma^2 < \sigma_0^2$。

右侧检验：$H_0: \sigma^2 \leqslant \sigma_0^2$，$H_1: \sigma^2 > \sigma_0^2$。

在现实生活中，人们总是希望现象的发展变化比较均衡和稳定，不喜欢大幅度的波动和变化，出于规避风险等方面的考虑愿意接受较小的方差。因此，总体方差检验中较为常用的是右侧检验，通常将总体方差大于某最大容许值（$\sigma^2 > \sigma_0^2$）作为备择假设，利用右侧检验作出判断。

一个总体方差的检验采用的是 χ^2 分布，即当总体服从正态分布 $N(\mu, \sigma^2)$ 时，检验总体方差的统计量为：

$$\chi^2 = \frac{(n-1)s^2}{\sigma_0^2} \sim \chi^2(n-1)$$

如果给定显著性水平 α，则有：$P(\chi^2_{1-\frac{\alpha}{2}} < \chi^2 < \chi^2_{\frac{\alpha}{2}}) = 1-\alpha$。查阅 χ^2 分布表可得相应的拒绝域为：$[0, \chi^2_{1-\frac{\alpha}{2}}(n-1)] \bigcup [\chi^2_{\frac{\alpha}{2}}(n-1), +\infty]$。

【**例 11-6**】　某品牌盒装纯牛奶质量标准规定每瓶容量为 200 ml，标准差不应大于或小于 5 ml。企业品质部随机抽取了 10 盒纯牛奶，得到样本的标准差为 4.5 ml。在显著性水平为 0.10 的情况下，判断盒装纯牛奶容量的标准差是否符合质量要求？

依据题意，可知本例为方差的双侧检验，建立假设 $H_0: \sigma^2 = 5^2$，$H_1: \sigma^2 \neq 5^2$。计算检验统计量 χ^2：

$$\chi^2 = \frac{(n-1)s^2}{\sigma_0^2} = \frac{(10-1) \times 4.5^2}{5^2} = 7.29$$

由显著性水平 $\alpha = 0.10$，自由度 $n = 10 - 1 = 9$，查阅 χ^2 分布表可知：

$$\chi^2_{\frac{0.1}{2}}(n-1) = \chi^2_{0.05}(9) = 16.919\ 0,\ \chi^2_{1-\frac{\alpha}{2}}(n-1) = \chi^2_{0.95}(9) = 3.325\ 1$$

显然，$\chi^2_{0.95}(9) = 3.325\ 1 < \chi^2 = 7.29 < \chi^2_{0.05}(9) = 16.919\ 0$，所以不能拒绝原假设，即没有理由认为盒装纯牛奶容量的标准差不符合质量要求。

 **本章小结**

　　假设检验是推断统计的重要内容。本章简要介绍了假设检验的原理，重点讨论一个总体参数的假设检验问题。

　　1. 假设检验是指对某一总体参数先作出假设的数值，然后搜集样本资料，用这些样本资料确定假设数值与样本数值之间的差异，最后进一步判断两者差异是否显著，若两者差异很小，则假设的参数是可信的，作出"接受"的结论。若两者的差异很大，则假设的参数准确的可能性很小，作出"拒绝"的结论。

　　2. 假设检验的基本思想是小概率原理，应用反证法。小概率原理是指小概率随机事件在一次试验中几乎不可能发生。在一次实验中小概率事件一旦发生，我们就有理由拒绝原假设。

　　3. 假设检验有五个步骤：①提出原假设和备择假设；②选择适当的检验统计量及其分布；③选择显著性水平，确定临界值；④计算检验统计量；⑤根据检验统计量的数值作出结论。

　　4. 总体参数的假设检验，主要包括总体均值、总体比例和总体方差的假设检验。本章主要介绍总体的均值、比例和方差的假设检验方法。

练习题

一、单项选择题

1. 在假设检验中,不拒绝原假设是指（　　）。
   A. 原假设肯定正确
   B. 原假设肯定错误
   C. 缺乏证据证明原假设是正确的
   D. 缺乏证据证明原假设是错误的

2. 假设检验中的第一类错误是指（　　）。
   A. 当原假设正确时被拒绝
   B. 当原假设错误时被拒绝
   C. 当备择假设正确时被拒绝
   D. 当备择假设错误时未被拒绝

3. 假设检验中的第二类错误是指（　　）。
   A. 当原假设正确时被拒绝
   B. 当原假设错误时被拒绝
   C. 当备择假设正确时被拒绝
   D. 当备择假设错误时未被拒绝

4. 下列假设检验属于双侧检验的是（　　）。
   A. $H_0:\mu \geqslant \mu_0$, $H_1:\mu < \mu_0$
   B. $H_0:\mu \leqslant \mu_0$, $H_1:\mu > \mu_0$
   C. $H_0:\mu = \mu_0$, $H_1:\mu \neq \mu_0$
   D. $H_0:\mu > \mu_0$, $H_1:\mu \leqslant \mu_0$

5. 下列假设检验属于左侧检验的是（　　）。
   A. $H_0:\mu \geqslant \mu_0$, $H_1:\mu < \mu_0$
   B. $H_0:\mu \leqslant \mu_0$, $H_1:\mu > \mu_0$
   C. $H_0:\mu = \mu_0$, $H_1:\mu \neq \mu_0$
   D. $H_0:\mu > \mu_0$, $H_1:\mu \leqslant \mu_0$

6. 下列假设检验书写形式不正确的是（　　）。
   A. $H_0:\mu \geqslant \mu_0$, $H_1:\mu < \mu_0$
   B. $H_0:\mu \leqslant \mu_0$, $H_1:\mu > \mu_0$
   C. $H_0:\mu = \mu_0$, $H_1:\mu \neq \mu_0$
   D. $H_0:\mu > \mu_0$, $H_1:\mu \leqslant \mu_0$

7. 一个螺丝的标准直径为 3 cm,如果要检验某一日生产的螺丝是否符合质量标准,则要建立的原假设和备择假设为（　　）。
   A. $H_0:\mu \geqslant 3$, $H_1:\mu < 3$
   B. $H_0:\mu \neq 3$, $H_1:\mu = 3$
   C. $H_0:\mu = 3$, $H_1:\mu \neq 3$
   D. $H_0:\mu \leqslant 3$, $H_1:\mu > 3$

8. 在一项统计调查中,已知总体均值为 90。现随机抽取了 20 个样本,得到样本均值 $\bar{x} = 85$,样本标准差为 16.8。在显著性水平 $\alpha = 0.05$ 的条件下,建立假设 $H_0:\mu = 90$, $H_1:\mu \neq 90$,则检验结论为（　　）。
   A. 拒绝 H_0
   B. 不拒绝 H_0
   C. 可以拒绝或者不拒绝 H_0
   D. 可能拒绝 H_0

9. 若随机抽取 $n = 50$ 的样本,测得样本均值 $\bar{x} = 18.4$,样本方差 $s^2 = 6.3$。在显著性水平 $\alpha = 0.02$ 的水平下,建立假设 $H_0:\mu \leqslant 18$, $H_1:\mu > 18$,则统计量的临界值为（　　）。
   A. 1.96
   B. -1.96
   C. 2.05
   D. -2.05

10. 从正态总体中随机抽取一个样本容量 $n = 30$ 的样本,计算得出样本均值 $\bar{x} = 22$,方差 $s^2 = 9.5$。假定 $\sigma_0^2 = 12$,检验假设 $H_0:\sigma^2 = \sigma_0^2$, $H_1:\sigma^2 \neq \sigma_0^2$,则检验统计量的值为（　　）。
   A. $\chi^2 = 23.75$
   B. $\chi^2 = 22.96$
   C. $\chi^2 = 53.17$
   D. $\chi^2 = 55$

二、计算题

1. 某公司 2020 年职工平均工资为 85 150 元,标准差为 6 812 元。现随机抽取 300 名职工进行收入调查,测得其 2021 年平均工资为 86 853 元。如果显著性水平 $\alpha=0.05$,判定该公司 2021 年职工平均工资与 2020 年相比有无明显差别。

2. 某县教育局随机抽取了县一中高三年级 30 名学生的身高,根据抽样数据测算得到 30 名学生的平均身高 $\bar{x}=1.66$ 米,样本标准差 $s=0.14$。则在显著性水平 $\alpha=0.05$ 的条件下,能否断定该校高三年级学生的平均身高不低于 1.70 米?

3. 根据某市 2020 年第七次人口普查数据,该市老年人口比重为 15.6%。某研究机构为了检验这一数据是否可靠,随机抽取了 500 名居民,发现其中有老年人 76 人。如果取显著性水平 $\alpha=0.05$,试问该项调查是否支持该市人口普查的结果?

4. 根据历史资料,某厂生产的电子元件使用寿命服从 $\sigma_0=70$(小时) 的正态分布。为了判断一批电子元件的寿命波动性是否比以往有明显的变化,检验人员随机抽取了样本容量为 $n=35$ 的样本,并测得样本标准差 $s=84$ 小时。则在显著性水平 $\alpha=0.05$ 的水平下,该批电子元件寿命的波动性是否较以往显著增大?

第十二章

相关与回归分析

第一节　相关分析的基本概念

一、相关关系

1. 函数关系

函数关系指变量之间存在着确定性依存关系,即当一个或一组变量每取一个值时,相应的另一个变量必然有一个确定值与之对应。例如,圆的面积 $S = \pi R^2$,圆的面积 S 与半径 R 是函数关系。当 R 值发生变化,则有确定的 S 值与之对应。

2. 相关关系

相关关系是指变量间的非确定性依存关系,即当一个或一组变量每取一个值时,相应的另一个变量可能有很多不同值与之对应。现实世界中大多数现象表现为相关关系。例如,人的身高与体重之间存在一定的依存关系。但是体重除了与身高有关,还受年龄、性别、区域、种族等因素影响。身高与体重并无严格的对应关系,同一身高的人,体重大多数情况下是不相等的。但这两个变量之间仍然存在一定的规律性,在一般条件下,身高越高,体重越大。

二、相关关系的种类

1. 按相关关系涉及的变量多少来划分,可分为单相关和复相关

两个变量之间的相关关系叫做单相关(一元相关),即只涉及一个自变量和一个因变量。三个或三个以上的变量之间的相关关系叫做复相关(多元相关),即研究涉及一个因变量和两个或两个以上自变量的关系。

2. 按相关的方向分,可分为正相关和负相关

如果两个变量中的一个变量数值逐渐增大或者减小时,另一个变量的数值也有随之增大或者减小的变化趋势,则称这两个变量正相关。例如,工农业产品产量持续增长时,铁路、公路等货物运输量也随之增长,工农业产品产量与货物运输量之间就是正相关关系。存在正相关关系的变量往往是同方向变动的。

如果两个变量中的一个变量数值逐渐增大或者减小，另一个变量的数值随之减少或者增大，则称这两个变量负相关。存在负相关关系的变量往往是反方向变动的。例如，在一定期间和业务量范围内，产品的产量与单位固定成本负相关，即产量的增加会导致单位产品负担的固定成本下降。

3. 按相关的表现形式分，可分为线性相关（直线相关）和非线性相关（曲线相关）

变量间的相关关系近似地表现为直线即称为直线相关。其特点是当一个变量增减 1 个单位时，另一个变量也按一个大致固定的量变化。如果这种相关关系近似为曲线时，就称为曲线相关，按具体形态又可分为抛物线、指数曲线、双曲线等。

4. 按照相关的密切程度分，可分为完全相关、不完全相关和无相关

当一个变量的值完全由另一个变量的值所决定，称为完全相关，完全相关即函数关系。两个变量各自独立，互不影响，称为无相关。介于完全相关和无相关两者之间的相关关系，称为不完全相关，相关分析通常是对不完全相关的分析。

以上相关关系的种类，如图 12-1 所示。

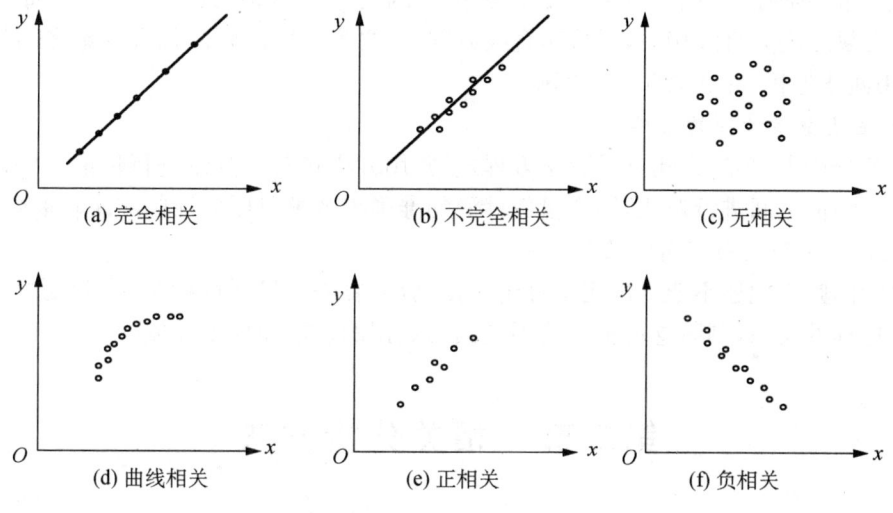

图 12-1 相关关系的类型

需要注意的是，现实的相关关系一般是以组合形态出现的。图 12-1(a) 为完全线性正相关，图 12-1(b) 为不完全线性正相关。而相应的完全线性负相关和不完全线性负相关如图 12-2(a) 和图 12-2(b) 所示。

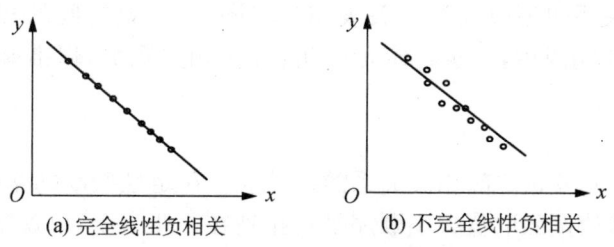

图 12-2 相关关系的组合类型

三、相关分析的主要内容

相关分析的目的在于分析现象间相关关系的形式、密切程度及依存变动的规律性,在实际工作中有非常广泛的应用。

1. 确定变量之间有无相关关系,以及相关关系的表现形式

这是相关分析的出发点,变量之间只有存在相关关系才能用相应的方法去分析,否则,只会得出错误的结论。相关关系表现为何种形式就用什么样的方法分析,若把本属于直线相关的变量用曲线的方法来分析,就会产生认识上的偏差。

2. 确定相关关系的密切程度

直线相关用相关系数表示,曲线相关用相关指数表示,相关系数的用途很广泛。

3. 选择合适的数学方程式

确定变量之间确实存在相关关系及其密切程度,就要选择合适的数学方程式来对变量之间的关系近似描述,并用自变量的数值去推测因变量的数值,这种分析方法称为回归分析。如果变量之间为直线相关,则采用直线方程,称之为线性回归。如果变量之间为曲线相关,则采用曲线方程,称之为非线性回归。

4. 测定变量估计值的准确程度

在相关分析中,第三步建立了数学方程式,并用方程式对因变量进行估值。将因变量的估计值和实际值之间进行对比,因变量估计值的准确程度可以用估计标准误差来衡量。

5. 对回归方程进行显著性检验

建立的回归方程还不能立即用于分析和预测,需要进行显著性检验,检验变量之间是否真的具备这样的关系,判断这种关系是不是因为数据的选取而偶然形成的。

第二节 相关分析方法

一、相关表和散点图

进行相关分析,要采用定性和定量相结合的方法,即先作定性分析,再作定量分析。所谓定性分析,是根据有关专业知识和实际经验,来判断变量之间是否存在一定的相关性。如果确实存在关系再通过编制相关表和散点图,对变量之间的相关关系的类型作出大致判断。上述工作完成后,再进行定量分析,计算相关系数,以准确反映相关关系的方向和程度。

（一）相关表

相关表是一种显示变量之间相关关系的统计表。在定性判断的基础上,把具有相关关系的两个量的具体数值按照取值大小顺序平行排列在一张表上,以观察它们之间的相互关系,这种表就称为相关表。

【例 12-1】 2017—2021 年中国发电量与国内生产总值资料如表 12-1 所示。

表 12-1 2017—2021 年中国发电量与国内生产总值数据

年份	2017	2018	2019	2020	2021
发电量(亿千瓦小时)	66 044.47	71 661.33	75 034.28	77 790.6	85 342.48
国内生产总值(亿元)	832 035.90	919 281.10	986 515.20	1 013 567.00	1 143 669.70

资料来源:国家统计局官网。

从表 12-1 可以看出,2017—2021 年 5 年间我国发电量逐年增长,国内生产总值也呈现增长趋势,两者之间存在明显的相关关系。

(二) 散点图

散点图是在分析两变量之间相关关系时,以两个变量对应数据为坐标,在平面直角坐标系上描绘出的数据点的分布图。通过散点图呈现出的特征,我们可以判断变量之间是否存在相关关系,以及相关的形式、方向和程度等,反映变量之间的关系类型。根据表 12-1 绘制的散点图如图 12-3 所示。

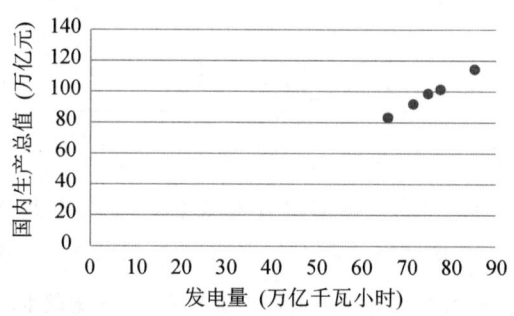

图 12-3 发电量与国内生产总值相关图

二、相关系数的计算

通过相关表和散点图,我们可以大致判断变量间相关关系的方向和程度,但这只是相关分析的开始。如果通过散点图发现变量间基本是线性相关,判定其线性关系的密切程度可以用相关系数来衡量。

测量相关关系的统计量称为相关系数。相关关系有强弱之分,大多数的相关系数是用 0 代表无相关,用 1 代表完全相关。介于 0~1 的数,数值越大相关性越强,数值越小相关性越弱。Pearson 相关系数是最常见的相关系数,也称为积差相关系数,是用来衡量两个变量线性相关程度的指标。其计算公式如下:

$$r = \frac{\sigma_{xy}^2}{\sigma_x \sigma_y} \tag{12-1}$$

式(12-1)中,r 为相关系数;$\sigma_{xy}^2 = \dfrac{\sum (x - \bar{x})(y - \bar{y})}{n}$,表示变量 x 与变量 y 的协方差;

$$\sigma_x = \sqrt{\frac{1}{n}\sum(x-\bar{x})^2}$$，表示变量 x 的标准差；$\sigma_y = \sqrt{\frac{1}{n}\sum(y-\bar{y})^2}$，表示变量 y 的标准差。

需要说明的是，σ_{xy}^2 为正意味着变量 x 与变量 y 为正相关，σ_{xy}^2 为负意味着变量 x 与变量 y 为负相关。r 与 σ_{xy}^2 同符号，意味着 r 为正时，变量 x 与变量 y 为正相关，r 为负时，变量 x 与变量 y 负相关。

将以上各式代入式（12-1），可得：

$$r = \frac{\sum(x-\bar{x})(y-\bar{y})}{\sqrt{\sum(x-\bar{x})^2 \sum(y-\bar{y})^2}} \tag{12-2}$$

式（12-2）为相关系数 r 的基本计算公式。经推算得到相关系数 r 的简便计算公式：

$$r = \frac{n\sum xy - \sum x \sum y}{\sqrt{n\sum x^2 - \left(\sum x\right)^2}\sqrt{n\sum y^2 - \left(\sum y\right)^2}} \tag{12-3}$$

或

$$r = \frac{\sum xy - n\bar{x}\times\bar{y}}{\sqrt{\sum x^2 - n\bar{x}^2}\sqrt{\sum y^2 - n\bar{y}^2}} \tag{12-4}$$

【**例 12-2**】 广州市 2015—2020 年固定资产投资额与地区生产总值（当年价格计算）资料如表 12-2 所示。分析固定资产投资额与地区生产总值的关系，并计算相关系数。

表 12-2 广州市 2015—2020 年固定资产投资额与地区生产总值数据

年份	2015	2016	2017	2018	2019	2020
固定资产投资（万亿元）	0.54	0.57	0.59	0.59	0.69	0.76
地区生产总值（万亿元）	1.73	1.86	1.99	2.10	2.38	2.50

资料来源：广州统计信息网。

可采用 Excel 计算相关数据，如表 12-3 所示。

表 12-3 相关系数计算表　　　　　　　　　　　金额单位：万亿元

序号	固定资产投资 X	地区生产总值 Y	X^2	Y^2	XY
1	0.54	1.73	0.291 6	2.992 9	0.934 2
2	0.57	1.86	0.324 9	3.459 6	1.060 2
3	0.59	1.99	0.348 1	3.960 1	1.174 1
4	0.59	2.10	0.348 1	4.41	1.239 0
5	0.69	2.38	0.476 1	5.664 4	1.642 2
6	0.76	2.50	0.577 6	6.250 0	1.90
合计	3.74	12.56	2.366 4	26.737 0	7.949 7

$$r = \frac{n\sum xy - \sum x \sum y}{\sqrt{n\sum x^2 - (\sum x)^2}\sqrt{n\sum y^2 - (\sum y)^2}}$$

$$= \frac{6 \times 7.9497 - 3.74 \times 12.56}{\sqrt{6 \times 2.3664 - (3.74)^2}\sqrt{6 \times 26.737 - (12.56)^2}} = 0.9651$$

[例 12-2]也可以用 Excel 的"CORREL"函数计算相关系数,计算结果一致。通过计算可以看出,固定资产投资额与地区生产总值正相关,相关系数为 0.965 1。

三、相关系数的密切程度

可以证明,相关系数 $|r| \leqslant 1$。$r > 0$,表明变量之间正相关;$r < 0$,表明变量之间负相关。$|r| = 1$,表明变量之间为完全的线性相关关系,即函数关系;$|r| = 0$,表明变量之间没有线性关系,但有可能存在曲线关系。当 $0 < |r| < 1$ 时,变量之间有不同程度的线性关系。由此可以确定一个对相关程度评价的标准:

$0 < |r| \leqslant 0.3$ 为弱相关;$0.3 < |r| \leqslant 0.5$ 为低度相关;$0.5 < |r| \leqslant 0.8$ 为显著相关;$0.8 < |r| \leqslant 1$ 为高度相关。

四、相关系数的显著性检验

测算两个变量的相关系数,是从总体中随机抽取样本,再用样本的相关系数去推断。因为样本是随机抽取的,根据样本计算出相关系数虽然很大,但总体却可能并不具备相关性。如果总体的相关系数为零($\rho = 0$)时,因为存在抽样误差,r 有可能不等于 0。样本容量越小,可信度就越低。因此,需要对相关系数进行检验。相关系数的显著性检验,就是用样本相关系数推断总体相关系数的参数检验方法。

检验样本(相关系数为 r)是否会来自一个无线性关系的总体(总体的相关系数为 ρ),可以采用费希尔(R.A.Fisher)的 t 检验法。

(1)原假设:$H_0 : \rho = 0$;备择假设:$H_1 : \rho \neq 0$。

(2)检验统计量为:$t = |r|\sqrt{\dfrac{n-2}{1-r^2}}$,其中 $n-2$ 为自由度。

(3)若显著性水平为 α,查 t 分布表的临界值:$t_{\frac{\alpha}{2}}(n-2)$。

(4)若 $|t| \geqslant t_{\frac{\alpha}{2}}(n-2)$,则拒绝原假设,接受备择假设,即认为样本的相关系数显著,可以说明总体两个变量间存在着线性相关,检验通过。若 $|t| < t_{\frac{\alpha}{2}}(n-2)$,则结论相反。

【例 12-3】 根据[例 12-2]的计算结果,检验在 $\alpha = 0.05$ 的显著性水平下,固定资产投资额与地区生产总值是否具有线性相关关系。

若取显著性水平 $\alpha = 0.05$,查表得到临界值:$t_{\frac{\alpha}{2}}(n-2) = 2.7764$。检验统计量的值为:

$$t = \frac{r\sqrt{n-2}}{\sqrt{1-r^2}} = \frac{0.965\,1 \times \sqrt{6-2}}{\sqrt{1-0.965\,1^2}} = 7.37$$

由于 $|t| \geqslant t_{\frac{a}{2}}(n-2)$，所以拒绝原假设，接受备择假设。这就表明总体相关系数 $\rho \neq 0$，固定资产投资额与地区生产总值之间存在线性相关关系。

第三节　回　归　分　析

一、回归分析的概念

相关分析可以说明变量之间相关关系的方向和程度，但不能说明变量之间具体的数量因果关系。当自变量给出一个数值时，因变量可能取值是多少，这是相关分析不能解决的。这需要通过新的方法，即回归分析。

在研究变量之间的关系时，把一些因素作为受控制的变量，而另一些随机变量作为其因变量，这种关系的分析称为回归分析。回归一词于 1877 年由英国著名统计学家高尔顿（F·Galton）首先提出并使用。它用于确定现象之间的定量关系，预测和控制某一变量的数值，分析影响某一变量值的主要与次要因素，也可作为经济管理决策的参考依据。

回归分析可以应用于研究两因素的关系，也可应用于研究两个以上因素的关系，后者称为多元回归分析。一般的步骤是：根据实践经验确定反映因素间关系的回归方程式；采用数学中曲线拟合的方法，根据样本资料计算各项参数的估计值；根据参数估计的原理，确定估计值的抽样误差和置信度。

二、线性回归分析

在回归分析中，如果变量之间的回归模型是直线方程，则这类回归分析为线性回归分析（直线回归），该直线方程称为线性回归方程。如果直线方程中只有一个自变量和一个因变量，称之为简单线性回归分析。如果存在一组自变量和多个因变量，则称之为多元线性回归分析。

（一）简单线性回归分析

在唯一的自变量 x 和因变量 y 之间建立一个直线函数，其表现形式为：

$$\hat{y} = a + bx \tag{12-5}$$

式（12-5）中，x 是自变量，$\hat{y}$ 是因变量的 y 的估计值，又称理论值。a 表示估计的回归直线的截距，b 表示直线的斜率，也表示当 x 变动一个单位时 y 的平均变动值。

实际观测值 y 和理论值 $\hat{y}$ 的关系是：

$$y = \hat{y} + \varepsilon \tag{12-6}$$

式（12-6）中，ε 为离差，反映了因各种偶然因素、观察误差，以及被忽略的其他影响因素带来的随机误差。

确定 $\hat{y}=a+bx$，主要是确定 a 和 b，一般采用最小平方法。其基本思想是让 $\sum(y-\hat{y})^2$ 最小，又称最小二乘法。

将 $\hat{y}=a+bx$ 代入 $\sum(y-\hat{y})^2$。令 $Q=\sum(y-\hat{y})^2=\sum(y-a-bx)^2$，根据微分求极值的原理，分别对 a 和 b 求偏导，令其为零，得：

$$\frac{\partial Q}{\partial a}=-2\sum(y-a-bx)=0$$

$$\frac{\partial Q}{\partial b}=-2\sum(y-a-bx)x=0$$

整理得：
$$\begin{cases} \sum y=na+b\sum x \\ \sum xy=a\sum x+b\sum x^2 \end{cases}$$

求解方程组，可得 a 和 b：

$$\begin{cases} b=\dfrac{n\sum xy-\sum x\sum y}{n\sum x^2-\left(\sum x\right)^2} \\ a=\dfrac{\sum y}{n}-b\dfrac{\sum x}{n}=\bar{y}-b\bar{x} \end{cases} \tag{12-7}$$

则可得直线回归方程：$\hat{y}=a+bx$。

【例 12-4】 某公司 2017—2021 年某公司的资金总量与销售收入资料如表 12-4 所示。

表 12-4　2017—2021 年某公司的资金总量与销售收入　　单位:万元

年份	销售收入	资金总量
2017	317	200
2018	344	216
2019	336	208
2020	356	220
2021	400	232

假设 2022 年该公司销售收入预测值为 465 万元，试预测 2022 年资金需要总量。

根据回归分析原理，对表 12-4 的数据整理，结果如表 12-5 所示。

表 12-5　相关数据整理　　单位:万元

年份	销售收入 x	资金总量 y	xy	x^2
2017	317	200	63 400	100 489
2018	344	216	74 304	118 336
2019	336	208	69 888	112 896

（续表）

年份	销售收入 x	资金总量 y	xy	x^2
2020	356	220	78 320	126 736
2021	400	232	92 800	160 000
合计	1 753	1 076	378 712	618 457

根据式(12-7)，得：

$$\begin{cases} b = \dfrac{n\sum xy - \sum x \sum y}{n\sum x^2 - (\sum x)^2} = \dfrac{5 \times 378\ 712 - 1\ 753 \times 1\ 076}{5 \times 618\ 457 - 1\ 753^2} = 0.380\ 4 \\[4mm] a = \dfrac{\sum y}{n} - b\dfrac{\sum x}{n} = \dfrac{1\ 076}{5} - 0.380\ 4 \times \dfrac{1\ 753}{5} = 81.83 \end{cases}$$

则估计的回归直线方程为：$\hat{y} = 81.83 + 0.380\ 4x$。

当 $x = 465$ 时，$\hat{y} = 81.83 + 0.380\ 4 \times 465 = 258.72$（万元）。

即如果 2022 年该公司销售收入预测值为 465 万元，资金需要总量为 258.72 万元。

[例 12-4]也可采用 Excel 的"SLOPE"函数、"INTERCEPT"函数计算斜率和截距，或者利用 Excel"数据"选项卡中"数据分析-回归"分析工具进行计算，其结果与式(12-7)计算一致。具体操作步骤见本书第十三章。

(二) 多元线性回归

简单线性回归反映的是一个自变量和一个因变量之间的关系，但是客观事物非常复杂，许多现象的变动涉及多个影响因素。例如，企业的利润受产量、成本、价格等多个因素的影响；再如，粮食产量受施肥量影响，同时也受温度、播种量、土壤的酸碱性、降雨量的影响。所以在现实中经常要进行一个变量和多个自变量的多元线性回归分析。

其一般形式为：

$$\hat{y} = a + b_1 x_1 + b_2 x_2 + b_3 x_3 + \cdots + b_n x_n$$

以二元线性回归为例，由一个因变量 y 和两个自变量 x_1，x_2 得到的线性回归方程为：

$$\hat{y} = a + b_1 x_1 + b_2 x_2$$

利用最小二乘原理，可以得出如下的方程组：

$$\begin{cases} \sum y = na + b_1 \sum x_1 + b_2 \sum x_2 \\ \sum x_1 y = a\sum x_1 + b_1 \sum x_1^2 + b_2 \sum x_1 x_2 \\ \sum x_2 y = a\sum x_2 + b_1 \sum x_1 x_2 + b_2 \sum x_2^2 \end{cases} \tag{12-8}$$

解该方程组可得 a、b_1、b_2。

三、曲线回归分析

曲线回归分析亦称"非线性回归分析"，是变量间呈曲线关系的回归分析方法。其基本任务是通过两个相关变量的实际观测数据,建立曲线回归方程,以揭示变量间相互影响模式。确定变量间曲线关系的类型,通常有以下两种途径。

(1)利用相关专业知识、理论规律或实践经验确定曲线回归方程。例如,幂函数能较好地表现生产函数,多项式方程能够较好地反映总成本与总产量之间的关系等。

(2)通过相关散点图的分布趋势,选择与其最为近似的已知函数曲线,并利用此函数方程拟合数据确定曲线回归方程。曲线模型种类多样,在统计研究中常用的曲线模型主要有以下几种。

① 二次抛物线:$\hat{y} = a + b_1 x + b_2 x^2$。

② 指数曲线:$\hat{y} = ab^x$。

③ 双曲线:$\dfrac{1}{\hat{y}} = a + b\dfrac{1}{x}$。

在多数情况下,曲线回归问题可以通过变量的变换,将其化成线性回归问题,然后再用前面介绍的线性回归的方法来解决。

第四节　线性回归分析的评价和检验

变量之间的回归方程是根据随机抽取的样本来计算的一个"经验公式",根据回归模型计算的 $\hat{y}$ 值毕竟是一个估计值,和实际的 y 值之间存在差异。因而这时又出现了两个问题:如何去评价回归模型的准确性? 如何去检验回归模型的可靠性?

一、判定系数 R^2 和估计标准误差

判定系数是用来衡量估计的回归方程对样本数据拟合的紧密程度的统计量,记作 R^2。如果要评价回归模型的精确性,主要是用判定系数和估计标准误差这两个统计量。

(一)判定系数

回归方程的准确性又称为拟合优度,判定系数 R^2 是测定回归方程拟合优度的一个重要指标,为此要先引入以下几个概念:

总离差平方和 $\sum (y - \bar{y})^2$:反映 y 的总变异程度,记作 SST。

回归平方和 $\sum (\hat{y} - \bar{y})^2$:反映因 y 与 x 之间的直线关系引起的 y 的变异程度,记作 SSR。

残差平方和 $\sum (y - \hat{y})^2$:反映除了 y 与 x 之间的直线关系的原因,包括随机误差引起的 y 的变异程度,记作 SSE。

可以证明:

$$SST = SSR + SSE \tag{12-9}$$

判定系数 R^2 的定义为:

$$R^2 = \frac{SSR}{SST} = \frac{\sum (\hat{y} - \bar{y})^2}{\sum (y - \bar{y})^2} \tag{12-10}$$

结合式(12-9)和式(12-10),可以看出 R^2 越大,意味着回归平方和 SSR 在总离差平方和 SST 中占的比重越大,因而 $SSE = \sum(y-\hat{y})^2$ 越小,即 y 与 $\hat{y}$ 的差距越小,$\hat{y}$ 对 y 的拟合程度越高,也就是说该回归模型的准确度越强。

可以证明:$0 \leqslant R^2 \leqslant 1$,即 R^2 越接近于 1,回归模型的拟合优度越好。

1. 简单线性回归方程的判定系数

【例 12-5】 用式(12-10)计算[例 12-4]判定系数 R^2,计算过程如表 12-6 所示。

表 12-6 判定系数的计算 单位:万元

年份	销售收入 x	资金总量 y	$\hat{y}$	$y-\hat{y}$	$(y-\hat{y})^2$	$y-\bar{y}$	$(y-\bar{y})^2$	$\hat{y}-\bar{y}$	$(\hat{y}-\bar{y})^2$
2017	317	200	202.42	−2.42	5.86	−15.2	231.04	−12.78	163.33
2018	344	216	212.69	3.31	10.96	0.8	0.64	−2.51	6.30
2019	336	208	209.64	−1.64	2.69	−7.2	51.84	−5.56	30.91
2020	356	220	217.25	2.75	7.56	4.8	23.04	2.05	4.20
2021	400	232	233.99	−1.99	3.96	16.8	282.24	18.79	353.06
合计	1 753	1 076			31.03		588.80		557.80
平均	350.6	215.2							

$$R^2 = \frac{SSR}{SST} = \frac{\sum(\hat{y}-\bar{y})^2}{\sum(y-\bar{y})^2}$$

$$= \frac{557.8}{588.8} = 0.947\,4$$

计算结果表明,资金总量的总离差平方和 $\sum(y-\bar{y})^2$ 中,有 94.74% 可以由回归平方和 $\sum(\hat{y}-\bar{y})^2$ 来解释,销售收入和资金量的估计回归方程 $\hat{y} = 81.83 + 0.380\,4x$,对真实的 y 值有很好的拟合效果。

可以证明若一元线性回归方程的相关系数为 r,则有 $R^2 = r^2$。通过[例 12-4]中的数据计算其判定系数 R^2,由于其相关系数 $r = 0.973\,3$,所以 $R^2 = 0.973\,3^2 = 0.947\,3$,计算结果与式(12-10)的计算是一致的。

[例 12-5]也可以利用 Excel"数据"选项卡中"数据分析-回归"分析工具直接得出结果。

2. 多元线性回归方程的判定系数

多元线性回归的判定系数,可利用 Excel"数据"选项卡中"数据分析-回归"分析工具进行计算。

判定系数 R^2 具有以下特性:

(1) 判定系数具有非负性。由判定系数的定义可知,R^2 的分子分母均为正数,因此其比值非负,判定系数是一个非负数值。

(2) 判定系数的取值范围为 $0 \leqslant R^2 \leqslant 1$。当所有实际观测值都位于回归直线上时,

$SSE=0$,此时 $SSR=SST$,$R^2=1$,说明总离差完全可以由估计的样本回归直线来解释;当实际观测值并不是全部位于回归直线上,但大致分布于直线附近时,$SSE>0$,此时 $R^2<1$;当回归直线没有解释任何离差,即模型中解释变量 x 与因变量 y 完全无关时,y 的总离差全部归于残差平方和,此时 $SSE=SST$,$SSR=0$,$R^2=0$。

（3）判定系数是样本观测值的函数,它也是一个统计量。

（4）在一元线性回归模型中,判定系数是相关系数的平方。

（二）估计标准误差

判定系数可以用于度量回归直线的拟合程度,相关系数也有类似的作用。而残差平方和 $SSE=\sum(y-\hat{y})^2$ 则可以衡量实际观测值 y 与回归估计值 $\hat{y}$ 之间的差异程度,这个度量值称为估计标准误差。

1. 简单线性回归方程的估计标准误差 S_{xy}

$$S_{xy}=\sqrt{\frac{\sum(y-\hat{y})^2}{n-2}} \tag{12-11}$$

估计标准误差 S_{xy} 越小,说明 y 与 $\hat{y}$ 越接近,即关系越密切;当估计标准误差 S_{xy} 越大,说明 y 与 $\hat{y}$ 越疏远,即关系越不密切。可见,估计标准误差是从另一个侧面反映相关关系的密切程度。

将 $\hat{y}=a+bx$ 代入式(12-11),可得如下计算公式:

$$S_{xy}=\sqrt{\frac{\sum y^2-a\sum y-b\sum xy}{n-2}} \tag{12-12}$$

2. 二元线性回归方程的 $S_{x_1x_2y}$

$$S_{x_1x_2y}=\sqrt{\frac{\sum(y-\hat{y})^2}{n-3}} \tag{12-13}$$

多元线性回归的估计标准误差不需要手工计算,利用 Excel"数据"选项卡中"数据分析-回归"分析工具会直接给出结果。

二、线性回归方程的显著性检验

（一）简单线性回归方程的显著性检验

对于变量 x 和 y,一元直线方程 $\hat{y}=a+bx$ 根据样本的数据计算,带有样本抽取的随机性,这种根据一个样本计算的结果是否具有代表性? 是否真正描述了在总体中变量 x 和 y 之间的关系,即 x 和 y 之间的关系是否真的是直线函数? 这些都需要检验,这个问题就称为对 $\hat{y}=a+bx$ 的显著性检验。

根据样本得出变量 x 和 y 之间的回归直线为:$\hat{y}=a+bx$,而总体变量 x 和 y 之间的回归直线为:$y=A+Bx$。

因此,可以认为 a、b 是 A、B 的估计值,如何检验估计的可靠性,主要有两种办法:对各回归系数的显著性检验(t 检验) 和对整个回归方程的显著性检验(F 检验)。

如果总体变量 x 和 y 之间不存在直线关系,则意味着 $B=0$,即根据样本计算的回归直线方程:$\hat{y}=a+bx$ 并不"显著"。因而对一元直线回归模型的检验主要是对回归系数 b 进行检验。

1. t 检验

t 检验用来检验回归系数 b 的显著性。

(1) 提出假设:

$$H_0: B=0$$
$$H_1: B \neq 0$$

(2) 构造 t 统计量:

$$t = \frac{b-B}{\sigma_b} \tag{12-14}$$

式(12-4)中,σ_b 为回归系数 b 的标准差,可以证明其计算公式为:

$$\sigma_b = \frac{S_{xy}}{\sqrt{\sum x^2 - n(\bar{x})^2}} \tag{12-15}$$

(3) 根据给定的显著性水平为 α,在 t 分布表中查找临界值 $t_{\frac{\alpha}{2}}(n-2)$。

(4) 判断:若 $|t| < t_{\frac{\alpha}{2}}(n-2)$,则拒绝 $H_0:B=0$,得出 $B \neq 0$ 的结论,即线性方程 $\hat{y}=a+bx$ 显著,检验通过;若 $|t| > t_{\frac{\alpha}{2}}(n-2)$,则结论相反。

2. F 检验

F 检验是对整个回归方程的显著性进行检验。

(1) 提出假设:

$$H_0: 方程不显著$$
$$H_1: 方程显著$$

(2) 构造 F 统计量:

$$F = \frac{SSR/1}{SSE/(n-2)} \tag{12-16}$$
$$= \frac{\sum(\hat{y}-\bar{y})^2/1}{\sum(y-\hat{y})^2/(n-2)}$$

可以证明,若回归方程的判定系数为 R^2,则:

$$F = \frac{R^2(n-2)}{1-R^2} \tag{12-17}$$

(3) 根据给定的显著性水平为 α,在 F 分布表中查找临界值 $F_\alpha(1, n-2)$。

若 $F > F_\alpha$,则拒绝原假设"H_0:方程不显著",检验通过;若 $F < F_\alpha$,则接受原假设"H_0:方程不显著",即认为线性方程不显著。

需要指出的是,在一元直线回归中,F 检验和 t 检验是等价的,任一种检验通过,另一种必然通过。

(二) 二元线性回归方程的显著性检验

y 和变量 x_1、x_2 的二元线性回归模型 $\hat{y}=a+b_1x_1+b_2x_2$ 是否显著,要看总体中是否有 $y=A+B_1x_1+B_2x_2$ 这样的关系。若此关系不成立,则 $\hat{y}=a+b_1x_1+b_2x_2$ 不显著。

1. t 检验

t 检验的方法基本与简单线性回归基本相同,只是对每一个偏回归系数 b_1,b_2 都要分别做显著性检验。

(1) 提出假设:($i=1$, 2)

$$H_0 : B_i = 0$$
$$H_1 : B_i \neq 0$$

(2) 构造 t 统计量:

$$t_i = \frac{b_i - B_i}{\sigma_{bi}} \tag{12-18}$$

式(12-18)中,σ_{bi} 为回归系数 b_i 的标准差。

(3) 根据给定的显著性水平为 α,在 t 分布表中查找临界值 $t_{\frac{\alpha}{2}}(n-2)$。

(4) 判断:若 $|t| < t_{\frac{\alpha}{2}}(n-2)$,则拒绝 $H_0 : B_i = 0$,得出 $B \neq 0$ 的结论,即线性方程 $\hat{y} = a + bx$ 显著,检验通过;若 $|t| > t_{\frac{\alpha}{2}}(n-2)$,则结论相反。

在实际的统计研究中,对于二元线性回归方程的 t 检验一般不必人工计算,有多种软件(如 Excel、SPSS 等)可以代替人工进行繁琐的计算,从而直接得出所需要的结果。

2. F 检验

同一元线性回归一样,F 检验是用来检验回归方程的显著性。

(1) 提出假设:

$$H_0 : B_1 = B_2 = 0(即方程不显著)$$
$$H_1 : B_1 , B_2 \ 不全为零(即方程显著)$$

(2) 构造 F 统计量:

$$\begin{aligned} F &= \frac{SSR/k}{SSE/(n-k-1)} \\ &= \frac{\sum(\hat{y}-\bar{y})^2/2}{\sum(y-\hat{y})^2/(n-3)} \end{aligned} \tag{12-19}$$

式(12-19)中,k 为自变量的个数,在二元线性回归方程中 $k=2$。

可以证明,若回归方程的判定系数为 R^2,则:

$$F = \frac{R^2(n-3)}{2(1-R^2)} \tag{12-20}$$

（3）根据给定的显著性水平为 α，在 F 分布表中查找临界值 $F_\alpha(2, n-3)$。

若 $F > F_\alpha$，则拒绝原假设"H_0：方程不显著"，检验通过；若 $F < F_\alpha$，则接受原假设"H_0：方程不显著"，即认为线性方程不显著。

 **本章小结**

　　客观现象之间的数量关系有两种类型：函数关系和相关关系。函数关系是指变量之间存在着确定性的依存关系，而相关关系是指变量间非确定性的依存关系。相关关系可用相关表和散点图来描述。变量之间相关关系的种类，按相关关系涉及的变量多少来划分，可分为单相关和复相关；按相关的方向划分，可分为正相关和负相关；按相关的表现形式划分，分为线性相关（直线相关）和非线性相关（曲线相关）；按照相关的密切程度划分，分为完全相关、不完全相关和不相关。变量之间的相关程度可用相关系数来衡量，相关系数的绝对值越接近1，表示相关程度越高。由于样本的相关系数是一个随机变量，其显著性需要进行检验。

　　在研究变量之间的关系时，把一些因素作为受控制的变量，而另一些随机变量作为其因变量，这种关系的分析称为回归分析。回归分析的目的是根据已知自变量的数值去估计因变量的总体平均值。回归方程有一元线性回归方程和多元线性回归方程，回归系数的估计一般采用最小二乘法。

　　一元回归方程的拟合优度评价通常使用判定系数和估计标准误差，判定系数的取值范围在0和1之间。回归系数的显著性检验可以进行 t 检验，对整个回归方程的检验，需要在方差分析的基础上作 F 检验。

 **练习题**

一、单项选择题

1. 下列现象之间的关系属于相关关系的是（　　）。

　　A. 圆的面积与其半径之间的关系

　　B. 在其他条件不变的情况下，商品销售收入与销售单价之间的关系

　　C. 家庭收入越高，银行储蓄存款越多

　　D. 在三角形的底边一定的情况下，面积与高的关系

2. 相关关系按变量的多少分为（　　）。

　　A. 正相关与负相关

　　B. 单相关与复相关

　　C. 线性相关与非线性相关

　　D. 完全相关、不完全相关与不相关

3. 一个因变量与多个自变量的依存关系是（　　）。

　　A. 单相关　　　　　B. 线性相关　　　　C. 非线性相关　　　D. 复相关

4. 如果 y 随着 x 等比例变化，则 y 与 x 的关系是（　　）。

  A. 不相关   B. 线性相关   C. 非线性相关   D. 复相关

5. 下列直线回归方程中,自变量与因变量呈负相关的是( )。

  A. $\hat{y}=-24+3.28x$ B. $\hat{y}=-6.8+5.16x$

  C. $\hat{y}=7.4-4.75x$ D. $\hat{y}=-18+10.32x$

6. 若 $0.5<|r|\leqslant0.8$,则表明两个变量( )。

  A. 低度相关   B. 高度相关   C. 显著相关   D. 不相关

7. 相关系数 r 的取值范围是( )。

  A. $\leqslant1$ B. $\geqslant1$ C. $(-1,1)$ D. $[-1,1]$

8. 居民收入与消费支出之间的相关系数,最可能是( )。

  A. -1.2 B. 1.2 C. 0.9 D. -0.9

9. 相关系数 $r=0$ 表示( )。

  A. 不存在相关关系   B. 不存在线性相关关系

  C. 存在非线性相关   D. 存在函数关系

10. 对整个一元线性回归方程的显著性检验,应采用( )。

  A. z 检验   B. t 检验   C. F 检验   D. 卡方检验

二、多项选择题

1. 测定现象之间有无相关关系的方法有( )。

  A. 对客观现象做定性分析   B. 编制相关表

  C. 绘制相关图   D. 计算估计标准误差

2. 下列选项中属于相关关系的有( )。

  A. 圆柱体体积与高的关系   B. 降水量与水稻产量

  C. 产品产量与单位成本的关系   D. 家庭收入水平与消费支出的关系

3. 若两个变量之间的相关系数为-1,则这两个变量是( )关系。

  A. 正相关   B. 负相关   C. 显著相关   D. 完全相关

4. 回归分析的特点有( )。

  A. 因变量是随机的   B. 自变量是可以控制的量

  C. 必须区分自变量和因变量   D. 两个变量是不对等的

5. 相关关系可以表明两个变量之间的( )。

  A. 因果关系   B. 相关方向   C. 相关的密切程度   D. 变异程度

6. 单位成本(元/件)依产量(千件)变化的回归方程为 $\hat{y}=56-3x$,则( )。

  A. 当产量为 2 000 件时,单位成本为 50 元/件

  B. 当产量为 2 000 件时,单位成本为 56 元/件

  C. 产量每增加 1 000 件时,单位成本平均下降 3 元/件

  D. 产量每增加 1 000 件时,单位成本平均下降 56 元/件

7. 如果两个变量之间完全线性相关,则下列选项正确的有( )。

  A. 相关系数 $|r|=1$ B. 判定系数 $R^2=1$

  C. 回归系数 $b>0$ D. 估计标准误差 $S_{xy}=0$

8. 关于相关系数和回归系数,下列选项正确的有( )。

A. 回归系数大于零,则相关系数也大于零

B. 回归系数小于零,则相关系数也小于零

C. 回归系数大于零,则相关系数小于零

D. 回归系数小于零,则相关系数大于零

9. 如果两个变量之间的线性相关程度很高,则其相关系数应接近于(　　)。

A. —0.48　　　　　B. 0.52　　　　　C. —1　　　　　D. 1

10. 线性回归分析中的回归平方和 SSR 是指(　　)。

A. 实际值与平均值的离差平方和

B. 估计值与平均值的离差平方和

C. 总离差平方和与残差平方和之差

D. 受自变量变动影响引起的离差

三、判断题

1. 相关关系和函数关系都属于确定性的依存关系。　　　　　　　　　　　　(　　)

2. 如果两个变量的变动方向一致,同时增加或减少,则两者是正相关关系。　(　　)

3. 假定变量 x 与 y 的相关系数为 0.78,变量 k 与 l 的相关系数为 —0.78,则 x 与 y 的相关程度较高。　　　　　　　　　　　　　　　　　　　　　　　　　　　(　　)

4. 回归系数 b 与相关系数 r 的符号是一致的。　　　　　　　　　　　　　(　　)

5. 当样本的相关系数很大时,总体的相关系数不一定很大。　　　　　　　　(　　)

6. 相关系数 r 越大,则估计标准误差 S_{xy} 越大,直线回归方程的精确性越低。　(　　)

7. 当判定系数 $R^2 = 1$,说明总离差完全可以由估计的样本回归直线来解释。　(　　)

8. 相关系数的显著性检验,就是用样本相关系数推断总体相关系数的参数检验方法。(　　)

9. 在相关分析中,对相关系数进行检验时,原假设 H_0:两个变量之间存在线性关系。(　　)

10. 对于回归方程 $\hat{y} = a + bx$, a 是估计的回归直线的截距,表示当 x 变动一个单位时 y 的平均变动值。　　　　　　　　　　　　　　　　　　　　　　　　　(　　)

四、思考题

1. 简述相关关系和函数关系的概念及区别。

2. 简述相关分析和回归分析的区别和联系。

3. 相关关系有哪些种类?

4. 在直线回归方程 $\hat{y} = a + bx$ 中,如何确定 a、b 的值? 其含义是什么?

五、计算分析题

1. 广东省 2011—2020 年国内生产总值与社会消费品零售总额数据如表 12-7 所示。

表 12-7　广东省 2011—2020 年国内生产总值与社会消费品零售总额

年份	国内生产总值 x(万亿元)	社会消费品零售总额 y(万亿元)
2011	5.31	2.03

（续表）

年份	国内生产总值 x（万亿元）	社会消费品零售总额 y（万亿元）
2012	5.70	2.27
2013	6.25	2.55
2014	6.82	2.85
2015	7.47	3.03
2016	8.22	3.33
2017	9.17	3.66
2018	9.99	3.98
2019	10.80	4.30
2020	11.08	4.02

数据来源：国家统计局官网。

要求：根据以上资料计算相关系数，并说明国内生产总值与社会消费品零售总额的相关程度和方向。

2. 某公司 A 产品的产量与单位成本数据如表 12-8 所示。

表 12-8　某公司 2016—2021 年 A 产品产量与单位成本资料

年份	产量 x（件）	单位成本 y（元/件）
2016	1 100	54
2017	1 800	52
2018	2 300	53
2019	2 900	47
2020	3 200	46
2021	3 500	46

要求：

（1）计算相关系数 r。

（2）建立 A 产品产量与单位成本的直线回归方程，并解释斜率的经济意义。

（3）预测 A 产品产量达到 5 000 件时，其单位成本是多少？

第十三章

Excel 统计分析与应用

第一节　Excel 中的统计函数简介

Excel 中的函数大致可分为函数名和参数表两部分，即函数名（参数 1，参数 2，参数 3，……）。其中，函数名说明函数要执行的运算，函数名后用圆括号括起来的是参数表，参数表说明函数要使用的单元格数值。参数可以是数字、文本、逻辑值、数组、错误值，以及单元格或单元格区域的引用等。Excel 函数的参数还可以是常量、公式或其他函数。

Excel 中的内置函数根据功能的分类可分为十类：数据库函数、日期与时间函数、工程函数、财务函数、信息函数、逻辑函数、查找与引用函数、数学与三角函数、统计函数、文本函数。本节主要介绍的是能对数据进行统计分析的统计函数，如表 13-1 所示。

在 Excel 的工作表中建立函数的方法有 4 种：直接输入法、利用"插入函数"的方法输入函数、使用函数下拉列表输入函数和使用功能区中的按钮输入函数。

表 13-1　常用统计函数

函数	功能	函数	功能	函数	功能
COUNT	记数	NORMSINV	Z 值计算	MEDIAN	中位数
MAX	最大值	ABS	绝对值	MODE	众数
MIN	最小值	CHIINV	卡方值	QUARTILE	四分位数
SUM	求和	TINV	T 值计算	VAR	方差
SUMSQ	平方和	FINV	F 值计算	STDEV	标准差
AVERAGE	平均值	SQRT	平方根	GEOMEAN	几何平均数

部分常用统计函数语法如下。

1. MEDIAN 函数

MEDIAN 函数用于返回给定数值的中值。

语法：MEDIAN(number1，[number2]，…)。其中：

number1　必需

number2，… 可选

2. MODE 函数

MODE 函数用于返回给定数值的众数。

语法：MODE(number1，[number2]，…)。其中：

number1　必需

number2，…可选

3. VAR 函数

VAR 函数用于计算基于给定样本的方差，即各个数据与平均数之差的平方和的平均数。

语法：VAR(number1,[number2]，…)。其中：

number1　必需（对应于总体样本的第一个数值参数）

number2，…可选（对应于总体样本的 2 到 255 个数值参数）

4. STDEV 函数

STDEV 函数用于估算基于样本的标准偏差。标准偏差反映数值相对于平均值（mean）的离散程度。

语法：STDEV(number1,[number2]，…)。其中：

number1 必需（对应于总体样本的第一个数值参数）

number2，…可选（对应于总体样本的 2 到 255 个数值参数，也可以用单一数组或对某个数组的引用来代替用逗号分隔的参数）

【例 13-1】　根据表 13-2 中的数据，用 Excel 中的内置函数计算 2021 年年末我国 31 个地区常住人口数的总和、平均值、中位数、众数和标准差。

表 13-2　2021 年年末我国 31 个地区常住人口

地区	总人口（万人）	地区	总人口（万人）
北京	2 189	湖北	5 830
天津	1 373	湖南	6 622
河北	7 448	广东	12 684
山西	3 480	广西	5 037
内蒙古	2 400	海南	1 020
辽宁	4 229	重庆	3 212
吉林	2 375	四川	8 372
黑龙江	3 125	贵州	3 852
上海	2 489	云南	4 690
江苏	8 505	西藏	366
浙江	6 540	陕西	3 954
安徽	6 113	甘肃	2 490
福建	4 187	青海	594
江西	4 517	宁夏	725
山东	10 170	新疆	2 589
河南	9 883		

数据来源：国家统计局官网。

操作步骤：

（1）在 Excel 工作表中输入数据，如图 13-1 所示。

	A	B
1	地区	常住人口数（万人）
2	北京	2189
3	天津	1373
4	河北	7448
5	山西	3480
6	内蒙古	2400
7	辽宁	4229
8	吉林	2375
9	黑龙江	3125
10	上海	2489
11	江苏	8505
12	浙江	6540
13	安徽	6113

图 13-1　我国 31 个地区的人口数据（部分截图）

（2）使用函数进行统计计算（以求数据的总和为例）。

① 选定 E2 单元格，单击工具栏上的"插入—函数"命令，出现图 13-2 所示的对话框，在"选择类别"后的对话框中选择"常用函数"或"全部"，在"选择函数"中选择求和函数"SUM"，然后点击"确定"按钮。

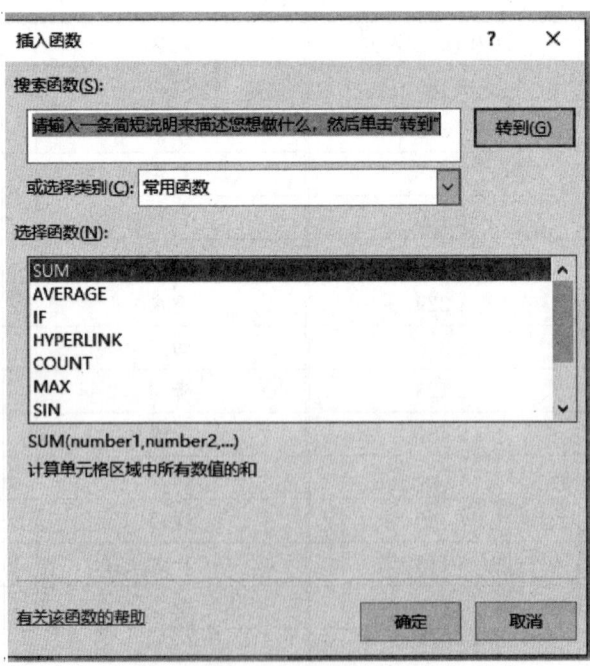

图 13-2　数据求和函数

②将鼠标置于"Number1"右段的编辑框内,在工作表中选择 B2:B32 的区域,单击"确定"按钮,如图 13-3 所示。

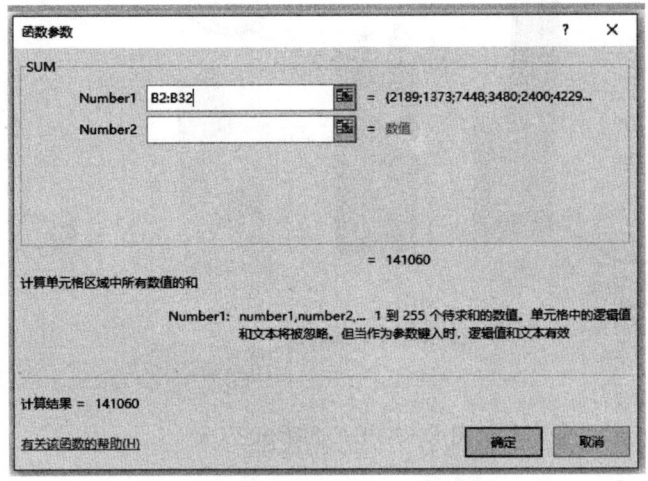

图 13-3　数据求和计算结果

③ E2 单元格中显示数据"141 060",即为所求的数据总和。

④ 使用同样的方法,选择到对应的函数,便可分别计算表 13-2 中数据的平均值(AVERAGE)、方差(VAR)、标准差(STDEV)、中位数(MEDIAN)、众数(MODE),最终计算结果如图 13-4 所示。

	A	B	C	D	E
1	地区	常住人口数（万人）			
2	北京	2189		总和	141060.00
3	天津	1373		均值	4550.32
4	河北	7448		方差	9369193.29
5	山西	3480		标准差	3060.91
6	内蒙古	2400		中位数	3954.00
7	辽宁	4229		众数	#N/A
8	吉林	2375			

图 13-4　总和、平均值、中位数、众数、标准差、方差的计算

第二节　Excel 在数据整理与显示中的应用

Excel 提供了散点图、柱形图、饼图、条形图、面积图、折线图、气泡图、三维图等 14 类 100 多种基本图表。它不仅能够任意编辑图表中的标题、坐标轴、网络线、图例、数据标志、背景等各种对象,而且可以在图表中添加文字、图形、图像和声音等,使精心设计的图表更具说服力。

Excel 图表的元素如图 13-5 所示。

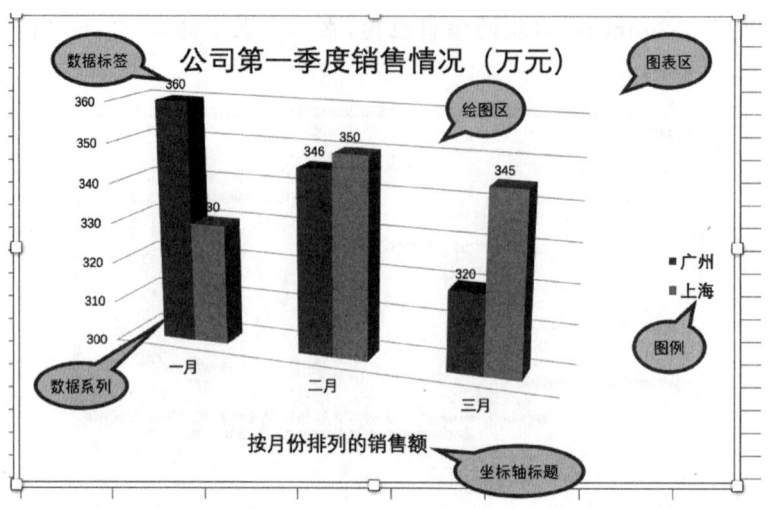

图 13-5　Excel 图表的元素

【例 13-2】 以表 13-3 为例建立柱形图,学习统计图表的创建与编辑。

表 13-3　2015—2021 年按三种产业分我国就业人员数(万人)

年份	第一产业就业人员	第二产业就业人员	第三产业就业人员
2015	21 418	22 644	32 258
2016	20 908	22 295	33 042
2017	20 295	21 762	34 001
2018	19 515	21 356	34 911
2019	18 652	21 234	35 561
2020	17 715	21 543	35 806
2021	17 072	21 712	35 868

操作步骤:

(1) 将表 13-3 中的数据输入 Excel 表格中,如图 13-6 所示。

	A	B	C	D
1	2015—2021年按三种产业分我国就业人员数			
2	年份	第一产业就业人员	第二产业就业人员	第三产业就业人员
3	2015	21418	22644	32258
4	2016	20908	22295	33042
5	2017	20295	21762	34001
6	2018	19515	21356	34911
7	2019	18652	21234	35561
8	2020	17715	21543	35806
9	2021	17072	21712	35868

图 13-6　输入产业就业人数

（2）在 Excel 中选择要建立图表的数据区域 B2:D9,移动鼠标到工具栏,单击"插入"按钮,在"图表"窗口选择"插入柱形图或条形图"标签,从中选择所需要的图表类型"簇状柱形图",如图 13-7 所示。

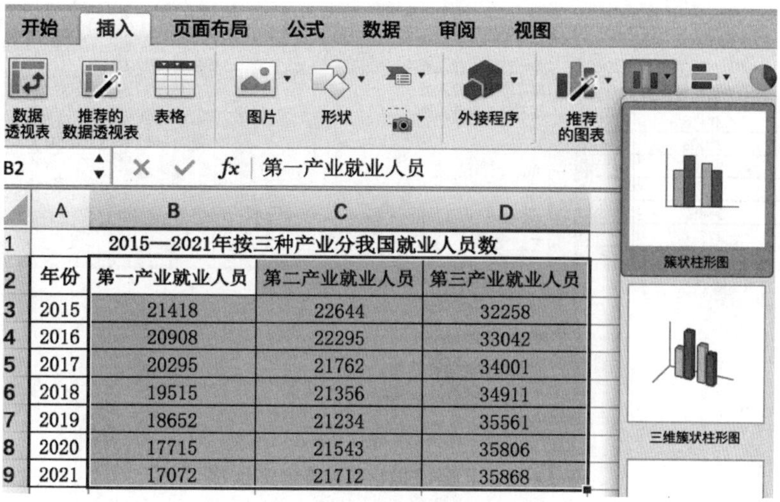

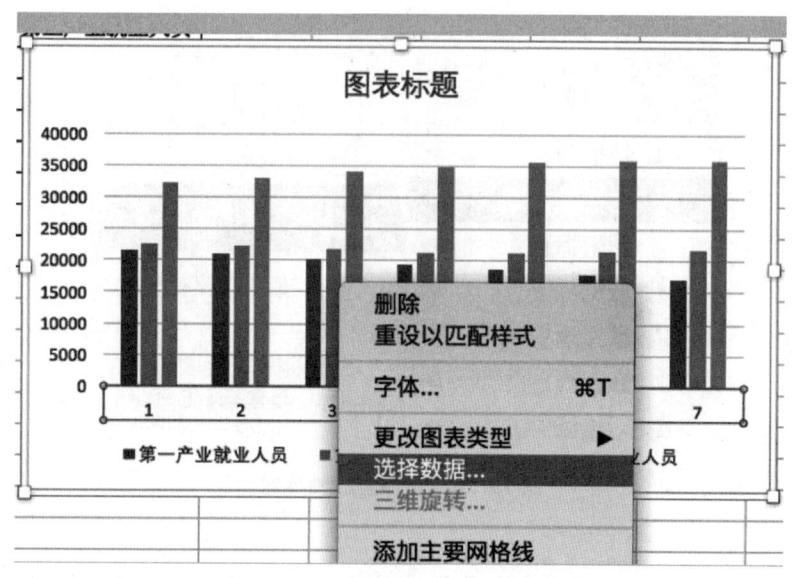

图 13-7　选择图表类型

（3）将鼠标箭头放在图表中,单击鼠标右键,选择"选择数据",如图 13-8 所示。

图 13-8　选择数据区域(横坐标数据)

（4）在"水平（分类）轴标签"后的栏内选择图表横轴的数据区域 A3：A9（横坐标的数据），点击"确定"按钮，如图 13-9 所示。

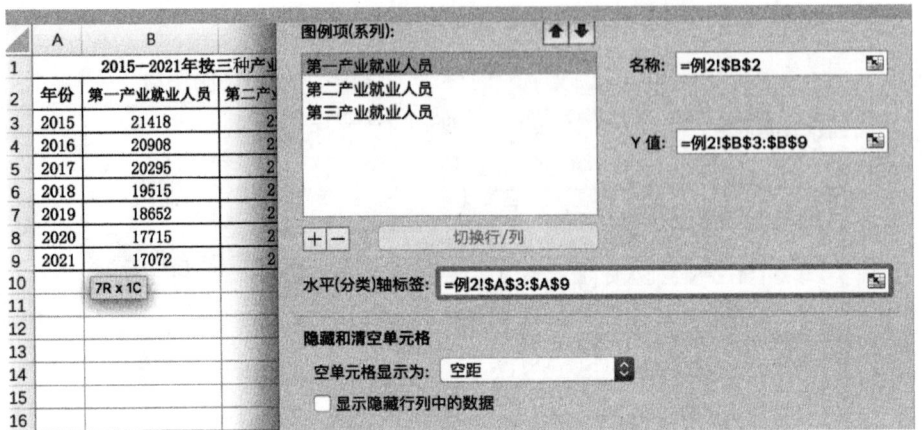

图 13-9　选择数据区域（横坐标数据）

（5）点击左上角"添加图表元素"图标，选择"坐标轴标题"，点击"主要横坐标轴"，在图表下方新出现的文本框中输入横坐标轴标题"年份"。再以同样的方式点击"主要纵坐标轴"，添加纵坐标轴标题"产业就业人员数"，如图 13-10 所示。

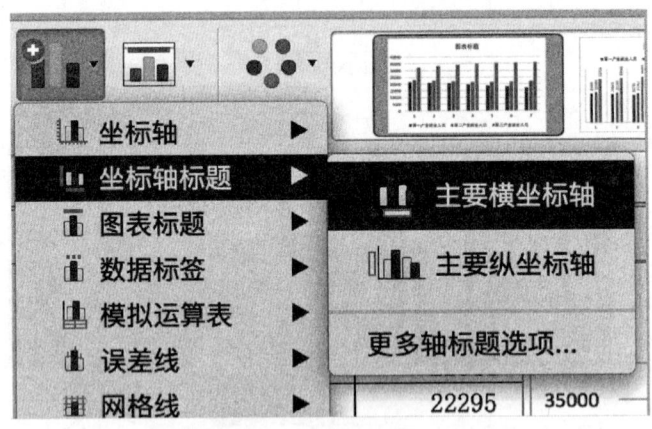

图 13-10　添加坐标轴标题

（6）将图表标题改为"2015—2021 年按三种产业分我国就业人员数情况（万人）"，如图 13-11 所示。

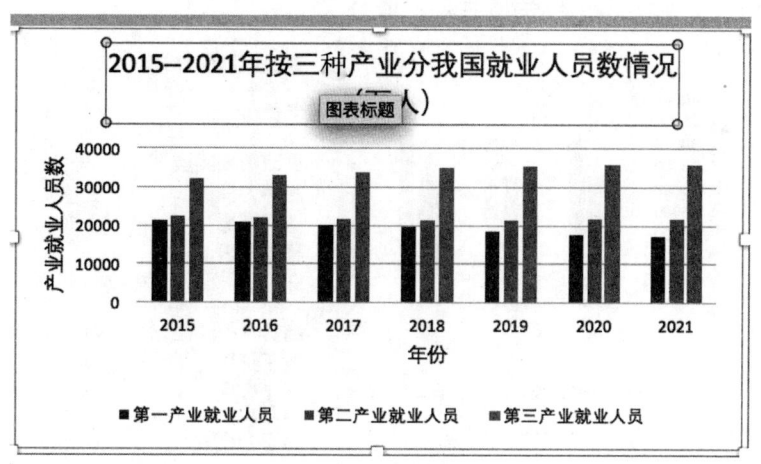

图 13-11 更改图表标题

（7）最后调整图表在工作表中的位置，建立的图表如图 13-12 所示。

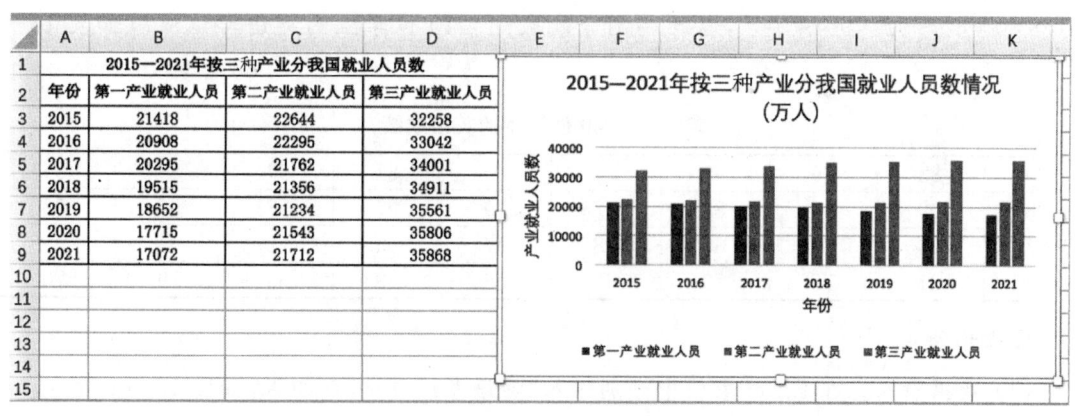

图 13-12 2015—2021 年按三种产业分我国就业人员数情况

（8）将鼠标置于图表区域内，点击鼠标右键弹出如图 13-13 所示的下拉菜单，打开"更改图表类型""选择数据""设置图表区格式"等对话框，还可根据需要对图表进行修改。

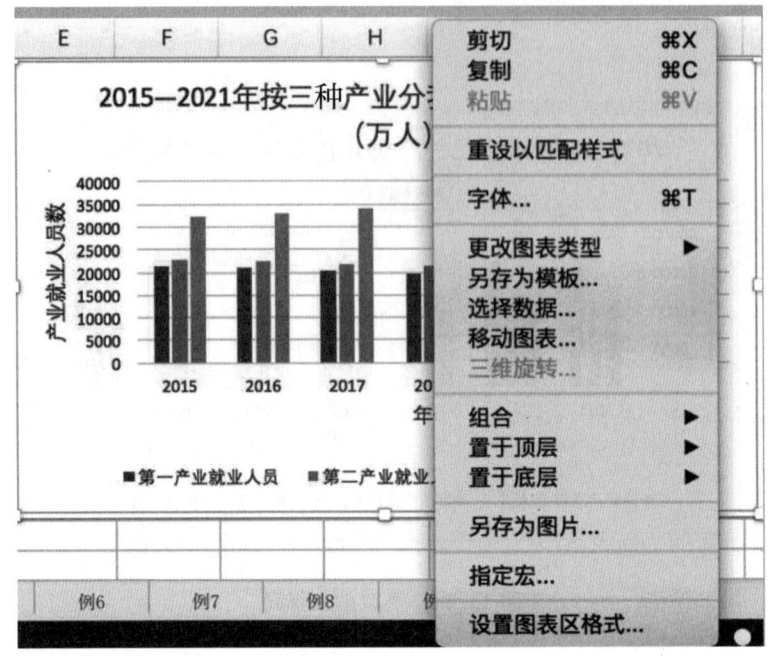

图 13-13 图表的修改

【例 13-3】 将某班 40 名学生的英语考试成绩分为 5 组,分别为:"60 以下""60~70" "70~80""80~90""90~100",以此编制分配数列。40 位学生的英语考试成绩如表 13-4 所示。

表 13-4 40 位学生的英语成绩

89	88	76	99	74	60	82	60	89	86
93	99	94	82	77	79	97	78	95	92
87	84	79	65	98	67	59	72	84	85
56	81	77	73	65	66	83	63	79	70

操作步骤:

(1) 数据输入。在 Excel 表格中分别输入"英语考试成绩"和组限,如图 13-14 所示。

	A	B	C
1	89		组限
2	93		59
3	87		69
4	56		79
5	88		89
6	99		100
7	84		
8	81		

图 13-14 输入原始数据与组限

（2）执行菜单命令"数据""数据分析"，调出"数据分析"对话框，选择"直方图"选项，调出"直方图"对话框。

注意：若"数据分析"命令没有出现在"数据"菜单上，则应先使用"加载宏"命令来加载"分析工具库"。

（3）在"直方图"对话框中，输入相关数据，如图 13-15 所示。

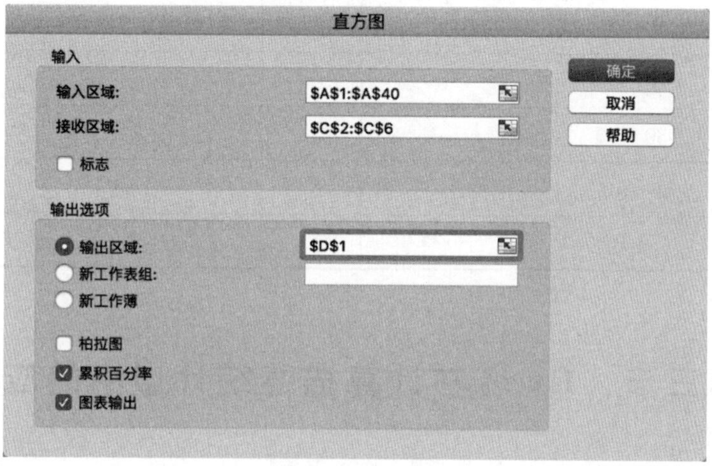

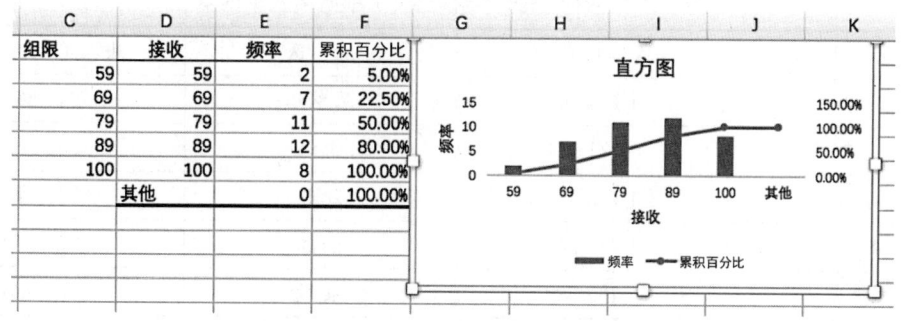

图 13-15　设置直方图

输入区域：A1：A40，即为原始数据。

接收区域：C2：C6，接收区域的数值应按升序排列。

输出区域：D1，为输出结果左上角单元格地址。

标志：选中"标志"复选框，表示引用区域含有标志名称单元格，没有则不选。

柏拉图：选中此复选框，可以在输出表中同时按降序排列频率数据。如果不选，Excel 将只按升序来排列数据。

累积百分比：选中此复选框，可以在输出表中添加一列累积百分比数值，并同时在直方图表中添加累积百分比折线。如果不选此选项，则会省略累积百分比。

图表输出：选中此复选框，可以在输出表中同时生成一个嵌入式直方图表。

［例 13-3］中选中"累积百分比"和"图表输出"两个复选框。

（4）实验结果见图 13-16。

图 13-16　某班 40 名学生英语考试成绩直方图

（5）根据图 13-16，对分组资料进行整理后可得表 13-5。

表 13-5　某班 40 名学生英语考试成绩分配数列

英语考试成绩（分）	人数（人）
60 以下	2
60～70	7
70～80	11
80～90	12
90～100	8
合计	40

第三节　Excel 在计算描述统计量中的应用

Excel 的数据处理除了提供很多统计函数，还提供了"数据分析"工具，可用于进行数据分析。

（1）使用"数据分析"工具必须加载相应的宏后才能使用，可进行以下操作：

① 执行"文件"→"选项"命令，在系统显示"Excel 选项"窗口中，点击"自定义功能区"菜单命令，屏幕弹出"自定义功能区"窗口，勾选"开发工具"选项，点击"确定"按钮。此时文件菜单下增加了一个"开发工具"子菜单。

② 执行菜单命令"开发工具""加载项"，在系统弹出的"加载宏"对话框窗口中，分别勾选"分析工具库""分析工具库- VBA"选项，点击"确定"按钮。

（2）要计算描述统计量可选择数据分析工具中的"描述统计"进行计算分析。

【例 13-4】　用 Excel"数据分析"工具运算 2020 年年末我国 31 个地区法人单位数的总和、平均值、中位数、众数、标准差。数据资料见表 13-6。

表 13-6　2020 年年末我国 31 个地区法人单位数

地　区	法人单位数（个）	地　区	法人单位数（个）
北京	1 174 904	黑龙江	344 360
天津	371 124	上海	532 762
河北	1 456 954	江苏	2 540 015
山西	772 765	浙江	2 277 240
内蒙古	439 523	安徽	1 160 828
辽宁	748 782	福建	1 156 978
吉林	237 731	江西	765 836

（续表）

地　区	法人单位数(个)	地　区	法人单位数(个)
山东	2 842 426	贵州	543 603
河南	1 652 264	云南	741 669
湖北	1 183 265	西藏	49 889
湖南	831 104	陕西	689 053
广东	3 526 206	甘肃	302 596
广西	754 741	青海	112 136
海南	140 362	宁夏	133 774
重庆	642 720	新疆	329 091
四川	934 554		

数据来源：国家统计局官网。

操作步骤：

（1）点击"工具—数据分析"，打开"数据分析"对话框，如图13-17所示。

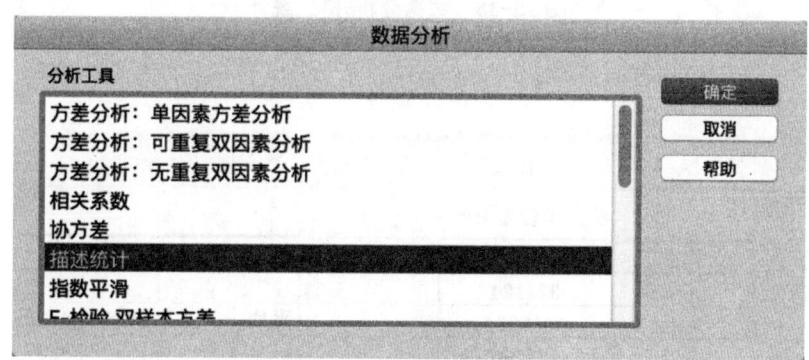

图13-17　数据分析选项

（2）选择"描述统计"功能，单击"确定"按钮，系统打开描述统计对话框，如图13-18所示。选定数据的输入区域为＄B＄2：＄B＄32单元格；分组方式选择"逐列"；选定一个输出区域为＄D＄2单元格；再选定"汇总统计"复选框，如图13-18所示。

（3）系统输出2020年年末我国31个地区法人单位数描述统计的计算结果，如图13-19所示。

（4）在系统的输出中，"平均"即均值，反映了2020年年末我国31个地区法人单位数的平均水平；"标准误差"为样本均值的标准差，亦称样本均值的标准误，或简称标准误，反映了样本平均值代表性的大小，标准误差的值越大，说明平均值的代表性越差，各地区的法人单位数量差异越大；"众数"即出现次数最多的标志值，由于[例13-4]中31个标志值互不相同，故没有众数；"标准差"为样本标准差；"方差"为样本方差；[例13-4]中峰度的值大于0，表示分布比正态分布更集中在平均数周围，分布呈尖峰状态；偏度的值大于0，说明分布呈正偏斜，即大部分标志值是大于平均值的。

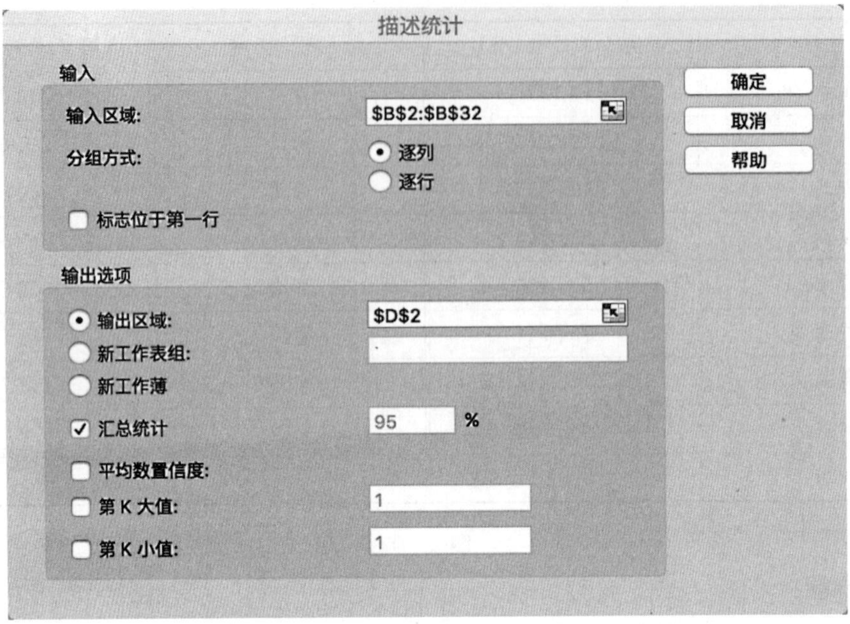

图 13-18　数据分析-描述统计

	A	B	C	D	E
1	地　区	法人单位数(个)			
2	北京	1174904		列1	
3	天津	371124			
4	河北	1456954		平均	948040.4839
5	山西	772765		标准误差	151203.3237
6	内蒙古	439523		中位数	748782
7	辽宁	748782		众数	#N/A
8	吉林	237731		标准差	841864.4775
9	黑龙江	344360		方差	7.08736E+11
10	上海	532762		峰度	2.341250661
11	江苏	2540015		偏度	1.602811525
12	浙江	2277240		区域	3476317
13	安徽	1160828		最小值	49889
14	福建	1156978		最大值	3526206
15	江西	765836		求和	29389255
16	山东	2842426		观测数	31

图 13-19　2020 年年末我国 31 个地区法人单位数描述统计指标

第四节　Excel 在时间数列分析中的应用

时间数列亦称为动态数列或时间序列(time series),就是把反映某一现象的同一指标在不同时间上的取值,按时间的先后顺序排列所形成的一个动态数列。本节主要介绍如何利用 Excel 的数据分析工具及函数进行时间数列分析。

【例 13-5】　对我国 2010—2021 年的国内生产总值数据进行时间数列指标分析。数据见表 13-7。

表 13-7　2010—2021 年中国国内生产总值

年份	国内生产总值(亿元)	年份	国内生产总值(亿元)
2010	412 119.3	2016	746 395.1
2011	487 940.2	2017	832 035.9
2012	538 580.0	2018	919 281.1
2013	592 963.2	2019	986 515.2
2014	643 563.1	2020	1 013 567.0
2015	688 858.2	2021	1 143 669.7

数据来源:国家统计局官网。

操作步骤:

(1) 将表 13-7 的数据输入到 Excel 表格中,如图 13-20 所示。

图 13-20　2010—2021 年国内生产总值

(2) 发展水平是指时间数列中各具体数值。2010 年至 2021 年的发展水平可直接得出,其数值分别是:412 119.3 亿元、487 940.2 亿元、538 580.0 亿元、592 963.2 亿元、643 563.1 亿元、688 858.2 亿元、746 395.1 亿元、832 035.9 亿元、919 281.1 亿元、986 515.2 亿元、1 013 567.0 亿元、1 143 669.7 亿元。

(3) 第一,在 A15 单元格输入"平均发展水平=";第二,在 B15 单元格内编辑计算公式"=AVERAGE(B2:B13)",如图 13-21 所示,回车可得平均发展水平结果"750 457.3"。

图 13-21　平均发展水平的计算

（4）增减量是报告期水平与基期水平之差,反映某一现象在不同时期增减变化的绝对量。

① 在 C1 单元格和 D1 单元格中分别输入"累计增减量(亿元)"和"逐期增减量(亿元)"。

② 在 C3 单元格输入计算公式"＝B3－ \$B\$2",如图 13-22 所示,回车可得计算结果为"75 820.9"。

图 13-22　累计增减量的计算

③ 把鼠标放在 C3 单元格右下角,形成"＋"字,并下拉至 C13 单元格,将公式进行复制,可得所有累计增减量的计算结果,如图 13-23 所示。

图 13-23　累积增减量的计算结果

④ 在 D3 单元格内输入计算公式"＝B3－B2"，如图 13-24 所示，回车可得计算结果。

	A	B	C	D
1	年份	国内生产总值（亿元）	累计增减量（亿元）	逐期增减量（亿元）
2	2010	412119.3		
3	2011	487940.2	75820.9	=B3-B2
4	2012	538580.0	126460.7	
5	2013	592963.2	180843.9	
6	2014	643563.1	231443.8	
7	2015	688858.2	276738.9	
8	2016	746395.1	334275.8	
9	2017	832035.9	419916.6	
10	2018	919281.1	507161.8	
11	2019	986515.2	574395.9	
12	2020	1013567.0	601447.7	
13	2021	1143669.7	731550.4	

图 13-24　逐期增减量的计算

⑤ 把鼠标放在 D3 单元格右下角，形成"**+**"字，并下拉至 D13 单元格，可得逐期增减量的计算结果，如图 13-25 所示。

	A	B	C	D
1	年份	国内生产总值（亿元）	累计增减量（亿元）	逐期增减量（亿元）
2	2010	412119.3		
3	2011	487940.2	75820.9	75820.9
4	2012	538580.0	126460.7	50639.8
5	2013	592963.2	180843.9	54383.2
6	2014	643563.1	231443.8	50599.9
7	2015	688858.2	276738.9	45295.1
8	2016	746395.1	334275.8	57536.9
9	2017	832035.9	419916.6	85640.8
10	2018	919281.1	507161.8	87245.2
11	2019	986515.2	574395.9	67234.1
12	2020	1013567.0	601447.7	27051.8
13	2021	1143669.7	731550.4	130102.7

图 13-25　累积增减量的计算结果

（5）计算平均增减量。

在 C15 单元格输入"平均增减量＝"；在 D15 单元格内编辑计算公式"＝AVERAGE(D3:D11)"，如图 13-26 所示，回车可得计算结果"6 504.6"。

	A	B	C	D
1	年份	国内生产总值（亿元）	累计增减量（亿元）	逐期增减量（亿元）
2	2010	412119.3		
3	2011	487940.2	75820.9	75820.9
4	2012	538580.0	126460.7	50639.8
5	2013	592963.2	180843.9	54383.2
6	2014	643563.1	231443.8	50599.9
7	2015	688858.2	276738.9	45295.1
8	2016	746395.1	334275.8	57536.9
9	2017	832035.9	419916.6	85640.8
10	2018	919281.1	507161.8	87245.2
11	2019	986515.2	574395.9	67234.1
12	2020	1013567.0	601447.7	27051.8
13	2021	1143669.7	731550.4	130102.7
14				
15	平均发展水平=	750457.3	平均增减量=	=AVERAGE(D3:D13)

图 13-26　平均增减量的计算

（6）计算发展速度。

① 在 E1、F1、G1 和 H1 单元格中分别输入"定基发展速度""环比发展速度""定基增长速度"和"环比增长速度"，并选择 E3：H11 区域，点击"％"，将此区域的数字格式设置为百分比形式。

② 为了方便查看，将 C、D 列隐藏，并在 E3 单元格输入计算公式"＝B3/\$B\$2"，如图 13-27 所示，回车可得计算结果为"118％"。

图 13-27　定基发展速度的计算

③ 把鼠标放在 E3 单元格右下角，形成"＋"字，并下拉至 E13 单元格，可得所有定基发展速度的计算结果，如图 13-28 所示。

图 13-28　定基发展速度的计算结果

④ 在 F3 单元格内输入计算公式"＝B3/B2"，如图 13-29 所示，回车可得计算结果为"118％"。

图 13-29　环比发展速度的计算

⑤ 把鼠标放在 F3 单元格右下角，形成"＋"字，并下拉至 F13 单元格，可得所有环比发展速度的计算结果，如图 13-30 所示。

图 13-30　环比发展速度的计算结果

（7）计算增长速度。

① 在 G3 单元格输入计算公式"＝E3－1"，回车可得计算结果为 18%，把鼠标放在 G3 单元格右下角，形成"＋"字，并下拉至 G13 单元格，可得所有定基增长速度的计算结果，如图 13-31 所示。

图 13-31　定基增长速度的计算结果

② 在 H3 单元格输入计算公式"＝F3－1"，回车可得计算结果为 18%，把鼠标放在 H3 单元格右下角，形成"＋"字，并下拉至 H13 单元格，可得所有环比增长速度的计算结果，如图 13-32 所示。

图 13-32　环比增长速度的计算结果

（8）计算平均发展速度。

在 E15 单元格输入"平均发展速度＝"，选中 F15 单元格，输入计算公式"＝GEOMEAN （F3:F13）"，回车即可得到计算结果"110%"，如图 13-33 所示。

	A	B	E	F	G	H
1	年份	国内生产总值（亿元）	定基发展速度	环比发展速度	定基增长速度	环比增长速度
2	2010	412119.3				
3	2011	487940.2	118%	118%	18%	18%
4	2012	538580.0	131%	110%	31%	10%
5	2013	592963.2	144%	110%	44%	10%
6	2014	643563.1	156%	109%	56%	9%
7	2015	688858.2	167%	107%	67%	7%
8	2016	746395.1	181%	108%	81%	8%
9	2017	832035.9	202%	111%	102%	11%
10	2018	919281.1	223%	110%	123%	10%
11	2019	986515.2	239%	107%	139%	7%
12	2020	1013567.0	246%	103%	146%	3%
13	2021	1143669.7	278%	113%	178%	13%
14						
15	平均发展水平=	750457.3	平均发展速度=	110%		

图 13-33　平均发展速度的计算结果

(9) 计算平均增长速度。

在 G15 单元格输入“平均增长速度=”，在 H15 单元格输入计算公式：“=F15-1”，回车即可得到结果为“10%”，如图 13-34 所示。

	A	B	E	F	G	H
1	年份	国内生产总值（亿元）	定基发展速度	环比发展速度	定基增长速度	环比增长速度
2	2010	412119.3				
3	2011	487940.2	118%	118%	18%	18%
4	2012	538580.0	131%	110%	31%	10%
5	2013	592963.2	144%	110%	44%	10%
6	2014	643563.1	156%	109%	56%	9%
7	2015	688858.2	167%	107%	67%	7%
8	2016	746395.1	181%	108%	81%	8%
9	2017	832035.9	202%	111%	102%	11%
10	2018	919281.1	223%	110%	123%	10%
11	2019	986515.2	239%	107%	139%	7%
12	2020	1013567.0	246%	103%	146%	3%
13	2021	1143669.7	278%	113%	178%	13%
14						
15	平均发展水平=	750457.3	平均发展速度=	110%	平均增长速度=	10%

图 13-34　平均增长速度的计算结果

第五节　Excel 在指数分析中的应用

统计指数简称指数，作为一种特殊的相对指标，是动态分析的进一步深入和发展。指数对于分析社会经济现象的发展变化和发展变化中各因素的影响程度具有重要作用。本节主要介绍如何利用 Excel 中的统计函数进行指数分析。

【例 13-6】 表 13-8 是三种商品的销售资料。要求计算：

(1) 该商店销售额总指数及销售额增减总额。

(2) 该商店销售量总指数及因销售量变动而增减的销售额。

(3) 该商店销售价格总指数及因销售价格变动而增减的销售额。

表 13-8　某商店三种商品销售情况资料

产品名称	计量单位	基期		报告期	
		价格(元)	销售量	价格(元)	销售量
大 米	百公斤	300	2 400	360	2 600
猪 肉	公 斤	18	84 000	20	95 000
服 装	件	100	24 000	130	23 000

操作步骤：

（1）输入相关数据，如图 13-35 所示。

图 13-35　输入商品销售数据

（2）计算 p_0q_0、p_0q_1、p_1q_1，分别在 G4 单元格中输入公式"＝C4 * D4"，在 H4 单元格中输入公式"＝C4 * F4"，在 I4 单元格中输入公式"＝E4 * F4"；选定 G4:I4 单元格，在光标显示为粗的加号时双击左键，将 G4、H4、I4 单元格中的公式进行自动填充，复制到它们下面三行的单元格中，计算结果如图 13-36 所示。

图 13-36　销售额数据计算结果

（3）在表格中添加合计行，调整表格格式，选定 G7:I7 单元格，单击编辑栏中的"自动求和"按钮，计算三种商品销售额之和，如图 13-37 所示。

图 13-37　三种商品销售额合计结果

（4）① 计算销售额总指数,在 C9 单元格中输入公式"＝I7/G7 * 100",可得销售额总指数为 125.78％;在 F9 单元格中输入公式"＝I7－G7",可得到销售额增减总额为 1 194 000 元。

② 计算销售量总指数,在 C10 单元格中输入公式"＝H7/G7 * 100",可得销售量总指数为 103.41％;在 F10 单元格中输入公式"＝H7－G7",可得由于销售量变动而增减的销售额为 158 000 元。

③ 计算价格总指数,在 C11 单元格中输入公式"＝I7/H7 * 100",可得价格总指数为 121.63％;在 F11 单元格中输入公式"＝I7－H7",可得由于价格变动而增减的销售额为 1 036 000 元。计算结果见图 13-38。

	A	B	C	D	E	F	G	H	I
1	某商店三种商品销售情况资料								
2	产品名称	计量单位	基期		报告期		销售额		
3			价格 (p_0)	销售量 (q_0)	价格 (p_1)	销售量 (q_1)	p_0q_0	p_0q_1	p_1q_1
4	大米	百公斤	300	2400	360	2600	720000	780000	936000
5	猪肉	公斤	18	84000	20	95000	1512000	1710000	1900000
6	服装	件	100	24000	130	23000	2400000	2300000	2990000
7	合计	—	—	—	—	—	4632000	4790000	5826000
8									
9		销售额总指数＝	125.78%	销售额增减总额＝		1194000			
10		销售量总指数＝	103.41%	销售量变动而增减的销售额＝		158000			
11		价格总指数＝	121.63%	价格变动而增减的销售额＝		1036000			

图 13-38　综合指数计算表

第六节　Excel 在抽样推断中的应用

搜集数据的方法有多种,可以采用统计报表、典型调查、重点调查或抽样调查。我国的统计调查以抽样调查为主,在这里介绍一下如何用 Excel 中的数据分析工具进行抽样。

【例 13-7】　用数据分析工具中的"抽样"功能进行抽样。

（1）使用 Excel 进行抽样,首先要对各个总体单位进行编号,编号可以按随机原则,也可以按有关标志或无关标志进行编号。这里按照 1～100 顺序进行编号,如图 13-39 所示。

（2）选择数据分析选项,从中选择"抽样",如图 13-40 所示。

（3）单击"确定"按钮,弹出抽样对话框,如图 13-41 所示。

（4）在输入区域框中输入总体单位编号所在的单元格区域,在[例 13-7]中是"＄A＄1:＄E＄20"。如果输入区域的第一行或第一列为标志项(横行标题或纵列标题),可勾选标志复选框。

（5）在抽样方法项下,有周期和随机两种抽样模式:

周期模式即所谓的等距抽样,采用这种抽样方法,需将总体单位数除以要抽取的样本单位数,求得取样的周期间隔。例如,我们要在 100 个总体单位中抽取 12 个,则在"间隔"框中输入 8。

	A	B	C	D	.	E
1	1	21	41	61		81
2	2	22	42	62		82
3	3	23	43	63		83
4	4	24	44	64		84
5	5	25	45	65		85
6	6	26	46	66		86
7	7	27	47	67		87
8	8	28	48	68		88
9	9	29	49	69		89
10	10	30	50	70		90
11	11	31	51	71		91
12	12	32	52	72		92
13	13	33	53	73		93
14	14	34	54	74		94
15	15	35	55	75		95
16	16	36	56	76		96
17	17	37	57	77		97
18	18	38	58	78		98
19	19	39	59	79		99
20	20	40	60	80		100

图 13-39　总体单位编号表

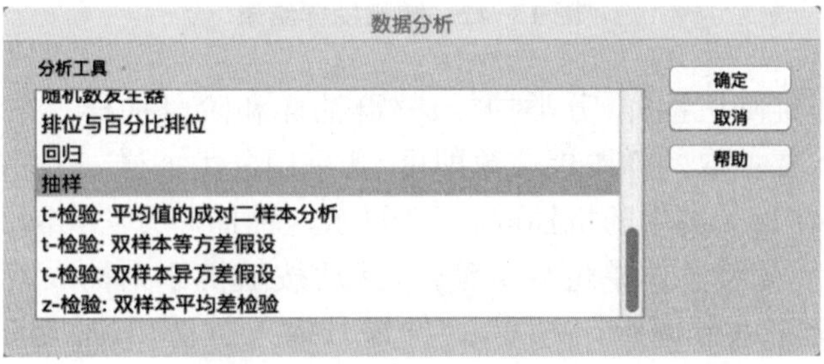

图 13-40　数据分析对话框

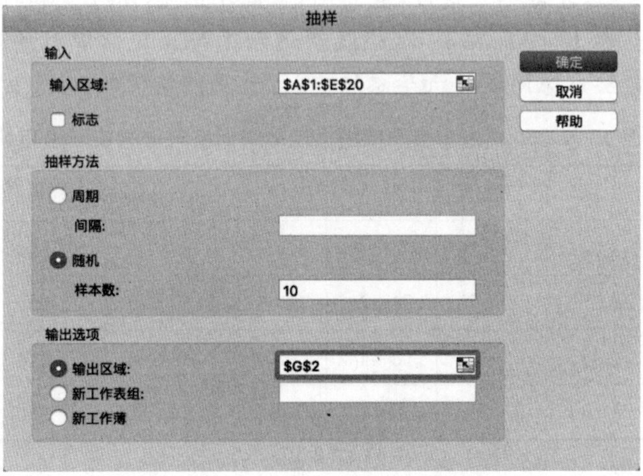

图 13-41　用 Excel 进行抽样

（6）指定输出区域，在这里我们输入"G2"，单击"确定"按钮后，即可得到抽样结果，如图 13-42 所示。

	A	B	C	D	E	F	G
1	1	21	41	61	81		
2	2	22	42	62	82		33
3	3	23	43	63	83		12
4	4	24	44	64	84		49
5	5	25	45	65	85		46
6	6	26	46	66	86		7
7	7	27	47	67	87		72
8	8	28	48	68	88		61
9	9	29	49	69	89		33
10	10	30	50	70	90		35
11	11	31	51	71	91		37
12	12	32	52	72	92		
13	13	33	53	73	93		
14	14	34	54	74	94		
15	15	35	55	75	95		
16	16	36	56	76	96		
17	17	37	57	77	97		
18	18	38	58	78	98		
19	19	39	59	79	99		
20	20	40	60	80	100		
21							

图 13-42　随机抽样结果

随机模式适用于纯随机抽样、分类抽样、整群抽样和阶段抽样。采用纯随机抽样，只需在"样本数"框中输入要抽取的样本单位数即可；若采用分类抽样，必须先将总体单位按某一标志分类编号，然后在每一类中随机抽取若干单位，这种抽样方法实际是分组法与随机抽样的结合；整群抽样也要先将总体单位分类编号，然后按随机原则抽取若干类作为样本，对抽中的类的所有单位全部进行调查。可见，这种编号输入方法，只适用于等距抽样和纯随机抽样。

［例 13-7］选择采用随机抽样，因此勾选随机选项。

【例 13-8】　对总体进行参数估计，包括对总体均值、总体方差和标准差的区间估计以及样本容量的确定。表 13-9 反映了 50 辆汽车传动系统出现故障时所行驶的实际里程数。计算在曾经出现过传动系统问题的汽车总体中，行驶里程均值的 95% 置信区间。

表 13-9　50 辆汽车传动系统出现故障时所行驶的实际里程数　　单位：千米

85 092	32 609	59 465	77 437	32 534	64 090	32 464	59 902	39 323	89 641
94 219	116 803	92 857	63 436	65 605	85 861	64 342	61 978	67 998	59 817
101 769	95 774	121 352	69 568	74 276	66 998	40 001	72 069	25 066	77 098
69 922	35 662	74 425	67 202	118 444	53 500	79 294	64 544	86 813	116 269
37 831	89 431	73 341	85 288	138 114	53 402	85 586	82 256	77 539	88 798

CONFIDENCE 函数适用于总体方差已知的正态总体均值或大样本非正态总体均值的区间估计。本例属于大样本非正态总体均值的区间估计。

语法：CONFIDENCE(alpha,standard_dev,size)

其中,alpha 为显著性水平,standard_dev 为数据区域的总体标准偏差,size 为样本大小。

操作步骤:

(1) 将分析数据输入 Excel 工作表 Sheet1 单元格 A1:J5,如图 13-43 所示。

J5			fx	88798					
	A	B	C	D	E	F	G	H	I	J
1	85092	32609	59465	77437	32534	64090	32464	59902	39323	89641
2	94219	116803	92857	63436	65605	85861	64342	61978	67998	59817
3	101769	95774	121352	69568	74276	66998	40001	72069	25066	77098
4	69922	35662	74425	67202	118444	53500	79294	64544	86813	116269
5	37831	89431	73341	85288	138114	53402	85586	82256	77539	88798

图 13-43 输入原始数据

(2) 利用"函数"分别计算平均值和标准差(步骤同[例 13-1]),得到计算结果为平均里程为 73 342.1 千米,标准偏差为 24 899.9 千米。

(3) 进行区间估计。

① 单击存放结果的单元格 E7。

② 在单元格 E7 输入公式" = 73 342.1 − CONFIDENCE(0.05, 24 899.9, 50)",或在统计函数中找到 CONFIDENCE 函数,将对应的函数填入。其中,函数 CONFIDENCE 功能为返回均值的置信区间,其使用方法与[例 13-1]中所讲函数的使用方法相同,如图 13-44 所示。再单击"确定",得到结果(下限)为 66 440.33。

③ 在单元格 E8 输入公式" = 73 342.1 + CONFIDENCE(0.05, 24 899.9, 50)",按回车键,得到区间估计的结果(上限)为 80 243.87,如图 13-45 所示。

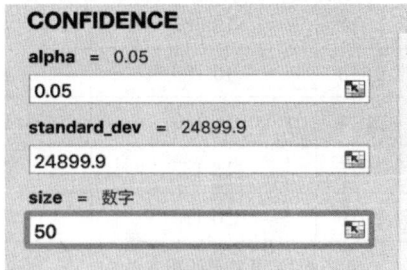

图 13-44 均值的置信区间(下限)

E8			fx	=B7+CONFIDENCE(0.05,24899.9,50)					
	A	B	C	D	E	F	G	H	I	J
1	85092	32609	59465	77437	32534	64090	32464	59902	39323	89641
2	94219	116803	92857	63436	65605	85861	64342	61978	67998	59817
3	101769	95774	121352	69568	74276	66998	40001	72069	25066	77098
4	69922	35662	74425	67202	118444	53500	79294	64544	86813	116269
5	37831	89431	73341	85288	138114	53402	85586	82256	77539	88798
6										
7	均值	73342.1		下限	66440.33					
8	标准差	24899.9		上限	80243.87					

图 13-45 均值的置信区间(上限)

第七节　Excel 在相关与回归分析中的应用

相关分析是指研究具有相关关系变量的变动方向和密切程度的统计分析方法。基本内容是：

（1）直观判断变量间是否存在相关关系及其形态-统计图（散点图）。

（2）定量确定变量-相关系数（线性）。

回归分析是在相关分析的基础上，根据变量间的相关关系的形态，寻求一个数学模型（数学表达式），来近似地表达变量间的平均变化关系。

【例 13-9】　2011—2021 年江西省居民人均可支配收入和社会消费品零售总额的数据如表 13-10 所示，请配合适当的回归模型并进行显著性检验。

表 13-10　2011—2021 年江西省居民人均可支配收入和社会消费品零售总额

年份	居民人均可支配收入（元）	社会消费品零售总额（亿元）	年份	居民人均可支配收入（元）	社会消费品零售总额（亿元）
2011	11 870	3 560.5	2017	22 031	8 118.0
2012	13 567	4 123.3	2018	24 080	9 045.7
2013	15 100	4 696.1	2019	26 262	10 068.1
2014	16 734	5 292.6	2020	28 017	10 371.8
2015	18 437	6 419.8	2021	30 610	12 206.7
2016	20 110	7 198.5			

数据来源：国家统计局官网。

操作步骤：

（1）在 Excel 工作表中输入表 13-9 人均收入 X 和商品零售总额 Y 的样本数据，如图 13-46 所示。

	A	B	C
1	年份	居民人均可支配收入（元）	社会消费品零售总额（亿元）
2	2011	11870	3560.5
3	2012	13567	4123.3
4	2013	15100	4696.1
5	2014	16734	5292.6
6	2015	18437	6419.8
7	2016	20110	7198.5
8	2017	22031	8118.0
9	2018	24080	9045.7
10	2019	26262	10068.1
11	2020	28017	10371.8
12	2021	30610	12206.7

图 13-46　原始数据录入

（2）计算相关系数。CORREL 函数语法为"CORREL（array1，array2）"。其中，array1 必需，第一组数值单元格区域；array2 必需，第二组数值单元格区域。

在 A14 单元格输入"相关系数="，在 B14 单元格输入"= CORREL（B2：B12，C2：C12）"，单击回车键，得到居民人均可支配收入与社会消费品零售总额的相关系数为"0.994 750 344"，如图 13-47 所示。

备注：① 如果数组或引用参数包含文本、逻辑值或空单元格，则这些值将被忽略；但是包含具有零值的单元格。

② 如果 array1 和 array2 具有不同数量的数据点，则 CORREL 返回一个＃N/A 错误。

③ 如果 array1 和 array2 为空，或者其值的 s（标准偏差）等于零，则 CORREL 返回＃DIV/0！错误。

图 13-47　计算相关系数

（3）选择 B2：C12 单元格区域，点击主菜单中的"插入"菜单，在子菜单中的"图表"栏中选择"散点图"，得到散点图，如图 13-48 所示。

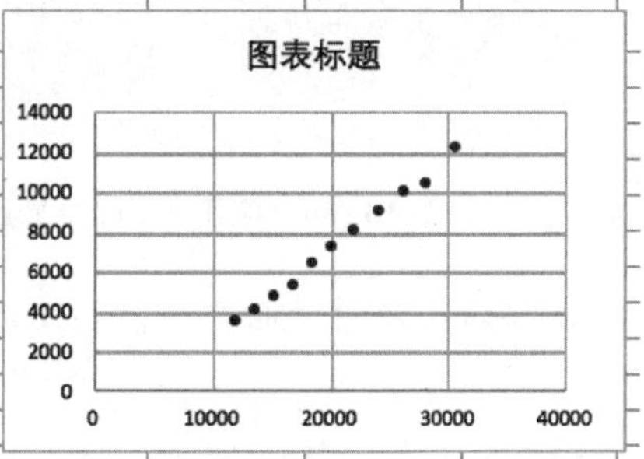

图 13-48　散点图

由图 13-48 可以看出，居民人均可支配收入和社会消费品零售总额之间存在很明显的线性关系，可以建立一元线性回归模型。

（4）在数据菜单中选择"数据分析"选项，在出现的数据分析对话框中选择"回归"，并单击"确定"按钮，如图 13-49 所示。

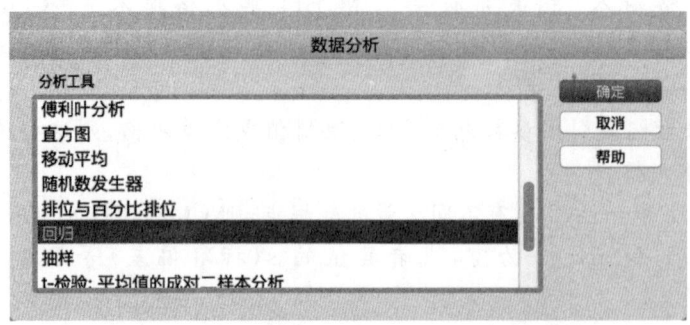

图 13-49　应用 Excel 计算回归分析相关参数(1)

（5）点击"回归"对话框，在"Y 值输入区域"拖动鼠标选择 Y 样本值 \$C \$2：\$C \$12，在"X 值输入区域"拖动鼠标选择 X 样本值 \$B \$2：\$B \$12，"置信度"输入 95%，"输出区域"为 \$A \$16，如图 13-50 所示。

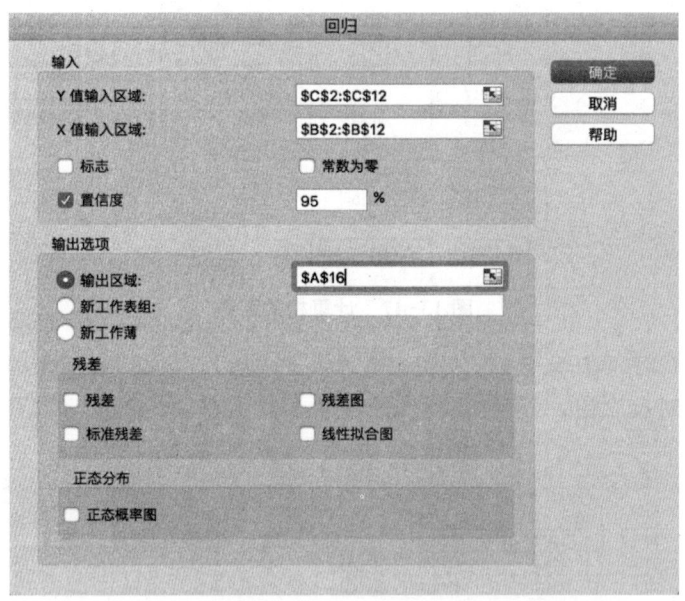

图 13-50　应用 Excel 计算回归分析相关参数(2)

（6）点击"确定"按钮，弹出回归分析相关参数的结果，如图 13-51 所示。

结果分析：

回归统计中 *Multiple R* 为相关系数，可用来衡量变量 X 和变量 Y 之间相关程度的大小；*R Square* 为判定系数 R，用来说明用自变量解释因变量变差的程度，以测量因变量 Y 的拟合效果；*Adjusted R Square* 为调整后的判定系数，其仅用于多元回归才有意义，用来衡量加入独立变量后模型的拟合程度；标准误差为 σ 的点估计值，用来衡量拟合程度的大小，也用于计算与回归相关的其他统计量，该值越小，说明拟合程度越好。该值在求 Y 的预测区间

	A	B	C	D	E	F	G	H	I
16	SUMMARY OUTPUT								
17									
18		回归统计							
19	Multiple R	0.99750344							
20	R Square	0.99501311							
21	Adjusted R	0.99445901							
22	标准误差	211.202302							
23	观测值	11							
24									
25	方差分析								
26		df	SS	MS	F	Significance F			
27	回归分析	1	80101117.99	80101118	1795.731	1.1321E-11			
28	残差	9	401457.7131	44606.4126					
29	总计	10	80502575.7						
30									
31		Coefficients	标准误差	t Stat	P-value	Lower 95%	Upper 95%	下限 95.0%	上限 95.0%
32	Intercept	-2129.0589	233.0947693	-9.1338767	7.5654E-06	-2656.3559	-1601.7619	-2656.3559	-1601.7619
33	X Variable	0.46081329	0.010874376	42.3760664	1.1321E-11	0.43621374	0.48541283	0.43621374	0.48541283

图 13-51　应用 Excel 计算回归分析相关参数(3)

和控制范围时要用到。

方差分析中 $Singnificance\ F$ 为对回归方程检验所达到的临界显著性水平,即 P 值(弃真概率);SS 为平方和;df 是自由度;$F\ crit$ 是 $F_\alpha(t\text{-}1, N\text{-}t)$ 的值。

图 13-51 中最后部分给出的是各回归系数及对回归系数的显著性检验结果。$Intercept$ 为截距,即常数项;$Coefficients$ 为斜率,即回归系数;标准误差为回归系数标准差的估计;$t\ Stat$ 为对回归系数进行 t 检验时 t 统计量的值;$P\text{-}value$ 为 P 值,即所达到的临界显著水平;下限 95.0% 和上限 95.0% 分别给出了各回归系数的 95% 置信区间。

由图 13-51 的输出结果可得[例 13-9]中的回归系数为:

$$\hat{a} = -2\,129.058\,9,\ \hat{b} = 0.460\,813\,29$$

故所求回归方程为:

$$\hat{Y} = 0.460\,813\,29X - 2\,129.058\,9$$

由于 Significance F=1.132 1E-11≪0.001,可知回归方程是极高度显著的,说明该回归模型和回归方程合理反映了居民人均可支配收入和社会消费品零售总额的相关关系,可以用来进行预测和控制。

 **本章小结**

　　在日常的工作和学习中,Excel 的普及度高、功能强大且易于学习,因此我们可以利用 Excel 来完成常见的数据处理及分析工作。

　　Excel 中的内置函数根据功能的分类可分为十类,本章主要介绍的是能对数据进行统计分析的统计函数,如 MEDIAN(中位数)、MODE(众数)、VAR(方差)、STDEV(标准差)。

　　Excel 提供了丰富的图表类型且支持个性化编辑。其根据数据类型制作合适的图表,能够更加直观地展示数据的分布、结构、发展趋势等信息。

利用 Excel 数据分析工具中的"描述统计"功能（须提前加载分析工具库），我们能够直接得到描述性统计的各项指标。

针对时间序列分析，Excel 通过公式、统计函数及自动填充功能的综合运用，可以快速完成各时间段及整体的发展水平、增减量、发展速度、增长速度等指标的计算。

在抽样统计上，我们利用 Excel 数据分析工具中的"抽样"功能，可以实现等距抽样（有周期）和纯随机（随机）两种抽样模式；根据抽取的样本集，利用 CONFIDENCE 函数可以进行均值置信区间的计算。

在相关分析上，我们可以通过绘制散点图来直观判断变量间是否存在相关关系及其形态，利用 CORREL 函数计算变量间的相关系数，利用 Excel 数据分析工具中的"回归"功能实现对变量的回归分析。

 练习题

1. 根据表 13-11 中的数据，用 Excel 中的内置函数计算以下数据。
   （1）行业整体的总市值总和、平均数。
   （2）行业整体的上市公司家数的中位数、众数和标准差。

表 13-11　2021 年年末 A 股上市公司行业总市值排名

排名	行业名称	总市值[①]（亿元）	上市公司家数
1	机械、设备、仪表	117 783.00	794
2	金融、保险业	102 354.02	73
3	食品、饮料	74 247.26	128
4	电子	57 939.58	243
5	金属、非金属	56 793.21	262
6	石油、化学、塑胶、塑料	56 670.11	377
7	信息技术业	47 503.91	346
8	医药、生物制品	40 990.28	217
9	采掘业	33 181.19	83
10	社会服务业	24 967.18	171
11	电力、煤气及水的生产厂和供应业	21 778.27	91
12	交通运输、仓储业	18 661.63	97
13	房地产业	18 439.64	119
14	批发和零售贸易	15 989.21	150
15	建筑业	13 617.68	99
16	农、林、牧、渔业	8 204.12	57

（续表）

排名	行业名称	总市值[①] （亿元）	上市公司家数
17	其他制造业	7 043.56	30
18	纺织、服装、皮毛	6 924.45	91
19	造纸、印刷	6 887.62	63
20	传播与文化产业	6 453.53	64
21	综合类	5 692.31	53
22	木材、家居	3 417.20	28

①总市值：上市公司总股本与股价的乘积。

数据来源：上海证券交易所官网。

2. 根据表 13-12 中的数据，用 M_1、M_2 同比增速绘制分月走势的柱形图。（注：横坐标月份需从小到大）

表 13-12　2021 年我国货币流通情况

月份	M_0 数量 （亿元）	M_0 同比增速	M_1 数量 （亿元）	M_1 同比增速	M_2 数量 （亿元）	M_2 同比增速
12 月	90 800	7.7%	647 400	3.5%	2 382 900	9.0%
11 月	87 400	7.2%	637 500	3.0%	2 356 000	8.5%
10 月	86 100	6.2%	626 100	2.8%	2 336 200	8.7%
9 月	86 900	5.5%	624 600	3.7%	2 342 800	8.3%
8 月	85 100	6.3%	626 700	4.2%	2 312 300	8.2%
7 月	84 700	6.1%	620 400	4.9%	2 302 200	8.3%
6 月	84 300	6.2%	637 500	5.5%	2 317 800	8.6%
5 月	84 200	5.6%	616 800	6.1%	2 275 500	8.3%
4 月	85 800	5.3%	605 400	6.2%	2 262 100	8.1%
3 月	86 544	4.2%	616 113	7.1%	2 276 488	9.4%
2 月	91 925	4.2%	593 487	7.4%	2 236 030	10.1%
1 月	89 625	−3.9%	625 564	14.7%	2 213 047	9.4%

注：M_0：流通中现金。

M_1：M_0＋可开支票进行支付的单位活期存款。

M_2：M_1＋居民储蓄存款＋单位定期存款＋单位其他存款＋证券公司客户保证金。

数据来源：中国人民银行官网。

3. 表 13-13 反映了 2021 年我国各省市居民人均可支配收入情况。要求：以“2 万元以下”“2 万～2.5 万元”“2.5 万～3 万元”“3 万～3.5 万元”“3.5 万～4 万元”“4 万～5 万元”“5 万元以上”为分组（不含下限）。

（1）编制分配数列。

（2）基于分配数列，绘制频率直方图并添加一条累计百分比折线。

表 13-13　2021 年我国各省市居民人均可支配收入情况　　　　单位:元

75 002	78 027	30 829	25 666
47 449	47 498	31 993	24 950
29 383	57 541	44 993	28 568
27 426	30 904	26 727	22 066
34 108	40 659	30 457	25 920
35 112	30 610	33 803	27 905
27 770	35 705	29 080	26 075
27 159	26 811	23 996	

数据来源:国家统计局官网。

4. 根据表 13-14 提供的数据,要求用 Excel 数据分析工具运算出 2021 年我国 31 个地区批发和零售业增加值的总和、平均数、中位数、众数和标准差。

表 13-14　2021 年我国 31 个地区批发业和零售业增加值　　　　单位:亿元

地区	增加值	地区	增加值
北京	3 150.60	湖北	3 434.70
天津	1 496.10	湖南	4 563.00
河北	3 219.90	广东	12 105.50
山西	1 618.50	广西	2 062.80
内蒙古	1 541.70	海南	955.00
辽宁	2 191.30	重庆	2 697.50
吉林	817.80	四川	4 929.30
黑龙江	1 299.00	贵州	1 562.40
上海	5 554.00	云南	2 840.40
江苏	13 163.40	西藏	112.70
浙江	8 768.30	陕西	2 050.10
安徽	4 073.90	甘肃	763.40
福建	5 552.50	青海	19.040
江西	2 536.70	宁夏	210.70
山东	11 550.00	新疆	796.80
河南	4 468.00		

数据来源:国家统计局官网。

5. 表 13-15 为我国 2002—2021 年 20 年间的货物进出口总额数据。要求对其进行时间数列指标分析,计算以下指标:

(1) 平均发展水平。

(2) 平均增减量。

（3）平均发展速度。

（4）平均增长速度。

表 13-15　2002—2021 年我国货物进出口总额　　　　　单位：亿元

年份	货物进出口总额（人民币）	年份	货物进出口总额（人民币）
2002	51 378.15	2012	244 160.21
2003	70 483.45	2013	258 168.89
2004	95 539.09	2014	264 241.77
2005	116 921.77	2015	245 502.93
2006	140 974.74	2016	243 386.46
2007	166 924.07	2017	278 099.24
2008	179 921.47	2018	305 010.09
2009	150 648.06	2019	315 627.32
2010	201 722.34	2020	322 215.24
2011	236 401.95	2021	391 008.54

数据来源：海关总署官网。

6. 根据表 13-16 某工厂原材料的使用情况，计算以下指标。

（1）该厂原材料消耗额总指数及消耗额增减总额。

（2）该厂原材料消耗量总指数及因消耗量变动而增减的消耗额。

（3）该厂原材料消耗价格总指数及因采购价格变动而增减的消耗额。

表 13-16　某工厂生产原材料消耗情况

原材料	单位	2021 年		2020 年	
		采购平均单价	消耗量	采购平均单价	消耗量
钢材	吨	3 800	1 200	5 300	1 000
煤炭	吨	925	600	730	500
电力	度	0.5	2 800	0.5	2 600
水	立方米	3.4	1 300	3.4	1 000

7. 从某班级男生中随机抽取了 20 名学生，测得其身高如表 13-17 所示。要求计算该班级男生平均身高的 95% 置信区间。

表 13-17　某班级 20 名男生身高数据　　　　　单位：cm

175	178	168	181	165
177	172	178	164	174
167	171	175	179	177
169	178	182	167	174

8. 根据表 13-18 某地区 2002—2021 年常住人口和商品房销售面积数据，请配合适当的回归模型并进行显著性检验。

表 13-18　某地区 2002—2021 年常住人口和商品房销售面积

年份	年末常住人口（万人）	商品房销售面积（万平方米）	年份	年末常住人口（万人）	商品房销售面积（万平方米）
2002	3 813	692.47	2012	3 724	3 806.82
2003	3 815	814.64	2013	3 666	3 339.95
2004	3 817	857.15	2014	3 608	2 475.74
2005	3 820	1 242.81	2015	3 529	1 996.61
2006	3 823	1 482.71	2016	3 463	2 117.29
2007	3 824	1 709.25	2017	3 399	2 255.81
2008	3 825	1 486.57	2018	3 327	1 913.25
2009	3 826	2 016.98	2019	3 255	1 684.5
2010	3 833	2 720.95	2020	3 171	1 494.36
2011	3 782	3 432.84	2021	3 125	1 348.09

附录一

练习题参考答案

第一章练习题参考答案

一、单项选择题

1. B　2. D　3. B　4. B　5. D　6. B　7. D　8. B　9. C　10. B　11. A　12. D　13. D　14. B 15. A

二、多项选择题

1. ABC　2. ABCD　3. BD　4. AB　5. ACD　6. ABCD　7. AB　8. ABCD　9. ABD　10. ACD

三、判断题

1. ×　2. ×　3. √　4. ×　5. ×　6. ×　7. ×　8. ×　9. ×　10. ×

四、思考题

（略）

第二章练习题参考答案

一、单项选择题

1. C　2. D　3. B　4. B　5. C　6. D　7. A

二、多项选择题

1. BCD　2. CE　3. ABCDE　4. ABD　5. BD

三、判断题

1. ×　2. √　3. √　4. √　5. ×

四、思考题

（略）

第三章练习题参考答案

一、单项选择题

1. D　2. B　3. C　4. A　5. D　6. B　7. B　8. D　9. D　10. C

二、多项选择题

1. AC　2. CD　3. ABC　4. ABCD　5. AB

三、判断题

1. ×　2. ×　3. √　4. √　5. ×　6. ×　7. ×　8. √　9. √　10. ×

四、思考题

（略）

五、计算题

1. 某房地产公司销售部 2022 年第一季度 20 名员工销售房屋分配数列：

销售房屋（套）	频数（人）	比重
2	2	10%
3	2	10%
4	2	10%
5	6	30%
6	4	20%
8	3	15%
9	1	5%
合计	20	100%

2. 某高三重点班 50 名同学的数学模拟考试成绩分配数列：

考试成绩分组（分）	频数（人）	频率	向上累计		向下累计	
			频数（人）	频率	频数（人）	频率
105～110	3	6%	3	6%	50	100%
110～115	6	12%	9	18%	47	94%
115～120	9	18%	18	36%	41	82%
120～125	14	28%	32	64%	32	64%
125～130	9	18%	41	82%	18	36%
130～135	6	12%	47	94%	9	18%
135～140	3	6%	50	100%	3	6%
合计	50	100%	—	—	—	—

第四章练习题参考答案

一、单项选择题

1. C 2. C 3. D 4. B 5. A 6. C 7. B 8. B 9. C 10. B 11. A 12. D 13. C 14. C 15. D

二、多项选择题

1. ABC 2. ABCD 3. ABC 4. ABCD 5. CD 6. CD 7. ACD 8. ABCD 9. ABC 10. BCD

三、判断题

1. √ 2. × 3. × 4. √ 5. × 6. × 7. × 8. × 9. × 10. ×

四、思考题

（略）

第五章练习题参考答案

一、单项选择题

1. A 2. A 3. A 4. B 5. D 6. C 7. C 8. D 9. A 10. D 11. D 12. B 13. D 14. D

15. C

二、多项选择题

1. CD　2. ACD　3. ACD　4. BC　5. ABC　6. CD　7. BD　8. AD　9. BCD　10. AD　11. BCD
12. BC

三、判断题

1. ×　2. √　3. √　4. ×　5. ×　6. ×　7. ×　8. √　9. √　10. ×

四、计算分析题

1. 解：

产品等级	产量（件）		各等级产品产量占总产量的比重	
	计划	实际	计划	实际
一级品	500	800	25％	40％
二级品	1 300	1 200	65％	60％
三级品	200	—	10％	
合计	2 000	2 000	100％	100％

结构相对指标：

一级品产量计划完成程度＝800÷500＝160％

二级品产量计划完成程度＝1 200÷1 300＝92.3％

三级品产量计划完成程度＝0

产量计划完成程度＝2 000÷2 000＝100％

结构相对指标：

一级品率（实际）＝800÷2 000＝40％，超额完成计划15％

二级品率（实际）＝1 200÷2 000＝60％，未完成计划

二级品率（实际）＝0，未完成计划

该厂2021年度C产品产量计划完成程度100％，实际产量与计划产量一致。产品质量方面，一级品率超额完成计划，二级品下降、三级品率为0，说明C产品的质量显著提升。

2. 解：

粗钢产量计划完成程度＝(1＋10％)÷(1＋8％)＝101.85％

3. 解：

工人的平均日产量＝(10×70＋11×90＋12×175＋13×135＋14×80)÷550

＝12.12(件)

4. 解：

$G = \sqrt[4]{96\% \times 94\% \times 92\% \times 95\%} = 94.24\%$

5. 解：

按平均月收入分组（元）	员工人数（人）	组中值（元）	向上累计	向下累计
3 000～4 000	10	3 500	10	255
4 000～5 000	30	4 500	40	245
5 000～6 000	120	5 500	160	215

（续表）

按平均月收入分组（元）	员工人数（人）	组中值（元）	向上累计	向下累计
6 000～7 000	80	6 500	240	95
7 000 以上	15	7 500	255	15
合　计	255			

月收入平均数＝（3 500×10＋4 500×30＋5 500×120＋6 500×80＋7 500×15）/255＝5 735.29（元）

月收入离差平方和＝$(3\ 500-5\ 735.29)^2 \times 10+(4\ 500-5\ 735.29)^2 \times 30+(5\ 500-5\ 735.29)^2 \times 120+(6\ 500-5\ 735.29)^2 \times 80+(7\ 500-5\ 735.29)^2 \times 15=195\ 885\ 352.95$

月收入标准差＝$\sqrt{\dfrac{195\ 885\ 352.95}{255}}=876.46$（元）

计算月收入众数：

上限公式：$M_0=L+\dfrac{f_m-f_{-1}}{(f_m-f_{-1})+(f_m-f_{+1})} \cdot d$
$=5\ 000+\dfrac{120-30}{(120-30)+(120-80)} \times 1\ 000=5\ 692.31$（元）

下限公式：$M_0=U-\dfrac{f_m-f_{+1}}{(f_m-f_{-1})+(f_m-f_{+1})} \cdot d$
$=6\ 000-\dfrac{120-80}{(120-30)+(120-80)} \times 1\ 000=5\ 692.31$（元）

计算月收入中位数：

下限公式：$M_e=L+\dfrac{\dfrac{\sum f}{2}-S_{m-1}}{f_m} \cdot d=5\ 000+\dfrac{\dfrac{255}{2}-40}{120} \times 1\ 000=5\ 727.17$（元）

上限公式：$M_e=U-\dfrac{\dfrac{\sum f}{2}-S_{m+1}}{f_m} \cdot d=6\ 000-\dfrac{\dfrac{255}{2}-95}{120} \times 1\ 000=5\ 727.17$（元）

6. 解：

$\bar{x}_甲＝(10.21+9.98+10.00+9.85+10.35)\div 5=10.08$（毫米），

$S_甲=0.20$（毫米），$V_甲=0.02$

$\bar{x}_乙＝(9.96+9.78+10.15+9.52+10.25)\div 5=9.93$（毫米）

$S_乙=0.29$（毫米），$V_乙=0.03$

由于 $V_甲<V_乙$，所以甲工人的加工质量较为稳定。

五、简答题（略）

第六章练习题参考答案

一、单项选择题

1. B　2. D　3. A　4. B　5. C　6. A　7. B　8. C　9. D　10. C

二、多项选择题

1. ACD　2. ABD　3. AC　4. ABC　5. ABCD　6. AD　7. AC　8. BD　9. ABD　10. BD

三、判断题

1. ×　2. ×　3. √　4. ×　5. ×　6. ×　7. ×　8. √　9. √　10. √

四、思考题

（略）

五、计算分析题

1. 解：

$$\bar{a} = \frac{\sum_{i=1}^{n} a_i f_i}{\sum f_i} = \frac{88 \times 8 + 58 \times 6 + 46 \times 16 + 92}{31} = 60.65(件)$$

2. 解：

$$(1)\ \bar{a} = \frac{\frac{904 + 912}{2} \times 1 + \frac{912 + 936}{2} \times 2}{1 + 2} = 919(人)$$

$$(2)\ \bar{a} = \frac{\frac{904 + 912}{2} \times 1 + \frac{912 + 936}{2} \times 2 + \frac{936 + 925}{2} \times 3}{1 + 2 + 3} = 925(人)$$

3. 解：

1～6 月产品总产量：$\sum a = 520 + 490 + 530 + 580 + 620 + 660 = 3\,400(件)$

1～6 月产品总成本：

$$\sum b = 520 \times 148 + 490 \times 156 + 530 \times 140 + 580 \times 137 + 620 \times 134 + 660 \times 128 = 474\,620(元)$$

平均单位成本：$\bar{c} = \dfrac{总成本 \sum b}{总产量 \sum a} = \dfrac{474\,620}{3\,400} = 139.59(元/件)$

或者：$\bar{c} = \dfrac{\bar{a}}{\bar{b}} = \dfrac{\dfrac{474\,620}{6}}{\dfrac{3\,400}{6}} = 139.95(元/件)$

4. 解：

(1) 计算所缺数字见下表：

年度		2017	2018	2019	2020	2021
主营业务收入(万元)		560	616	770	878	810
发展速度	环比	—	110.00%	125.00%	114.03%	92.26%
	定基	—	110.00%	137.50%	156.79%	144.64%
增长速度	环比	—	10.00%	25.00%	14.03%	−7.74%
	定基	—	10.00%	37.50%	56.79%	44.64%

$$(2)\ \bar{a} = \frac{560 + 616 + 770 + 878 + 810}{5} = 726.8(万元)$$

(3) 平均发展速度：$\bar{X} = \sqrt[n]{\dfrac{a_n}{a_0}} = \sqrt[4]{\dfrac{810}{560}} = 109.67\%$

平均增长速度为：平均发展速度 − 1 = 109.67% − 1 = 9.67%

5. 解：

平均管理人员人数：

$$\bar{a} = \frac{\frac{a_0}{2} + a_1 + a_2 + \cdots + a_{n-1} + \frac{a_n}{2}}{N-1} = \frac{\frac{228}{2} + 242 + 252 + \frac{226}{2}}{4-1} = 240（人）$$

平均员工总人数：

$$\bar{b} = \frac{\frac{b_0}{2} + b_1 + b_2 + \cdots + b_{n-1} + \frac{b_n}{2}}{N-1} = \frac{\frac{2\,850}{2} + 2\,930 + 3\,010 + \frac{2\,965}{2}}{4-1} = 2\,949（人）$$

管理人员平均比重：

$$\bar{c} = \frac{\bar{a}}{\bar{b}} = \frac{240}{2\,949} = 8.14\%$$

该公司第一季度管理人员占员工总人数的平均比重为8.14%。

6. 解：

月份	第一年	第二年	第三年	第四年	合计	月平均销量	季节指数
1	1 231	1 236	1 243	1 250	4 960	1 240.00	99.98%
2	1 230	1 315	1 360	1 375	5 280	1 320.00	106.43%
3	1 325	1 358	1 422	1 490	5 595	1 398.75	112.78%
4	1 010	1 023	1 136	1 168	4 337	1 084.25	87.42%
5	1 003	1 007	1 010	1 012	4 032	1 008.00	81.27%
6	1 222	1 253	1 267	1 306	5 048	1 262.00	101.75%
7	1 430	1 465	1 501	1 510	5 906	1 476.50	119.05%
8	1 441	1 472	1 533	1 536	5 982	1 495.50	120.58%
9	1 242	1 255	1 259	1 264	5 020	1 255.00	101.19%
10	1 012	1 055	1 082	1 107	4 256	1 064.00	85.79%
11	1 003	1 012	1 065	1 073	4 153	1 038.25	83.71%
12	1 192	1 227	1 255	1 290	4 964	1 241.00	100.06%
合计	14 341	14 678	15 133	15 381	59 533		1 200%
平均	1 195.08	1 223.17	1 261.08	1 281.75		1 240.27	100%

1月份季节指数：$\dfrac{1月份某商品平均销售量}{各月商品平均销售量} = \dfrac{1\,240}{1\,240.27} = 99.98\%$

其余各月以此类推。

计算结果表明，该商品销售量季节指数8月份最高，到达120.58%，7月份为119.05%次之，可见7~8月是旺季。5月份81.27%为最低，11月83.71%次之，4~5月、10~11月为销售淡季。

7. 解：

年份	教育费支出(亿元) y	x	x^2	xy
2012	9.15	1	1	9.15
2013	9.88	2	4	19.76

（续表）

年份	教育费支出（亿元）y	x	x^2	xy
2014	10.87	3	9	32.61
2015	11.65	4	16	46.6
2016	13.05	5	25	65.25
2017	15.01	6	36	90.06
2018	17.11	7	49	119.77
2019	18.39	8	64	147.12
2020	19.59	9	81	176.31
2021	20.47	10	100	204.7
合计	145.17	55	385	911.33

将数据代入公式：

$$\sum y = na + b \sum x$$
$$\sum xy = a \sum x + b \sum x^2$$

则：

$$145.17 = 10a + 55b , 911.33 = 55a + 385b$$

计算可得：$a = 6.99$，$b = 1.37$

直线回归方程为：$\hat{y}_t = 6.99 + 1.37x$

第七章练习题参考答案

一、单项选择题

1. B　2. A　3. C　4. B　5. C　6. C　7. C　8. B　9. B　10. C　11. C　12. C

二、多项选择题

1. AB　2. BCDE　3. CE　4. BE　5. CE

三、填空题

1. 质量指标、基期

2. 个体指数、调和

3. 报告期产品单位成本为基期的 95%，即下降 5%。由于单位成本降低使总成本减少 2 500 元。

4. 物价指数 $\bar{K}_p = \dfrac{1}{95\%} = 105.26\%$

5. 职工人数结构影响指数 $= \dfrac{1.08}{1.2} = 90\%$

6. 销售价格指数 $\bar{K}_p = \dfrac{126}{120\%} = 105\%$

四、简答题

略

五、计算分析题

1. 解：

（1）销售额指数：$\bar{K}_{pq} = \dfrac{682}{466} = 146.35\%$

(2) 销售量综合指数：$\bar{K}_q = \dfrac{531.2}{466} = 113.99\%$，由于销售量增长 13.99%，使销售额增加 65.2 元。

(3) 销售价格综合指数：$\bar{K}_p = \dfrac{682}{531.2} = 128.39\%$，由于销售价格上涨 28.39%，使销售额增加 150.8 元。

2. 解：

(1) 2021 年与上年相比的总产值指数：$\bar{K}_{pq} = \dfrac{5\,904\,000}{5\,776\,000} = 102.22\%$

(2) 出厂价格综合指数：$\bar{K}_p = \dfrac{5\,904\,000}{6\,432\,000} = 91.79\%$，表明出厂价格 2021 年比上年下降 8.21%，导致总产值减少 528 000 元。

(3) 产量综合指数：$\bar{K}_q = \dfrac{6\,432\,000}{5\,776\,000} = 111.36\%$，表明产量 2021 年比上年增长 11.36%，导致总产值增加 565 000 元。

(4) 相对数关系：102.22% = 91.79% × 111.36%

绝对数关系：128 000 = 656 000 − 528 000

3. 解：

三种产品的成本综合指数：$\bar{K}_{pq} = \dfrac{2\,250}{1\,900} = 118.42\%$

单位成本总指数以及单位成本变动对总成本影响的绝对数：

$$\bar{K}_p = \frac{\sum p_1 q_1}{\sum \dfrac{1}{K_p} p_1 q_1} = \frac{2\,250}{\dfrac{550}{1.05} + \dfrac{1\,200}{1.15} + \dfrac{500}{0.95}} = \frac{2\,250}{2\,093.61} = 107.47\%$$

2 250 − 2 093.47 = 156.53(万元)

计算结果表明，由于三种产品单位成本平均上涨 7.47%，导致总成本增加了 156.53 万元。

4. 解：

(1) 三种产品生产成本总额的变动：$\bar{K}_{pq} = \dfrac{2\,160}{1\,900} = 113.68\%$

(2) 产量总指数：$\bar{K}_q = \dfrac{2\,130}{1\,900} = 112.11\%$

产量变动对成本总额的影响数额：2 130 − 1 900 = 230(万元)

(4) 单位成本总指数：$\bar{K}_p = \dfrac{2\,160}{2\,130} = 101.41\%$

单位成本变动对总成本的影响额：2 160 − 2 130 = 30(万元)

5. 解：

$$\bar{K}_{pq} = \frac{\sum p_1 q_1}{\sum p_0 q_0} = \frac{4\,700}{\sum p_0 q_0} = 120\%，故 \sum p_0 q_0 = 3\,916.67(万元)$$

$$\bar{K}_{pq} = \bar{K}_q \cdot \bar{K}_p = 107.2\% \times \bar{K}_p = 120\%，则物价指数 \bar{K}_p = 111.94\%$$

$$\bar{K}_q = \frac{\sum p_0 q_1}{\sum p_0 q_0} = \frac{\sum p_0 q_1}{3\,916.67} = 107.2\%，故 \sum p_0 q_1 = 4\,198.67(万元)$$

由于物价上涨当地居民多支付的金额：

$$\sum p_1 q_1 - \sum p_0 q_1 = 4\,700 - 4\,198.67 = 501.33(万元)$$

6. 解：

(1) 社会商品零售额指数：$\bar{K}_{pq} = 109.4\%$

(2) 零售物价总指数：

$\bar{K}_{pq} = \bar{K}_q \cdot \bar{K}_p$，则 $\bar{K}_p = \dfrac{\bar{K}_{pq}}{\bar{K}_q} = \dfrac{109.4\%}{106.3\%} = 102.92\%$，即零售物价上涨 2.92%。

(3) 根据题意，社会商品零售量总指数：$\bar{K}_q = 106.3\%$

商品零售数量的变化引起的零售额的变动数额：

$$\bar{K}_q = \frac{\sum p_0 q_1}{\sum p_0 q_0}，则 \sum p_0 q_1 - \sum p_0 q_0 = \bar{K}_q \cdot \sum p_0 q_0 - \sum p_0 q_0，$$

$$\sum p_0 q_0 = \frac{2\,570}{109.4\%} = 2\,349.18（亿元）$$

所以，$\sum p_0 q_1 - \sum p_0 q_0 = (106.3\% - 1) \times 2\,349.18 = 148.00（亿元）$

第八章练习题参考答案

一、单项选择题

1. A   2. D   3. D   4. B   5. D   6. D   7. C   8. C   9. C   10. A

二、计算题

1. 解：

设 $A = \{第一次抽到正品\}$，$B = \{第二次抽到正品\}$，$C = \{第三次抽到正品\}$

(1) $P(AB) = P(A)P(B \mid A) = \dfrac{95}{100} \times \dfrac{94}{99} = 0.902$

(2) $P(\bar{A}\bar{B}C)P(\bar{A})P(\bar{B} \mid \bar{A})P(C \mid \bar{A}\bar{B}) = \dfrac{5}{100} \times \dfrac{4}{99} \times \dfrac{95}{98} = 0.002$

(3) $P(AB) = P(A)P(B) = \dfrac{95}{100} \times \dfrac{95}{99} = 0.911\,6$

2. 解：

$$\begin{aligned} E(X) &= \sum_{i=1}^{n} X_i P_i \\ &= 10\,000 \times 0.000\,01 \times 1\,000 \times 0.000\,1 + 100 \times 0.001 + 20 \times 0.01 + 10 \times 0.1 \\ &= 1.5（元） \end{aligned}$$

3. 解：依题意，符合二项分布，且 $p = 0.25$，$q = 1 - p = 0.75$，$n = 10$

(1) $P(5 \leqslant x \leqslant 10) = \sum\limits_{x=5}^{10} C_n^X p^x (1-p)^{10-x} = 0.078\,1$

(2) $P(x \geqslant 6) = \sum\limits_{x=6}^{10} C_n^X P^X (1-p)^{10-x} = 0.019\,7$

(3) $E(x) = np = 10 \times 0.25 = 2.5$

4. 解：

(1) 设 x 为油泵发生故障的台数，依题意可知 x 服从 $n = 20$，$p = 0.03$ 的二项分布，可用普瓦松分布近似。其参数 $\lambda = np = 20 \times 0.03 = 0.6$，故：

$$P(x \geqslant 2) = 1 - P(x \leqslant 1) = 1 - \sum_{k=0}^{1} \frac{0.6^k}{k!} e^{-0.6} = 1 - \left(\frac{0.6^0}{0!} + \frac{0.6^1}{1!}\right) \times 2.718\,28^{-0.6} = 0.121\,9$$

或,查表可知 $P(x \leqslant 1) = 0.878\ 1$,则: $P(x \geqslant 2) = 1 - 0.878\ 1 = 0.121\ 9$。

(2) 设 x 服从 $n = 60$, $p = 0.03$ 的二项分布,可用普瓦松分布近似。其参数 $\lambda = np = 60 \times 0.03 = 1.8$,故:

$$P(x \geqslant 4) = 1 - P(x \leqslant 3) = 1 - \sum_{k=0}^{3} \frac{1.8^k}{k!} e^{-1.8}$$

$$= 1 - \left(\frac{1.8^0}{0!} + \frac{1.8^1}{1!} + \frac{1.8^2}{2!} + \frac{1.8^3}{3!} + \right) \times 2.718\ 28^{-1.8}$$

$$= 0.108\ 7$$

或,查表可知 $P(x \leqslant 3) = 0.891\ 4$,则: $P(x \geqslant 4) = 1 - 0.891\ 4 = 0.108\ 7$。

5. 解:先将 X 标准化为 $\dfrac{x - \mu}{\sigma}$ 的形式。则:

$$(1)\ P = (X > 8) = P\left(\frac{X - 12}{2.5} > \frac{8 - 12}{2.5} \right) = P(Z > -1.6)$$

$$= P(Z < 1.6) = \Phi(1.6) = 0.945\ 2$$

$$(2)\ P(10 \leqslant X \leqslant 15) = P\left(\frac{10 - 12}{2.5} \leqslant \frac{X - 12}{2.5} \leqslant \frac{15 - 12}{2.5} \right)$$

$$= P(-0.8 \leqslant Z \leqslant 1.2) = \Phi(1.2) - \Phi(0.8)$$

$$= \Phi(1.2) + \Phi(0.8) - 1 = 0.884\ 9 + 0.788\ 1 - 1 = 0.673\ 0$$

第九章练习题参考答案

一、单项选择题

1. C 2. C 3. D 4. C 5. A 6. A 7. D 8. D 9. A 10. C

二、多项选择题

1. BCD 2. BCD 3. BCD 4. BD 5. ABCD

三、判断题

1. × 2. × 3. × 4. √ 5. √ 6. √ 7. ×

第十章练习题参考答案

一、单项选择题

1. A 2. C 3. C 4. C 5. C 6. A 7. A 8. A 9. B 10. B 11. C 12. D 13. B 14. A
15. D

二、计算题

1. 解:根据题意可知: $1 - \alpha = 0.95$, $\alpha = 0.05$,查正态分布表得临界值 $Z_{\frac{\alpha}{2}} = 1.96$,则:

$$\hat{\mu}_1 = \bar{X} - z_{\frac{\alpha}{2}} \frac{\sigma}{\sqrt{n}} = 3.25 - 1.96 \times \frac{0.15}{\sqrt{40}} = 3.20 \text{(cm)}$$

$$\hat{\mu}_2 = \bar{X} + z_{\frac{\alpha}{2}} \frac{\sigma}{\sqrt{n}} = 3.25 + 1.96 \times \frac{0.15}{\sqrt{40}} = 3.30 \text{(cm)}$$

因此,该批零件的平均长度 μ 在置信水平为 95% 的置信区间为 $(3.20, 3.30)$。

2. 解:因总体方差未知,且随机抽样为小样本的情况,本题应采用 t 分布统计量建立总体均值的置信区间。依题意可知 $\bar{X} = 1\ 815$, $s = 20.82$, $1 - \alpha = 0.95$, $\dfrac{\alpha}{2} = 0.05$, $n = 20$,查 t 分布表得临界值 $t_{0.025}(19) = 2.093$,则:

$$\hat{\mu}_1 = \overline{X} - t_{\frac{\alpha}{2}} \frac{s}{\sqrt{n}} = 1\ 815 - 2.093 \times \frac{20.82}{\sqrt{20}} = 1\ 805.26 (\text{小时})$$

$$\hat{\mu}_2 = \overline{X} + t_{\frac{\alpha}{2}} \frac{s}{\sqrt{n}} = 1\ 815 + 2.093 \times \frac{20.82}{\sqrt{20}} = 1\ 824.75 (\text{小时})$$

因此,该批电子元件平均使用寿命在置信水平为 95% 的置信区间为(1 805.26, 1 824.75)。

3. 解:根据题意已知:$N = 816$,$n = 180$,$p = \frac{153}{180} = 85\%$,$1 - \alpha = 0.95$,$\alpha = 0.05$,查正态分布表得临界值 $z_{\frac{\alpha}{2}} = 1.96$,则:

$$p \pm z_{\frac{\alpha}{2}} \sqrt{\frac{P(1-P)}{n} \cdot \frac{N-n}{N-1}} = 0.85 \pm 1.96 \times \sqrt{\frac{85\% \times (1-85\%)}{180} \times \frac{816-180}{816-1}}$$

即 $85\% \pm 4.7\% = (80.3\%, 89.7\%)$,这表明在 95% 的置信水平下,该居民小区赞成加装电梯的业主比例的置信区间为 $80.3\% \sim 89.7\%$。

4. 解:已知 $\sigma = 35$,$\Delta = 8$,$1 - \alpha = 0.954\ 5$,$z_{\frac{\alpha}{2}} = 2$,则:

$$n = \frac{z_{\frac{\alpha}{2}}^2 \sigma^2}{\Delta^2} = \frac{2^2 \times 35^2}{8^2} = 76.56 \approx 77 (\text{盒})$$

即应抽取 77 盒产品作为样本进行检验。

第十一章练习题参考答案

一、单项选择题

1. D 2. A 3. B 4. C 5. A 6. D 7. C 8. B 9. C 10. B

二、计算题

1. 解:依据题意,本例是一个双侧检验。建立假设 $H_0 : \mu = 85\ 150 \quad H_1 : \mu \neq 85\ 150$

计算检验统计量:

$$z = \frac{\overline{x} - \mu_0}{\frac{\sigma}{\sqrt{n}}} = \frac{86\ 853 - 85\ 150}{\frac{6\ 812}{\sqrt{300}}} = 4.33$$

由于 $\alpha = 0.05$,临界值 $z_{\alpha/2} = z_{0.025} = 1.96$,$z = 4.33 > z_{\alpha/2}$ 落入拒绝域,因此拒绝原假设 H_0,即判定该公司 2021 年职工工资与 2020 年相比有明显差别。

2. 解:本例属于小样本、方差未知的左侧检验,可采用 t 统计量进行检验。建立假设:$H_0 : \mu \geqslant 1.7$,$H_1 : \mu < 1.7$

计算检验统计量:$t = \dfrac{\overline{x} - \mu}{\frac{s}{\sqrt{n}}} = \dfrac{1.66 - 1.7}{0.14 \sqrt{30}} = -1.564\ 9$

对于 $\alpha = 0.05$,查 t 分布表可知 $-t_{0.05} = -1.699\ 1$,因 $t > -t_{0.05} = -1.699\ 1$,落入接受域内,所以可以接受原假设,即该校学生的平均身高超过了 1.70 米。

3. 解:本例属于总体比例双侧检验,依据题意建立假设:

$$H_0 : P = 15.6\%, \quad H_1 : P \neq 15.6\%$$

计算样本比例:$p = 76/500 = 15.2\%$

计算检验统计量：$z = \dfrac{p - \pi}{\sqrt{\dfrac{\pi(1-\pi)}{n}}} = \dfrac{0.152 - 0.156}{\sqrt{\dfrac{0.156 \times (1 - 0.156)}{500}}} = -0.246$

由于 $\alpha = 0.05$，临界值 $z_{\frac{\alpha}{2}} = z_{0.025} = 1.96$，而 $|z| = 0.246 < z_{\frac{\alpha}{2}} = 1.96$，因此没有充分的理由拒绝该市老年人口比重为 15.6% 的说法。

4. 解：依据题意，建立假设 $H_0 : \sigma^2 = \sigma_0^2 = 4\,900$，$H_1 : \sigma^2 > 4\,900$，计算检验统计量 χ^2：

$$\chi^2 = \frac{(n-1)S^2}{\sigma_0^2} = \frac{(35-1) \times 84^2}{70^2} = 48.96$$

而查 χ^2 分布表可知 $\chi_\alpha^2(n-1) = \chi_{0.05}^2(34) = 48.602$，即 $\chi^2 > \chi_\alpha^2(n-1)$，所以拒绝原假设，即认为这批电子元件的寿命波动性较以往有所增大。

第十二章练习题参考答案

一、单项选择题

1. C 2. B 3. D 4. B 5. C 6. C 7. D 8. C 9. B 10. C

二、多项选择题

1. ABC 2. BCD 3. BD 4. ABCD 5. BC 6. AC 7. ABD 8. AB 9. CD 10. BCD

三、判断题

1. × 2. √ 3. × 4. √ 5. √ 6. × 7. √ 8. √ 9. × 10. ×

四、思考题

（略）

五、计算分析题

1. 解：

利用 Excel 中的"CORREL"函数计算相关系数 r，得 $r = 0.986\,5$，可见国内生产总值与社会消费品零售总额的相关程度密切，两者是高度正相关关系。

2. 解：

(1) 利用 Excel 的"CORREL"函数计算相关系数 r，得 $r = -0.925\,5$。

(2) 利用 Excel 的"INTERCEPT"函数、"SLOPE"函数，分别计算直线回归方程的截距和斜率。得：截距 $a = 59.02$，斜率 $b = -0.003\,79$，则直线回归方程为：$\hat{y} = 59.02 - 0.003\,79x$。斜率 $b = -0.003\,79$ 的经济意义是：产品产量每增加 1 件时，单位成本降低 $0.003\,79$ 元。

(3) 将 $x = 5\,000$ 代入回归方程，$\hat{y} = 59.02 - 0.003\,79 \times 5\,000 = 40.07$（元 / 件）。

本题也可以利用 Excel"数据"选项卡中"数据分析-回归"分析工具，计算相关系数、截距和斜率，如下图所示。

SUMMARY OUTPUT					
回归统计					
Multiple	0.925455089				
R Square	0.856467122				
Adjusted	0.820583902				
标准误差	1.577308856				
观测值	6				
方差分析					
	df	SS	MS	F	Significance F
回归分析	1	59.38172043	59.38172043	23.86817936	0.008128295
残差	4	9.951612903	2.487903226		
总计	5	69.33333333			

	Coefficients	标准误差	t Stat	P-value	Lower 95%	Upper 95%	下限 95.0%	上限 95.0%
Intercept	59.01612903	2.01914613	29.22826048	8.15751E-06	53.41008064	64.62217742	53.41008064	64.62217742
X Variabl	-0.003790323	0.00077583	-4.885507073	0.008128295	-0.005944372	-0.001636273	-0.005944372	-0.001636273

第十三章练习题参考答案[①]

1.

(1) 总市值总和 745 538.96[计算公式 SUM(数据区域)]。

总市值均值 33 888.13[计算公式 AVERAGE(数据区域)]。

(2) 中位数 98[计算公式 MEDIAN(数据区域)]。

众数 91[计算公式 MODE(数据区域)]。

标准差 170.74[计算公式 STDEV(数据区域)]。

2.

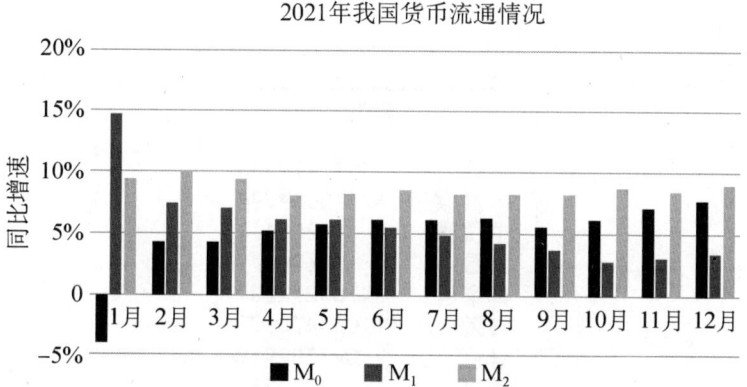

3.

Excel 计算关键过程如下(5 万元以上组限可取大于 5 万元并大于数据最大值的任何值):

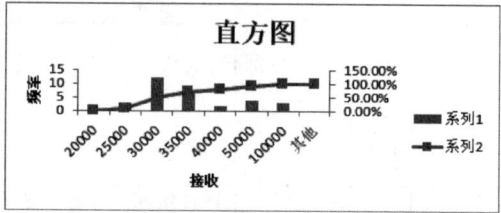

(1) 分配数列如下：

2021 年各省市居民人均可支配收入分配数列

人均可支配收入(万元)	省市数(个)	人均可支配收入(万元)	省市数(个)
2 以下	0	3.5～4	2
2～2.5	3	4～5	4
2.5～3	12	5 以上	3
3～3.5	7	合计	31

---

① 注:由于第十三章为 Excel 统计分析与应用,此章练习为实操练习,此处答案省略步骤。

（2）频率直方图及一条累计百分比折线如下：

2021年各省市居民人均可支配收入情况

4.

Excel 描述性统计结果如下：

列1	
平均	3557.419355
标准误差	624.3569794
中位数	2536.7
众数	#N/A
标准差	3476.272539
方差	12084470.77
峰度	2.093202918
偏度	1.637735276
区域	13050.7
最小值	112.7
最大值	13163.4
求和	110280
观测数	31

总和：110 280；平均值：3 557.42；众数：无；标准差：3 476.27。

5.

Excel 计算关键过程如下：

年份	进出口总额（人民币）（亿元）	累计增减量（亿元）	逐期增减量（亿元）	定基发展速度	环比发展速度	定基增长速度	环比增长速度
2002	51378.15						
2003	70483.45	19105.3	19105.3	137%	137%	37%	37%
2004	95539.09	44160.94	25055.64	186%	136%	86%	36%
2005	116921.77	65543.62	21382.68	228%	122%	128%	22%
2006	140974.74	89596.59	24052.97	274%	121%	174%	21%
2007	166924.07	115545.92	25949.33	325%	118%	225%	18%
2008	179921.47	128543.32	12997.4	350%	108%	250%	8%
2009	150648.06	99269.91	−29273.41	293%	84%	193%	−16%
2010	201722.34	150344.19	51074.28	393%	134%	293%	34%
2011	236401.95	185023.8	34679.61	460%	117%	360%	17%
2012	244160.21	192782.06	7758.26	475%	103%	375%	3%
2013	258168.89	206790.74	14008.68	502%	106%	402%	6%
2014	264241.77	212863.62	6072.88	514%	102%	414%	2%
2015	245502.93	194124.78	−18738.84	478%	93%	378%	−7%
2016	243386.46	192008.31	−2116.47	474%	99%	374%	−1%
2017	278099.24	226721.09	34712.78	541%	114%	441%	14%
2018	305010.09	253631.94	26910.85	594%	110%	494%	10%
2019	315627.32	264249.17	10617.23	614%	103%	514%	3%
2020	322215.24	270837.09	6587.92	627%	102%	527%	2%
2021	391008.54	339630.39	68793.3	761%	121%	661%	21%

（1）平均发展水平：213 916.79 亿元。

（2）平均增减量：17 875.28 亿元。

（3）平均发展速度：111.3%。

（4）平均增长速度：11.3%。

6.

Excel 计算关键过程如下：

某工厂生产原材料消耗情况

原材料	单位	今年		去年		消耗成本		
		采购平均单价	消耗量	采购平均单价	消耗量	$p_0 q_0$	$p_0 q_1$	$p_1 q_1$
钢材	吨	3 800	1 200	5 300	1 000	5 300 000	6 360 000	4 560 000
煤炭	吨	925	600	730	500	365 000	438 000	555 000
电力	度	0.5	2 800	0.5	2 600	1 300	1 400	1 400
水	立方米	3.4	1 300	3.4	1 000	3 400	4 420	4 420
合计	—	—	—	—	—	5 669 700	6 803 820	5 120 820

（1）原材料消耗额总指数 90.32%，消耗额增减总额 −548 880 亿元。

（2）原材料消耗量总指数 120%，消耗量变动而增减的消耗额 1 134 120 亿元。

（3）原材料消耗价格总指数 75.26%，采购价格变动而增减的消耗额 −1 683 000 亿元。

7.

置信区间：下限 171.18，上限 175.92。

8.

（1）散点图如下：

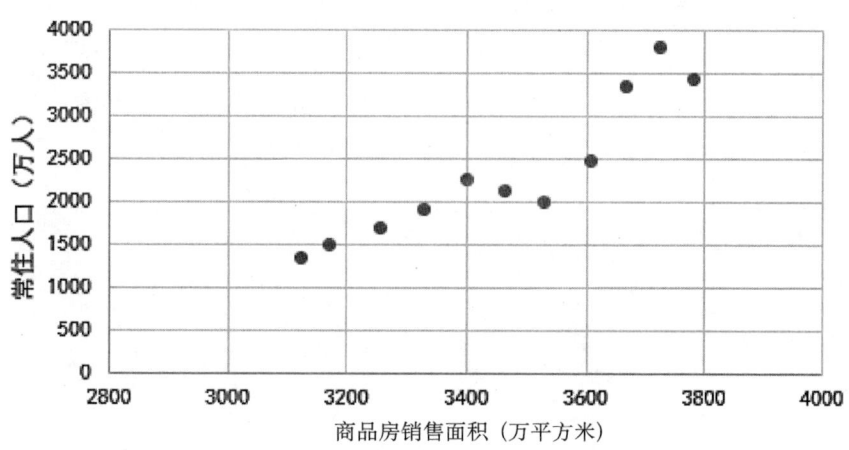

某地区2011—2021年常住人口和商品房销售面积

（2）回归分析结果如下：

SUMMARY OUTPUT

回归统计	
Multiple	0.924701
R Square	0.855071
Adjusted	0.838968
标准误差	332.08
观测值	11

方差分析

	df	SS	MS	F	ʒnificance F
回归分析	1	5855658	5855658	53.09949	4.63E-05
残差	9	992493.9	110277.1		
总计	10	6848152			

	Coefficient	标准误差	t Stat	P-value	Lower 95%	Upper 95%	下限 95.0%	上限 95.0%
Intercept	-9466.33	1624.855	-5.82596	0.000251	-13142	-5790.65	-13142.0095	-5790.65
X Variabl	3.416513	0.468854	7.28694	4.63E-05	2.355891	4.477135	2.355891103	4.477135

① 相关系数为 0.9247，常住人口和商品房销售面积具有较强的正相关。

② 回归方程为：$\hat{Y} = -9\,466.33 + 3.416\,513X$。

③ 由于 Significance F＝4.63E－05≪0.001，可知回归方程是极高度显著的，说明该回归模型和回归方程合理反映了常住人口和商品房销售面积之间的相关关系，可以用来进行预测和控制。

附录二

常 用 统 计 表

附表 1　标准正态分布表

$$\Phi(z) = \int_{-\infty}^{z} \frac{1}{\sqrt{2\pi}} e^{\frac{x^2}{2}} dx$$

z	0.00	0.01	0.02	0.03	0.04	0.05	0.06	0.07	0.08	0.09
0.0	0.500 0	0.504 0	0.508 0	0.512 0	0.516 0	0.519 9	0.523 9	0.527 9	0.531 9	0.535 9
0.1	0.539 8	0.543 8	0.547 8	0.551 7	0.555 7	0.559 6	0.563 6	0.567 5	0.571 4	0.575 3
0.2	0.579 3	0.583 2	0.587 1	0.591 0	0.594 8	0.598 7	0.602 6	0.606 4	0.610 3	0.614 1
0.3	0.617 9	0.621 7	0.625 5	0.629 3	0.633 1	0.636 8	0.640 6	0.644 3	0.648 0	0.651 7
0.4	0.655 4	0.659 1	0.662 8	0.666 4	0.670 0	0.673 6	0.677 2	0.680 8	0.684 4	0.687 9
0.5	0.691 5	0.695 0	0.698 5	0.701 9	0.705 4	0.708 8	0.712 3	0.715 7	0.719 0	0.722 4
0.6	0.725 7	0.729 1	0.732 4	0.735 7	0.738 9	0.742 2	0.745 4	0.748 6	0.751 7	0.754 9
0.7	0.758 0	0.761 1	0.764 2	0.767 3	0.770 3	0.773 4	0.776 4	0.779 4	0.782 3	0.785 2
0.8	0.788 1	0.791 0	0.793 9	0.796 7	0.799 5	0.802 3	0.805 1	0.807 8	0.810 6	0.813 3
0.9	0.815 9	0.818 6	0.821 2	0.823 8	0.826 4	0.828 9	0.831 5	0.834 0	0.836 5	0.838 9
1.0	0.841 3	0.843 8	0.846 1	0.848 5	0.850 8	0.853 1	0.855 4	0.857 7	0.859 9	0.862 1
1.1	0.864 3	0.866 5	0.868 6	0.870 8	0.872 9	0.874 9	0.877 0	0.879 0	0.881 0	0.883 0
1.2	0.884 9	0.886 9	0.888 8	0.890 7	0.892 5	0.894 4	0.896 2	0.898 0	0.899 7	0.901 5
1.3	0.903 2	0.904 9	0.906 6	0.908 2	0.909 9	0.911 5	0.913 1	0.914 7	0.916 2	0.917 7
1.4	0.919 2	0.920 7	0.922 2	0.923 6	0.925 1	0.926 5	0.927 8	0.929 2	0.930 6	0.931 9
1.5	0.933 2	0.934 5	0.935 7	0.937 0	0.938 2	0.939 4	0.940 6	0.941 8	0.943 0	0.944 1
1.6	0.945 2	0.946 3	0.947 4	0.948 4	0.949 5	0.950 5	0.951 5	0.952 5	0.953 5	0.954 5
1.7	0.955 4	0.956 4	0.957 3	0.958 2	0.959 1	0.959 9	0.960 8	0.961 6	0.962 5	0.963 3
1.8	0.964 1	0.964 8	0.965 6	0.966 4	0.967 1	0.967 8	0.968 6	0.969 3	0.970 0	0.970 6

z	0.00	0.01	0.02	0.03	0.04	0.05	0.06	0.07	0.08	0.09
1.9	0.971 3	0.971 9	0.972 6	0.973 2	0.973 8	0.974 4	0.975 0	0.975 6	0.976 2	0.976 7
2.0	0.977 2	0.977 8	0.978 3	0.978 8	0.979 3	0.979 8	0.980 3	0.980 8	0.981 2	0.981 7
2.1	0.982 1	0.982 6	0.983 0	0.9834	0.9838	0.9842	0.984 6	0.985 0	0.985 4	0.985 7
2.2	0.986 1	0.986 4	0.986 8	0.987 1	0.987 4	0.987 8	0.988 1	0.988 4	0.988 7	0.989 0
2.3	0.989 3	0.989 6	0.989 8	0.990 1	0.990 4	0.990 6	0.990 9	0.991 1	0.991 3	0.991 6
2.4	0.991 8	0.992	0.992 2	0.992 5	0.992 7	0.992 9	0.993 1	0.993 2	0.993 4	0.993 6
2.5	0.993 8	0.994	0.994 1	0.994 3	0.994 5	0.994 6	0.994 8	0.994 9	0.995 1	0.995 2
2.6	0.995 3	0.995 5	0.995 6	0.995 7	0.995 9	0.996 0	0.996 1	0.996 2	0.996 3	0.996 4
2.7	0.996 5	0.996 6	0.996 7	0.996 8	0.996 9	0.997 0	0.997 1	0.997 2	0.997 3	0.997 4
2.8	0.997 4	0.997 5	0.997 6	0.997 7	0.997 7	0.997 8	0.997 9	0.997 9	0.998 0	0.998 1
2.9	0.998 1	0.998 2	0.998 2	0.998 3	0.998 4	0.998 4	0.998 5	0.998 5	0.998 6	0.998 6
3.0	0.998 7	0.999	0.999 3	0.999 5	0.999 7	0.999 8	0.999 8	0.999 9	0.999 9	1.000 0

附表 2　t 分布表

$$P[\,|\,t(n)\,|\,t_\alpha > (n)]=\alpha$$

n	$\alpha = 0.250$	0.100	0.050	0.025	0.010	0.005
1	1.000 0	3.077 7	6.313 8	12.706 2	31.820 5	63.656 7
2	0.816 5	1.885 6	2.920 0	4.302 7	6.964 6	9.924 8
3	0.764 9	1.637 7	2.353 4	3.182 4	4.540 7	5.840 9
4	0.740 7	1.533 2	2.131 8	2.776 4	3.746 9	4.604 1
5	0.726 7	1.475 9	2.015 0	2.570 6	3.364 9	4.032 1
6	0.717 6	1.439 8	1.943 2	2.446 9	3.142 7	3.707 4
7	0.711 1	1.414 9	1.894 6	2.364 6	2.998 0	3.499 5
8	0.706 4	1.396 8	1.859 5	2.306 0	2.896 5	3.355 4
9	0.702 7	1.383 0	1.833 1	2.262 2	2.821 4	3.249 8
10	0.699 8	1.372 2	1.812 5	2.2281	2.763 8	3.169 3
11	0.697 4	1.363 4	1.795 9	2.201 0	2.718 1	3.105 8
12	0.695 5	1.356 2	1.782 3	2.178 8	2.681 0	3.054 5
13	0.693 8	1.350 2	1.770 9	2.160 4	2.650 3	3.012 3
14	0.692 4	1.345 0	1.761 3	2.144 8	2.624 5	2.976 8

（续表）

n	$\alpha = 0.250$	0.100	0.050	0.025	0.010	0.005
15	0.691 2	1.340 6	1.753 1	2.131 4	2.602 5	2.946 7
16	0.690 1	1.336 8	1.745 9	2.119 9	2.583 5	2.920 8
17	0.689 2	1.333 4	1.739 6	2.109 8	2.566 9	2.898 2
18	0.688 4	1.330 4	1.734 1	2.100 9	2.552 4	2.878 4
19	0.687 6	1.327 7	1.729 1	2.093 0	2.539 5	2.860 9
20	0.687 0	1.325 3	1.724 7	2.086 0	2.528 0	2.845 3
21	0.686 4	1.323 2	1.720 7	2.079 6	2.517 6	2.831 4
22	0.685 8	1.321 2	1.717 1	2.073 9	2.508 3	2.818 8
23	0.685 3	1.319 5	1.713 9	2.068 7	2.499 9	2.807 3
24	0.684 8	1.317 8	1.710 9	2.063 9	2.492 2	2.796 9
25	0.684 4	1.316 3	1.708 1	2.059 5	2.485 1	2.787 4
26	0.684 0	1.315 0	1.705 6	2.055 5	2.478 6	2.778 7
27	0.683 7	1.313 7	1.703 3	2.051 8	2.472 7	2.770 7
28	0.683 4	1.312 5	1.701 1	2.048 4	2.467 1	2.763 3
29	0.683 0	1.311 4	1.699 1	2.045 2	2.462 0	2.756 4
30	0.682 8	1.310 4	1.697 3	2.042 3	2.457 3	2.750 0
31	0.682 5	1.309 5	1.695 5	2.039 5	2.452 8	2.744 0
32	0.682 2	1.308 6	1.693 9	2.036 9	2.448 7	2.738 5
33	0.682 0	1.307 7	1.692 4	2.034 5	2.444 8	2.733 3
34	0.681 8	1.307 0	1.690 9	2.032 2	2.441 1	2.728 4
35	0.681 6	1.306 2	1.689 6	2.030 1	2.437 7	2.723 8
36	0.681 4	1.305 5	1.688 3	2.028 1	2.434 5	2.719 5
37	0.681 2	1.304 9	1.687 1	2.026 2	2.431 4	2.715 4
38	0.681 0	1.304 2	1.686 0	2.024 4	2.428 6	2.711 6
39	0.680 8	1.303 6	1.684 9	2.022 7	2.425 8	2.707 9
40	0.680 7	1.303 1	1.683 9	2.021 1	2.423 3	2.704 5
41	0.680 5	1.302 5	1.682 9	2.019 5	2.420 8	2.701 2
42	0.680 4	1.302 0	1.682 0	2.018 1	2.418 5	2.698 1
43	0.680 2	1.301 6	1.681 1	2.016 7	2.416 3	2.695 1
44	0.680 1	1.301 1	1.680 2	2.015 4	2.414 1	2.692 3
45	0.680 0	1.300 6	1.679 4	2.014 1	2.412 1	2.689 6
46	0.679 9	1.300 2	1.678 7	2.012 9	2.410 2	2.687 0
47	0.679 7	1.299 8	1.677 9	2.011 7	2.408 3	2.684 6

（续表）

n	$\alpha=0.250$	0.100	0.050	0.025	0.010	0.005
48	0.679 6	1.299 4	1.677 2	2.010 6	2.406 6	2.682 2
49	0.679 5	1.299 1	1.676 6	2.009 6	2.404 9	2.680 0
50	0.679 4	1.298 7	1.675 9	2.008 6	2.403 3	2.677 8
51	0.679 3	1.298 4	1.675 3	2.007 6	2.401 7	2.675 7
52	0.679 2	1.298 0	1.674 7	2.006 6	2.400 2	2.673 7
53	0.679 1	1.297 7	1.674 1	2.005 7	2.398 8	2.671 8
54	0.679 1	1.297 4	1.673 6	2.004 9	2.397 4	2.670 0
55	0.679 0	1.297 1	1.673 0	2.004 0	2.396 1	2.668 2
56	0.678 9	1.296 9	1.672 5	2.003 2	2.394 8	2.666 5
57	0.678 8	1.296 6	1.672 0	2.002 5	2.393 6	2.664 9
58	0.678 7	1.296 3	1.671 6	2.001 7	2.392 4	2.663 3
59	0.678 7	1.296 1	1.671 1	2.001 0	2.391 2	2.661 8
60	0.678 6	1.295 8	1.670 6	2.000 3	2.390 1	2.660 3
61	0.678 5	1.295 6	1.670 2	1.999 6	2.389 0	2.658 9
62	0.678 5	1.295 4	1.669 8	1.999 0	2.388 0	2.657 5
63	0.678 4	1.295 1	1.669 4	1.998 3	2.387 0	2.656 1
64	0.678 3	1.294 9	1.669 0	1.997 7	2.386 0	2.654 9
65	0.678 3	1.294 7	1.668 6	1.997 1	2.385 1	2.653 6
66	0.678 2	1.294 5	1.668 3	1.996 6	2.384 2	2.652 4
67	0.678 2	1.294 3	1.667 9	1.996 0	2.383 3	2.651 2
68	0.678 1	1.294 1	1.667 6	1.995 5	2.382 4	2.650 1
69	0.678 1	1.293 9	1.667 2	1.994 9	2.381 6	2.649 0
70	0.678 0	1.293 8	1.666 9	1.994 4	2.380 8	2.647 9
71	0.678 0	1.293 6	1.666 6	1.993 9	2.380 0	2.646 9
72	0.677 9	1.293 4	1.666 3	1.993 5	2.379 3	2.645 9
73	0.677 9	1.293 3	1.666 0	1.993 0	2.378 5	2.644 9
74	0.677 8	1.293 1	1.665 7	1.992 5	2.377 8	2.643 9
75	0.677 8	1.292 9	1.665 4	1.992 1	2.377 1	2.643 0
76	0.677 7	1.292 8	1.665 2	1.991 7	2.376 4	2.642 1
77	0.677 7	1.292 6	1.664 9	1.991 3	2.375 8	2.641 2
78	0.677 6	1.292 5	1.664 6	1.990 8	2.375 1	2.640 3
79	0.677 6	1.292 4	1.664 4	1.990 5	2.374 5	2.639 5
80	0.677 6	1.292 2	1.664 1	1.990 1	2.373 9	2.638 7

（续表）

n	$\alpha=0.250$	0.100	0.050	0.025	0.010	0.005
81	0.677 5	1.292 1	1.663 9	1.989 7	2.373 3	2.637 9
82	0.677 5	1.292 0	1.663 6	1.989 3	2.372 7	2.637 1
83	0.677 5	1.291 8	1.663 4	1.989 0	2.372 1	2.636 4
84	0.677 4	1.291 7	1.663 2	1.988 6	2.371 6	2.635 6
85	0.677 4	1.291 6	1.663 0	1.988 3	2.371 0	2.634 9
86	0.677 4	1.291 5	1.662 8	1.987 9	2.370 5	2.634 2
87	0.677 3	1.291 4	1.662 6	1.987 6	2.370 0	2.633 5
88	0.677 3	1.291 2	1.662 4	1.987 3	2.369 5	2.632 9
89	0.677 3	1.291 1	1.662 2	1.987 0	2.369 0	2.632 2
90	0.677 2	1.291 0	1.662 0	1.986 7	2.368 5	2.631 6
91	0.677 2	1.290 9	1.661 8	1.986 4	2.368 0	2.630 9
92	0.677 2	1.290 8	1.661 6	1.986 1	2.367 6	2.630 3
93	0.677 1	1.290 7	1.661 4	1.985 8	2.367 1	2.629 7
94	0.677 1	1.290 6	1.661 2	1.985 5	2.366 7	2.629 1
95	0.677 1	1.290 5	1.661 1	1.985 3	2.366 2	2.628 6
96	0.677 1	1.290 4	1.660 9	1.985 0	2.365 8	2.628 0
97	0.677 0	1.290 3	1.660 7	1.984 7	2.365 4	2.627 5
98	0.677 0	1.290 2	1.660 6	1.984 5	2.365 0	2.626 9
99	0.677 0	1.290 2	1.660 4	1.984 2	2.364 6	2.626 4
100	0.6770	1.290 1	1.660 2	1.984 0	2.3642	2.625 9

附表3　卡方分布表

$$P\{\chi^2(n) > \chi_\alpha^2(n)\} = \alpha$$

n	0.995	0.990	0.975	0.950	0.900	0.750	0.250	0.100	0.050	0.025	0.010	0.005
1	0.000	0.000	0.001	0.004	0.016	0.102	1.323	2.706	3.841	5.024	6.635	7.879
2	0.010	0.020	0.051	0.103	0.211	0.575	2.773	4.605	5.991	7.378	9.210	10.597
3	0.072	0.115	0.216	0.352	0.584	1.213	4.108	6.251	7.815	9.348	11.345	12.838
4	0.207	0.297	0.484	0.711	1.064	1.923	5.385	7.779	9.488	11.143	13.277	14.860
5	0.412	0.554	0.831	1.145	1.610	2.675	6.626	9.236	11.070	12.833	15.086	16.750
6	0.676	0.872	1.237	1.635	2.204	3.455	7.841	10.645	12.592	14.449	16.812	18.548
7	0.989	1.239	1.690	2.167	2.833	4.255	9.037	12.017	14.067	16.013	18.475	20.278
8	1.344	1.646	2.180	2.733	3.490	5.071	10.219	13.362	15.507	17.535	20.090	21.955

（续表）

n	0.995	0.990	0.975	0.950	0.900	0.750	0.250	0.100	0.050	0.025	0.010	0.005
9	1.735	2.088	2.700	3.325	4.168	5.899	11.389	14.684	16.919	19.023	21.666	23.589
10	2.156	2.558	3.247	3.940	4.865	6.737	12.549	15.987	18.307	20.483	23.209	25.188
11	2.603	3.053	3.816	4.575	5.578	7.584	13.701	17.275	19.675	21.920	24.725	26.757
12	3.074	3.571	4.404	5.226	6.304	8.438	14.845	18.549	21.026	23.337	26.217	28.300
13	3.565	4.107	5.009	5.892	7.042	9.299	15.984	19.812	22.362	24.736	27.688	29.819
14	4.075	4.660	5.629	6.571	7.790	10.165	17.117	21.064	23.685	26.119	29.141	31.319
15	4.601	5.229	6.262	7.261	8.547	11.037	18.245	22.307	24.996	27.488	30.578	32.801
16	5.142	5.812	6.908	7.962	9.312	11.912	19.369	23.542	26.296	28.845	32.000	34.267
17	5.697	6.408	7.564	8.672	10.085	12.792	20.489	24.769	27.587	30.191	33.409	35.718
18	6.265	7.015	8.231	9.390	10.865	13.675	21.605	25.989	28.869	31.526	34.805	37.156
19	6.844	7.633	8.907	10.117	11.651	14.562	22.718	27.204	30.144	32.852	36.191	38.582
20	7.434	8.260	9.591	10.851	12.443	15.452	23.828	28.412	31.410	34.170	37.566	39.997
21	8.034	8.897	10.283	11.591	13.240	16.344	24.935	29.615	32.671	35.479	38.932	41.401
22	8.643	9.542	10.982	12.338	14.041	17.240	26.039	30.813	33.924	36.781	40.289	42.796
23	9.260	10.196	11.689	13.091	14.848	18.137	27.141	32.007	35.172	38.076	41.638	44.181
24	9.886	10.856	12.401	13.848	15.659	19.037	28.241	33.196	36.415	39.364	42.980	45.559
25	10.520	11.524	13.120	14.611	16.473	19.939	29.339	34.382	37.652	40.646	44.314	46.928
26	11.160	12.198	13.844	15.379	17.292	20.843	30.435	35.563	38.885	41.923	45.642	48.290
27	11.808	12.879	14.573	16.151	18.114	21.749	31.528	36.741	40.113	43.195	46.963	49.645
28	12.461	13.565	15.308	16.928	18.939	22.657	32.620	37.916	41.337	44.461	48.278	50.993
29	13.121	14.256	16.047	17.708	19.768	23.567	33.711	39.087	42.557	45.722	49.588	52.336
30	13.787	14.953	16.791	18.493	20.599	24.478	34.800	40.256	43.773	46.979	50.892	53.672
31	14.458	15.655	17.539	19.281	21.434	25.390	35.887	41.422	44.985	48.232	52.191	55.003
32	15.134	16.362	18.291	20.072	22.271	26.304	36.973	42.585	46.194	49.480	53.486	56.328
33	15.815	17.074	19.047	20.867	23.110	27.219	38.058	43.745	47.400	50.725	54.776	57.648
34	16.501	17.789	19.806	21.664	23.952	28.136	39.141	44.903	48.602	51.966	56.061	58.964
35	17.192	18.509	20.569	22.465	24.797	29.054	40.223	46.059	49.802	53.203	57.342	60.275
36	17.887	19.233	21.336	23.269	25.643	29.973	41.304	47.212	50.998	54.437	58.619	61.581
37	18.586	19.960	22.106	24.075	26.492	30.893	42.383	48.363	52.192	55.668	59.893	62.883
38	19.289	20.691	22.878	24.884	27.343	31.815	43.462	49.513	53.384	56.896	61.162	64.181
39	19.996	21.426	23.654	25.695	28.196	32.737	44.539	50.660	54.572	58.120	62.428	65.476
40	20.707	22.164	24.433	26.509	29.051	33.660	45.616	51.805	55.758	59.342	63.691	66.766
41	21.421	22.906	25.215	27.326	29.907	34.585	46.692	52.949	56.942	60.561	64.950	68.053
42	22.138	23.650	25.999	28.144	30.765	35.510	47.766	54.090	58.124	61.777	66.206	69.336
43	22.859	24.398	26.785	28.965	31.625	36.436	48.840	55.230	59.304	62.990	67.459	70.616
44	23.584	25.148	27.575	29.787	32.487	37.363	49.913	56.369	60.481	64.201	68.710	71.893
45	24.311	25.901	28.366	30.612	33.350	38.291	50.985	57.505	61.656	65.410	69.957	73.166
46	25.041	26.657	29.160	31.439	34.215	39.220	52.056	58.641	62.830	66.617	71.201	74.437
47	25.775	27.416	29.956	32.268	35.081	40.149	53.127	59.774	64.001	67.821	72.443	75.704
48	26.511	28.177	30.755	33.098	35.949	41.079	54.196	60.907	65.171	69.023	73.683	76.969
49	27.249	28.941	31.555	33.930	36.818	42.010	55.265	62.038	66.339	70.222	74.919	78.231

n	0.995	0.990	0.975	0.950	0.900	0.750	0.250	0.100	0.050	0.025	0.010	0.005
50	27.991	29.707	32.357	34.764	37.689	42.942	56.334	63.167	67.505	71.420	76.154	79.490
51	28.735	30.475	33.162	35.600	38.560	43.874	57.401	64.295	68.669	72.616	77.386	80.747
52	29.481	31.246	33.968	36.437	39.433	44.808	58.468	65.422	69.832	73.810	78.616	82.001
53	30.230	32.018	34.776	37.276	40.308	45.741	59.534	66.548	70.993	75.002	79.843	83.253
54	30.981	32.793	35.586	38.116	41.183	46.676	60.600	67.673	72.153	76.192	81.069	84.502
55	31.735	33.570	36.398	38.958	42.060	47.610	61.665	68.796	73.311	77.380	82.292	85.749
56	32.490	34.350	37.212	39.801	42.937	48.546	62.729	69.919	74.468	78.567	83.513	86.994
57	33.248	35.131	38.027	40.646	43.816	49.482	63.793	71.040	75.624	79.752	84.733	88.236
58	34.008	35.913	38.844	41.492	44.696	50.419	64.857	72.160	76.778	80.936	85.950	89.477
59	34.770	36.698	39.662	42.339	45.577	51.356	65.919	73.279	77.931	82.117	87.166	90.715
60	35.534	37.485	40.482	43.188	46.459	52.294	66.981	74.397	79.082	83.298	88.379	91.952
61	36.301	38.273	41.303	44.038	47.342	53.232	68.043	75.514	80.232	84.476	89.591	93.186
62	37.068	39.063	42.126	44.889	48.226	54.171	69.104	76.630	81.381	85.654	90.802	94.419
63	37.838	39.855	42.950	45.741	49.111	55.110	70.165	77.745	82.529	86.830	92.010	95.649
64	38.610	40.649	43.776	46.595	49.996	56.050	71.225	78.860	83.675	88.004	93.217	96.878
65	39.383	41.444	44.603	47.450	50.883	56.990	72.285	79.973	84.821	89.177	94.422	98.105
66	40.158	42.240	45.431	48.305	51.770	57.931	73.344	81.085	85.965	90.349	95.626	99.330
67	40.935	43.038	46.261	49.162	52.659	58.872	74.403	82.197	87.108	91.519	96.828	100.554
68	41.713	43.838	47.092	50.020	53.548	59.814	75.461	83.308	88.250	92.689	98.028	101.776
69	42.494	44.639	47.924	50.879	54.438	60.756	76.519	84.418	89.391	93.856	99.228	102.996
70	43.275	45.442	48.758	51.739	55.329	61.698	77.577	85.527	90.531	95.023	100.425	104.215
71	44.058	46.246	49.592	52.600	56.221	62.641	78.634	86.635	91.670	96.189	101.621	105.432
72	44.843	47.051	50.428	53.462	57.113	63.585	79.690	87.743	92.808	97.353	102.816	106.648
73	45.629	47.858	51.265	54.325	58.006	64.528	80.747	88.850	93.945	98.516	104.010	107.862
74	46.417	48.666	52.103	55.189	58.900	65.472	81.803	89.956	95.081	99.678	105.202	109.074
75	47.206	49.475	52.942	56.054	59.795	66.417	82.858	91.061	96.217	100.839	106.393	110.286
76	47.997	50.286	53.782	56.920	60.690	67.362	83.913	92.166	97.351	101.999	107.583	111.495
77	48.788	51.097	54.623	57.786	61.586	68.307	84.968	93.270	98.484	103.158	108.771	112.704
78	49.582	51.910	55.466	58.654	62.483	69.252	86.022	94.374	99.617	104.316	109.958	113.911
79	50.376	52.725	56.309	59.522	63.380	70.198	87.077	95.476	100.749	105.473	111.144	115.117
80	51.172	53.540	57.153	60.391	64.278	71.145	88.130	96.578	101.879	106.629	112.329	116.321
81	51.969	54.357	57.998	61.261	65.176	72.091	89.184	97.680	103.010	107.783	113.512	117.524
82	52.767	55.174	58.845	62.132	66.076	73.038	90.237	98.780	104.139	108.937	114.695	118.726
83	53.567	55.993	59.692	63.004	66.976	73.985	91.289	99.880	105.267	110.090	115.876	119.927
84	54.368	56.813	60.540	63.876	67.876	74.933	92.342	100.980	106.395	111.242	117.057	121.126
85	55.170	57.634	61.389	64.749	68.777	75.881	93.394	102.079	107.522	112.393	118.236	122.325
86	55.973	58.456	62.239	65.623	69.679	76.829	94.446	103.177	108.648	113.544	119.414	123.522
87	56.777	59.279	63.089	66.498	70.581	77.777	95.497	104.275	109.773	114.693	120.591	124.718
88	57.582	60.103	63.941	67.373	71.484	78.726	96.548	105.372	110.898	115.841	121.767	125.913
89	58.389	60.928	64.793	68.249	72.387	79.675	97.599	106.469	112.022	116.989	122.942	127.106
90	59.196	61.754	65.647	69.126	73.291	80.625	98.650	107.565	113.145	118.136	124.116	128.299

n	0.995	0.990	0.975	0.950	0.900	0.750	0.250	0.100	0.050	0.025	0.010	0.005
91	60.005	62.581	66.501	70.003	74.196	81.574	99.700	108.661	114.268	119.282	125.289	129.491
92	60.815	63.409	67.356	70.882	75.100	82.524	100.750	109.756	115.390	120.427	126.462	130.681
93	61.625	64.238	68.211	71.760	76.006	83.474	101.800	110.850	116.511	121.571	127.633	131.871
94	62.437	65.068	69.068	72.640	76.912	84.425	102.850	111.944	117.632	122.715	128.803	133.059
95	63.250	65.898	69.925	73.520	77.818	85.376	103.899	113.038	118.752	123.858	129.973	134.247
96	64.063	66.730	70.783	74.401	78.725	86.327	104.948	114.131	119.871	125.000	131.141	135.433
97	64.878	67.562	71.642	75.282	79.633	87.278	105.997	115.223	120.990	126.141	132.309	136.619
98	65.694	68.396	72.501	76.164	80.541	88.229	107.045	116.315	122.108	127.282	133.476	137.803
99	66.510	69.230	73.361	77.046	81.449	89.181	108.093	117.407	123.225	128.422	134.642	138.987
100	67.328	70.065	74.222	77.929	82.358	90.133	109.141	118.498	124.342	129.561	135.807	140.169

附表4 F 分布临界值表

$$P\{F(n_1, n_2) > F_\alpha(n_1, n_2)\} = \alpha$$
$$\alpha = 0.10$$

n_2	n_1																		
	1	2	3	4	5	6	7	8	9	10	12	15	20	24	30	40	60	120	∞
1	39.86	49.50	53.59	55.83	57.24	58.20	58.91	59.44	59.86	60.19	60.71	61.22	61.74	62.00	62.26	62.53	62.79	63.06	63.33
2	8.53	9.00	9.16	9.24	9.29	9.33	9.35	9.37	9.38	9.39	9.41	9.42	9.44	9.45	9.46	9.47	9.47	9.48	9.49
3	5.54	5.46	5.39	5.34	5.31	5.28	5.27	5.25	5.24	5.23	5.22	5.20	5.18	5.18	5.17	5.16	5.15	5.14	5.13
4	4.54	4.32	4.19	4.11	4.05	4.01	3.98	3.95	3.94	3.92	3.90	3.87	3.84	3.83	3.82	3.80	3.79	3.78	3.76
5	4.06	3.78	3.62	3.52	3.45	3.40	3.37	3.34	3.32	3.30	3.27	3.24	3.21	3.19	3.17	3.16	3.14	3.12	3.10
6	3.78	3.46	3.29	3.18	3.11	3.05	3.01	2.98	2.96	2.94	2.90	2.87	2.84	2.82	2.80	2.78	2.76	2.74	2.72
7	3.59	3.26	3.07	2.96	2.88	2.83	2.78	2.75	2.72	2.70	2.67	2.63	2.59	2.58	2.56	2.54	2.51	2.49	2.47
8	3.46	3.11	2.92	2.81	2.73	2.67	2.62	2.59	2.56	2.54	2.50	2.46	2.42	2.40	2.38	2.36	2.34	2.32	2.29
9	3.36	3.01	2.81	2.69	2.61	2.55	2.51	2.47	2.44	2.42	2.38	2.34	2.30	2.28	2.25	2.23	2.21	2.18	2.16
10	3.29	2.92	2.73	2.61	2.52	2.46	2.41	2.38	2.35	2.32	2.28	2.24	2.20	2.18	2.16	2.13	2.11	2.08	2.06
11	3.23	2.86	2.66	2.54	2.45	2.39	2.34	2.30	2.27	2.25	2.21	2.17	2.12	2.10	2.08	2.05	2.03	2.00	1.97
12	3.18	2.81	2.61	2.48	2.39	2.33	2.28	2.24	2.21	2.19	2.15	2.10	2.06	2.04	2.01	1.99	1.96	1.93	1.90
13	3.14	2.76	2.56	2.43	2.35	2.28	2.23	2.20	2.16	2.14	2.10	2.05	2.01	1.98	1.96	1.93	1.90	1.88	1.85
14	3.10	2.73	2.52	2.39	2.31	2.24	2.19	2.15	2.12	2.10	2.05	2.01	1.96	1.94	1.91	1.89	1.86	1.83	1.80
15	3.07	2.70	2.49	2.36	2.27	2.21	2.16	2.12	2.09	2.06	2.02	1.97	1.92	1.90	1.87	1.85	1.82	1.79	1.76
16	3.05	2.67	2.46	2.33	2.24	2.18	2.13	2.09	2.06	2.03	1.99	1.94	1.89	1.87	1.84	1.81	1.78	1.75	1.72
17	3.03	2.64	2.44	2.31	2.22	2.15	2.10	2.06	2.03	2.00	1.96	1.91	1.86	1.84	1.81	1.78	1.75	1.72	1.69
18	3.01	2.62	2.42	2.29	2.20	2.13	2.08	2.04	2.00	1.98	1.93	1.89	1.84	1.81	1.78	1.75	1.72	1.69	1.66
19	2.99	2.61	2.40	2.27	2.18	2.11	2.06	2.02	1.98	1.96	1.91	1.86	1.81	1.79	1.76	1.73	1.70	1.67	1.63

n_2	n_1																		
	1	2	3	4	5	6	7	8	9	10	12	15	20	24	30	40	60	120	∞
20	2.97	2.59	2.38	2.25	2.16	2.09	2.04	2.00	1.96	1.94	1.89	1.84	1.79	1.77	1.74	1.71	1.68	1.64	1.61
21	2.96	2.57	2.36	2.23	2.14	2.08	2.02	1.98	1.95	1.92	1.87	1.83	1.78	1.75	1.72	1.69	1.66	1.62	1.59
22	2.95	2.56	2.35	2.22	2.13	2.06	2.01	1.97	1.93	1.90	1.86	1.81	1.76	1.73	1.70	1.67	1.64	1.60	1.57
23	2.94	2.55	2.34	2.21	2.11	2.05	1.99	1.95	1.92	1.89	1.84	1.80	1.74	1.72	1.69	1.66	1.62	1.59	1.55
24	2.93	2.54	2.33	2.19	2.10	2.04	1.98	1.94	1.91	1.88	1.83	1.78	1.73	1.70	1.67	1.64	1.61	1.57	1.53
25	2.92	2.53	2.32	2.18	2.09	2.02	1.97	1.93	1.89	1.87	1.82	1.77	1.72	1.69	1.66	1.63	1.59	1.56	1.52
26	2.91	2.52	2.31	2.17	2.08	2.01	1.96	1.92	1.88	1.86	1.81	1.76	1.71	1.68	1.65	1.61	1.58	1.54	1.50
27	2.90	2.51	2.30	2.17	2.07	2.00	1.95	1.91	1.87	1.85	1.80	1.75	1.70	1.67	1.64	1.60	1.57	1.53	1.49
28	2.89	2.50	2.29	2.16	2.06	2.00	1.94	1.90	1.87	1.84	1.79	1.74	1.69	1.66	1.63	1.59	1.56	1.52	1.48
29	2.89	2.50	2.28	2.15	2.06	1.99	1.93	1.89	1.86	1.83	1.78	1.73	1.68	1.65	1.62	1.58	1.55	1.51	1.47
30	2.88	2.49	2.28	2.14	2.05	1.98	1.93	1.88	1.85	1.82	1.77	1.72	1.67	1.64	1.61	1.57	1.54	1.50	1.46
40	2.84	2.44	2.23	2.09	2.00	1.93	1.87	1.83	1.79	1.76	1.71	1.66	1.61	1.57	1.54	1.51	1.47	1.42	1.38
60	2.79	2.39	2.18	2.04	1.95	1.87	1.82	1.77	1.74	1.71	1.66	1.60	1.54	1.51	1.48	1.44	1.40	1.35	1.29
120	2.75	2.35	2.13	1.99	1.90	1.82	1.77	1.72	1.68	1.65	1.60	1.55	1.48	1.45	1.41	1.37	1.32	1.26	1.19
∞	2.71	2.30	2.08	1.94	1.85	1.77	1.72	1.67	1.63	1.60	1.55	1.49	1.42	1.38	1.34	1.30	1.24	1.17	1.00

$$P\{F(n_1, n_2) > F_\alpha(n_1, n_2)\} = \alpha$$
$$\alpha = 0.05$$

n_2	n_1																		
	1	2	3	4	5	6	7	8	9	10	12	15	20	24	30	40	60	120	∞
1	161.45	199.50	215.71	224.58	230.16	233.99	236.77	238.88	240.54	241.88	243.91	245.95	248.01	249.05	250.10	251.14	252.20	253.25	254.3
2	18.51	19.00	19.16	19.25	19.30	19.33	19.35	19.37	19.38	19.40	19.41	19.43	19.45	19.45	19.46	19.47	19.48	19.49	19.50
3	10.13	9.55	9.28	9.12	9.01	8.94	8.89	8.85	8.81	8.79	8.74	8.70	8.66	8.64	8.62	8.59	8.57	8.55	8.53
4	7.71	6.94	6.59	6.39	6.26	6.16	6.09	6.04	6.00	5.96	5.91	5.86	5.80	5.77	5.75	5.72	5.69	5.66	5.63
5	6.61	5.79	5.41	5.19	5.05	4.95	4.88	4.82	4.77	4.74	4.68	4.62	4.56	4.53	4.50	4.46	4.43	4.40	4.36
6	5.99	5.14	4.76	4.53	4.39	4.28	4.21	4.15	4.10	4.06	4.00	3.94	3.87	3.84	3.81	3.77	3.74	3.70	3.67
7	5.59	4.74	4.35	4.12	3.97	3.87	3.79	3.73	3.68	3.64	3.57	3.51	3.44	3.41	3.38	3.34	3.30	3.27	3.23
8	5.32	4.46	4.07	3.84	3.69	3.58	3.50	3.44	3.39	3.35	3.28	3.22	3.15	3.12	3.08	3.04	3.01	2.97	2.93
9	5.12	4.26	3.86	3.63	3.48	3.37	3.29	3.23	3.18	3.14	3.07	3.01	2.94	2.90	2.86	2.83	2.79	2.75	2.71
10	4.96	4.10	3.71	3.48	3.33	3.22	3.14	3.07	3.02	2.98	2.91	2.85	2.77	2.74	2.70	2.66	2.62	2.58	2.54
11	4.84	3.98	3.59	3.36	3.20	3.09	3.01	2.95	2.90	2.85	2.79	2.72	2.65	2.61	2.57	2.53	2.49	2.45	2.40
12	4.75	3.89	3.49	3.26	3.11	3.00	2.91	2.85	2.80	2.75	2.69	2.62	2.54	2.51	2.47	2.43	2.38	2.34	2.30
13	4.67	3.81	3.41	3.18	3.03	2.92	2.83	2.77	2.71	2.67	2.60	2.53	2.46	2.42	2.38	2.34	2.30	2.25	2.21
14	4.60	3.74	3.34	3.11	2.96	2.85	2.76	2.70	2.65	2.60	2.53	2.46	2.39	2.35	2.31	2.27	2.22	2.18	2.13
15	4.54	3.68	3.29	3.06	2.90	2.79	2.71	2.64	2.59	2.54	2.48	2.40	2.33	2.29	2.25	2.20	2.16	2.11	2.07
16	4.49	3.63	3.24	3.01	2.85	2.74	2.66	2.59	2.54	2.49	2.42	2.35	2.28	2.24	2.19	2.15	2.11	2.06	2.01
17	4.45	3.59	3.20	2.96	2.81	2.70	2.61	2.55	2.49	2.45	2.38	2.31	2.23	2.19	2.15	2.10	2.06	2.01	1.96
18	4.41	3.55	3.16	2.93	2.77	2.66	2.58	2.51	2.46	2.41	2.34	2.27	2.19	2.15	2.11	2.06	2.02	1.97	1.92
19	4.38	3.52	3.13	2.90	2.74	2.63	2.54	2.48	2.42	2.38	2.31	2.23	2.16	2.11	2.07	2.03	1.98	1.93	1.88

（续表）

n_2	n_1																		
	1	2	3	4	5	6	7	8	9	10	12	15	20	24	30	40	60	120	∞
20	4.35	3.49	3.10	2.87	2.71	2.60	2.51	2.45	2.39	2.35	2.28	2.20	2.12	2.08	2.04	1.99	1.95	1.90	1.84
21	4.32	3.47	3.07	2.84	2.68	2.57	2.49	2.42	2.37	2.32	2.25	2.18	2.10	2.05	2.01	1.96	1.92	1.87	1.81
22	4.30	3.44	3.05	2.82	2.66	2.55	2.46	2.40	2.34	2.30	2.23	2.15	2.07	2.03	1.98	1.94	1.89	1.84	1.78
23	4.28	3.42	3.03	2.80	2.64	2.53	2.44	2.37	2.32	2.27	2.20	2.13	2.05	2.01	1.96	1.91	1.86	1.81	1.76
24	4.26	3.40	3.01	2.78	2.62	2.51	2.42	2.36	2.30	2.25	2.18	2.11	2.03	1.98	1.94	1.89	1.84	1.79	1.73
25	4.24	3.39	2.99	2.76	2.60	2.49	2.40	2.34	2.28	2.24	2.16	2.09	2.01	1.96	1.92	1.87	1.82	1.77	1.71
26	4.23	3.37	2.98	2.74	2.59	2.47	2.39	2.32	2.27	2.22	2.15	2.07	1.99	1.95	1.90	1.85	1.80	1.75	1.69
27	4.21	3.35	2.96	2.73	2.57	2.46	2.37	2.31	2.25	2.20	2.13	2.06	1.97	1.93	1.88	1.84	1.79	1.73	1.67
28	4.20	3.34	2.95	2.71	2.56	2.45	2.36	2.29	2.24	2.19	2.12	2.04	1.96	1.91	1.87	1.82	1.77	1.71	1.65
29	4.18	3.33	2.93	2.70	2.55	2.43	2.35	2.28	2.22	2.18	2.10	2.03	1.94	1.90	1.85	1.81	1.75	1.70	1.64
30	4.17	3.32	2.92	2.69	2.53	2.42	2.33	2.27	2.21	2.16	2.09	2.01	1.93	1.89	1.84	1.79	1.74	1.68	1.62
40	4.08	3.23	2.84	2.61	2.45	2.34	2.25	2.18	2.12	2.08	2.00	1.92	1.84	1.79	1.74	1.69	1.64	1.58	1.51
60	4.00	3.15	2.76	2.53	2.37	2.25	2.17	2.10	2.04	1.99	1.92	1.84	1.75	1.70	1.65	1.59	1.53	1.47	1.39
120	3.92	3.07	2.68	2.45	2.29	2.18	2.09	2.02	1.96	1.91	1.83	1.75	1.66	1.61	1.55	1.50	1.43	1.35	1.25
∞	3.84	3.00	2.60	2.37	2.21	2.10	2.01	1.94	1.88	1.83	1.75	1.67	1.57	1.52	1.46	1.39	1.32	1.22	1.00

$$P\{F(n_1, n_2) > F_\alpha(n_1, n_2)\} = \alpha$$
$$\alpha = 0.01$$

n_2	n_1																		
	1	2	3	4	5	6	7	8	9	10	12	15	20	24	30	40	60	120	∞
1	4 052.18	4 999.50	5 403.35	5 624.58	5 763.65	5 858.99	5 928.36	5 981.07	6 022.47	6 055.85	6 106.32	6 157.28	6 208.73	6 234.63	6 260.65	6 286.78	6 313.03	6 339.39	6 366
2	98.50	99.00	99.17	99.25	99.30	99.33	99.36	99.37	99.39	99.40	99.42	99.43	99.45	99.46	99.47	99.47	99.48	99.49	99.50
3	34.12	30.82	29.46	28.71	28.24	27.91	27.67	27.49	27.35	27.23	27.05	26.87	26.69	26.60	26.50	26.41	26.32	26.22	26.13
4	21.20	18.00	16.69	15.98	15.52	15.21	14.98	14.80	14.66	14.55	14.37	14.20	14.02	13.93	13.84	13.75	13.65	13.56	13.46
5	16.26	13.27	12.06	11.39	10.97	10.67	10.46	10.29	10.16	10.05	9.89	9.72	9.55	9.47	9.38	9.29	9.20	9.11	9.02
6	13.75	10.92	9.78	9.15	8.75	8.47	8.26	8.10	7.98	7.87	7.72	7.56	7.40	7.31	7.23	7.14	7.06	6.97	6.88
7	12.25	9.55	8.45	7.85	7.46	7.19	6.99	6.84	6.72	6.62	6.47	6.31	6.16	6.07	5.99	5.91	5.82	5.74	5.65
8	11.26	8.65	7.59	7.01	6.63	6.37	6.18	6.03	5.91	5.81	5.67	5.52	5.36	5.28	5.20	5.12	5.03	4.95	4.86
9	10.56	8.02	6.99	6.42	6.06	5.80	5.61	5.47	5.35	5.26	5.11	4.96	4.81	4.73	4.65	4.57	4.48	4.40	4.31
10	10.04	7.56	6.55	5.99	5.64	5.39	5.20	5.06	4.94	4.85	4.71	4.56	4.41	4.33	4.25	4.17	4.08	4.00	3.91
11	9.65	7.21	6.22	5.67	5.32	5.07	4.89	4.74	4.63	4.54	4.40	4.25	4.10	4.02	3.94	3.86	3.78	3.69	3.60
12	9.33	6.93	5.95	5.41	5.06	4.82	4.64	4.50	4.39	4.30	4.16	4.01	3.86	3.78	3.70	3.62	3.54	3.45	3.36
13	9.07	6.70	5.74	5.21	4.86	4.62	4.44	4.30	4.19	4.10	3.96	3.82	3.66	3.59	3.51	3.43	3.34	3.25	3.17
14	8.86	6.51	5.56	5.04	4.69	4.46	4.28	4.14	4.03	3.94	3.80	3.66	3.51	3.43	3.35	3.27	3.18	3.09	3.00
15	8.68	6.36	5.42	4.89	4.56	4.32	4.14	4.00	3.89	3.80	3.67	3.52	3.37	3.29	3.21	3.13	3.05	2.96	2.87
16	8.53	6.23	5.29	4.77	4.44	4.20	4.03	3.89	3.78	3.69	3.55	3.41	3.26	3.18	3.10	3.02	2.93	2.84	2.75
17	8.40	6.11	5.18	4.67	4.34	4.10	3.93	3.79	3.68	3.59	3.46	3.31	3.16	3.08	3.00	2.92	2.83	2.75	2.65
18	8.29	6.01	5.09	4.58	4.25	4.01	3.84	3.71	3.60	3.51	3.37	3.23	3.08	3.00	2.92	2.84	2.75	2.66	2.57
19	8.18	5.93	5.01	4.50	4.17	3.94	3.77	3.63	3.52	3.43	3.30	3.15	3.00	2.92	2.84	2.76	2.67	2.58	2.49
20	8.10	5.85	4.94	4.43	4.10	3.87	3.70	3.56	3.46	3.37	3.23	3.09	2.94	2.86	2.78	2.69	2.61	2.52	2.42
21	8.02	5.78	4.87	4.37	4.04	3.81	3.64	3.51	3.40	3.31	3.17	3.03	2.88	2.80	2.72	2.64	2.55	2.46	2.36
22	7.95	5.72	4.82	4.31	3.99	3.76	3.59	3.45	3.35	3.26	3.12	2.98	2.83	2.75	2.67	2.58	2.50	2.40	2.31
23	7.88	5.66	4.76	4.26	3.94	3.71	3.54	3.41	3.30	3.21	3.07	2.93	2.78	2.70	2.62	2.54	2.45	2.35	2.26
24	7.82	5.61	4.72	4.22	3.90	3.67	3.50	3.36	3.26	3.17	3.03	2.89	2.74	2.66	2.58	2.49	2.40	2.31	2.21
25	7.77	5.57	4.68	4.18	3.85	3.63	3.46	3.32	3.22	3.13	2.99	2.85	2.70	2.62	2.54	2.45	2.36	2.27	2.17
26	7.72	5.53	4.64	4.14	3.82	3.59	3.42	3.29	3.18	3.09	2.96	2.81	2.66	2.58	2.50	2.42	2.33	2.23	2.13
27	7.68	5.49	4.60	4.11	3.78	3.56	3.39	3.26	3.15	3.06	2.93	2.78	2.63	2.55	2.47	2.38	2.29	2.20	2.19
28	7.64	5.45	4.57	4.07	3.75	3.53	3.36	3.23	3.12	3.03	2.90	2.75	2.60	2.52	2.44	2.35	2.26	2.17	2.06
29	7.60	5.42	4.54	4.04	3.73	3.50	3.33	3.20	3.09	3.00	2.87	2.73	2.57	2.49	2.41	2.33	2.23	2.14	2.03

（续表）

n_2	n_1																	
	1	2	3	4	5	6	7	8	9	10	12	15	20	24	30	40	60	120	∞
30	7.56	5.39	4.51	4.02	3.70	3.47	3.30	3.17	3.07	2.98	2.84	2.70	2.55	2.47	2.39	2.30	2.21	2.11	2.01
40	7.31	5.18	4.31	3.83	3.51	3.29	3.12	2.99	2.89	2.80	2.66	2.52	2.37	2.29	2.20	2.11	2.02	1.92	1.80
60	7.08	4.98	4.13	3.65	3.34	3.12	2.95	2.82	2.72	2.63	2.50	2.35	2.20	2.12	2.03	1.94	1.84	1.73	1.60
120	6.85	4.79	3.95	3.48	3.17	2.96	2.79	2.66	2.56	2.47	2.34	2.19	2.03	1.95	1.86	1.76	1.66	1.53	1.38
∞	6.63	4.61	3.78	3.32	3.02	2.80	2.64	2.51	2.41	2.32	2.18	2.04	1.88	1.79	1.70	1.59	1.47	1.32	1.00

参 考 文 献

［1］刘后平,王丽英.统计学[M].2 版.大连:东北财经大学出版社,2018.

［2］韩兆洲.统计学原理[M].广州:暨南大学出版社,2011.

［3］皮垂燕,陈世文.统计学原理[M].广州:华南理工大学出版社,2013.

［4］孙玉环.统计学[M].北京:中国统计出版社,2016.

［5］马立平,刘娟.应用统计学[M].3 版.北京:首都经济贸易大学出版社,2019.

［6］王生喜.应用统计学[M].北京:科学出版社,2018.

［7］卢冶飞,孙忠宝.应用统计学[M].3 版.北京:清华大学出版社,2017.

［8］施金龙,吕浩,施然.应用统计学[M].4 版.南京:南京大学出版社,2016.

［9］宋廷山,王坚,刁艳华,郭思亮.应用统计学——以 Excel 为分析工具[M].2 版.北京:
清华大学出版社,2018.

［10］徐国祥.统计学[M].上海:格致出版社,2014.

［11］袁卫,庞皓,贾俊平,杨灿.统计学[M].4 版.北京:中国人民大学出版社,2014.

［12］贾俊平,何晓群,金勇进.统计学[M].7 版.北京:中国人民大学出版社,2018.

［13］姚孟臣.概率论与数理统计[M].2 版.北京:中国人民大学出版社,2016.

［14］李金昌,苏为华.统计学[M].北京:机械工业出版社,2019.

［15］马海军.管理统计学[M].2 版.北京:北京大学出版社,2016.

［16］杜欢政,宁自军.统计学[M].2 版.北京:科学出版社,2013.

［17］田海霞,景刚.统计学——原理与 Excel 应用[M].北京:机械工业出版社,2017.

［18］杰拉德·凯勒.统计学[M].10 版.北京:中国人民大学出版社,2019.

［19］王庚,管于华,孙瑞博,等.现代工业统计学与质量管理[M].北京:中国人民大学出版
社,2011.

［20］全国统计专业技术资格考试用书编写组.统计业务知识(2021 版)[M].北京:中国统计
出版社,2021.